증일아함경 4
增壹阿含經

증일아함경 4
增壹阿含經

김월운 옮김

증일아함경 4

‖ 차 례 ‖

제38권
43. 마혈천자문팔정품馬血天子問八政品 ① ··· 1

제39권
43. 마혈천자품 ② ·· 27

제40권
44. 구중생거품九衆生居品 ·· 55

제41권
45. 마왕품馬王品 ·· 82

제42권
46. 결금품結禁品 ·· 118

제43권
47. 선악품善惡品 ·· 147

제44권
48. 십불선품十不善品 ① ·········· 176

제45권
48. 불선품不善品 ② ·········· 200

제46권
49. 방우품放牛品 ① ·········· 224

제47권
49. 방우품 ② ·········· 259

제48권
50. 예삼보품禮三寶品 ·········· 298

제49권
51. 비상품非常品 ·········· 343

제50권
52. 대애도반열반품大愛道般涅槃品 ① ······································· 387

제51권
52. 대애도반열반품 ② ·· 412

증일아함경增壹阿含經 제 38 권

43. 마혈천자문팔정품馬血天子問八政品 ①

[1][1]

이와 같이 들었다.

어느 때 부처님께서는 사위국 기수급고독원에 계셨다.

마혈천자馬血天子[2]는 인적이 없는 때에 세존께서 계신 곳으로 나아가 그 발에 머리 조아려 예를 올리고 한쪽에 서 있었다. 그때 천자가 세존께 아뢰었다.

"저는 '땅 위를 걸어 이 세계 끝까지 갈 수 있을까'라는 생각을 한 적이 있습니다. 저는 이제 세존께 여쭙니다. 걸어서 이 세계 끝까지 갈 수 있습니까?"

세존께서 말씀하셨다.

---

[1] 이 소경과 내용이 비슷한 경으로는 『잡아함경』 제49권 1,307번째 소경인 「적마경赤馬經」과 『별역잡아함경』 제15권 306번째 소경이 있다.
[2] 팔리어로 Rohitassa devaputta이고, 적마천자赤馬天子라고도 한다.

"너는 지금 무슨 뜻으로 그렇게 묻는가?"

천자가 부처님께 아뢰었다.

"저는 옛날 언젠가 바가범천婆伽梵天³에 갔었습니다. 그때 그 범천은 제가 오는 것을 멀리서 보고 '잘 오셨소. 마혈천자여, 이곳은 무위無爲의 세계로서 태어남도 없고 늙음도 없고 병듦도 없고 죽음도 없으며, 끝도 없고 시작도 없으며, 근심·걱정·괴로움·번민도 없소'라고 말했습니다. 저는 그때 이렇게 생각했습니다.

'이곳이 바로 열반의 세계인가? 왜냐하면 열반에는 태어남·늙음·병듦·죽음과 근심·걱정·괴로움·번민이 없기 때문이다. 이곳이 세계의 끝인가? 만일 세계의 끝이라면 걸어서 세계 끝까지 갈 수 있는 것이구나.'"

세존께서 말씀하셨다.

"너는 어떤 신통을 가졌는가?"

천자가 부처님께 아뢰었다.

"마치 활을 잘 쏘는 역사의 화살은 걸림 없이 날아가는 것처럼 지금 제 신통도 그와 같이 걸림이 없습니다."

세존께서 말씀하셨다.

"내가 이제 너에게 물으니 마음대로 대답하라. 비유하면 다음과 같다. 활을 잘 쏘는 네 남자가 각각 사방을 향해 활을 쏠 때 어떤 사람이 와서 그 사방의 화살을 땅에 떨어지기 전에 거두어 잡으려 한다고 하자. 어떤가? 천자야, 그 화살을 땅에 닿지 않게 하는 그런 사람을 매우 빠르다고 생각하지 않는가?

천자야, 알아야 한다. 저 위의 해와 달 앞에는 첩보천자捷步天子⁴가

---

3 신수대장경 각주에 의하면 "송·원·명 3본에는 바가범천婆伽梵天이 사가범천娑伽梵天으로 되어 있다"고 한다.

있다. 그는 가고 오며 나아가고 그침이 저 사람의 민첩함을 능가한다. 그런데 해와 달의 궁전은 그보다 더 빠르다. 그러나 민첩한 그 사람과 첩보천자와 해와 달의 속도를 합친다 해도 삼십삼천三十三天의 빠른 속도만 못하고, 삼십삼천의 빠른 속도도 염천豔天의 속도만은 못하다. 이와 같이 모든 하늘이 가진 신통은 서로에게 미치지 못하느니라.

설사 네가 저 하늘들과 같은 그런 신통한 힘을 가졌다 하더라도 1겁에서 또 1겁, 내지 1백 겁 동안 가더라도 세계의 끝까지 갈 수 없을 것이다. 왜냐하면 세계의 영역은 헤아릴 수 없기 때문이니라.

천자야, 알아야 한다. 나는 아주 먼 옛날에 선인仙人이었던 적이 있는데, 그 이름은 마혈馬血로 지금의 너와 같았다. 그때 나는 애욕이 이미 다하여 아무 걸림도 없이 허공을 날아다녔다. 나는 그때 신통력이 남달라 손가락을 튕기는 사이에 사방의 화살을 땅에 닿기 전에 거둬잡을 수 있었다. 이때 나는 그런 신통을 가지고 이렇게 생각하였다.

'나는 지금 이 신통으로 세계 끝까지 갈 수 있을까?'

그래서 세계를 걸어가 보았지만 그 영역을 벗어날 수 없었다. 그렇게 목숨을 마친 뒤에 넋을 늘리고 업을 낚아 깨달음[佛道]을 이루었고, 나무 밑에 단정히 앉아 옛날에 겪었던 일들을 사유하였다.

'과거 선인이었을 때 그런 신덕神德으로도 그 방향의 끝에까지 갈 수 없었다. 어떤 신통력이라야 그 끝까지 갈 수 있을까?'

이때 나는 다시 이렇게 생각하였다.

'반드시 성현의 여덟 가지 지름길로 가야만 생사生死의 끝까지 갈 수 있을 것이다.'

---

4 신수대장경 각주에 의하면 "송·원·명 3본에는 첩보천자捷步天子가 건보천자健步天子로 되어 있다"고 한다.

성현의 여덟 가지 지름길이란 무엇인가? 이른바 바른 소견·바른 다스림·바른 말·바른 업·바른 생활·바른 방편·바른 기억·바른 삼매니라.

천자야, 알아야 한다. 이것을 현성의 8품도라 하며, 이것으로 세계의 끝까지 갈 수 있다. 세계를 벗어날 수 있었던 과거 항하수 모래알처럼 많은 부처님들께서도 모두 이 현성의 8품도로 세계 끝까지 갔고, 만일 미래에 여러 불세존께서 이 세상에 출현하신다면 그들도 이 성현의 길로 세계 끝까지 갈 수 있을 것이다."

그때 세존께서 곧 이런 게송을 말씀하셨다.

걸어가는 방법으론 끝이 없으리.
이 세계를 벗어날 수 있는 자
세계의 종류는 헤아릴 수 없나니
신통으로 갈 수 있는 것 아니네.

범부들 부질없이 마음을 내어
그 속에서 곧 미혹을 일으키며
참되고 바른 법 분별하지 못하고는
다섯 갈래 길을 돌고 도는구나.

성현들의 저 8품도
그것은 건너가는 배가 되나니
모든 부처님 그 길을 닦아
이 세계의 끝까지 갔었느니라.

> 장차 세상에 나타나실 부처님
> 저 미륵과 같은 그 부처님들
> 또한 이 8품도로
> 이 세계의 끝까지 가게 되리라.
>
> 그러므로 만일 지혜로운 사람이
> 성현의 이 8품도를 닦아
> 밤이나 낮이나 익히고 행한다면
> 저 무위의 땅에 이르게 되리라.

그때 마혈천자는 여래로부터 현성의 8품도에 대한 설명을 듣고, 그 자리에서 온갖 번뇌가 다해 법안이 깨끗해졌다. 천자는 곧 그 발에 머리 조아려 예를 올리고 부처님 주위를 세 번 돌고 물러갔다.

그때 천자는 바로 그날 하늘나라의 갖가지 아름다운 꽃을 여래 위에 흩뿌리며 이런 게송을 말하였다.

> 오랫동안 생사에 굴러다니며
> 이 세계를 건너보려 하였지만
> 현성의 8품도는
> 알지도 또 보지도 못했네.
>
> 이제 나는 진리를 보고
> 또 8품도에 대해 들어
> 그 끝까지 갈 수 있었으니
> 모든 부처님께서 도달하신 곳이라네.

그러자 세존께서는 그 천자의 말을 인정하셨다. 천자는 세존께서 인정하시는 것을 보고 곧 세존의 발에 예를 올리고 물러갔다. 그때 천자는 부처님의 말씀을 듣고 기뻐하며 받들어 행하였다.

〔 2 〕

이와 같이 들었다.

어느 때 부처님께서는 사위국 기수급고독원에 계셨다.

그때 세존께서 모든 비구들에게 말씀하셨다.

"내가 이제 성현의 8관재법關齋法[5]에 대해 설명하리니, 너희들은 잘 사유하고 기억해 기쁘게 받들어 행하라."

그러자 비구들은 부처님의 말씀을 들었다.

세존께서 말씀하셨다.

"8관재법이란 무엇인가? 첫째는 생물을 죽이지 않는 것이요, 둘째는 주지 않는 것은 가지지 않는 것이며, 셋째는 음탕한 짓을 하지 않는 것이요, 넷째는 거짓말하지 않는 것이며, 다섯째는 술을 마시지 않는 것이요, 여섯째는 때를 지나서는 먹지 않는 것이며, 일곱째는 높고 넓은 평상에 앉지 않는 것이요, 여덟째는 풍류를 멀리하고 향이나 꽃으로 몸을 꾸미지 않는 것이다. 비구들이여, 이것을 성현의 8관재법이라 한다."

이때 우바리優波離가 부처님께 아뢰었다.

"8관재법은 어떻게 수행합니까?"

세존께서 말씀하셨다.

"우바리야, 선남자나 선여인이라면 8일·14일·15일에 사문 혹은

---

[5] 8재계齋戒·8지포살支布薩이라고도 한다.

장로 비구에게 찾아가 제 이름을 일컫고, 아침부터 저녁까지 나한처럼 마음을 가져 흔들리지 않으며, 중생들에게 칼이나 몽둥이를 쓰지 않고 일체를 두루 사랑해야 한다.

'저는 이제 재법齋法을 받들어 조금도 범하지 않겠습니다. 생물을 죽일 마음을 내지 않을 것이며, 저 진인眞人의 가르침을 익혀 도둑질하지 않고, 음탕한 짓을 하지 않으며, 거짓말을 하지 않고, 술을 마시지 않으며, 때를 지나서는 먹지 않고, 높고 넓은 평상에 앉지 않으며, 풍류를 즐기지도 향이나 꽃으로 몸을 꾸미지도 않겠습니다.'

만일 지혜로운 자라면 이렇게 말하겠지만 가령 지혜가 없는 자거든 그들에게 이렇게 가르쳐 주어야 한다. 또 그 비구는 그 하나하나를 지목해 주어 차례에서 빠뜨리거나 건너뛰는 일이 없도록 해야 한다. 그리고는 그들로 하여금 서원을 세우게 해야 하느니라."

우바리가 부처님께 아뢰었다.

"어떻게 서원을 세워야 합니까?"

세존께서 말씀하셨다.

"그는 발원할 때 이렇게 해야 한다.

'제가 이제 이 8관재법으로 말미암아 지옥·아귀·축생에 떨어지지 않고, 또 여덟 가지 어려운 곳에 떨어지지도 않으며, 변두리에 태어나지도 않고, 흉한 곳에 떨어지지도 않으며, 나쁜 벗과 사귀지 않고, 올곧은 부모를 만나며, 삿된 소견을 익히지 않고, 중국(中國 : 인도)에 태어나며, 좋은 법을 듣고 그것을 분별하고 사유하여 법과 법을 성취하게 하여지이다.

이 재법의 공덕으로 모든 중생의 선법을 거두어 가지고, 이 공덕을 그들에게 베풀어 위없는 바르고 참된 도를 성취하게 하여지이다.

이 서원의 복으로 3승을 성취하고 중간에 물러서지 않게 하여지이다.

　다시 이 8관재법으로 부처님의 도·벽지불의 도·아라한의 도를 배우고, 모든 세계에서 바른 법을 배우는 이들도 이 업을 익히게 하여, 장래 미륵부처님께서 세상에 출현하실 때 그 여래·지진·등정각의 법회를 만나 곧바로 제도되게 하여지이다.'

　미륵께서 세상에 출현하실 때 성문들의 법회가 세 차례 있을 것이다. 첫 번째 법회 때에는 96억의 비구대중들이, 두 번째 법회 때에는 94억의 비구대중들이, 세 번째 법회 때에는 92억의 비구대중들이 모이는데, 그들은 다 아라한으로서 모든 번뇌가 이미 없어진 자들일 것이다. 또 그 나라의 왕과 그 나라의 스승들을 만나는데 그들도 이와 같은 가르침을 펴며 빠뜨림이 없을 것이다."

　이때 우바리가 세존께 아뢰었다.

　"선남자나 선여인이 8관재를 지키더라도 서원을 세우지 않으면 왜 큰 공덕을 얻지 못합니까?"

　세존께서 말씀하셨다.

　"비록 복을 얻기는 하나 그 복은 말할 것이 못 된다. 내가 이제 그 까닭을 설명하리라. 과거 세상에 보악寶岳이라는 왕이 있었다. 그는 법으로 다스리며 아첨이나 왜곡됨이 없이 이 염부제閻浮提 경계를 통솔하였다. 그때 부처님이 계셨으니, 보장寶藏 여래·치진·등정각·명행성위·선서·세간해·무상사·도법어·천인사·불중우라 불렸던 분께서 세상에 출현하셨다.

　그 왕에게는 모니牟尼라는 딸이 있었다. 그녀는 얼굴이 빼어나고 얼굴빛이 복숭아꽃 같았으니 그것은 전생에 여러 부처님을 공양한 결과였다.

　그 부처님께서도 세 번의 법회를 가졌는데, 첫 번째 법회에 참석한 성문은 1억 6만 8천 명이었고, 두 번째 법회에는 1억 6만 명, 세 번째 법회에는 1억 3만 명이 모였는데, 그들은 모두 번뇌가 이미 다한 아라한이었다.

그때 그 부처님은 제자들을 위해 이렇게 설법하셨다.

'비구들이여, 항상 좌선하기를 생각해 게으르지 말고, 또 방편을 구해 경전과 계를 외우고 익혀라.'

그 부처님의 시자는 만원滿願이었고 많이 들어 아는 것이 제일이었으니, 마치 많이 듣기로 제일인 지금의 아난 비구와 같았다.

이때 그 만원 비구는 보장 부처님께 아뢰었다.

'여러 비구들은 모든 감각기관이 우둔하고 선정을 힘써 닦지 않으며 또 경전을 외우고 익히지도 않습니다. 이제 세존께서는 저들을 어떤 법에 두어 편안하게 하시겠습니까?'

보장 부처님께서 말씀하셨다.

'만일 모든 감각기관이 우둔하고 선정을 닦을 수 없는 비구가 있다면, 그는 세 가지 상인上人의 법을 닦아야 한다. 세 가지란 무엇인가? 이른바 좌선坐禪과 송경誦經과 대중의 일을 돕는 것이다.'

이와 같이 그 부처님께선 제자들을 위해 이러한 미묘한 법을 말씀하셨느니라.

그때 역시 선정 수행을 감당할 수 없었던 어떤 장로 비구가 있었다. 그는 이렇게 생각하였다.

'나는 이제 너무 늙었고 또 선정을 닦을 수도 없으니, 서원을 세워 돕는 법을 행하리라.'

그 장로 비구는 곧 야마성野馬城으로 들어가 등불과 기름을 구해 날마다 보장여래께 공양하여 등불이 끊어지지 않게 하였다. 이때 왕녀 모니는 그 장로 비구가 거리를 다니며 구걸하는 것을 보고 그 비구에게 물었다.

'비구께선 지금 무엇을 구하십니까?'

비구가 대답하였다.

'성녀聖女여, 아십시오. 저는 이제 너무 늙어 선정을 닦을 수가 없습니다. 그래서 기름을 구걸해 부처님께 공양하여 광명을 이어가려는 것입니다.'

그 여자는 부처님이라는 말을 듣고 뛸 듯이 기뻐 어쩔 줄 모르며 장로 비구에게 아뢰었다.

'비구여, 당신은 지금부터 다른 곳에서 구걸하지 마십시오. 당신께서 보시할 기름과 등불을 제가 모두 대어 드리겠습니다.'

이때 장로 비구는 그 여자의 보시를 받아 날마다 기름을 보장여래께 공양하고 그 공덕과 복업을 가지고 위없는 바르고 참된 도에 보시하면서 입으론 이렇게 연설하였다.

'나는 이미 늙었고 또 근기가 우둔해 선정을 닦을 만한 지혜가 없다. 그러므로 이 공덕의 업으로 말미암아 태어날 때마다 나쁜 세계에 떨어지지 않으며, 미래 세상에선 지금의 보장여래와 똑같은 성인을 만나고 또 지금의 성중聖衆과 똑같은 성중을 만나며 또 그 설법도 지금과 똑같아지이다.'

그때 보장여래는 그 비구의 마음속 생각을 아시고 곧 웃으며 입에서 다섯 가지 색의 광명을 내시면서 말씀하셨다.

'비구야, 너는 장차 무수한 아승기겁이 지난 뒤에 반드시 부처가 될 것이니 그 이름은 등광燈光 여래·지진·등정각이니라.'

이때 장로 비구는 뛸 듯이 기뻐하며 어쩔 줄 몰랐고, 몸과 마음이 견고해져 뜻이 물러서지 않았으며 보통 때와 달리 얼굴빛이 빼어났다.

이때 모니라는 여자는 그 비구의 얼굴빛이 보통 때와 다른 것을 보고 곧 나아가 물었다.

'비구여, 오늘은 얼굴빛이 너무도 빼어나신 게 보통 때와 다릅니다. 어떤 뜻을 얻은 까닭입니까?'

비구가 대답하였다.

'왕녀여, 아십시오. 얼마 전 여래께서는 제게 감로를 부어 주셨습니다.'

모니가 물었다.

'여래께서 어떻게 감로를 부어 주셨습니까?'

비구가 대답하였다.

'저는 보장여래의 수기〔授決〕[6]를 받았습니다. 여래께선〈장차 무수한 아승기겁이 지난 뒤에 반드시 부처가 될 것이니, 그 이름은 등광燈光여래·지진·등정각이니라〉라고 말씀하셨습니다. 그래서 저는 몸과 마음이 견고해져 뜻이 물러서지 않게 되었습니다. 왕녀여, 이와 같이 저는 여래의 수결을 받았습니다.'

'그 부처님께서는 혹 저에게도 수기하셨습니까?'

'그대에게 수기하셨는지는 저도 모르겠습니다.'

이때 왕녀는 비구의 말을 듣고 곧 보배스런 깃털로 장식한 수레를 타고 보장여래께 찾아가 그 발에 머리 조아려 예를 올리고 한쪽에 앉았다. 그때 왕녀는 부처님께 아뢰었다.

'제가 바로 단월 시주로서 필요한 기름을 항상 공급해드린 사람입니다. 그런데 지금 세존께서는 저 비구에겐 수기하시고 저만 수기하지 않으셨습니다.'

---

6 팔리어로는 veyyākaraṇa이고, 수기授記·수별授莂·기별記莂이라고도 한다.

보장여래께서 말씀하셨다.

'마음을 내어 원을 세우기만 해도 그 복이 한량없거늘 하물며 재물로 보시함이겠느냐?'

모니라는 여자는 대답하였다.

'만일 여래께서 저에게 수기하지 않으신다면 저는 스스로 목숨을 끊겠습니다.'

보장여래께서는 말씀하셨다.

'여자의 몸으로는 전륜성왕이 되려 하여도 결코 그리될 수 없고, 제석이 되려 하여도 또한 그리될 수 없으며, 범천왕이 되려 하여도 그리될 수 없고, 마왕이 되려 하여도 그리될 수 없으며, 여래가 되려 하여도 그리될 수 없느니라.'

'그러면 저는 정녕 위없는 도를 이룰 수 없는 겁니까?'

'될 수 있다. 모니 여인아. 너는 위없는 바르고 참된 도를 이룰 수 있다. 그러나 왕녀야, 알아야 한다. 무수한 아승기겁 뒤에 부처님이 세상에 출현하실 것이니, 그분이 너의 선지식이다. 그 부처님께서 너에게 수기하실 것이다.'

왕녀가 그 부처님께 아뢰었다.

'보시를 받은 이는 청정한데 주는 이가 탁했던 것입니까?'

보장부처님께서 말씀하셨다.

'내가 지금 말하는 것은 마음이 청정하고 발원이 견고함을 말한 것이다.'

이때 왕녀는 말을 마치고 곧 자리에서 일어나 그 발에 머리 조아려 예를 올리고 부처님을 세 번 돌고는 물러갔느니라.

우바리야, 알아야 한다. 그 후 무수한 아승기겁 뒤에 등광燈光부처님께서 세상에 출현하여 발두마대국鉢頭摩大國에서 대비구들 16만 8천 명과 함께 계셨고, 국왕과 인민들은 모두 찾아와 받들어 섬겼느니라.

그때 그 나라에는 제파연나提波延那라는 왕이 있어 법으로 다스리면서 이 염부閻浮 땅을 통솔하였다. 그 왕은 부처님과 비구 스님을 청해 음식을 공양하였고, 이때 등광여래는 이른 아침에 가사를 입고 발우를 가지고 비구들을 데리고 성으로 들어가셨다.

그때 미륵彌勒이라는 범지의 아들이 있었는데, 그는 무리에서 홀로 두드러지게 얼굴이 단정하고 모습이 범천과 같았으며, 모든 경전을 통달해 두루 익히지 않은 것이 없고 온갖 글과 주술을 모두 밝게 알았으며, 천문 지리도 모르는 것이 없었다.

그 범지는, 세상에서 기이하게 여길 만큼 얼굴이 빼어나고 모든 감각기관은 고요히 안정되었으며 32상과 80종호로 그 몸을 장엄한 등광여래께서 오시는 모습을 멀리서 뵙고, 곧 기뻐하는 뜻과 착한 마음이 생겨 이렇게 생각하였다.

'책의 기록에 따르면 여래께서 출현하시는 일은 매우 만나기 어려우니, 우발화優鉢華가 모처럼 피어나듯 아주 드물게 출현하신다고 한다. 그러니 나는 이제 가서 시험해 보리라.'

이때 범지는 손에 다섯 송이의 꽃을 들고 세존께 나아가다가 다시 이런 생각을 하였다.

'32상相을 가진 자라야 깨달은 자이다.'

그는 곧 다섯 송이 꽃을 여래 위에 흩뿌리고 32상을 찾아보았지만 30상만 보이고 2상은 보이질 않았다. 그는 곧 '지금 세존을 살펴보니 광장설상廣長舌相과 음마장상陰馬藏相이 보이지 않는구나'고 의심하고는 곧 이런 게송을 말하였다.

들기로는 서른두 가지

대인상大人相이 있다고 하던데
이제 두 가지가 보이지 않으니
그 상호 온전히 갖추고 계십니까?

과연 정결하고 음탕하지 않은
음마장을 갖추고 계십니까?
귀를 핥고 얼굴을 덮는
광장설을 갖추고 계십니까?

저를 위해 그 모습을 나타내어
의심의 모든 결박 끊어 주소서.
음마장과 광장설상
그것을 꼭 보고 싶습니다.

　이때 등광부처님께선 곧 삼매에 들어 그 범지로 하여금 2상相을 보게 하셨다. 등광부처님께서는 다시 넓고 긴 혀를 내밀어 양쪽 귀를 핥고 큰 광명을 놓았다가 정수리로 다시 들어가게 하셨다. 그 범지는 여래께서 32상을 완전히 갖추신 것을 보고는 뛸 듯이 기뻐하고 어쩔 줄 모르며 이렇게 말하였다.
　'원컨대 세존께서는 잘 관찰하소서. 저는 이제 이 다섯 송이 꽃을 여래께 올립니다. 또 이 몸을 성스러운 존자께 공양하겠습니다.'
　이렇게 서원을 세웠을 때 그 다섯 송이 꽃은 공중에서 너무도 기묘하고 네 기둥에 네 문이 있는 보대寶臺로 변화하였다. 그는 이 교로대交露臺를 보고 뛸 듯이 기뻐하고 어쩔 줄 모르며 이런 서원을 세웠다.
　'제가 미래에 부처가 된다면 등광부처님처럼 되고, 뒤를 따르는 제

자들도 모두 이와 같아지이다.'

이때 등광부처님께서는 그 범지의 마음속 생각을 아시고 곧 웃으셨다. 수기할 때 세존께서 웃으시면 입에서 다섯 가지 광명이 나와 삼천대천세계를 두루 비추는 것은 모든 불세존께 늘 있는 법이다. 그때도 광명이 삼천대천세계를 두루 비추어 해와 달이 빛을 잃게 한 뒤에 정수리로 도로 들어갔다.

만일 여래가 되리라고 수기하실 때라면 광명은 정수리로 들어가고, 벽지불로 수기하실 때에는 광명이 입에서 나와 귀로 들어가며, 성문으로 수기하실 때에는 광명이 어깨 위로 들어가고, 천상에 태어나리라고 수기하실 때에는 광명이 팔 속으로 들어가며, 인간으로 태어나리라고 수기하실 때에는 광명이 양 옆구리로 들어가고, 아귀로 태어나리라고 수기하실 때에는 광명이 겨드랑이로 들어가며, 축생으로 태어나리라고 수기하실 때에는 광명이 무릎으로 들어가고, 지옥에 태어나리라고 수기하실 때에는 광명이 다리 밑으로 들어간다. 그때 범지는 광명이 정수리로 들어가는 것을 보고 뛸 듯이 기뻐하며 어쩔 줄 모르고 곧 머리를 풀어 땅에 펴고 이렇게 말하였다.

'만일 여래께서 저에게 수기하지 않으신다면 저는 이 자리에서 스스로 목숨을 끊어 모든 감각기관을 그대로 두지 않겠습니다.'

이때 등광부처님께서는 그 범지의 마음속 생각을 알고 곧 이렇게 말씀하셨다.

'너는 빨리 일어나라. 너는 미래 세상에서 부처가 되어 이름을 석가문釋迦文 여래·지진·등정각이라 할 것이다.'

이때 그 마납摩納은 부처님의 수기를 듣고 마음으로 뛸 듯이 기뻐하며 어쩔 줄 몰랐다. 그는 곧 그 자리에서 변현삼매遍現三昧를 얻어 허공으로 솟아올라 땅에서 일곱 길쯤 떨어진 곳에서 등광여래를 향해 합장하였다.

우바리야, 너는 달리 생각지 말라. 보장여래 때의 장로 비구가 어찌 다른 사람이겠느냐? 등광여래가 바로 그 사람이니라. 또 그때의 왕녀 모니는 바로 지금의 나이다. 그때 보장여래께서 나에게 석가문이라는 이름을 지어 주셨느니라.[7]

나는 이제 이런 인연으로 이 8관재법을 설한 것이다. 마땅히 서원을 세워야 하나니 원을 세우지 않으면 과보도 없느니라. 왜냐하면 그 여자도 그런 서원을 세웠기 때문에 바로 그 겁에 소원을 성취한 것이고, 만일 그 장로 비구가 서원을 세우지 않았더라면 끝끝내 불도를 이루지 못했을 것이기 때문이다. 서원의 복은 이루 헤아릴 수 없으니 감로 같은 열반의 경지에 이르게 하느니라. 우바리야, 이와 같이 공부해야 하느니라."

그때 우바리는 부처님의 말씀을 듣고 기뻐하며 받들어 행하였다.

〔 3 〕[8]

이와 같이 들었다.

어느 때 부처님께서는 마갈국摩竭國에 계시면서 대비구들 5백 명과 함께 천천히 강가로 가셨다.

그때 세존께서는 강 한가운데 큰 목재가 떠내려가는 것을 보시고 곧 강가의 어느 나무 밑에 앉으셨다. 그때 세존께서 모든 비구들에게 말씀하셨다.

---

7 경의 앞부분에서는 등광불燈光佛이 미륵범지彌勒梵志에게 석가문불釋迦文佛이 되리라고 수기한 것으로 되어 있다. 경의 내용으로 보아 보장여래 때의 왕녀 모니가 등광여래 때 미륵범지가 되었고, 미륵범지가 석가모니불이 된 것으로 유추된다.
8 이 소경과 내용이 비슷한 경으로는『잡아함경』제43권 1,174번째 소경인 「유수경流樹經」이 있다.

"너희들은 물에 떠내려가는 저 나무가 보이느냐?"

모든 비구들이 부처님께 아뢰었다.

"예, 보입니다."

세존께서 말씀하셨다.

"만일 저 나무가 이쪽 언덕에도 닿지 않고 저쪽 언덕에도 닿지 않으며, 중간에서 가라앉지도 않고 또 언덕 위에 있지도 않으며, 사람에게 잡히지도 않고 사람 아닌 것에게 붙잡히지도 않으며, 물에서 빙빙 돌지도 않고 또 썩지도 않는다면, 저것은 차츰 바다에 이르게 될 것이다. 왜냐하면 바다는 모든 강의 근원이기 때문이다.

너희 비구들도 그와 같아서 만일 이쪽 언덕에 닿지 않고 저쪽 언덕에도 닿지 않으며, 중간에서 가라앉지도 않고 언덕 위에 있지도 않으며, 사람이나 사람이 아닌 것에게 붙잡히지도 않고 물에서 빙빙 돌지도 않으며 또 썩지도 않는다면, 그는 차츰 열반에 이르게 될 것이다.

왜냐하면 열반이란 바른 소견·바른 다스림·바른 말·바른 업·바른 생활·바른 방편·바른 기억·바른 선정으로서, 이것이 열반의 근본이기 때문이니라."

그때 난다難陀라는 목동이 지팡이를 짚고 서 있었다. 그 목동은 이런 말씀을 멀리서 듣고 천천히 세존께 나아가 섰다. 그때 목동이 세존께 아뢰었다.

"저 역시 이쪽 언덕에도 닿지 않고 저쪽 언덕에도 닿지 않으며, 중간에서 가라앉지도 않고 언덕 위에 있지도 않으며, 사람에게 붙잡히지도 않고 사람 아닌 것에게 붙잡히지도 않으며, 물에서 빙빙 돌지도 않고 또 썩지 않는다면, 차츰 열반의 경지에 이르게 될 것입니다. 원컨대 세존께서는 저를 도 안에 있도록 허락하시어 사문이 되게 하소서."

세존께서 말씀하셨다.

"너는 지금 그 소를 주인에게 돌려준 뒤에야 사문이 될 수 있을 것이다."

목동 난다는 아뢰었다.

"이 소는 송아지를 그리워하는 생각에 스스로 집으로 돌아갈 것입니다. 원컨대 세존께서는 도 안에 있도록 허락하소서."

세존께서 말씀하셨다.

"이 소가 알아서 제 집을 찾아가겠지만 그래도 너는 꼭 직접 가서 돌려주어야 하느니라."

이때 목동은 그 분부를 받고 직접 가서 소를 돌려준 뒤에 부처님께 돌아와 세존께 아뢰었다.

"이제 소는 돌려주었습니다. 원컨대 세존께서는 제가 사문이 되는 것을 허락하소서."

그러자 여래께서는 곧 그가 사문이 되는 것을 허락하시고, 구족계를 주셨다. 그때 다른 어떤 비구가 세존께 아뢰었다.

"이쪽 언덕이란 무엇이고, 저쪽 언덕이란 무엇이며, 중간에서 가라앉는다는 것은 무엇이고, 언덕 위에 있다는 것은 무엇이며, 사람에게 붙잡히지 않는다는 것은 무엇이고, 사람 아닌 것에게 붙잡히지 않는다는 것은 무엇이며, 물에서 빙빙 돈다는 것은 무엇이고, 썩지 않는다는 것은 무엇입니까?"

부처님께서 비구에게 말씀하셨다.

"이쪽 언덕이란 몸이요, 저쪽 언덕이란 몸이 소멸한 것이며, 중간에서 가라앉는다는 것은 욕망과 애욕이요, 언덕 위에 있다는 것은 다섯 가지 욕망이다. 사람에게 붙잡힌다는 것은 어떤 족성자가 '이 공덕과 복으로 국왕이나 대신이 되어지이다'라고 서원을 세우는 것이요, 사람

아닌 것에게 붙잡힌다는 것은 어떤 비구가 '사천왕의 세계나 다른 여러 하늘나라에 태어나 범행을 닦게 하소서. 이제 이 공덕으로 여러 하늘나라에 태어나리라'라고 서원을 세우는 것이니, 이것을 사람 아닌 것에게 붙잡힌다는 것이니라. 물에서 빙빙 돈다는 것은 바로 삿된 의심이요, 썩는다는 것은 삿된 소견・삿된 다스림・삿된 말・삿된 업・삿된 생활・삿된 방편・삿된 기억・삿된 선정이니 이것이 바로 썩는다는 것이다."

이때 난다 비구는 한적한 곳에서 지내며 스스로 힘써 수행하였다. 그리하여 족성자들이 수염과 머리를 깎고 출가하여 도를 배우는 목적인 위없는 범행을 닦아, 나고 죽음이 이미 다하고 범행은 이미 서며 할 일을 이미 마쳐 다시는 태를 받지 않게 되었다. 그는 그 자리에서 곧 아라한이 되었다.

그때 난다는 부처님의 말씀을 듣고 기뻐하며 받들어 행하였다.

〔 4 〕

이와 같이 들었다.

어느 때 부처님께서는 라열성羅閱城의 가란타죽원迦蘭陀竹園에서 대비구들 5백 명과 함께 계셨다.

그때 제바달두提婆達兜는 이미 신통을 잃었는데 아사세阿闍世 태자가 날마다 5백 가마의 밥을 보내 그를 공양하고 있었다. 이때 많은 비구 대중들은 제바달두가 이미 신통을 잃었는데 아사세 태자의 공양을 받고 있다는 소식을 듣고, 서로를 이끌고 부처님께 나아가 그 발에 머리 조아려 예를 올리고 한쪽에 앉았다. 이때 많은 비구들이 부처님께 아뢰었다.

"제바달두는 너무도 큰 위력을 가졌습니다. 지금 아사세왕의 공양을 받고 있는데 날마다 5백 가마의 밥을 보내고 있답니다."

그때 세존께서는 이 말을 듣고 비구들에게 말씀하셨다.

"너희들은 제바달두 비구가 누리고 있는 이익을 탐내는 그런 마음을 가지지 말라. 저 어리석은 자는 그 이익으로 말미암아 스스로 멸망할 것이다. 왜냐하면 비구들이여, 제바달두는 출가하여 도를 배우는 사람으로서 그 소원을 이루지 못할 것이기 때문이다.

비구들이여, 알아야 한다. 마치 어떤 사람이 그 마을을 벗어나 날이 선 도끼를 들고 큰 나무를 찾아 나섰을 때, 원래 바랐던 것은 큰 나무였는데 정작 그 나무에 가서는 가지와 잎사귀만 가지고 돌아오는 것과 같다. 지금 저 비구도 그와 같아서 이익을 탐하고 집착한다. 그는 그 이익으로 말미암아 남들에게 자신을 뽐내고 남들을 비방하고 있으니 비구로서 마땅히 행해야 할 그 소원을 이루지 못할 것이다. 그는 그 이익으로 말미암아 방편을 구해 용맹스런 마음을 일으키지 않으니, 마치 보배를 원하고도 얻지 못하는 사람과 같아 지혜로운 이들의 버림을 받게 될 것이다.

설령 어떤 비구가 이익을 얻은 뒤에 스스로 자랑하지 않고 또 남을 비방하지도 않지만, 때로 남들에게 '나는 계를 지키는 사람이요, 저 자는 계를 범한 사람이다'라고 스스로 일컫는다면, 그는 비구가 원하는 결과를 얻지 못할 것이다. 마치 어떤 사람이 줄기[根][9]는 버리고 가지만 들고 집으로 돌아오는 것과 같으니, 지혜로운 사람이 본다면 '저 사람이 가지를 들고 집으로 돌아오긴 했지만 줄기는 모르는구나'라고 할 것이다.

여기 있는 비구들 또한 마찬가지이니, 이익을 얻고 계율을 받들어

---

9 팔리본에는 sāra로 되어 있다. 이는 목재가 되는 나무의 심 부분을 말한다. 따라서 경의 내용에 맞추어 줄기로 번역하였다.

지키며 아울러 법행을 닦고 삼매를 닦기 좋아한다 하더라도 그가 그런 삼매에 든 마음이라 하여 남들에게 '나는 지금 선정을 얻었지만 다른 사람들은 선정이 없다'고 스스로 자랑한다면, 그는 비구로서 행해야 할 법에 있어서 그 결과를 얻지 못한다.

마치 어떤 사람이 그 재목을 구해 큰 나무가 있는 곳을 찾아가 재목감을 보고는 가지와 잎사귀를 버리고 그 줄기를 가지고 돌아가는 것과 같으니, 지혜로운 사람이 이것을 본다면 '저 사람은 줄기를 아는구나'라고 말할 것이다. 지금 여기 있는 비구들 또한 그와 같이 이익을 불러일으키고 계율을 받들어 지키며 스스로 자랑하지 않고 남을 비방하지도 않으며, 삼매를 닦는 것도 그렇게 하며 차근차근 지혜를 행하라. 지혜가 이 법에서 가장 으뜸가는 것이니라.

그러나 저 제바달두 비구는 이 법에서 지혜와 삼매를 끝내 얻지 못할 것이고, 또 계율의 법도 온전히 갖추지 못하였느니라."

어떤 비구가 세존께 아뢰었다.

"어찌하여 저 제바달두를 계율의 법을 모르는 자라 하십니까? 그는 신묘한 덕을 가지고 있고 온갖 행을 성취하였습니다. 이런 지혜가 있는데 왜 계율의 법을 모른다 하십니까? 지혜가 있으면 삼매가 있고 삼매가 있으면 계율이 있습니다."

세존께서 말씀하셨다.

"계율이란 법은 세속의 예사로운 법이요, 삼매의 성취도 세속의 예사로운 법이며, 신통으로 날아다니는 것도 세속의 예사로운 법이다. 그러나 지혜의 성취는 가장 으뜸가는 진리이니라."

그때 세존께서는 곧 이런 게송을 말씀하셨다.

선정으로 말미암아 신통을 얻어

위로 간다 해도 끝까지 가진 못하네.
무위의 경지 얻지 못하면
다시 5욕欲 속에 떨어지리라.

저 지혜가 가장 으뜸이라
근심도 없고 걱정도 없네.
결국 끝에는 평등한 견해 얻어
나고 죽는 이 몸을 끊어버리리.

"비구들이여, 알아야 한다. 이런 이유로 제바달두는 계율의 법을 알지 못하고 지혜와 삼매의 행도 알지 못한다고 한 것이니라. 너희 비구들은 저 제바달두처럼 이익을 탐내고 집착하지 말라. 대개 이익이란 사람을 나쁜 곳에 떨어뜨려 좋은 곳으로 가지 못하게 하느니라.

만일 이익에 집착한다면 곧 삿된 소견을 익혀 바른 소견에서 떠나고, 삿된 다스림을 익혀 바른 다스림에서 떠나며, 삿된 말을 익혀 바른 말에서 떠나고, 삿된 업을 익혀 바른 업에서 떠나며, 삿된 생활을 익혀 바른 생활에서 떠나고, 삿된 방편을 익혀 바른 방편에서 떠나며, 삿된 기억을 익혀 바른 기억에서 떠나고, 삿된 선정을 익혀 바른 선정에서 떠나게 되느니라.

그러므로 모든 비구들아, 너희들은 마땅히 이익을 얻으려는 마음을 일으키지 말고 억눌러 일어나지 못하도록 하며, 이익을 얻으려는 마음이 이미 일어났거든 방편을 구해 그것을 없애도록 해야 한다. 모든 비구들아, 마땅히 이와 같이 배워야 하느니라."

이 미묘한 법을 연설하셨을 때 60여 명의 비구는 법복을 벗어버리고 속인으로 돌아갔으며, 60여 명의 비구는 번뇌가 다하고 뜻이 열려 온갖 티끌과 때가 없어지고 법안이 깨끗해졌다.

그때 모든 비구들은 부처님의 말씀을 듣고 기뻐하며 받들어 행하였다.

〔 5 〕①[10]

이와 같이 들었다.

어느 때 부처님께서는 사위국 기수급고독원에 계셨다.

그때 세존께서 모든 비구들에게 말씀하셨다.

"내가 이제 뗏목의 비유를 말하리니 너희들은 잘 사유하고 기억해 명심하라."

"그렇게 하겠습니다, 세존이시여."

모든 비구들은 부처님의 가르침을 듣고 있었다. 세존께서 말씀하셨다.

"뗏목의 비유란 무엇인가? 너희들은 혹 길을 가다가 도적에게 사로잡히더라도 마음을 바로 가져 미워하는 생각을 내지 말고, 자애로운 마음[慈心]·불쌍히 여기는 마음[悲心]·기뻐하는 마음[喜心]·평정한 마음[護心]을 일으켜 모든 방위를 두루 채워 한량이 없고 헤아릴 수 없게 하라.

땅과 같은 마음을 가져야 하나니, 이 땅은 깨끗한 것도 받아들이고 더러운 것도 받아들여 똥과 오줌처럼 더러운 것도 모두 다 받아들이지만, 땅은 좋아하거나 싫어하는 마음을 내지 않고 '이것은 좋고 이것은 더럽다'고 말하지 않는다. 너희들의 이와 같이 행동해야 하나니, 설사 도적에게 사로잡히더라도 나쁜 생각을 내거나 좋아하고 싫어하

---

10 이 소경과 내용이 비슷한 경으로는 『중아함경』 제54권 200번째 소경인 「아리타경阿梨吒經」이 있다.

는 마음을 내지 말라.

 땅과 마찬가지로 또한 물·불·바람처럼 나쁜 것도 받아들이고 좋은 것도 받아들이며 조금도 좋아하거나 싫어하는 마음을 내지 말고, 자애로운 마음·불쌍히 여기는 마음·기뻐하는 마음·평정한 마음을 일으켜 일체 중생을 대해야 하느니라. 무슨 까닭인가? 좋은 법조차 버려야 하거늘 하물며 나쁜 법을 익혀서야 되겠는가?

 마치 어떤 사람이 무섭고 험난한 곳을 당해 그 위험한 곳을 벗어나 안온한 곳에 이르려고 생각대로 이리저리 내달리며 편안한 곳을 찾는 것과 같다. 이때 그는 매우 깊고 넓은 큰 강을 만났는데 저쪽 언덕으로 건너갈 수 있는 다리나 배가 없었다. 그리고 그가 서 있는 곳은 너무도 두렵고 험난하였지만 저쪽 언덕은 무사태평하였다.

 그때 그 사람은 방법을 강구하였다.

 '이 강물은 너무도 깊고 넓다. 이제 나무와 풀잎을 주워 모아 뗏목을 만들어 건너가자. 뗏목을 의지하면 이쪽 언덕에서 저쪽 언덕으로 갈 수 있을 것이다.'

 그는 곧 나무와 풀잎을 모아 뗏목을 만들어 이쪽 언덕에서 저쪽 언덕으로 건너갔다. 그는 저쪽 언덕에 이르러 다시 생각하였다.

 '이 뗏목은 내게 많은 이익을 주었다. 이 뗏목 덕택에 재난에서 벗어날 수 있었고 무서운 곳에서 편안한 곳으로 올 수 있었다. 나는 이제 이 뗏목을 버리지 않고 가지고 다니면서 쓰리라.'

 어떤가? 비구들이여, 그 사람은 과연 이른 곳에서 그 뗏목을 스스로 쓸 수 있겠느냐?"

 비구들이 아뢰었다.

 "아닙니다, 세존이시여. 그 사람의 소원이 이미 이루어졌는데 그 뗏목을 다시 어디 쓰겠습니까?"

부처님께서 비구들에게 말씀하셨다.

"좋은 법조차 버려야 하거늘 하물며 나쁜 법이겠는가?"

그때 어떤 비구는 아뢰었다.

"어찌하여 '법조차 버려야 하거늘 하물며 나쁜 법이겠느냐?'라고 말씀하십니까? 저희들은 법으로 말미암아 도를 배우지 않습니까?"

세존께서 말씀하셨다.

"교만憍慢을 의지하여 교만憍慢·만만慢慢·증상만增上慢·자만自慢·사견만邪見慢·만중만慢中慢·증상만增上慢을 없애는 것이다. 즉 교만이 없음으로써 만만慢慢을 없애고, 무만無慢·정만正慢을 없애며 사만邪慢과 증상만增上慢을 없애어 네 가지 만慢을 모두 없애느니라.

나는 옛날 아직 불도를 이루기 전이었을 때 나무 밑에 앉아 이렇게 생각했었다.

'이 욕계欲界에서 누가 가장 세력이 있고 귀한가? 내 그들을 항복 받으리라. 그러면 이 욕계의 하늘과 사람들은 모두 항복하리라.'

이때 나는 다시 이렇게 생각하였다.

'악마 파순波旬이 있다고 들었다. 나는 그와 싸우리라. 그 파순을 항복 받으면 세력이 있고 귀한 모든 교만한 하늘들도 다들 항복하리라.'

비구들아, 나는 그때 그 자리에서 웃었다. 그래서 그 악마 파순의 경계를 모두 진동시켰더니 허공에서 게송을 읊는 소리가 들렸다."

참되고 깨끗한 왕의 법을 버리고
출가하여 감로법을 배웠으니
저자가 만일 서원을 크게 세운다면
이 3악도를 텅텅 비우리라.

내 이제 군사들을 모아
사문의 얼굴을 살펴보고 있나니
만일 내 생각을 따르지 않는다면
다리를 잡아 바다 밖으로 던져버리리라.

증일아함경 제 39 권

43. 마혈천자품 ②

〔 5 〕②
"그때 악마 파순은 분노가 불꽃처럼 일어나 곧 사자 대장에게 명령하였다.
'네 무리의 군사를 속히 집결시켜라. 저 사문을 쳐서 가리라. 그리고 어떤 세력이 있기에 나와 싸울 수 있는지 관찰해 보리라.'
나는 그때 생각하였다.
'보통 사람이 싸우려 해도 잠자코 있을 수 없는데 하물며 욕계欲界에서 세력이 있고 귀한 사람이겠는가? 반드시 저 자와 싸워 보리라.'
비구들아, 나는 그때 인자仁慈의 갑옷을 입고, 손에는 삼매三昧의 활과 지혜의 화살을 들고 그들을 기다렸다. 그때 악마 대장이 거느린 군사의 수는 18억이었고, 그들은 원숭이와 사자 등 제각기 다른 얼굴을 하고 내게 찾아왔다.
그때 나찰羅刹의 무리 중에는 한 몸에 몇 개의 머리가 달린 자도 있었고, 혹은 수십 개의 몸에 한 개의 머리만 가진 자도 있었으며, 두

어깨에 세 개의 목이 있고 가슴에 입이 붙은 자도 있었다. 어떤 자는 손이 하나뿐이고, 어떤 자는 손이 두 개, 또 어떤 자들은 손이 네 개였다.

두 손으로 머리를 받쳐 들고 입에 죽은 뱀을 물은 자도 있었고, 머리에서 불이 활활 타오르고 입으로 불빛을 내는 자도 있었으며, 두 손으로 입을 벌리고는 달려들어 삼켜버리려는 자도 있었고, 배를 가르고 서로 마주 보며 손에는 칼을 잡고 창을 둘러멘 자도 있었다.

어떤 자는 절구를 들고 있기도 했고, 산을 짊어지거나 돌을 지고 큰 나무를 둘러멘 자도 있었으며, 두 다리는 위에 있고 머리가 밑에 있는 자도 있었다. 그들은 코끼리·사자·호랑이·이리·독충毒蟲 따위를 타고 다니기도 하였고, 혹은 걷기도 하며 공중을 날기도 하였다.

그때 악마는 이러한 무리들을 거느리고 내가 앉아 있던 보리수를 에워쌌다. 이때 악마 파순波旬이 내 왼쪽에서 내게 말하였다.

'사문이여, 빨리 일어나라.'

비구들아, 나는 그때 잠자코 대답하지 않았다. 이렇게 두 번 세 번 되풀이하였다. 악마가 나에게 말하였다.

'사문이여, 내가 두렵지 않은가?'

내가 말하였다.

'나는 지금 마음을 잘 단속하고 있으므로 두려울 것이 없노라.'

그러자 파순이 말하였다.

'사문이여, 나의 이 네 무리 군사가 보이느냐? 그런데도 너는 혼자 몸으로 무기도 군사도 없이, 까까머리에 드러난 몸으로 세 가지 법의만 걸치고 서서 〈나는 두려울 것이 없다〉고 말하는구나.'

그때 나는 파순에게 이런 게송을 말하였다.

인자仁慈의 갑옷 입고 삼매의 활에
손에는 지혜의 화살을 들었네.
복된 업으로 군사를 삼았으니
내 이제 너의 군사 쳐부수리.

이때 악마 파순이 다시 내게 말하였다.

'내가 그대 사문에게 많은 이익을 주리라. 그러나 만일 내 말을 듣지 않는다면 지금 당장 너를 잡아 그 몸을 가루로 만들리라.

또 그대 사문은 얼굴이 단정하고 나이도 한창 청춘이며 찰리의 전륜성왕 종족으로 태어났다. 빨리 여기서 일어나 다섯 가지 욕망〔五欲〕을 누리도록 하라. 내 장차 그대를 전륜성왕이 되게 하리라.'

나는 파순에게 대답하였다.

'네가 말한 것들은 무상無常한 것이고 변하는 것이어서 그리 오래 머무르지 못한다. 그것은 버려야 할 것으로서 내가 탐내는 것이 아니다.'

악마 파순이 다시 나에게 말하였다.

'사문이여, 지금 원하는 것이 무엇인가? 무엇을 마음에 두고 있는가?'

그때 내가 대답하였다.

'내가 원하는 것은 근심과 두려움이 없는 곳, 즉 안온하고 담박한 열반涅槃의 성에서 지내는 것이며, 생사生死에 떠돌면서 고뇌에 잠겨 있는 이 중생들을 바른 길로 인도하는 일이다.'

악마는 나에게 말했다.

'사문이여, 만일 지금 빨리 자리에서 일어나지 않는다면 네 다리를 잡아 바다 속으로 던져버리리라.'

이때 나는 파순에게 대답했다.

'내가 천상과 인간을 관찰해보건대, 악마이건 마천魔天이건 사람이건 사람이 아니건, 또 너의 네 무리라 할지라도 나의 털끝 하나도 움직이지 못할 것이다.'

악마가 대꾸하였다.

'사문이여, 지금 나와 싸우자는 것인가?'

내가 말하였다.

'싸울 수도 있으리라고 생각한다.'

악마가 대꾸하였다.

'너의 원수는 누구인가?'

내가 말하였다.

'교만이다. 교만이란 곧 증상만增上慢을 일컫는 말이니, 자만自慢·사만邪慢·만중만慢中慢·증상만이니라.'

악마가 나에게 말하였다.

'네가 무슨 방법으로 그 여러 가지 교만을 없애려고 하는가?'

그때 내가 파순에게 대답하였다.

'파순아, 마땅히 알아야 한다. 자인삼매慈仁三昧·비삼매悲三昧·희삼매喜三昧·호삼매護三昧·공삼매空三昧·무원삼매無願三昧·무상삼매無相三昧가 있다. 자삼매慈三昧로 말미암아 비삼매를 얻고, 비삼매로 말미암아 희삼매를 얻으며, 희삼매로 말미암아 호삼매를 얻는다. 공삼매로 말미암아 무원삼매를 얻고 무원삼매로 말미암아 무상삼매를 얻나니, 이 세 가지 삼매의 힘으로 너와 싸울 것이다. 행行이 다하면 괴로움이 다하고 괴로움이 다하면 결박이 다하며 결박이 다하면 열반에 이른다.'

악마가 나에게 말하였다.

'사문이여, 법으로써 법을 멸할 수가 있는가?'

내가 대답하였다.

'법으로써 법을 멸할 수 있다.'

악마가 나에게 물었다.

'어떻게 법으로써 법을 멸할 수 있는가?'

그때 내가 대답하였다.

'바른 소견이 삿된 소견을 멸하고 삿된 소견이 바른 소견을 멸하며, 바른 다스림이 삿된 다스림을 멸하고 삿된 다스림이 바른 다스림을 멸하며, 바른 말이 삿된 말을 멸하고 삿된 말이 바른 말을 멸하며, 바른 업業이 삿된 업을 멸하고 삿된 업이 바른 업을 멸하며, 바른 생활이 삿된 생활을 멸하고 삿된 생활이 바른 생활을 멸하며, 바른 방편이 삿된 방편을 멸하고 삿된 방편이 바른 방편을 멸하며, 바른 기억이 삿된 기억을 멸하고 삿된 기억이 바른 기억을 멸하며, 바른 선정이 삿된 선정을 멸하고 삿된 선정이 바른 선정을 멸한다.'

악마가 나에게 말하였다.

'사문이여, 그대가 오늘 비록 그렇게 말은 하시만, 그것은 매우 어려운 일이다. 너는 지금 빨리 일어나 내가 너를 잡아 바다 속으로 던지는 일이 없게 하라.'

이때 나는 다시 파순에게 말하였다.

'너는 한 번 보시하는 복을 짓고도 지금 욕계欲界의 마왕이 될 수 있었는데 내가 옛날에 지은 공덕은 이루 다 헤아릴 수 없다. 그런데도 너는〈매우 어렵다〉고만 말하고 있구나.'

파순이 대답하였다.

'내가 지은 복은 네가 지금 증험해 알고 있다. 너는 지금 무수한 복을 지었다고 스스로 말하는데 그것을 누가 증명하는가?'

비구들아, 나는 그때 오른손을 펴서 손가락으로 땅을 어루만지며 파순에게 말하였다.

'내가 지은 공덕을 이 땅이 증명해 알리라.'

내가 이렇게 말하자 그때 지신地神이 땅에서 솟아올라 합장하고 아뢰었다.

'세존이시여, 제가 마땅히 증명하리이다.'

지신이 이렇게 말하자 악마 파순은 근심하고 괴로워하더니 곧 물러나 사라졌다.

비구들아, 이런 사실로 보아 알 수 있다. 올바른 법도 오히려 없애야 하거늘 하물며 잘못된 법이겠느냐? 나는 오랜 세월 동안 너희들을 위해 일각유경一覺喩經을 설명하면서도 그 글을 기록하지 않았는데, 더구나 그 뜻을 해석한 것이겠는가? 왜냐하면 이 법은 오묘하고 깊어 이 법을 수행하는 성문聲聞이나 벽지불辟支佛은 큰 공덕을 얻어 감로甘露 같은 무위無爲의 경지를 얻을 것이기 때문이다.

그 어떤 것을 뗏목의 비유라고 하는가? 이른바 교만을 의지하여 교만을 없애는 것이니, 교만이 모두 없어지면 다시는 온갖 번뇌의 어지러운 생각이 없게 되느니라. 마치 살쾡이의 가죽을 아주 잘 가공하면 주먹으로 치더라도 소리가 나지 않고 뻣뻣한 데도 없는 것처럼, 만일 비구에게 교만이 없어진다면 좋아하고 싫어하는 것이 전혀 없게 되느니라. 그러므로 나는 너희들에게 말하는 것이다.

'설사 도적에게 사로잡히더라도 나쁜 생각을 내지 말고 자애로운 마음으로 온 세상을 가득 채워라. 저 매우 부드러운 가죽처럼 그렇게 오래 시간을 보내면 그는 무위의 경지를 얻게 될 것이다.'

비구들아, 마땅히 이와 같이 생각해야 한다."

이렇게 설법하셨을 때 그 자리에서 3천 천자天子는 모든 번뇌가 다해 법안法眼이 깨끗해졌고, 60여 비구는 법복을 벗고 속인으로 돌아갔으며, 또 60여 비구는 번뇌가 다하고 뜻에 이해가 생겼으며 법안法眼이 깨끗해졌다.

그때 모든 비구들은 부처님의 말씀을 듣고 기뻐하며 받들어 행하였다.

〔 6 〕[1]
이와 같이 들었다.

어느 때 부처님께서는 마갈국摩竭國의 신령스러운 강 항수恒水 가에서 대비구大比丘들 5백 명과 함께 계셨다.

그때 세존께서 모든 비구들에게 말씀하셨다.

"마갈국에 어리석고 지혜가 적은 목동이 있었다. 그는 항수 이쪽 언덕에서 저쪽 언덕으로 소를 건너게 하려고 하면서 양쪽 기슭의 깊고 얕은 곳을 살펴보지도 않고 곧장 소를 물로 몰아넣었다. 그는 여윈 놈과 아직 어린 송아지들을 먼저 건너게 하였는데, 그 소들은 강 가운데에 이르자 너무도 피로해 저쪽 언덕으로 건너갈 수가 없었다. 다음에는 그다지 힘세지도 않고 그리 약하지도 않은 중간 소들을 건너게 하였으나 그들도 건너지 못하고 중간에서 고통을 당하고야 말았다. 다음에는 아주 힘센 놈을 건너게 하였으나 그들도 강에서 곤란을 겪었다.

마찬가지로 지금 내 제자로 있는 비구들 중에도 마음이 어둡고 둔하며 지혜가 없어서 살고 죽을 자리를 분별하지 못하고 악마의 다리인지 배인지도 분별하지 못하면서 생사의 흐름을 건너려고 하는 자들

---

1 이 소경과 내용이 비슷한 경으로는 『잡아함경』 제47권 1,248번째 소경인 「목우자경牧牛者經」이 있다.

이 있다. 그러나 그들은 금계禁戒의 법을 익히지 않았기 때문에 곧 파순이 틈을 노리게 된다. 그들은 삿된 길을 좇아 열반을 구하면서 멸도하기를 바라지만 끝내 그 결과를 얻지 못한다. 그래서 스스로 죄업을 짓고 또 남들을 타락시켜 죄에 빠지게 하느니라.

또 마갈국에 영리하고 지혜가 많은 목동이 있었다. 그는 소를 이쪽 언덕에서 저쪽 언덕으로 건네려고 할 때 먼저 깊고 얕은 곳을 살펴보고는 아주 힘센 소를 맨 앞에 건너게 하여 저쪽 언덕에 이르게 하였다. 그 다음에는 그다지 힘이 세지도 않고 그리 약하지도 않은 중간 소들을 건너게 하여 저쪽 언덕에 이르게 하였고, 다음에는 아주 약한 놈을 건너게 하여 무사히 건넜고 송아지들은 그 뒤를 따라 또 무사히 건너게 하였느니라.

비구들아, 여래도 그와 같이 금세今世와 후세後世를 잘 살펴보고, 생사의 바다와 악마의 길을 관찰하고는 스스로 8정도正道를 따라 생사의 재앙을 건넜으며, 또 그 길로 인도하여 건너지 못한 자들을 건네주느니라.

마치 저 소를 바르게 인도할 때 하나가 바르게 건너면 다른 놈들은 다 그 뒤를 따르는 것처럼, 나의 제자들도 마찬가지로 번뇌가 다하고 번뇌가 없게 되어 심해탈心解脫하고 혜해탈慧解脫하며, 현세에서 몸소 증득하고는 스스로 유행하며 교화하고 악마의 경계를 넘어 무위의 경지에 이르느니라.

또 저 힘센 소가 항수를 건너 저쪽 언덕에 이르는 것처럼, 나의 성문들도 그와 마찬가지로 5하분결下分結을 끊고 아나함阿那含이 되어서는 그곳에서 반열반에 들고 이 세상으로 돌아오지 않으며, 악마의 경계를 넘어 무위의 경지에 이르느니라.

그리 힘이 세지도 않고 그리 약하지도 않은 저 중간 소들이 항수를 아무런 의심 없이 건너는 것처럼, 나의 제자들도 그와 마찬가지로 3결結을 끊고 음욕과 성냄과 어리석음이 엷어져 사다함이 되어서는 이 세상으로 돌아와 괴로움을 완전히 없애며, 악마의 경계를 끊고 무위의 경지에 이르느니라.

저 쇠약한 소들이 많은 송아지들을 이끌고 저 항수를 건너는 것처럼, 나의 제자들도 그와 마찬가지로 결박을 끊고 수다원須陀洹이 되어 반드시 건너게 되며, 악마의 경계를 건너고 생사의 재앙을 건너게 되느니라.

저 어린 송아지들이 어미를 따라 건너는 것처럼, 나의 제자들도 그와 마찬가지로 믿음을 지키고 법을 받들어 악마의 모든 결박을 끊고 무위의 경지에 이르느니라."

그때 세존께서 곧 이런 게송을 말씀하셨다.

　　악마에게 붙잡히면
　　생사의 끝을 다하지 못하네.
　　여래는 이제 끝까지 살펴
　　지혜의 밝음을 세상에 나타냈네.

　　모든 부처님께서 깨달으신 것
　　범지들은 밝게 깨닫지 못하고서
　　여전히 생사의 언덕을 거닐며
　　건너지 못한 이를 건네주려 하네.

　　이제 이 다섯 종류 사람들과
　　그밖에 이루 헤아릴 수 없는 이들

생사의 재앙을 건너고 싶다면
부처님의 위신력威神力을 끝까지 다하라.

"그런 까닭에 비구들아, 그 마음을 전일專一하게 가지고 게으름이 없이 실천하며, 또 방편을 구해 현성의 8품도를 성취하도록 하라. 성현의 길을 의지하면 스스로 생사의 바다를 건널 수 있으리라. 왜냐하면 저 어리석은 목동은 바로 외도 범지들에게 비유한 것이니, 그들은 스스로 생사의 흐름에 빠지고 또 남들을 타락시켜 죄에 빠지게 한다. 저 항수는 곧 생사의 바다에 비유한 것이며, 저 지혜로운 목동은 바로 여래에 비유한 것이니, 현성의 8품도를 말미암아 생사의 재앙을 건넌다. 그러므로 비구들아, 마땅히 방편을 구해 8성도를 성취하도록 하라. 모든 비구들아, 마땅히 이와 같이 배워야 하느니라."

그때 모든 비구들은 부처님의 말씀을 듣고 기뻐하며 받들어 행하였다.

〔 7 〕[2]

이와 같이 들었다.

어느 때 부처님께서는 라열성羅閱城에 있는 기바가리원耆婆伽梨園[3]에서 1,250명의 제자들과 함께 계셨다.

그들은 다 아라한으로서 온갖 번뇌가 이미 없어졌고 여섯 가지 신통〔六通〕이 맑게 트인 자들이었는데, 오직 아난 비구 한 사람만은 그렇

---

2 이 소경과 내용이 비슷한 경으로는 『장아함경』 제27경 「사문과경沙門果經」과 동진東晉 시대 축담무란竺曇無蘭이 한역한 『불설적지과경佛說寂志果經』이 있다.
3 팔리어로는 jīvakambavana이고, 기바암바라림耆婆菴婆羅林 혹은 기구동자암바원耆舊童子菴婆園이라고도 한다.

지 못했다.

그때 아사세왕阿闍世王이 7월 15일, 한해를 끝내는 때〔受歲時〕[4] 밝은 별들이 초롱초롱한 한밤에 월광月光 부인에게 말하였다.

"오늘은 15일, 보름달이 둥글고 너무도 청명淸明하오. 이런 밤에 무엇을 하면 좋겠소?"

부인이 대답하였다.

"오늘은 15일, 계戒를 설하는 날입니다. 마땅히 창기들로 하여금 풍류를 울리게 하고 5욕欲을 즐기는 게 좋겠습니다."

왕은 그 말을 듣고 마음에 들어 하지 않았다. 왕은 다시 우다야優陀耶[5] 태자에게 물었다.

"오늘밤은 너무도 청명하다. 무엇을 하면 좋겠느냐?"

우다야 태자가 왕에게 아뢰었다.

"이렇게 청명한 날 밤에는 네 종류의 군사를 모아 아직 항복하지 않은 외적外敵들이나 다른 나라를 정벌하러 가면 좋겠습니다."

아사세왕은 그 말을 듣고 나서도 역시 마음에 들어 하지 않았다. 다시 무외無畏 태자에게 물었다.

"이렇게 청명한 날 밤에는 무엇을 하면 좋겠느냐?"

무외 왕자는 아뢰었다.

"불란가섭不蘭迦葉은 온갖 산수算數에 밝고 더불어 천문天文과 지리地理를 잘 알고 있어서 사람들이 받들고 우러르니, 그에게 찾아가서 이 의심을 물어보소서. 그는 왕께 지극히 오묘한 이치를 설명하여 끝내

---

4 여름 석 달 동안의 안거安居를 끝내면 1법랍法臘을 더하게 되므로 안거 해제일인 7월 15일을 불교에선 수세受歲라고 한다.
5 팔리어로는 Udaya이고, 우다야발다優陀耶跋陀, Udaya-bhadra), 혹은 우야바다優耶婆陀라고도 하며, 의역하면 백현帛賢이라고 한다. 아사세왕이 사랑했던 아들이다.

걸림이 없을 것입니다."

왕은 그 말을 듣고 나서도 역시 마음에 들어 하지 않았다. 왕은 다시 수니마須尼摩라는 대신大臣에게 물었다.

"이렇게 청명한 날 밤에는 무엇을 하면 좋겠느냐?"

수니마가 왕에게 아뢰었다.

"오늘밤은 이렇게 너무나도 청명합니다. 아이단阿夷喘이라는 사람이 여기에서 그리 멀지 않은 곳에 있는데, 그는 아는 것이 많습니다. 원컨대 대왕께서는 그에게 찾아가서 어떻게 하는 것이 좋을지를 물어보소서."

왕은 그 말을 듣고 나서도 역시 마음에 들어 하지 않았다. 그는 다시 바사婆沙라는 범지梵志에게 물었다.

"이렇게 청명한 날 밤에는 무엇을 하면 좋겠느냐?"

범지가 아뢰었다.

"오늘은 15일. 밤이 너무도 청명합니다. 지금 구야루瞿耶樓라는 사람이 여기에서 그리 멀지 않은 곳에 있습니다. 원컨대 대왕께서는 그에게 찾아가 그 뜻을 물어보소서."

왕은 그 말을 듣고도 역시 마음에 들어 하지 않았다. 그는 다시 마특摩特 범지에게 물었다.

"이처럼 청명한 밤에는 무엇을 하면 좋겠는가?"

범지가 아뢰었다.

"대왕이시여, 마땅히 아셔야만 합니다. 파휴가전波休迦旃이라는 사람이 여기에서 그리 멀지 않은 곳에 있습니다. 원컨대 대왕께선 그를 찾아가 그 일을 물어보소서."

왕은 그 말을 듣고도 역시 마음에 들어 하지 않았다. 왕은 다시 군사를 맡은 색마素摩에게 물었다.

"이처럼 청명한 밤에는 무엇을 하면 좋겠는가?"

색마가 아뢰었다.

"선필로지先畢盧持라는 사람이 여기에서 그다지 멀지 않은 곳에 있는데, 그는 온갖 산수에 밝다고 합니다. 그에게 찾아가 그 일을 물어보소서."

왕은 그 말을 듣고도 역시 마음에 들어 하지 않았다. 그는 다시 최승最勝이라는 대신에게 물었다.

"오늘은 15일, 밤이 이처럼 청명한데 무엇을 하면 좋겠는가?"

최승이 왕에게 아뢰었다.

"지금 니건자尼揵子라는 사람이 있습니다. 그는 모든 경전을 두루 보아 스승들 중에서도 최상입니다. 원컨대 대왕께서는 그를 찾아가 그 뜻을 물어보소서."

왕은 그 말을 듣고도 역시 마음에 들어 하지 않았다. 왕은 이렇게 생각하였다.

'모두들 이처럼 어리석고 미혹하여 진실과 거짓을 분별하지 못하고 교묘한 방편도 없구나.'

그때 기바가耆婆伽[6] 왕자가 왕의 왼쪽에 있었다. 왕은 기바가를 돌아보고 물었다.

"이처럼 청명한 밤에는 무엇을 하면 좋겠는가?"

이때 기바가가 앞으로 나아가 꿇어앉아 왕에게 아뢰었다.

"지금 여래께서 이곳에서 그리 멀지 않은 빈취원貧聚園에서 노닐며 1,250명의 제자들을 거느리고 계십니다. 원컨대 대왕께서 찾아가 그 일을 물어보소서."

---

6 팔리어로는 Jīvaka-komārabhacca이고, 기바耆婆 혹은 기역祇域이라고도 하며, 활活·수명壽命으로 한역한다.

저 여래께서는 광명과 같으신 분이라서 어떤 의심이나 걸림도 없으시며, 3세의 일을 다 알아 꿰뚫지 않은 것이 없다고 합니다. 그 분이 왕을 위해 그 일을 연설하시면 왕께서 가지신 의심이 탁 트여 스스로 깨닫게 될 것입니다."

아사세왕은 기바가의 말을 듣고 뛸 듯이 기뻐하였으며 착한 마음이 생겨 곧 기바가를 찬탄하였다.

"훌륭하고, 훌륭하구나. 왕자여, 그 말 참 잘하였다. 왜냐하면 지금 내 몸과 마음은 불타고 있다. 또 나는 아무런 이유도 없이 부왕을 죽이고 나서 항상 '누가 내 마음을 깨우쳐 주겠는가?' 하고 생각했었다. 지금 기바가가 한 말은 내 마음에 쏙 드는구나. 참으로 기특한 일이다. 여래라는 말만 듣고도 번쩍 크게 깨닫겠구나."

이때 왕은 기바가에게 이렇게 게송으로 말하였다.

오늘 이 밤은 너무도 청명하건만
내 마음 깨달을 수가 없네.
너희들은 제각기 말해 보아라.
누구를 찾아가 이 이치 물어야 할까?

불란가섭과 아이단과
니건자와 범지의 제자들
그들은 의지할 수 없는 사람들
그들은 날 구제하지 못하리.

오늘 이 밤은 너무나 청명하며
조그만 티도 없고 달도 둥그네.

내 이제 기바가에게 묻나니
누구를 찾아가 이 이치 물어야 할까?

그러자 기바가도 게송으로 대답하였다.

그 부드러운 음성만 들어도
저 마갈어摩竭魚를 벗어나리니
원컨대 즉시 부처님께 나아가
두려움 없는 세계에서 영원히 사소서.

왕은 다시 게송으로 말하였다.

나는 옛날에 보시를 베풀었어도
부처님께는 아무 이익도 드리지 못했고
저 부처님의 참 제자를 죽였으니
그 이름은 빈바사頻婆娑라 하네.

이제 너무도 부끄럽고 창피해
세존을 뵐 낯이 없는데
너는 어떻게 내게 말하는가?
그 분을 찾아가 뵈라고.

기바가도 게송으로 대답하였다.

부처님은 이것저것 차별이 없고

온갖 번뇌가 이미 다 없어졌으며
평등하여 두 가지 마음 없나니
이것이 부처님 법의 본뜻입니다.

설사 전단향栴檀香을
오른손에 바른다거나
칼을 들어 왼손을 자르더라도
그 마음 조금도 흔들리지 않나니

그 아들 라운羅云을 가엾이 여기듯
똑같은 숨길로 차별하지 않으며
마음을 지키면서 제바提婆를 대하니
원수이건 친구이건 다름이 없네.

원컨대 대왕께서는 몸을 굽히어
여래의 얼굴을 찾아가 뵈소서.
그 의심 끊어야 하나니
조금도 주저하실 것 없사옵니다.

이때 아사세왕이 기바가 왕자에게 말하였다.
"너는 지금 빨리 5백 마리 수놈 코끼리와 5백 마리 암놈 코끼리에 멍에를 메우고 5백 개의 등불을 밝혀라."
기바가 대답하였다.
"그렇게 하겠습니다. 대왕이시여."
그때 기바가 왕자는 곧 천 마리 코끼리에 멍에를 메우고 5백 개 등불을 켜고는 왕에게 나아가 아뢰었다.

"준비가 끝났습니다. 대왕께선 때를 아소서."

아사세왕은 많은 시종들을 거느리고 이원梨園으로 가다가 도중에 갑자기 무서운 생각이 들어 온몸의 털이 곤두섰다. 왕은 기바가 왕자를 돌아보며 말하였다.

"내가 지금 너에게 속고 있는 것은 아니냐? 나를 원수에게 데려가는 것은 아니냐?"

기바가가 아뢰었다.

"그럴 리가 없습니다. 원컨대 대왕께서는 좀 더 앞으로 나아가소서. 여래께서는 여기에서 그리 멀지 않은 곳에 계십니다."

아사세왕은 그래도 두려운 생각이 들어 거듭 기바가에게 말하였다.

"장차 너에게 유혹을 당하는 것이 아닌지 모르겠다. 또 여래께서는 1,250명의 제자를 거느리셨다고 들었는데 지금 그 소리조차 들리지 않는구나."

기바가가 아뢰었다.

"여래의 제자들은 항상 삼매三昧에 들어 있어 어지러운 생각이 없습니다. 원컨대 대왕께서는 조금만 더 나아가소서."

아사세왕은 곧 수레에서 내려 걸어서 문으로 들어갔고, 강당 앞에 이르러 잠자코 서서 성중을 관찰하다가 기바가를 돌아보며 말하였다.

"여래께서는 지금 어디에 계시느냐?"

그때 성중은 모두 염광삼매炎光三昧에 들어 강당講堂을 두루 비추고 있었다.

이때 기바가가 즉시 꿇어앉아 오른손을 펴 여래를 가리키며 말하였다.

"제일 한가운데 구름을 벗어난 태양 같으신 저 분이 바로 여래이십니다."

아사세왕이 기바가에게 말하였다.

"참으로 기이하고, 참으로 특별하구나. 이 성중의 마음이 고요함이 이 정도라니. 또 이런 광명은 어떤 인연으로 있는 것인가?"

기바가가 아뢰었다.

"삼매의 힘으로 광명을 놓기 때문입니다."

왕이 다시 말하였다.

"내가 지금 이 성중을 관찰해보니 너무도 고요하다. 우리 우다야 태자도 이처럼 고요하고 함이 없었으면 좋겠다."

이때 아사세왕은 합장하고 자신의 이름을 밝히며 아뢰었다.

"원컨대 세존이시여, 저를 보아 주소서."

세존께서 말씀하셨다.

"잘 오셨습니다, 대왕이시여."

왕은 여래의 음성을 듣고 매우 기뻐하였다. 여래께서 왕이라고 부르셨기 때문이었다. 아사세왕은 부처님 앞에 나아가 땅에 엎드려 두 손을 여래의 발 위에 얹고 자신의 이름을 밝히며 아뢰었다.

"원컨대 세존께서는 가엾이 여기시어 이 참회를 받아 주소서. 저는 죄 없는 부왕을 잡아 해쳤습니다. 원컨대 세존께서는 이 참회를 받아 주소서. 다시는 그런 일을 범하지 않고, 과거의 잘못을 고쳐 미래를 닦아나가겠습니다."

세존께서 말씀하셨다.

"지금이 바로 그럴 때입니다. 마땅히 지금 즉시 참회하여 때를 놓치지 마십시오. 사람이 세상을 살아가면서 허물이 있을 때 스스로 고칠 줄 알면 그를 상인上人이라고 말합니다. 나의 법은 매우 넓고 크니 지금 즉시 참회하십시오."

이때 왕은 여래의 발에 예를 올리고 한쪽에 앉아 아뢰었다.
"여쭈고 싶은 것이 있사온데 여래께서 허락하신다면 감히 여쭙겠습니다."
부처님께서 말씀하셨다.
"의심스러운 것이 있으면 마땅히 지금 물으십시오."
왕이 부처님께 아뢰었다.
"현세現世에서 복을 지으면 현세에서 그 과보를 받니까?"
부처님께서 왕에게 말씀하셨다.
"과거에 이 이치를 누군가에게 물어본 적이 있습니까?"
왕이 부처님께 아뢰었다.
"저는 일찍이 이 이치를 다른 사람에게 물어본 적이 있습니다. 또 불란가섭에게도 '어떤가? 불란가섭이여, 현세에서 복을 지으면 현세에서 그 과보를 받는가?' 하고 물어보았습니다. 그는 '복도 없고 보시도 없으며 이승과 저승, 그리고 선악善惡의 과보도 없다. 세상에는 아라한 따위를 성취한 이도 없다'고 저에게 대답했습니다.

저는 그때 과보를 받는 것에 대해 물었는데 그는 '없다'고 대답했습니다. 그것은 마치 어떤 사람이 오이에 대해 물었을 때 능금에 대해 설명하는 것처럼 저 가섭도 그와 같았습니다.

그때 저는 이렇게 생각하였습니다.

'이 범지가 세력이 있는 종족인 왕이 묻는 뜻을 제대로 이해하지도 못하고서 그저 임시방편으로 다른 일을 끌어다 대답하는구나.'

세존이시여, 저는 그때 그의 목을 베고 싶었지만, 그 말만 받아들이지 않고 곧 쫓아 보냈습니다.

언젠가 저는 다시 아이단에게 가서 그 이치를 물었습니다. 그때 아이단은 저에게 '설사 강 왼쪽에서 중생을 죽여 한량없는 죄를 짓는다하더라도 그 죄도 없고 또한 나쁜 과보도 없다'고 대답했습니다.

세존이시여, 저는 그때 이렇게 생각하였습니다.

'나는 지금 현세에 과보를 받는 이치에 대해 물었는데 이 사람은 살생의 과보를 가지고 대답하는구나. 마치 어떤 사람이 배에 대해 질문을 하는데 능금에 대해 설명하는 것과 같구나.'

그래서 저는 곧 그를 버리고 떠났습니다. 저는 다시 구야루瞿耶樓에게 가서 그 이치를 물었습니다. 그 사람은 '강 오른쪽에서 헤아릴 수 없는 온갖 공덕을 짓는다 하더라도 거기에는 또 선한 행위의 과보가 없다'고 대답했습니다.

그때 저는 다시 이렇게 생각했습니다.

'내가 지금 물은 이치에 대해 끝내 대답하지 못하는구나.'

그래서 그를 버리고 떠났습니다.

다시 파휴가전에게 가서 그 이치를 묻자 그는 저에게 '한 사람이 세상에 나오면 한 사람이 죽는다. 오직 한 사람이 있어 그가 왔다 갔다 하면서 그 괴로움과 즐거움을 받는다'고 대답했습니다.

그때 저는 이렇게 생각했습니다.

'내가 지금 물은 것은 현세의 과보果報에 대한 것인데, 저 자는 생사生死를 오고가는 모습에 대해 설명하는구나.'

그래서 그를 버리고 떠났습니다.

저는 다시 선비로지先毗盧持[7]에게 가서 그 이치를 물었습니다. 그때 그는 '과거는 이미 사라졌으니 다시는 생기지 않는다. 미래는 아직 오지 않았으니 그것 또한 존재하지 않는다. 현재는 머무르지 않으니, 머무르는 것은 곧 변하고 바뀐다'고 대답했습니다. 이때 저는 다시 생각

---

7 산야이비라리불(散若夷毗羅梨沸, Sanjaya Belaṭṭhi-putta)이라고도 하며, 육사외도 중 한 사람이다. 앞에서는 선필로지先畢盧持라고 하였다.

하였습니다.

'나는 지금 현세의 과보에 대해 물었는데 이 자는 3세를 가지고 대답한다. 이것은 올바른 이치가 아니다.'

그래서 그를 버리고 떠났습니다.

저는 다시 니건자에게 가서 그 이치를 물었습니다.

'어떤가? 니건자여. 혹 현세에서 복을 지으면 현세에서 과보를 받게 되는가?'

그는 저에게 대답하기를 '아무 인因도 없고 아무 연緣도 없이 중생들은 결박되고, 또 아무 인도 없고 아무 연도 없이 중생들은 결박에 집착하며, 아무 인도 없고 아무 연도 없이 중생들은 청정해진다'고 했습니다. 그때 저는 다시 이렇게 생각했습니다.

'이 범지들은 이처럼 어리석고 미혹하여 진실과 거짓을 분별하지 못하는 것이 마치 눈 없는 장님과 같구나. 묻는 뜻에는 끝내 대답하지 않는 것이 마치 전륜성왕의 종족들을 희롱하는 것 같구나.'

그래서 그를 버리고 떠났습니다.

세존이시여, 저는 이제 그 이치를 여쭙습니다. 현세에서 복을 지으면 현세에서 그 과보를 받습니까? 원컨대 세존께서 그 이치를 자세히 말씀하여 주소서."

세존께서 말씀하셨다.

"대왕이시여, 제가 이제 왕에게 이치를 물을 터이니 좋을 대로 대답하십시오. 대왕이시여, 그 좌우의 심부름꾼에게 아끼던 물건을 상으로 주는 전주典酒나 주재廚宰가 있습니까?"

왕이 부처님께 아뢰었다.

"예, 있습니다."

"만일 그 심부름꾼이 오랫동안 수고했다면 또 상을 주어야 하지 않겠습니까?"

왕이 부처님께 아뢰었다.

"그 공을 따라 표창하여 원망이 없게 해야 합니다."

부처님께서 왕에게 말씀하셨다.

"이런 사실로 보더라도 현세에 복을 지으면 현세에서 그 과보를 받는다는 것을 알 수 있습니다. 어떻습니까? 대왕이시여. 이미 높은 자리에 있는 사람으로서 백성을 사랑한다면 상을 주어야 하지 않겠습니까?"

왕이 부처님께 아뢰었다.

"그렇습니다. 세존이시여. 맛있는 음식을 같이 먹으면 목숨을 걸고 원망하는 일은 없을 것입니다."

부처님께서 왕에게 말씀하셨다.

"이런 사실로 보더라도 알 수 있습니다. 원래는 비록 천한 출생이었다 하더라도 점점 공을 쌓으면 왕과 즐거움을 같이할 수 있습니다. 그러므로 현세에서 복을 지으면 현세에서 과보를 받는다는 것입니다."

부처님께서 왕에게 말씀하셨다.

"공로가 있는 사람이 세월이 흐른 뒤에 왕을 찾아와 '저희들이 세운 공로는 왕께서 이미 잘 알고 계십니다. 왕께서 소원을 들어주셨으면 합니다' 하고 말한다면 왕께서는 허락하시겠습니까?"

왕이 부처님께 아뢰었다.

"그들의 소원을 따라 주고 거절하지 않겠습니다."

부처님께서 왕에게 말씀하셨다.

"공로가 있는 그 사람이 왕의 곁을 떠나 수염과 머리를 깎고 세 가지 법의를 입고 출가하여 도를 배우고 청정한 행을 닦으려고 한다면 왕께선 들어주시겠습니까?"

왕이 부처님께 아뢰었다.
"예, 들어주겠습니다."
부처님께서 왕에게 말씀하셨다.
"만일 수염과 머리를 깎고 출가하여 도를 배우는 사람이 제 곁에 있는 것을 보게 된다면, 왕께선 무엇을 해 주고 싶습니까?"
왕이 부처님께 아뢰었다.
"받들어 공양하고, 때때로 예배하겠습니다."
부처님께서 왕에게 말씀하셨다.
"이런 사실로 보더라도 현세에 복을 지으면 현세에 그 과보를 받는다는 사실을 알 수 있습니다. 만일 공로가 있는 그 사람이 계율을 완벽하게 지키고 범하는 일이 없다면 왕께선 무엇을 해 주고 싶으십니까?"
왕이 부처님께 아뢰었다.
"목숨을 마칠 때까지 음식·의복·침구·병을 치료할 의약품을 공급해 주되 모자람이 없게 하겠습니다."
부처님께서 왕에게 말씀하셨다.
"이런 사실로 보더라도 현세의 몸으로 복을 지으면 현세에서 과보를 받는다는 것을 알 수 있습니다. 또 만일 그가 사문이 되어서 번뇌를 다해 번뇌가 없어지고, 심해탈心解脫하고 혜해탈慧解脫하여 몸소 증득하고는 자유로이 노닐면서 '나고 죽음이 이미 다하였고 범행은 이미 섰으며 할 일을 이미 다 마쳐 다시는 태胎를 받지 않는다'고 사실 그대로 안다면 왕께서는 어떻게 하시겠습니까?"
왕이 부처님께 아뢰었다.
"저는 목숨을 마칠 때까지 받들어 섬기고 의복·음식·침구·병을 치료할 의약품 등을 공급하되 모자람이 없게 하겠습니다."

부처님께서 왕에게 말씀하셨다.

"이런 사실로 보아서도 현세에 복을 지으면 현세에 과보를 받는다는 사실을 알 수 있습니다. 만일 그가 목숨을 마치고 무여열반無餘涅槃의 세계에서 반열반般涅槃한다면, 대왕께서는 무엇을 해 주고 싶으십니까?"

왕이 부처님께 아뢰었다.

"네거리에 큰 절(神寺)을 세우고 또 향과 꽃을 공양하며 비단과 번기와 일산을 달고 받들어 섬기며 예배하겠습니다. 왜냐하면 그는 곧 하늘의 몸이요 사람의 몸이 아니기 때문입니다."

부처님께서 왕에게 말씀하셨다.

"이런 사실로 보더라도 현세에 복을 지으면 현세에 그 과보를 받는다는 것을 알 수 있습니다."

왕이 부처님께 아뢰었다.

"저는 이제 이 비유로 인해 이해하였습니다. 오늘 세존께서 거듭 그 이치를 설명해 주셨습니다. 지금부터는 그 이치를 믿고 받들겠습니다. 원컨대 세존께서는 저를 제자로 받아 주소서. 저 스스로 부처님과 법과 비구 스님들께 귀의합니다.

이제 거듭 참회합니다. 저는 어리석고 미혹해 아무 죄도 없는 부왕을 잡아 죽였습니다. 이제 몸과 목숨이 다하도록 귀의하겠습니다. 원컨대 세존께서는 그 죄를 용서하시고 영원히 함이 없는 묘한 법을 연설해 주소서. 이와 같이 저는 지은 죄의 과보를 알고 선한 바탕이 없다는 것을 잘 압니다."

부처님께서 왕에게 말씀하셨다.

"이 세상에는 죄 없이 목숨을 마치고 나서 팔을 굽혔다 펼 정도의 아주 짧은 시간에 천상天上에 태어나는 두 종류의 사람이 있습니다.

어떤 것이 그 두 종류의 사람인가? 첫째는 죄의 근본을 짓지 않고 선善을 닦는 사람이요, 둘째는 죄를 짓고 나서 곧 그것을 고치는 사람입니다. 이른바 이런 두 종류의 사람들은 목숨을 마치고 천상에 태어나며 또 아무런 지체함도 없습니다."

그때 세존께서 게송으로 말씀하셨다.

    사람이 지독한 악행을 지었어도
    허물을 뉘우치면 차츰 엷어지나니
    나날이 뉘우치길 쉬지 않으면
    죄의 뿌리는 영원히 뽑히리라.

"그러므로 대왕이시여, 법으로 다스리고 잘못된 법으로 다스리지 마십시오. 법으로 다스리는 사람은 몸이 무너지고 목숨이 끝난 뒤에 좋은 곳인 천상에 태어납니다. 그가 목숨을 마치면 그 이름이 널리 퍼져 사방에 두루 알려지고, 뒷사람들은 다들 '옛날에 바른 법으로 다스려 교화하고 아첨이나 굽힘이 없었던 왕이 있었다'는 말을 두고두고 할 것입니다. 그가 태어난 곳을 일컬어 전하는 사람은 그 수명이 더욱 늘어나 일찍 죽는 일이 없을 것입니다.

그러므로 대왕이시여, 기뻐하는 마음을 일으켜 3존尊인 부처님과 법과 성중을 향하도록 하십시오. 대왕이시여, 마땅히 이와 같이 공부해야 합니다."

그때 아사세왕은 곧 자리에서 일어나 머리를 조아려 부처님의 발에 예를 올리고 이내 물러갔다. 왕이 떠난 지 오래지 않아 부처님께서 비구들에게 말씀하셨다.

"만일 저 아사세왕이 부왕을 살해하지 않았더라면 아마 오늘 사문의 첫째 과果를 얻어 사쌍팔배四雙八輩 속에 들어갔을 것이고, 또 현성의 8품도를 얻어 여덟 가지 욕망을 없애고 여덟 가지 재앙을 벗어났을 것이다. 그래도 지금 큰 행운을 얻었으니, 즉 뿌리가 없었던 믿음〔無根之信〕[8]을 얻었기 때문이다.

그러므로 모든 비구들아, 죄를 지은 사람은 방편을 구해 뿌리가 없었던 믿음을 성취하도록 해야 한다. 나의 우바새優婆塞들 중에 뿌리가 없었던 믿음을 얻은 사람은 아사세가 바로 그이니라."

그때 모든 비구들은 부처님의 말씀을 듣고 기뻐하며 받들어 행하였다.

〔8〕

이와 같이 들었다.

어느 때 부처님께서는 사위국 기수급고독원에 계셨다.

그때 세존께서 모든 비구들에게 말씀하셨다.

"세상에는 여덟 가지 법이 있어 세상을 따라 돌고 돈다.

어떤 것이 그 여덟 가지인가? 첫째는 이익〔利〕이요, 둘째는 손실〔衰〕이며, 셋째는 헐뜯음〔毁〕이요, 넷째는 칭찬〔譽〕이며, 다섯째는 칭송〔稱〕이요, 여섯째는 비난〔譏〕이며, 일곱째는 괴로움〔苦〕이요, 여덟째는 즐거움〔樂〕이다. 비구들아, 이것을 일러 '여덟 가지 법이 세상을 따라 돌고 돈다'고 하는 것이다. 비구들아, 마땅히 이와 같이 배워야 하느니라."

그때 모든 비구들은 부처님의 말씀을 듣고 기뻐하며 받들어 행하였다.

---

8 애초에 믿음이 없었는데 지금 부처님의 은혜로 믿음이 생긴 것을 말한다.

〔 9 〕

이와 같이 들었다.

어느 때 부처님께서는 사위국 기수급고독원에 계셨다.

그때 세존께서 모든 비구들에게 말씀하셨다.

"여래는 이 세상에 나타나 이 세계에서 부처의 도를 이루었다. 그래서 세상의 여덟 가지 법에 집착하거나 찾아 떠돌지도 않는다.

비유하면 마치 진흙탕에서 피어난 연꽃은 너무도 곱고 깨끗하며 티끌이나 흙탕물에 더러워지지 않아, 모든 하늘의 사랑을 받고 보는 이마다 기뻐하는 것처럼, 여래도 그와 같아서 태胎에서 생겨 거기서 자랐지만 부처의 몸을 이루었다.

또 마치 유리라는 보배와 물을 맑게 하는 보배는 티끌에 물들지 않는 것처럼, 여래도 그와 같아서 이 세상에 태어났지만 세상의 여덟 가지 법에 물들지 않느니라. 그러므로 비구들아, 너희들은 마땅히 정진하여 이 여덟 가지 법을 닦아야 한다. 비구들아, 마땅히 이와 같이 배워야 하느니라."

그때 모든 비구들은 부처님의 말씀을 듣고 기뻐하며 받들어 행하였다.

〔 10 〕

이와 같이 들었다.

어느 때 부처님께서는 사위국 기수급고독원에 계셨다.

그때 세존께서 모든 비구들에게 말씀하셨다.

"생사에 떠돌지만 생사에 머무르지 않는 여덟 종류의 사람이 있다. 어떤 것이 그 여덟 종류의 사람인가? 수다원須陀洹으로 나아가는 이·수다원을 얻는 이·사다함斯陀舍으로 나아가는 이·사다함을 얻은 이・아나함阿那含으로 나아가는 이・아나함을 얻은 이・아라한阿羅漢으로 나아가는 이・아라한을 얻은 이이다. 비구들아, 이것을 일러 '여덟 종류의 사람들이 있는데 생사에 떠돌지만 생사에 머무르지는 않는다'고 하는 것이니라.

그런 까닭에 비구들이여, 부디 방편을 구해 생사의 재앙을 벗어나고 생사에 머무르지 말아야 하느니라. 비구들아, 마땅히 이와 같이 배워야 하느니라."

그때 모든 비구들은 부처님의 말씀을 듣고 기뻐하며 받들어 행하였다.

    마혈馬血・재齋[9]・난타難陀와
    제바달提婆達과 선벌船筏,
    목우牧牛와 무근신無根信과
    세법世法・선善・팔인八人에 대해 설하셨다.

---

9 고려대장경에는 '제齊'로 되어 있다. 신수대장경 각주에 의하면 "송宋・원元・명明 3본에는 제齊가 재齋로 되어 있다"고 하며, 또 8관재에 대해 설한 경의 내용으로 보아서도 '재齋'자라야 옳을 것 같아 바꾸어 번역하였다.

증일아함경 제 40 권

44. 구중생거품九衆生居品

〔1〕

이와 같이 들었다.

어느 때 부처님께서는 사위국 기수급고독원에 계셨다.

그때 세존께서 모든 비구들에게 말씀하셨다.

"아홉 가지 중생들이 사는 곳이 있으니, 그곳은 중생들이 사는 곳이다. 어떤 것이 그 아홉 가지인가? 어떤 중생은 여러 가지 몸에 여러 가지 생각들을 가지고 있으니 이른바 하늘〔天〕과 사람〔人〕이다. 어떤 중생은 여러 가지 몸에 똑 같은 생각을 가지고 있으니 이른바 최초에 출현한 범가이천梵迦夷天이다. 어떤 중생은 같은 몸에 여러 가지 생각들을 가지고 있으니 이른바 광음천光音天이다. 어떤 중생은 같은 몸에 같은 생각들을 가지고 있으니 이른바 변정천遍淨天이다.

어떤 중생은 허공의 영역이 한량없으니 이른바 공처천空處天이다. 어떤 중생은 식의 영역이 한량없으니 이른바 식처천識處天이다. 어떤 중생은 아무것도 없는 영역이 한량없으니, 이른바 불용처천不用處天이다. 어떤 중생은 생각이 있기도 하고 없기도 한 영역이 한량없으니 유상무상처천有想無想處天이다. 모든 중생들은 이 아홉 곳에서 산다. 비구들아, 이것을 일러 '중생들이 살고 있는 아홉 곳이 있다'고 하는 것이니라. 많은 중생들이 그곳에서 일찍이 살았었고 지금도 살고 있고 앞으로도 살 것이다.

그러므로 모든 비구들아, 너희들은 부디 방편을 구해 이 아홉 곳을 떠나도록 해야 한다. 모든 비구들아, 마땅히 이와 같이 배워야 하느니라."

그때 모든 비구들은 부처님의 말씀을 듣고 기뻐하며 받들어 행하였다.

〔2〕
이와 같이 들었다.
어느 때 부처님께서는 사위국 기수급고독원에 계셨다.
그때 세존께서 모든 비구들에게 말씀하셨다.
"친원嚫願[1]의 아홉 가지 공덕을 설명하리니 너희들은 잘 사유하고 기억하도록 하라. 내 이제 그 이치를 설명하리라."
그때 모든 비구들은 부처님의 설법을 듣고 있었다.
부처님께서 비구들에게 말씀하셨다.
"저 어떤 것을 친원의 아홉 가지 공덕이라고 하는가? 비구들아, 마땅히 알아야 한다. 단월檀越[2] 시주施主가 세 가지 법을 성취하고, 보시

---

1 공양이 끝난 후 시주에게 보답하는 설법으로 달친(達嚫, dakkhiṇā : 보시)과 시주의 복덕을 기리는 축원을 말한다.
2 팔리어로 dāna-pati이고, 다나발저陀那鉢底・다나파陀那婆라고도 하며, 시주施主・단주檀主로 한역하기도 한다.

한 물건도 세 가지 법을 성취하며, 보시를 받은 사람도 세 가지 법을 성취하게 된다.

그 단월 시주는 어떤 세 가지 법을 성취하는가? 단월 시주는 믿음을 성취하고, 서원誓願을 성취하며, 또 살생하지 않게 되나니, 이것을 일러 '단월 시주가 성취하는 세 가지 법'이라고 한다.

보시한 물건은 어떤 세 가지 법을 성취하는가? 그 보시한 물건은 빛깔을 성취하고, 냄새를 성취하며, 맛을 성취하게 되나니, 이것을 일러 '보시한 물건이 성취하는 세 가지 법'이라고 한다.

보시를 받은 사람은 어떤 세 가지 법을 성취하는가? 보시를 받은 사람은 계율을 성취하고, 지혜를 성취하며, 삼매를 성취하나니, 이것을 일러 '보시를 받은 사람이 성취하는 세 가지 법'이라고 한다.

이와 같이 달친(達嚫 : 보시)은 이러한 아홉 가지 법을 성취하고, 큰 과보를 얻게 하며, 감로甘露와 같은 적멸寂滅의 세계에 이르게 하느니라.

무릇 시주에게 그 복을 빌어 주고 싶다면 부디 방편을 구해 이 아홉 가지 법을 성취하도록 하라.

비구들아, 마땅히 이와 같이 배워야 하느니라."

그때 모든 비구들은 부처님의 말씀을 듣고 기뻐하며 받들어 행하였다.

〔 3 〕

이와 같이 들었다.

어느 때 부처님께서는 사위국 기수급고독원에 계셨다.

그때 세존께서 모든 비구들에게 말씀하셨다.

"아홉 가지 법을 성취하는 것이 있다. 어떤 것이 그 아홉 가지인가?

뻔뻔스러움·욕됨을 참아냄·탐하는 마음·인색함·생각을 버리지 않음·잘 잊음·잠이 적음·숨어서 하는 음행·은혜를 갚지 않는 것, 이 아홉 가지이다. 비구들아, 이것을 일러 '아홉 가지 법을 성취하는 것'이라고 한다.

나쁜 비구도 아홉 가지 법을 성취한다. 어떤 것이 그 아홉 가지인가? 나쁜 비구는 뻔뻔스럽고·욕됨을 참아냄·탐내는 마음이 있음·인색함·잘 잊음·잠이 적음·숨어서 음행을 함·은혜를 갚지 않음·생각을 버리지 않는 것 이 아홉 가지이다.

어떤 것을 나쁜 비구의 뻔뻔스러움이라고 하는가? 즉 나쁜 비구는 구하지 않을 것을 구하여 사문의 행에 어긋나나니, 이런 비구를 뻔뻔스럽다고 말한다.

나쁜 비구가 욕됨을 참는다는 것은 무엇인가? 즉 나쁜 비구는 여러 어진 비구들 앞에서 자기를 칭찬하고 남을 비방하나니, 이런 비구를 욕됨을 참는다고 말한다.

비구가 탐심을 낸다는 것은 무엇인가? 즉 비구가 남의 재물을 볼 때마다 탐심을 내는 것이니, 이것을 탐심을 낸다고 말한다.

비구가 인색하다는 것은 무엇인가? 즉 비구가 자신이 얻은 가사와 발우를 남과 나누어 가지지 않고 항상 혼자 간직해두었다가 쓰나니, 이것을 인색하다고 말한다.

비구가 잘 잊는다는 것은 무엇인가? 즉 나쁜 비구는 항상 묘하고 선한 말을 빠뜨리고 또 방편을 생각하지 않으면서 나라 일이나 전쟁하는 법에 대해서만 이야기한다. 이와 같이 나쁜 비구는 이렇게 잘 잊음을 성취한다.

나쁜 비구가 잠이 적다는 것은 무엇인가? 즉 나쁜 비구는 사유해야 할 법은 사유하지 않는다. 이와 같은 것을 나쁜 비구가 잠을 적게 잔다고 한다.

나쁜 비구가 숨어서 음행을 한다는 것은 무엇인가? 즉 나쁜 비구는 숨어서 한 짓을 남에게 말하지 않고는 '내가 저지른 음행을 남들이 몰랐으면' 하고 생각한다. 이런 것을 비구가 숨어서 저지르는 음행이라고 한다.

나쁜 비구가 은혜를 갚을 줄 모른다는 것은 무엇인가? 즉 나쁜 비구는 공경하는 마음이 없어 스승과 어른을 받들어 섬기지도 않고 귀중한 사람을 존경하지도 않는다. 이와 같은 것을 나쁜 비구는 은혜를 갚을 줄 모른다고 한다.

만일 나쁜 비구가 이 아홉 가지 법을 성취하여 생각하기를 버리지 않는다면 그는 끝내 도과道果를 이루지 못할 것이다. 그러므로 비구들아, 모든 나쁜 법은 버리겠다고 생각해야 한다. 모든 비구들아, 마땅히 이와 같이 배워야 하느니라."

그때 모든 비구들은 부처님의 말씀을 듣고 기뻐하며 받들어 행하였다.

〔4〕
이와 같이 들었다.

어느 때 부처님께서는 사위국 기수급고독원에 계셨다.

그때 세존께서 비구들에게 말씀하셨다.

"공작새는 아홉 가지 법을 성취하였다. 어떤 것이 그 아홉 가지인가? 공작새는 얼굴이 단정하고, 소리가 맑으며, 걸음걸이가 조용하고, 때를 알아 움직이며, 음식을 절제할 줄 알고, 항상 만족스럽게 생각하며, 분산分散하지 않기를 생각하고, 잠이 적으며, 또 욕심이 적어서 은혜를 갚을 줄 안다. 비구들아, 이것을 일러 '공작새가 성취한 아홉 가지 법'이라고 하느니라.

현철賢哲한 비구들도 아홉 가지 법을 성취한다. 어떤 것이 그 아홉 가지인가? 어진 비구는 태도가 단정하고, 음성이 맑으며, 걸음걸이가 조용하고, 때를 알아 움직이며, 음식을 절제할 줄 알고, 항상 만족스럽게 생각하며, 흩어지지 않기를 생각하고, 잠이 적으며, 또 욕심이 적어서 은혜를 갚을 줄 아느니라.

어진 비구는 태도가 단정하다는 것은 무엇인가? 이른바 그런 비구는 나가고 들어오고, 가고 오고, 나아가고 멈추는 것을 적절하게 하여 끝내 그 법도를 잃지 않는다. 이와 같은 것이 '어진 비구는 그 태도가 단정하다'는 것이니라.

비구의 음성이 맑다는 것은 무엇인가? 그런 비구는 뜻과 이치를 잘 분별하여 끝내 착란錯亂하지 않는다. 이와 같은 것이 '비구가 음성이 맑다'는 것이니라.

비구의 걸음걸이가 조용하다는 것은 무엇인가? 그런 비구는 때를 알아 움직이되 차례를 잃지 않는다. 또 외울 만한 것은 다 외우고 익힐 만한 것은 다 익힐 줄 알며, 침묵해야 할 때는 침묵할 줄 알고 일어나야 할 때는 일어날 줄 안다. 이와 같은 것이 '비구가 때를 안다'는 것이니라.

비구가 때를 알아 움직인다는 것은 무엇인가? 그런 비구는 가야 할 때 곧 가고 머물러야 할 때 곧 머무르며 절차를 따라 법을 듣는다. 이와 같은 것이 '그 비구는 때를 알아 행한다'는 것이니라.

비구가 음식을 절제할 줄 안다는 것은 무엇인가? 그런 비구는 얻은 음식에 여유가 있으면 남들과 함께 나누어 먹으며 자기 것을 아까워하지 않는다. 이와 같은 것이 '그 비구는 음식을 절제할 줄 안다'는 것이니라.

비구가 잠이 적다는 것은 무엇인가? 그런 비구는 초저녁에는 깨어 있음을 익히고, 37품品을 빠짐없이 익히며, 항상 경행經行하고, 혹 눕더라도 깨어 있어 그 마음을 깨끗이 한다. 또 한밤중에는 심오한 이치를 사유思惟하고, 새벽이 되면 오른쪽으로 누워 다리를 포개고 밝아오는 모습을 사유하다가 다시 일어나 경행하면서 그 마음을 깨끗이 한다. 이와 같은 것이 '그 비구는 잠이 적다'는 것이니라.

비구가 욕심이 적어서 은혜를 갚을 줄 안다는 것은 무엇인가? 그런 비구는 3존³을 받들어 섬기고 스승과 어른을 받들고 공경한다. 이와 같은 것이 '그 비구는 욕심이 적어서 은혜를 갚을 줄 안다'는 것이니라.

이와 같이 어진 비구는 아홉 가지 법을 성취하느니라. 부디 이 아홉 가지 법을 기억하고 받들어 행해야 하느니라. 비구들아, 꼭 이와 같이 배워야 하느니라."

그때 모든 비구들은 부처님의 말씀을 듣고 기뻐하며 받들어 행하였다.

〔5〕

이와 같이 들었다.

어느 때 부처님께서는 사위국 기수급고독원에 계셨다.

그때 세존께서 모든 비구들에게 말씀하셨다.

"여자는 아홉 가지 법을 성취하고 있어서 남자를 결박한다. 어떤 것이 그 아홉 가지인가? 이른바 노래하고·춤추고·재주 부리고·연주하고·웃고·울고·항상 방편을 쓰고·스스로 요술처럼 얼굴과 몸을

---

3 불·법·승 삼보를 말한다.

꾸미는 것 따위이다. 그러한 것들을 모두 계산하여 그 백 배, 천 배를 하더라도 끝내 견줄 수 없을 만큼 강하게 사람을 결박하는 것은 접촉〔更樂〕이다.

내가 지금 모든 법을 관찰하건대 접촉이 사람을 제일 강하게 결박하는 것이다. 이 보다 더한 것은 없으니, 이것을 따르는 남자들은 아주 단단하게 결박을 당하게 되느니라.

그런 까닭에 모든 비구들아, 너희들은 부디 이 아홉 가지 법을 버려야 하겠다고 그렇게 생각해야 한다. 모든 비구들아, 마땅히 이와 같이 배워야 하느니라.”

그때 모든 비구들은 부처님의 말씀을 듣고 기뻐하며 받들어 행하였다.

〔 6 〕
이와 같이 들었다.

어느 때 부처님께서는 우가라죽원優迦羅竹園에서 대비구들 5백 명과 함께 계셨다.

그때 세존께서 모든 비구들에게 말씀하셨다.

“내 이제 너희들을 위해 미묘한 법을 설명하리라. 이것은 처음도 좋고 중간도 좋으며 마지막도 좋다. 그 이치는 깊고 그윽하며 범행을 청정淸淨하게 수행하는 것이니, 이 경의 이름은 '일체 법의 근본〔一切諸法之本〕'이라고 하느니라. 너희들은 잘 사유하고 기억해야 한다.”

모든 비구들이 대답하였다.

“그렇게 하겠습니다. 세존이시여.”

이때 모든 비구들은 부처님의 가르침을 듣고 있었다.

부처님께서 말씀하셨다.

"어찌하여 '일체 법의 근본'이라고 하는가? 비구들아, 범부凡夫들은 성현聖賢의 가르침을 듣지 못하고 여래의 말씀을 보호하지 못하며, 선지식을 가까이하지 않고 선지식의 말을 받아들이지 않는다.

그들도 흙을 관찰하여 그것을 사실 그대로 안다. '이것은 흙이다'라고 그렇게 흙이라고 살펴 안다. 사실 그대로 이것은 흙이듯이 또한 이것은 물이고, 또 이것은 불이며, 또 이것은 바람이다. 그러나 이 4대가 합해서 사람이 되면 어리석은 사람들은 그것을 좋아한다.

하늘은 스스로 하늘인 줄 알고 하늘에서 좋아하나니, 범천梵天은 범천이라고 스스로 알고 있고, 대범천大梵天은 대범천이라고 스스로 알아 자기보다 나은 자는 없다고 하며, 광음천光音天들은 광음천에서 왔다고 스스로 알고 있고, 변정천遍淨天은 변정천이라고 스스로 알고 있으며, 과실천果實天은 과실천이라고 스스로 알아 착란하지 않는다.

또 아비야타천阿毗耶陀天은 아비야타천이라고 스스로 알고 있고, 공처천空處天은 공처천이라고 스스로 알고 있으며, 식처천識處天은 스스로 식처천이라고 알고 있고, 불용처천不用處天은 불용처천이라고 스스로 알고 있으며, 유상무상처천有想無想處天은 유상무상처천이라고 스스로 알고 있다.

보는 자는 본다고 스스로 알고 있고, 듣는 자는 듣는다고 스스로 알고 있으며, 하고자 하는 자는 하고자 한다고 스스로 알고 있고, 지혜로운 자는 지혜롭다고 스스로 알고 있으며, 같은 무리는 같은 무리라고 스스로 알고 있고, 많은 무리는 많은 무리라고 스스로 알고 있으며, 모두 갖춘 자는 모두 갖추었다고 스스로 알고 있고, 열반한 자는 열반했다고 스스로 알아 그 안에서 스스로 즐거워한다. 왜냐하면 그것은 지혜로운 자들이 하는 말이 아니기 때문이다.

그러나 성중聖衆은 성인을 찾아가 뵙고 그 법을 받으며, 좋은 벗을 섬기고 항상 좋은 벗을 가까이한다. 이 흙의 요소를 관찰하고는 그것을 모두 분명히 알고, 그것이 온 곳을 알기 때문에 거기에 집착하지 않아 물드는 마음이 없다. 물·불·바람에 대해서도 또한 그와 같으니라.

사람·하늘·범왕천·광음천·변정천·과실천·아비야타천·공처천·식처천·불용처천·유상무상처천과 보고 듣고 기억하고 아는 것과 같은 종류인지 다른 종류인지에 대해서도 마찬가지이며, 나아가 열반에 있어서도 그 열반에 집착하지 않고 또 열반이라는 생각을 내지 않는다. 왜냐하면 그것을 모두 잘 분별하고 잘 관찰하기 때문이니라.

만일 그 비구가 번뇌가 없어진 아라한으로서 할 일을 이미 마쳤고, 무거운 짐을 버렸으며, 생사生死의 근본을 알아 평등이 해탈한 자라면 그는 능히 흙의 요소를 분별하기 때문에 거기에 집착하는 생각을 전혀 일으키지 않는다.

사람·하늘·범왕천 나아가 유상무상처천에 대해서도 다 그러하며, 열반에 이르렀어도 열반에 집착하지 않고 열반이라는 생각을 내지 않는다. 왜냐하면 모두 탐욕과 성냄과 어리석음이 없어졌기 때문이니라.

비구들아, 마땅히 알아야 한다. 여래如來·지진至眞·등정각等正覺은 흙이라는 요소를 잘 분별하기 때문에 흙의 요소에 집착하지 않고 흙의 요소라는 생각도 일으키지 않는다. 왜냐하면 애욕의 그물을 부수었기 때문이다.

존재[有]로 말미암아 태어남[生]이 있고 태어남으로 말미암아 늙음과 죽음이 있는데, 그것을 모두 없앴기 때문에 여래는 가장 바른 깨달음을 이루었느니라."

부처님께서 이렇게 말씀하셨을 때, 비구들은 그 가르침을 받아들이지 않았다. 왜냐하면 악마 파순이 그들의 마음을 막아 버렸기 때문이었다.

"이 경의 이름은 '일체 법의 근본'이라고 한다. 나는 이제 자세히 설명하였다. 불세존佛世尊이라면 누구나 수행해야 하는 일들을 나는 이제 완전히 시행하였다. 너희들은 부디 조용한 곳이나 나무 밑에서 뜻을 바르게 가지고 좌선坐禪하며 이 묘한 이치를 깊이 사유하라. 지금 실천하지 않으면 뒤에 후회해도 소용이 없다. 이것이 나의 가르침이니라."

그때 모든 비구들은 부처님의 말씀을 듣고 기뻐하며 받들어 행하였다.

〔7〕

이와 같이 들었다.

어느 때 부처님께서는 라열성羅閱城 가란타죽원迦蘭陀竹園에서 대비구들 5백 명과 함께 계셨다.

그때 라열성에 어떤 한 비구가 있었는데 그 비구는 병에 걸려서 매우 위중해져 누운 채로 대소변을 보면서 제 힘으로는 잘 일어나지도 못하고, 또 찾아가 돌봐주는 비구도 없었다. 그는 밤낮으로 부처님의 명호를 부르며 말하였다.

"어찌하여 세존께서는 저만 가엾게 여기지 않으시나이까?"

그때 세존께서 그 비구가 원망하고 부르짖으며 여래에게 귀의하는 소리를 천이天耳로 들으시고, 모든 비구들에게 말씀하셨다.

"내 너희들과 함께 여러 방을 둘러보며 그들이 사는 곳을 살피리라."

비구들이 아뢰었다.

"그렇게 하십시오, 세존이시여."

세존께서는 모든 비구들에게 앞뒤로 에워싸여 여러 방을 둘러보셨다.

그때 앓고 있던 비구는 세존께서 오시는 것을 멀리서 보고 곧 자리에서 일어나려고 했지만, 혼자서는 움직일 수가 없었다. 이때 여래께서 그 비구에게 다가가 말씀하셨다.

"가만있어라. 가만있어라. 비구야. 움직이지 말라. 나에게 좌구坐具[4]가 있으니 나는 여기 앉으면 된다."

그때 비사문천왕毗沙門天王은 여래께서 마음속으로 무슨 생각을 하시는지 알고는 야마野馬 세계에서 사라져 부처님께서 계신 곳으로 와서는 머리를 조아려 발아래 예를 올리고 한쪽에 서 있었다. 또 석제환인釋提桓因도 여래께서 마음속으로 무슨 생각을 하시는지 알고는 곧 부처님께로 왔다. 범천왕梵天王도 여래의 마음속 생각을 알고 범천에서 사라져 부처님이 계신 곳으로 와서는 머리를 조아려 발아래 예를 올리고 한쪽에 앉았다. 사천왕도 여래의 마음속 생각을 알고 부처님 계신 곳으로 와서 머리를 조아려 발아래 예를 올리고 한쪽에 서 있었다. 이때 부처님께서 병든 비구에게 말씀하셨다.

"지금 너의 병은 좀 나았는가, 더하지는 않은가?"

비구가 부처님께 아뢰었다.

"제자의 병은 갈수록 더하며 덜해지지 않습니다. 참으로 희망이 없습니다."

부처님께서 비구에게 말씀하셨다.

---

4 니사단尼師檀이라고도 하며, 이는 부구敷具·수좌의隨坐衣로 한역하기도 한다. 앉거나 누울 때 땅에 펴 쓰기도 하고, 와구臥具 위에 펴기도 한다. 비구 6물物 중 하나이다.

"간호인은 어디 있는가? 누가 와서 돌보아 주는가?"

비구가 부처님께 아뢰었다.

"지금 이렇게 병이 들었는데도 아무도 돌보는 사람이 없습니다."

부처님께서 비구에게 말씀하셨다.

"지난날 병들기 전에 너는 병자를 찾아가 문병한 일이 있는가?"

비구가 부처님께 아뢰었다.

"병자들을 찾아가 문병한 일이 없습니다."

부처님께서 비구에게 말씀하셨다.

"너는 바른 법 안에서 좋은 이익을 얻지 못하였다. 왜냐하면 문병하러 다니지 않았기 때문이다. 그러나 비구야, 너는 이제 두려워하지 말라. 내가 직접 너를 공양하며 조금도 불편이 없게 하리라. 나는 지금 천상과 인간에서 제일 뛰어나 짝할 자가 없고 또 일체 병자를 돌보아 줄 수 있다. 구호할 이 없는 이를 구호해 주고 장님에게는 눈이 되어 주며, 모든 병자를 구호해 준다."

그때 세존께서 손수 더러운 것들을 치우고 다시 좌구를 까셨다.

이때 비사문천왕과 석제환인釋帝桓因이 부처님께 아뢰었다.

"저희들이 알아서 이 병든 비구를 보살피겠습니다. 여래께서는 더 이상 힘든 일을 하지 마소서."

부처님께서 모든 하늘에게 말씀하셨다.

"너희들은 그만두라. 내가 스스로 알아서 하리라. 옛날 일이 기억나는구나. 여래는 아직 부처가 되지 못하고 보살행菩薩行을 닦고 있을 때에 비둘기 한 마리를 위해 스스로 목숨을 바친 적이 있거늘, 하물며 지금은 불도를 이루었는데 어떻게 이 비구를 버리겠느냐? 결코 그럴 수 없느니라. 또 석제환인도 일찍이 이 병든 비구를 돌보지 않았고, 또 세상을 보호하는 주인인 비사문천왕도 이 비구를 돌보지 않았다."

그러자 석제환인도 비사문천왕도 모두 잠자코 대답을 못했다. 그때 여래께서는 손수 비를 들고 더러운 오물을 치우고 다시 자리를 깔아 주셨다. 또 그의 옷을 빨고 세 가지 법으로 보살피시고는 병든 비구를 부축해 앉히고 깨끗한 물로 목욕을 시켰다. 그러자 위에 있던 하늘들이 향수를 뿌렸다. 이때 세존께서는 그 비구를 목욕시킨 뒤에 평상 위에 앉히고 손수 밥을 먹여 주셨다. 세존께서는 그 비구가 밥을 다 먹은 것을 살피시고는 발우를 치우고 곧 그에게 말씀하셨다.

"너는 이제 3세世의 병을 버려야 한다. 왜냐하면 비구야, 마땅히 알아야 한다. 태어남[生]에는 태에서 지내야하는 괴로움이 있다. 태어남으로 말미암아 늙음[老]이 있으니, 대개 늙게 되면 몸이 여위고 기운이 고갈된다. 늙음으로 말미암아 병듦이 있으니, 대개 병이 생기면 앉거나 눕거나 신음하게 되고 404가지 질병이 한꺼번에 닥치게 된다. 병듦으로 말미암아 죽음[死]이 있으니, 죽게 되면 몸과 정신이 분리되어 좋거나 나쁜 세계로 가게 되는 것이다. 죄가 큰 사람은 지옥에 들어가 칼 산·칼 나무·불 수레·숯불이 가득한 화로에서 구리쇠 녹인 물을 마시게 될 것이다. 또 혹은 축생畜生으로 태어나 사람들에게 부림을 당하고 풀을 먹으면서 한량없는 고통을 받을 것이다. 또 헤아릴 수 없는 무수한 겁 동안, 수십 유순이나 되는 큰 키에 목구멍은 바늘처럼 작은 아귀의 몸이 되어 구리쇠 녹인 물을 그 입에 들이붓게 될 것이다.

그렇게 무수한 겁을 지나 겨우 사람의 몸을 얻더라도 몽둥이로 맞으며 이루 말할 수 없는 고문을 당할 것이다. 또 무수한 겁을 지나 천상에 태어나게 되더라도 사랑하는 이와 만나기도 하고 사랑하는 이와 헤어지기도 하면서 만족할 줄을 모르다가 성현의 도를 들은 뒤에야 괴로움을 떠나게 될 것이다.

여기 온갖 괴로움을 벗어난 아홉 종류의 사람이 있으니, 아홉 종류란 누구누구인가? 이른바 아라한으로 향하는 이·아라한을 얻은 이·아나함으로 향하는 이·아나함을 얻은 이·사다함으로 향하는 이·사다함을 얻은 이·수다원으로 향하는 이·수다원을 얻은 이와 아홉 번째는 종성種性[5]의 사람이다.

비구야, 이것을 일러 '여래가 세상에 나타나는 것은 매우 만나기 어렵고, 사람의 몸을 얻기도 어려우며, 바른 나라에 태어나기도 어렵고, 선지식을 만나는 것 또한 그러하며, 설법을 듣는 것도 어려운 일이고, 법과 법이 서로 일어나는 것 또한 아주 가끔씩 있는 일이다'라고 하는 것이다.

비구야, 마땅히 알아야 한다. 지금 현재 여래가 이 세상에 출현해 있어 바른 법을 들을 수 있고, 너는 모든 감각기관이 갖추어져 그 바른 법을 들을 수 있다. 그런데도 지금 힘쓰지 않는다면 후회해도 아무 소용이 없을 것이다. 이것이 바로 내 가르침이니라."

그때 그 비구는 여래의 가르침을 듣고 존귀한 얼굴을 물끄러미 바라보다가 곧 그 자리에서 세 가지 밝음[三明][6]을 얻어 번뇌가 다하고 마음에 이해가 생겼다. 부처님께서 그 비구에게 말씀하셨다.

"너는 병의 근본을 알았느냐?"

비구가 부처님께 아뢰었다.

"저는 이미 병의 근본을 알고 태어남·늙음·병듦·죽음을 벗어났습니다. 이것은 다 여래의 신력神力에 힘입은 것입니다. 4등심等心으로

---

[5] 팔리어로는 gotrabhū이고, 종성지種姓地 혹은 향종성자向種姓者라고도 한다. 더 이상 세속의 범부가 아닌 사람으로, 사쌍팔배가 되기 직전의 위치에 있는 이를 가리키는 말이다.

[6] 3달達이라고도 한다. 숙주지증명宿住智證明·사생지증명死生智證明·누진지증명漏盡智證明을 말한다.

한량없고 이루 헤아릴 수 없는 일체 중생을 덮어 보호하심으로 인해 몸과 입과 뜻이 깨끗해졌습니다."

세존께서는 다시 자세히 설법하시고 곧 자리에서 일어나 떠나가셨다. 그때 세존께서 아난에게 말씀하셨다.

"너는 지금 빨리 건추揵椎를 쳐서 라열성에 있는 모든 비구들을 빠짐없이 보회강당普會講堂에 모이게 하라."

아난은 부처님의 분부를 받아 곧 비구들을 모두 보회강당에 모으고 부처님께 나아가 아뢰었다.

"비구들이 다 모였습니다. 원컨대 세존께서는 때를 아소서."

세존께서 강당으로 나아가 자리에 앉아 비구들에게 말씀하셨다.

"너희들은 국왕이나 도적이 두려워 출가해 도를 배우는 것인가? 비구들아, 견고한 믿음으로 위없는 범행을 닦는 까닭은 태어남·늙음·병듦·죽음과 근심·슬픔·괴로움·번민을 버리고자 함이요, 또 열두 개의 단단한 고리를 벗어나고자 함이다."

모든 비구들이 대답하였다.

"그렇습니다. 세존이시여."

부처님께서 모든 비구들에게 말씀하셨다.

"너희들은 출가한 자로서 같은 스승 아래 물과 젖처럼 화합한 자들이다. 그런데도 서로를 보살피지 않는구나. 지금부터는 부디 서로 서로 보살피도록 하라. 만일 병든 비구에게 제자가 없거든 대중들이 차례를 정해 병자를 간호하도록 하라. 왜냐하면 이 외에 병자를 간호하는 것보다 그 큰 복과 더 훌륭한 일을 보지 못했기 때문이다. 병자를 돌보는 것은 나를 돌보는 것과 다름이 없느니라."

그때 세존께서 곧 게송으로 말씀하셨다.

만일 누군가 내게 공양하고
과거 모든 부처님께 공양한다면
내게 베푼 그 복과 덕은
병자를 돌본 것과 다름이 없으리.

세존께서 이렇게 분부하시고 아난에게 말씀하셨다.
"지금부터 비구들이 서로 서로를 돌보게 하라. 만일 비구가 알고도 행하지 않거든 법과 율로써 다스려라. 이것이 내 가르침이니라."
그때 모든 비구들은 부처님의 말씀을 듣고 기뻐하며 받들어 행하였다.

[8]

이와 같이 들었다.
어느 때 부처님께서는 사위국 기수급고독원에 계셨다.
그때 세존께서 모든 비구들에게 말씀하셨다.
"공경할 만하고 귀하게 여길 만한 아홉 종류의 사람이 있으니, 그들을 공양하면 복을 얻을 것이다. 어떤 것이 그 아홉 종류인가? 이른바 아라한으로 향하는 이·아라한을 얻은 이·아나함으로 향하는 이·아나함을 얻은 이·사다함으로 향하는 이·사다함을 얻은 이·수다원으로 향하는 이·수다원을 얻은 이, 그리고 향종성인(向種性人)이 그 아홉 가지이다.
비구들아, 이것을 일러 '아홉 종류의 사람들이 있으니, 그들을 공양하면 복을 얻고 끝내 손해가 없을 것이다'라고 한 것이다."
그때 모든 비구들은 부처님의 말씀을 듣고 기뻐하며 받들어 행하였다.

〔 9 〕

이와 같이 들었다.

어느 때 부처님께서는 라열성의 가란타죽원에서 대비구들 5백 명과 함께 계셨다.

그때 만호澫呼 왕자가 세존께 찾아와 머리를 조아려 발아래 예를 올리고 한쪽에 앉아 아뢰었다.

"저는 일찍이 '주리반특朱利槃特 비구는 로가연盧迦延 범지와 변론하였으나 그 비구가 대답하지 못하였다'고 들은 적이 있습니다. 저는 또 '여래의 제자들 중에서 모든 감각기관이 둔하고 지혜가 없기로는 그 비구보다 더한 자가 없고, 여래의 우바새優婆塞들 중에 집에서 지내는 자로서는 가비라위성迦毗羅衛城에 사는 석가족 구담瞿曇이 모든 감각기관이 둔하고 소견이 막혔다'고 들은 적이 있습니다."

부처님께서 왕자에게 말씀하셨다.

"주리반특 비구는 신통력神通力이 있고 상인上人의 법을 얻었으나 세상에 변론辯論하는 법은 익히지 못하였다. 왕자야, 마땅히 알아야 한다. 그 비구는 아주 묘한 법을 가졌느니라."

만호 왕자가 아뢰었다.

"부처님께서 그렇게 말씀하시긴 하시지만 저는 여전히 '어떻게 큰 신력이 있는데 저 이학異學의 외도들과 변론하지 못할까' 하는 생각이 듭니다. 나는 지금 부처님과 비구 스님들께 공양을 올릴 수 있도록 청합니다. 그러나 주리반특 한 사람만은 제외하겠습니다."

세존께서 잠자코 그 청을 받아 주셨다. 이때 왕자는 세존께서 청을 받아 주신 것을 보고 곧 자리에서 일어나 머리를 조아려 세존의 발에 예를 올리고 오른쪽으로 세 바퀴 돌고 곧 물러갔다. 그는 그날 밤으로 갖가지 맛있는 찬과 음식을 장만하였고 좋은 자리를 펴고는 세존께 아뢰었다.

"때가 되었습니다. 지금이 바로 그때입니다."

그때 세존께서 주리반특에게 발우를 건네주며 뒤에 남아 있게 하시고는 여러 비구들에게 앞뒤로 둘러싸여 라열성으로 들어가셨다. 왕자의 집에 이르러서는 제각기 차례대로 앉았다. 그때 왕자가 세존께 아뢰었다.

"원컨대 여래께서는 발우를 제게 주소서. 저는 이제 손수 여래께 공양을 올리겠습니다."

세존께서 왕자에게 말씀하셨다.

"발우는 지금 주리반특에게 있는데 그만 가지고 오질 않았다."

왕자가 부처님께 아뢰었다.

"세존께서 비구를 한 명 보내 그 발우를 가져오게 하소서."

부처님께서 왕자에게 말씀하셨다.

"네가 직접 가서 여래의 발우를 가져오너라."

그때 주리반특 비구는 신통으로 5백 그루의 꽃나무를 만들었고, 그 나무 밑에 마다 주리반특 비구가 앉아 있었다. 이때 왕자는 부처님의 분부를 듣고 발우를 가지러 갔다. 그는 5백 그루의 나무 밑에 모두 주리반특 비구가 선정에 들어 생각을 매어 앞에 두고 앉아 흐트러짐이 없는 모습을 멀리서 보고 이렇게 생각하였다.

'누가 진짜 주리반특 비구일까?'

이때 만호 왕자는 곧바로 세존께 돌아가 아뢰었다.

"그 동산에 갔더니 전부가 주리반특 비구여서 누가 진짜 주리반특 비구인지 알 수 없었습니다."

세존께서 왕자에게 말씀하셨다.

"그 동산으로 다시 가 한가운데 서서 손가락을 퉁기며 '진짜 주리반특 비구는 부디 자리에서 일어나 주시오'라고 말하라."

왕자는 분부를 받고 다시 동산으로 가 한가운데 서서 이렇게 말하였다.

"진짜 주리반특 비구는 부디 자리에서 일어나 주시오."

왕자가 이렇게 말하자, 변화로 만들어진 5백 명의 비구는 저절로 사라지고 오직 주리반특 비구 한 명만 남았다. 이때 만호 왕자는 주리반특 비구와 함께 세존께 나아가 머리를 조아려 세존의 발에 예를 올리고 한쪽에 서서 아뢰었다.

"세존이시여, 저는 이제 참회합니다. 저는 이 비구에게 큰 신통과 위력이 있다는 여래의 말씀을 믿지 않았습니다."

부처님께서 왕자에게 말씀하셨다.

"너의 참회를 받아준다. 여래는 결코 두 말을 하지 않는다. 또 이 세상에는 이 세상을 오가며 돌아다니는 아홉 종류의 사람이 있다. 어떤 것이 그 아홉 종류의 사람들인가? 첫째는 남의 마음을 미리 아는 사람이요, 둘째는 말을 들으면 곧 아는 사람이며, 셋째는 모습을 보고 나서야 아는 사람이요, 넷째는 사리를 관찰한 뒤에야 아는 사람이며, 다섯째는 맛을 보고 난 뒤에야 아는 사람이요, 여섯째는 뜻을 알고 맛을 본 뒤에야 아는 사람이며, 일곱째는 뜻도 모르고 맛도 알지 못하는 사람이요, 여덟째는 사유와 신통의 힘을 배우는 사람이며, 아홉째는 배운 법이 적은 사람이니라. 왕자여, 이것을 일러 '이 세상에 있는 아홉 종류의 사람'이라고 하느니라. 이와 같이 왕자여, 저 모습을 보고 아는 사람이 그 여덟 종류 중에서 제일이니, 그보다 뛰어난 이가 없기 때문이니라.

지금 이 주리반특 비구는 신통은 익혔지만, 다른 법은 배우지 못하였다. 그래서 이 비구는 항상 신통으로 사람들을 설법하곤 하느니라.

지금 이 아난 비구는 모습을 보면 곧 그 사람의 마음을 안다. '여래에게는 이것이 필요하다. 이것은 필요하지 않다'고 알며, 또 '여래는 이것을 말씀하실 것이다. 이것은 여읠 것이다'라고 알아 그것을 모두 분명히 안다. 그런 점에서는 지금 이 아난 비구보다 나은 이가 없다. 그는 모든 경經의 이치를 두루 보아 통하지 못한 것이 없느니라.

또 이 주리반특 비구는 하나의 형상을 변화시켜 여러 가지 형상으로 만들고, 또 그것을 도로 합해 하나로 만든다. 이 비구는 뒷날 공중에서 열반할 것이다. 나는 이 아난 비구와 주리반특 비구처럼 열반에 들 다른 비구를 보지 못했다."

이때 세존께서 다시 비구들에게 말씀하셨다.

"나의 성문聲聞 중에서 몸을 변화시켜 크게도 하고 작게도 하는데 있어서 제일인 비구로는 주리반특 비구만한 이가 없느니라."

이때 만호 왕자는 손수 음식을 집어 여러 스님들을 공양하였다. 그리고 발우를 거두고는 작은 자리를 가지고 와서 여래 앞에 서서 합장하고 아뢰었다.

"원컨대 세존이시여, 주리반특 비구가 항상 저희 집으로 와서 그가 필요로 하는 의복·잡물과 사문의 법을 모두 저희 집에서 받도록 허락하소서. 마땅히 목숨을 마칠 때까지 그가 필요로 하는 것들을 이바지하겠습니다."

부처님께서 말씀하셨다.

"왕자여, 너는 주리반특 비구에게 참회하고 네가 직접 그렇게 청하라. 왜냐하면 지혜롭지 못한 사람이 지혜로운 사람을 분별하려 한다면 그것은 될 수 없는 일이지만, 지혜로운 사람은 지혜로운 사람을 분별한다고 말한다면 그것은 있을 수 있는 일이기 때문이니라."

이때 만호 왕자는 즉시 주리반특 비구를 향해 예를 올리고 자기 성명을 일컬으며 용서를 구하였다.

"큰 신통을 가진 비구시여, 저는 교만한 마음을 품었었지만 지금부터 다시는 범하지 않겠습니다. 부디 저의 참회를 받아 주십시오. 다시는 감히 범하지 않겠습니다."

주리반특 비구가 말하였다.

"그대의 허물을 용서하겠으니 이후로 다시는 범하지 마십시오. 또한 성현을 비방해서는 안 됩니다. 왕자여, 마땅히 알아야 합니다. 어떤 중생이라도 성인을 비방하면 그는 반드시 세 갈래 나쁜 세계에 떨어지고 지옥에 태어나게 됩니다. 왕자여, 마땅히 이와 같이 공부해야 합니다."

그때 세존께서 만호 왕자를 위해 매우 미묘한 법을 말씀하시어 그를 격려하고 기쁘게 해 주셨고, 그 자리에서 이런 축원을 하셨다.

제사에서는 불이 으뜸이고
경서에서는 게송이 제일이다.
사람 가운데선 임금이 제일 높고
모든 흐름 중에선 바다가 최고이다.
숱한 별 가운데선 달이 첫째요
광명 가운데에서는 해가 제일이네.

위와 아래 그리고 사방의
형상이 있는 모든 것들과
천상과 또 인간 중에선
저 부처님이 가장 높나니
만일 복을 구하려 한다면

삼불타三佛陀[7]에게 공양하여라.

세존께서 이 게송을 마치고 곧 자리에서 일어나셨다.
그때 만호 왕자는 부처님의 말씀을 듣고 기뻐하며 받들어 행하였다.

〔 10 〕
이와 같이 들었다.
어느 때 부처님께서는 사위국 기수급고독원에 계셨다.
그때 아난이 세존께 아뢰었다.
"이른바 선지식善知識이란 곧 범행梵行을 행하는 사람의 절반입니다. 왜냐하면 좋은 길로 인도해 함이 없는 곳〔無爲〕에 이르게 하기 때문입니다."
부처님께서 아난에게 말씀하셨다.
"선지식은 곧 범행을 행하는 사람의 절반이라는 그런 말을 하지 말라. 왜냐하면 무릇 선지식이란 범행을 행하는 사람의 선부이기 때문이다. 그는 함께 종사從事하면 그를 인도해 좋은 길을 보여 주기 때문이다. 나 역시 선지식으로 말미암아 무상정진등정각無上正眞等正覺을 이루었고, 그 도의 결과를 이룸으로써 이루 다 헤아릴 수 없는 중생을 제도하여 모두들 태어남 · 늙음 · 병듦 · 죽음을 면하게 한 것이니라. 이 사실로 보면 선지식은 범행을 행하는 사람의 전부임을 알 수 있느니라.
또 아난아, 만일 선남자와 선여인이 선지식과 함께 종사한다면, 그

---

[7] 팔리어 Sambuddha의 음역이다. 정각자正覺者 · 등각자等覺者, 즉 부처님을 뜻한다.

는 신근信根이 더욱 튼튼해지고 들음·보시·지혜의 덕이 모두 갖추어지리라.

마치 달이 차려고 할 때면 그 광명이 보통 때보다 차츰 더하는 것처럼, 만일 선남자와 선여인이 선지식을 가까이한다면 믿음·들음·기억·보시·지혜가 모두 늘어날 것이다. 이런 사실로 보더라도 선지식은 곧 범행을 행하는 사람의 전부라는 사실을 알 수 있느니라.

만일 내가 옛날에 선지식과 함께 종사하지 않았더라면 나는 끝내 등광불燈光佛의 수기를 받지 못했을 것이다. 선지식과 함께 종사하였기 때문에 제화갈라불提和竭羅佛[8]로부터 수기를 받은 것이니라. 이런 사실로 보더라도 선지식은 범행을 행하는 사람의 전부라는 사실을 알 수 있느니라.

아난아, 만일 이 세상에 선지식이 없었다면 높고 낮은 차례도 없고, 부모·스승·형제·종친의 구별도 없었을 것이니, 저 돼지나 개와 똑같은 무리가 되어 온갖 나쁜 인연을 짓고 지옥으로 갈 죄의 종자를 심었을 것이다. 선지식이 있었기 때문에 부모·스승·형제·종친의 구별이 있게 된 것이니라."

이때 세존께서 곧 이런 게송을 말씀하셨다.

선지식은 나쁜 사람이 아니고
그의 법은 물질을 위함 아니네.
그는 나를 좋은 길로 인도하나니
그 친구의 말이 가장 높은 말이다.

---

8 팔리어 Dīpaṃkara buddha의 음역이고, 등광불燈光佛·연등불燃燈佛·정광불錠光佛로 한역한다.

"그러므로 아난아, 다시는 '선지식은 범행을 행하는 사람의 절반이다'라고 말하지 말라."

그때 아난은 부처님으로부터 가르침을 받고 부처님의 말씀을 듣고는 기뻐하며 받들어 행하였다.

〔 11 〕
이와 같이 들었다.

어느 때 부처님께서는 라열성의 기사굴산에서 대비구들 5백 명과 함께 계셨다.

그때 석제환인釋帝桓因은 삼십삼천에서 사라져 부처님께서 계신 곳으로 와서는 머리를 조아려 발아래 예를 올리고 한쪽에 서서 세존께 아뢰었다.

"하늘과 사람들은 어떤 생각을 가지고 있고, 또 그 마음은 무엇을 구하나이까?"

부처님께서 말씀하셨다.

"세상 사람들은 흐르는 물과 같아서 그 본성이 같지 않고 향하는 곳도 각기 달라 생각이 일정하지 않다. 천제天帝여, 마땅히 알아야 합니다. 나 역시 옛날 무수한 아승기겁 전에 이렇게 생각했었다.

'하늘과 사람들의 마음은 어디로 향하며, 그 소원은 무엇일까?'

그러나 그 겁에서 오늘에 이르기까지 그 마음이 똑 같은 자를 한 사람도 보지 못하였다. 석제환인이여, 마땅히 알아야 한다. 이 세상 중생들은 뒤바뀐 생각, 무상無常한 것을 영원한 것이라고 헤아리는 생각, 즐겁지 않은 것을 즐겁다고 헤아리는 생각, 나〔我〕라고 할 것이 없는데 나라는 것이 있다고 여기는 생각, 깨끗하지 않은데 깨끗하다고 여기는 생각, 바른 길을 삿된 길로 여기는 생각, 악한 짓에 복이 있다는 생각, 착한 행에 악이 있다는 생각을 일으킨다. 이런 사실로 보더라도 중생들은 그 바탕을 헤아릴 수 없고 그 성행이 각기 다르다는 것을 알 수 있느니라.

만일 중생들이 모두 똑같은 생각을 하고, 여러 가지 생각을 하지 않는다면 중생들이 사는 아홉 곳은 알 수도 없고, 또 중생들이 사는 아홉 곳이라고 분별하기도 어려울 것이며, 그 정신이 머무는 곳 역시 밝히기 어려울 것이다. 또 여덟 가지 큰 지옥이 있다는 것도 알 수 없고, 축생들이 가는 곳도 분별하기 어려울 것이다. 지옥의 고통도 분별할 수 없고, 부귀한 네 성姓이 있다는 것도 알 수 없을 것이며, 아수륜阿須倫이 나아가는 길도 알 수 없을 것이요, 또 삼십삼천에 대해서도 알 수 없을 것이다.

만일 그 마음이 모두 똑같다면 그것은 광음천光音天과 같은 것이다. 중생들은 여러 종류가 있어서 그 생각도 여러 가지이게 마련이다. 따라서 중생들이 사는 아홉 곳과 그 정신이 머무르는 아홉 곳이 있다는 것을 알 수 있고, 여덟 가지 큰 지옥과 세 갈래 나쁜 세계가 있다는 것도 알 수 있으며, 나아가 삼십삼천도 그와 마찬가지이다. 이런 사실로 보더라도 중생들은 그 본성이 같지 않고 그 행이 각기 다르다는 것을 알 수 있느니라."

그때 석제환인이 세존께 아뢰었다.

"여래의 말씀은 참으로 기이하고 아름답습니다. 중생들의 본성과 행行이 같지 않고 그 생각 또한 각기 다릅니다. 중생들은 그 소행이 같지 않기 때문에 파랑·노랑·하양·검정과 크고 작은 따위의 차이가 있는 것입니다. 세존이시여, 저는 하늘 일이 너무 많아 이만 천상으로 돌아갈까 합니다."

부처님께서 석제환인에게 말씀하셨다.

"때를 알아서 하라."

석제환인은 곧 자리에서 일어나 머리를 조아려 발에 예를 올리고 이내 물러갔다.

그때 석제환인은 부처님의 말씀을 듣고 기뻐하며 받들어 행하였다.

구지九止・친훼・공작孔雀과
계박繫縛과 법본法本을 설하시고
병病・공양供養・반특槃特과
범행梵行과 약간상若干想에 대해 설하셨다.

증일아함경 제 41 권

45. 마왕품馬王品

〔 1 〕¹

이와 같이 들었다.

어느 때 부처님께서는 라열성 가란타죽원에서 대비구들 5백 명과 함께 계셨다.

그때 그 성에는 마혜제리摩醯提利라는 바라문이 있었다. 그는 외도의 경술經術에 밝았고 천문과 지리에도 모두 능숙하였으며 세상에서 두루 섭렵할 수 있는 법들을 모두 다 통달하였다.

그 바라문에게는 의애意愛라는 딸이 있었다. 그녀는 매우 총명하고 세상에서 보기 드물 만큼 얼굴이 단정하였다.

그때 바라문은 이런 생각을 하였다.

'우리 바라문 경전에 이런 말이 있다. 두 사람이 세상에 출현하는

---

1 이 소경과 내용이 비슷한 경으로는 『중아함경』 제34권 136번째 소경인 「상인구재경 商人求財經」이 있다.

일은 매우 만나기 어렵고 참으로 만날 수 없다. 누가 그 두 사람인가? 이른바 여래・지진・등정각과 전륜성왕이다. 전륜성왕이 세상에 출현할 때에는 너비가 메아리처럼 저절로 따른다. 내게는 지금 이 여보女寶가 있으니, 얼굴이 너무도 묘해 미녀 중에서도 제일이다. 그런데 지금 전륜성왕이 없다.

나는 또 〈진실하고 청정한 왕자 실달悉達은 출가하여 도를 배웠고 32대인상大人相과 80종호가 있는데, 그가 집에 머문다면 분명 전륜성왕이 될 것이요, 출가하여 도를 배우면 불도를 이룰 것이다〉라고 들었다. 나는 이제 내 딸을 저 사문에게 주리라.'

그 바라문은 곧 그 딸을 데리고 세존 앞에 나아가 아뢰었다.

"부디 사문께서는 미녀를 받아 주십시오."

세존께서는 말씀하셨다.

"그만두어라, 그만두어라. 범지야, 나는 애욕에 집착하는 그런 사람은 필요하지 않다."

바라문은 두 번 세 번 아뢰었다.

"사문이여, 이 미녀를 받아 주십시오. 이 세계에서는 이 여자에 견줄만한 이가 없습니다."

세존께서는 말씀하셨다.

"이미 네 뜻은 받았다. 다만 나는 출가한 사람이므로 다시는 그런 애욕을 즐기지 않는다."

그때 어떤 장로 비구가 여래 뒤에서 부채를 들고 부처님을 부치고 있다가 세존께 아뢰었다.

"원컨대 세존께서는 그 여인을 받으소서. 만일 세존께서 필요치 않으시면 저희들이 쓰게 주십시오."

그때 세존께서는 장로 비구에게 말씀하셨다.

"너는 어리석고 미혹하여 여래 앞에서 그런 나쁜 말을 하는구나. 너는 어떻게 얽혀들었기에 이 여자에게 마음을 두는가? 무릇 여자에게는 아홉 가지 나쁜 법이 있다. 아홉 가지란 무엇인가? 첫째, 여자는 냄새나고 더러워 깨끗하질 않다. 둘째, 여자는 입버릇이 나쁘다. 셋째, 여자는 은혜를 갚을 줄 모른다. 넷째, 여자는 질투를 잘한다. 다섯째, 여자는 인색하다. 여섯째, 여자는 놀러 다니기를 좋아한다. 일곱째, 여자는 성을 잘 낸다. 여덟째, 여자는 거짓말을 많이 한다. 아홉째, 여자는 말이 경솔하다. 비구야, 여자에게는 이런 아홉 가지 나쁜 점이 있느니라."

그때 세존께서는 곧 이런 게송을 말씀하셨다.

언제나 웃고 울기를 좋아하고
친한 척하지만 사실 친하지 않네.
부디 너는 다른 방편을 구해
어지러운 생각을 일으키지 말라.

그때 장로 비구는 세존께 아뢰었다.
"비록 여자에게 그런 아홉 가지 나쁜 법이 있다고 하지만 제가 지금 이 여자를 관찰해보니 전혀 흠이 없습니다."
세존께서는 말씀하셨다.
"이 미련한 사람아. 너는 지금 여래의 신성한 말을 믿지 않는가? 내 이제 설명해 주리라. 먼 옛날, 바라내성婆羅㮈城에 보부普富라는 큰 상인이 있었다. 그는 5백 명의 상인을 거느리고 보배를 캐러 바다로 들어갔다. 그러나 그 바닷가에는 늘 사람들을 잡아먹곤 하는 나찰이 살고 있었다.

이때 그 바다에 거센 바람이 일더니 그 상인들의 배에 불어 닥쳐서는 나찰이 사는 곳에 떨어뜨렸다. 나찰은 상인들이 오는 것을 멀리서 보고 한량없이 기뻐하였다. 곧 나찰은 형상을 숨기고 견줄 이 없이 단정한 여자의 모습이 되어 상인들에게 말하였다.

'잘 오셨습니다. 여러분, 이 보배로운 섬은 저 하늘 궁전과 다름이 없으니, 수많은 온갖 보배에 수 천 백 가지 풍족한 음식이 있습니다. 또 미녀들이 많은데 그들은 모두 남편이 없습니다. 그러니 저희와 함께 여기서 즐기십시오.'

비구야, 알아야 한다. 그 상인들 가운데 어리석고 미혹한 이들은 그 여자들을 보고는 곧 집착하는 마음이 생겼다. 그때 우두머리 상인 보부는 이렇게 생각하였다.

'이 큰 바다는 사람이 살 만한 곳이 아닌데 어떻게 이 여자들이 여기서 살 수 있을까? 이들은 의심할 것도 없이 나찰임이 분명하다.'

이에 보부는 여자에게 말하였다.

'그만두어라, 그만두어라. 아가씨들아, 우리는 여색을 탐하지 않는다.'

이때 매달 8일, 14일, 15일에는 마왕馬王이 허공을 돌면서 이렇게 외쳤다.

'누구든 이 험난한 바다를 건너려 한다면 내가 그를 업어 건네주리라.'

비구들아, 마땅히 알아야 한다. 그때 그 우두머리 상인은 높은 나무 위로 올라가 멀리서 그 마왕을 바라보고 또 그 소리를 듣고는 너무 기뻐 어쩔 줄 몰랐느니라. 그는 마왕에게 달려가 마왕에게 말하였다.

'저희 5백 상인들은 바람에 밀려 지금 매우 난처한 곳에 떨어졌습니다. 이 바다를 건너고 싶으니 부디 건네주십시오.'

마왕은 말하였다.

'너희들은 모두 오라. 내가 저 바다 끝으로 건네주리라.'

이때 보부普富 장자는 여러 상인들에게 말하였다.

'지금 마왕이 가까운 곳에 있다. 우리 모두 그에게 찾아가 험난한 바다를 함께 건너자.'

그러자 여러 상인들은 대답하였다.

'그만두시오, 주인. 우리는 우선 여기서 살면서 즐기겠소. 저 염부제에 살면서 열심히 애쓴 까닭은 즐거운 것을 구하기 위해서요. 진기한 보물과 아름다운 여자가 이곳에 모두 갖추어져 있소. 우리는 여기서 다섯 가지 욕망[五欲]을 누리다가 뒷날 차차 재물을 모아 가지고 이 어려움을 함께 건너리다.'

우두머리 상인은 말하였다.

'그만두어라. 그만두어라. 미련한 사람들아, 이곳에 여자라고는 없다. 이 큰 바다 한가운데 어떻게 사람이 살겠는가?'

상인들은 대답하였다.

'그만 그치시오, 주인. 우리는 이곳을 버리고 갈 수 없소.'

이때 우두머리 상인 보부는 게송으로 말하였다.

　　우리는 지금 어려움에 처했으니
　　남자나 여자라고 생각지 말라.
　　저들은 바로 나찰 종자라
　　차츰차츰 우리를 잡아먹으리.

'만일 그대들이 나와 함께 가지 않겠다면 각자 몸을 잘 보전하라. 만일 내가 몸과 입과 뜻으로 실수한 것이 있다면 모두 송두리째 버리

고 마음에 두지 말라.'
 그때 여러 상인들은 그를 위해 전송하는 게송을 함께 읊었다.

　　우리들의 안부를 전해 주오.
　　저 염부제의 친지들에게
　　우리는 여기서 즐기느라
　　제때에 집으로 돌아가지 못한다고.

이때 우두머리 상인도 게송으로 대답하였다.

　　그대들은 사실 재앙을 만났는데
　　그걸 모르고 돌아가려 하지 않네.
　　그렇게 하면 오래지 않아
　　모두 다 귀신에게 잡아먹히리.

 이 게송을 마치고는 곧 그들을 버리고 떠났다. 그는 마왕에게 찾아가 머리를 조아려 그 발에 예배하고는 그를 타고 곧 떠나버렸다. 그때 여러 상인들은 멀리서 그 주인이 마왕을 타고 떠나는 것을 보았고, 그 중에는 부르는 이도 있었지만 부르지 않으며 원망하는 이도 있었다.
 이때 가장 큰 나찰 주인이 여러 나찰들을 향해 이런 게송을 말하였다.

　　사자 아가리에 떨어졌다면
　　거기서 벗어나기 매우 어렵다.
　　하물며 우리 섬에 들어 왔으니

도망가고 싶어도 진실로 어려우리.

그때 나찰 주인은 곧 매우 아름다운 여자 모습으로 변하더니 두 손으로 가슴을 가리키면서 말하였다.
'만일 너희들을 잡아먹지 않는다면 결코 나찰이라 할 수 없으리라.'
그 동안에 마왕은 곧 우두머리 상인을 태우고 바닷가에 이르렀다. 그러나 나머지 5백 상인은 모두 곤욕을 치렀느니라.
그때 바라내성波羅㮈城에서는 범마달梵摩達이라는 왕이 백성을 다스리고 있었다. 이때 나찰은 '아이고, 내 남편을 잃다니' 하며 곧바로 우두머리 상인을 뒤쫓았다. 그 무렵 우두머리 상인은 곧장 집으로 돌아갔다. 이때 나찰은 변화한 모습으로 사내아이를 안고는 범마달왕을 찾아가 호소하였다.
'세상에 큰 재앙이 닥쳤으니 그것을 모두 없애셔야 합니다.'
왕은 말하였다.
'세상에 완전히 없애야 할 어떤 재앙이 닥쳤단 말인가?'
나찰은 아뢰었다.
'남편에게 버림받았습니다. 헌데 저는 남편에게 아무 잘못도 없습니다.'
이때 범마달왕은 너무도 아름다운 그 여자의 모습을 보고 곧 애착이 생겨 여자에게 말하였다.
'네 남편은 사람으로서의 의리도 없이 너를 버리고 떠났구나.'
범마달왕은 곧 사람을 보내 남편이라는 자를 불러와 말하였다.
'네가 이렇게 좋은 아내를 버렸다는 게 사실인가?'
우두머리 상인은 대답하였다.
'이 자는 나찰이지 여자가 아닙니다.'

나찰은 다시 왕에게 아뢰었다.

'이 사람은 남편으로서의 의리도 없습니다. 지금 저를 버리고도 다시 저를 나찰이라고 욕하는군요.'

왕은 상인에게 물었다.

'네가 정말로 필요 없다면 내가 거두리라.'

상인은 아뢰었다.

'이 자는 나찰입니다. 왕의 뜻대로 하소서.'

그때 범마달왕은 곧 그 여자를 데려다 깊은 궁중에 두고 수시로 만나며 원망이 없도록 하였다. 그러나 나찰은 사람들이 없을 때 왕을 잡아먹고는 뼈만 남겨두고 이내 떠났느니라.

비구들아, 달리 생각지 말라. 그때의 우두머리 상인은 바로 지금의 사리불 비구요, 그때의 나찰은 바로 지금의 이 여자이고, 그때의 범마달왕은 바로 지금의 이 장로 비구요, 그때의 마왕馬王은 바로 지금의 나이며, 그때의 5백 상인은 바로 지금의 이 5백 비구이니라. 이런 사실로 보더라도 애욕이란 더러운 생각임을 알 수 있다. 그런데도 지금 다시 애착하는 마음을 일으키는가?"

그때 그 비구는 곧 세존의 발에 예배하고 아뢰었다.

"원컨대 이 참회를 받아 주시고 저의 큰 잘못을 용서하소서. 지금부터 다시는 범하지 않겠습니다."

이때 그 비구는 세존의 가르침을 받고는 곧 한적한 곳에서 자신을 이겨내며 스스로 수행하였다. 그리하여 족성자들이 부지런히 범행을 닦는 목적대로 위없는 범행을 닦고자 하였다. 이때 그 비구는 곧 아라한이 되었다.

그때 비구들은 부처님의 말씀을 듣고 기뻐하며 받들어 행하였다.

[2]²

이와 같이 들었다.

어느 때 부처님께서는 석시釋翅의 암바리과원闇婆梨果園에서 대비구들 5백 명과 함께 계셨다.

그때 존자 사리불과 존자 목건련이 다른 곳에서 여름 안거安居를 마친 뒤, 5백 명의 비구들을 데리고 세상을 유행하다가 차츰 다가와 석시 마을에 도착하였다. 그때 먼 길을 온 비구들과 머물고 있던 비구들은 제각기 서로에게 말을 건네고 서로의 안부를 물었는데 그 음성들이 너무 높고 컸다.

그때 세존께서 비구들이 떠드는 소리를 듣고 곧 아난에게 말씀하셨다.

"지금 이 동산에서 누가 저처럼 크게 떠드는가? 마치 나무나 돌을 부수는 소리 같구나."

아난이 부처님께 아뢰었다.

"지금 사리불과 목건련이 5백 비구들을 데리고 이곳으로 왔는데 먼 길을 온 비구들과 머물고 있던 비구들이 서로의 안부를 묻느라고 저런 소리가 들립니다."

세존께서는 말씀하셨다.

"너는 속히 사리불과 목건련을 보내라. 이곳에 머물지 못하게 하라."

아난은 분부를 받고 곧 사리불과 목건련에게 가서 말하였다.

"세존께서 분부가 계십니다. 빨리 이곳을 떠나고 이곳에 머물지 말라 하셨습니다."

---

2 이 소경과 내용이 비슷한 경으로는 후한 시대 강맹상康孟詳이 한역한 『사리불마하목련유사구경舍利弗摩訶目連遊四衢經』이 있다.

사리불은 대답하였다.
"예, 분부대로 하겠소."
그때 사리불과 목건련은 곧 그 동산을 나와 5백 비구들을 데리고 길을 떠났다. 그때 여러 석가족 사람들은 사리불과 목건련 비구가 세존에게 쫓겨났다는 소식을 듣고, 곧장 사리불과 목건련이 있는 곳으로 찾아가 머리를 조아려 그 발에 예배하고 사리불에게 아뢰었다.
"현자들께선 어디로 가시는 길입니까?"
사리불은 대답하였다.
"우리는 여래로부터 쫓겨나 제각기 안온한 곳을 찾고 있습니다."
그러자 석가족 사람들이 사리불에게 말하였다.
"현자들이여, 잠시만 생각을 거두십시오. 저희들이 여래께 참회하겠습니다."
이때 석가족 사람들은 곧 세존께 나아가 머리를 조아려 그 발에 예배하고 한쪽에 앉아 아뢰었다.
"원컨대 세존께서는 먼 곳에서 찾아온 비구들의 허물을 용서하소서. 원컨대 세존께서는 때를 따라 깨우쳐 주소서. 저 멀리서 찾아온 비구들 중에 처음으로 도를 배우고 우리 법에 새로 들어온 자들은 세존을 뵙지 못하면 반드시 후회하고 마음이 변할 것입니다. 마치 무성한 모종이라도 물기를 만나지 못하면 자라지 못하는 것처럼, 저 비구들도 그와 같아서 여래를 뵙지 못하고 떠나면 후회하고 마음이 변할지도 모릅니다."
그때 범천왕은 여래의 마음속 생각을 알고 마치 역사가 팔을 굽혔다 펴는 것처럼 짧은 시간에, 범천에서 사라져 여래가 계신 곳으로 와서는 머리를 조아려 그 발에 예배하고 한쪽에 섰다. 그때 범천왕이 세존께 아뢰었다.

"원컨대 세존께서는 멀리서 온 비구들이 저지른 허물을 용서하시고 때를 따라 깨우쳐 주소서. 저들 가운데 아직 구경에 이르지 못한 비구들이 있다면 그들은 곧 후회하고 마음이 변할 것입니다. 그들은 여래의 존안을 뵙지 못하면 곧 마음이 변해 본래의 업으로 돌아갈 것입니다.

마치 갓 태어난 송아지가 태어나자마자 그 어미를 잃으면 시름에 잠겨 먹지 않는 것처럼, 저 처음으로 도를 배우는 비구들도 여래를 뵙지 못하면 곧 이 바른 법에서 멀리 떠날 것입니다."

그때 세존께서는 곧 석가족들의 간청과 송아지로 비유를 든 범천왕의 말을 받아들이시고 아난을 돌아보셨다. 아난은 이렇게 생각하였다.

'여래는 이미 여러 사람과 천신들의 간청을 들어주셨다.'

아난은 곧 사리불과 목건련 비구를 찾아가 말하였다.

"여래께서 여러 스님들을 보고 싶어하십니다. 하늘과 사람들이 모두 그 사실을 아뢰었습니다."

그때 사리불은 비구들에게 말하였다.

"너희들은 제각기 가사와 발우를 챙기고 다 같이 세존께서 계신 곳으로 가자. 여래께서는 이미 우리들의 참회를 들어주셨다."

이에 사리불과 목건련은 5백 비구를 데리고 세존께 나아가 머리를 조아려 그 발에 예배하고 한쪽에 앉았다.

이때 부처님께서 사리불에게 물으셨다.

"내가 아까 여러 비구들을 쫓아버렸을 때, 그대는 어떻게 생각하였는가?"

사리불은 아뢰었다.

"아까 여래께서 여러 비구들을 쫓아버리셨을 때, 저는 '여래께서는 고요한 곳에서 홀로 함이 없이 지내기를 좋아하고 시끄러운 것을 싫어하신다. 그래서 여러 비구들을 쫓아버리는 것이다'라고 생각하였습니다."

세존께서는 말씀하셨다.

"너는 그 다음에 어떤 생각을 했는가? 그때 그 성중聖衆은 누구의 허물인가?"

사리불은 아뢰었다.

"세존이시여, 그때 저는 다시 '나도 한적한 곳에서 홀로 노닐고 시끄러운 곳에서 지내지 말자'라고 이렇게 생각하였습니다."

세존께서는 말씀하셨다.

"'나도 한적한 곳에서 지내리라'는 그런 말 말라. 또 그렇게 생각지도 말라. 지금 그 성중聖衆들의 허물이 어찌 사리불과 목건련 탓이 아니겠는가?"

그때 세존께서는 목건련에게 말씀하셨다.

"내가 여러 비구들을 쫓아버렸을 때, 그대는 어떻게 생각하였는가?"

목건련은 아뢰었다.

"여래께서 비구들을 쫓아버리셨을 때, 저는 '여래께서는 홀로 함이 없이 지내고 싶어서 성중을 쫓아버리는 것이다'라고 생각하였습니다."

세존께서는 말씀하셨다.

"그 다음에는 무슨 생각을 했는가?"

목건련은 아뢰었다.

"'지금 여래께서 성중을 쫓아버리셨지만 우리는 다시 그들을 모아 흩어지지 않도록 해야 한다'고 생각하였습니다."

세존께서는 말씀하셨다.

"훌륭하구나, 목련아. 그대 말이 옳다. 이 대중 가운데 우두머리는 오직 나와 그대 둘뿐이다. 지금부터 목건련은 여러 후학 비구들을 잘 가르쳐 긴 세월 동안 언제나 안온한 곳에 살게 하고 중간에서 물러나 생사에 떨어지는 일이 없게 하라.

만일 비구가 아홉 가지 법을 성취한다면 그는 현세에서 성장할 수 없으리라. 아홉 가지란 무엇인가? 나쁜 벗을 섬기고 가까이하는 것, 일 없이 항상 놀러 다니기를 좋아하는 것, 늘 병病을 품고 사는 것, 재물 모으기를 좋아하는 것, 가사와 발우에 탐착하는 것, 허황하고 잘 잊으며 생각이 어지러워 안정되지 못한 것, 지혜의 밝음이 없는 것, 이치를 이해하지 못하는 것, 때때로 가르침을 받지 않는 것이다.

목련아, 이것이 이른바 '비구가 이 아홉 가지 법을 성취하면 현세에서 성장하지 못하고 교화가 미치지 못한다'는 것이니라.

만일 비구가 아홉 가지 법을 성취한다면 그는 곧 큰 결과를 이룰 것이다. 아홉 가지란 무엇인가? 좋은 벗을 섬기는 것, 바른 법을 수행하고 삿된 업에 집착하지 않는 것, 항상 홀로 노닐며 사람들 사이에서 지내기를 좋아하지 않는 것, 병이 적고 근심이 없는 것, 재보를 많이 쌓아 두지 않는 것, 가사와 발우에 탐착하지 않는 것, 부지런히 정진하며 어지러운 마음이 없는 것, 이치를 들으면 곧 이해해 거듭 배우지 않는 것, 때때로 법을 들으며 싫증내지 않는 것이다.

목련아, 이것이 이른바 '비구가 아홉 가지 법을 성취하면 현세에서 많은 이익을 얻는다'는 것이니라.

그러므로 목련아, 모든 비구들을 더욱 부지런히 가르쳐 긴 세월 동안 함이 없는 곳에 이르게 하리라고 생각해야 하느니라."

그때 세존께서는 곧 이런 게송을 말씀하셨다.

언제나 스스로 깨어 있을 생각하고

잘못된 법에 집착하지 말라
그 닦는 바가 바른 행과 맞으면
생사의 어려움을 건너게 되리.

이것을 지으면 이것을 얻고
이것을 지으면 이 복을 얻으리.
중생들 떠돌기 오래이거니
늙음·병·죽음을 끊어야 하네.

성취하고 나서는 익히지 않고
그릇된 행을 다시 저지르니
이런 게으르고 방탕한 사람
결국 번뇌 속을 헤매게 되리.

만일 부지런히 노력하려는 마음을
항상 그 마음에 새겨두고서
서로서로 가르쳐 깨우친다면
마침내 번뇌 없는 사람이 되리.

"그러므로 목건련아. 부디 비구들을 이렇게 깨우쳐 주라. 또 이와 같이 배울 것을 생각해야 하느니라."
그때 세존께서는 비구들을 위해 아주 묘한 법을 말씀하시어 기쁜 마음을 내게 하셨다.
이때 이 법을 들은 여러 비구들 중에 60여 비구는 번뇌가 없어지고 마음에 이해가 생겼다.

그때 모든 비구들은 부처님의 말씀을 듣고 기뻐하며 받들어 행하였다.

〔3〕
이와 같이 들었다.
어느 때 부처님께서는 사위국 기수급고독원에 계셨다.
그때 세존께서 모든 비구들에게 말씀하셨다.
"만일 어떤 비구가 촌락村落을 의지해 살면서 선한 법은 소멸하고 악한 법이 불어가거든 그 비구는 이렇게 생각해야 한다.
'나는 지금 이 촌락에 머물러 살면서 나쁜 법이 늘어나고 선한 법은 자꾸 줄어들고 있다. 생각이 한결같지 않아 번뇌를 없앨 수 없고 함이 없는 안온한 경지에 이르지 못하고 있다. 내가 얻는 의복·음식·침구·병에 맞는 의약품도 노고 끝에야 겨우 얻을 수 있다.'
그는 또 이렇게 사유해야 한다.
'나는 지금 이 촌락에서 머물러 살면서 나쁜 법이 늘어나고 선한 법은 자꾸 줄어들고 있다. 나는 또한 의복·음식·침구·병에 맞는 의약품 등을 위해 사문이 된 것이 아니다. 내가 구하고 원하는 것은 아직 그 결과를 거두지 못하였다.'
그리고는 그 촌락을 멀리 떠나야 하느니라.
만일 또 어떤 비구가 촌락을 의지해 살면서 선한 법은 자꾸 늘어나고 나쁜 법은 없어지며, 그가 얻는 의복·음식·침구·병에 맞는 의약품 등도 애를 써야만 얻어지거든 그는 이렇게 배워야 한다.
'나는 지금 이 촌락에서 머물러 살면서 나쁜 법이 늘어나고 선한 법은 자꾸 줄어들고 있으며, 내가 얻는 여러 가지 공양 거리도 애를 써야만 얻을 수 있다. 나는 의복을 위해 출가하여 도를 배우고 범행을 닦는 것이 아니다. 나는 배우는 도에 있어서 구하고 원하는 법을 반드시 성취하여 몸과 목숨을 마칠 때까지 섬김과 공양을 받으리라.'"
　그때 세존께서는 곧 이런 게송을 말씀하셨다.

　　의복과 음식과
　　침구와 나를 편하게 하는 모든 것들에
　　탐하여 집착하는 생각을 내지 말고
　　또 그 때문에 이 세상에 오지 말라.

　　의복 따위를 구하기 위해
　　출가하여 도를 배우는 것 아니네
　　도를 배우는 까닭은
　　반드시 그 소원을 이루기 위함이라.

　　비구는 모름지기 알맞은 시기를 살펴
　　그 몸이 다하도록 그 마을에 머물고
　　그 마을에서 반열반般涅槃하여
　　그 목숨의 근본을 다하도록 하라.

"이때 그 비구가 만일 노닐만한 마을의 고요한 곳에 머물면서 선한 법이 더욱 늘어나고 나쁜 법은 스스로 소멸하거든 그 비구는 몸과 목숨을 마칠 때까지 그 마을에서 살며 멀리 유행을 떠나지 말아야 한다."
　이때 아난이 세존께 아뢰었다.
　"여래께서는 '4대는 음식을 의지해야 존재할 수 있고 또 마음으로 생각하는 법을 의지하며, 모든 선한 법은 마음을 의지해 생긴다'고 늘 말씀하지 않으셨습니까? 또 그 비구는 촌락을 의지해 살면서 정신을 수고롭게 하여 의복과 음식을 구한다고 했습니다. 그런 그가 어떻게 선한 법을 일으킬 수 있기에 멀리 떠나지 말고 그 마을에서 살라고 하십니까?"

부처님께서 아난에게 말씀하셨다.

"의복·음식·침구·병에 맞는 의약품에 세 종류가 있다. 만일 어떤 비구가 네 가지 공양에만 전념하고 그 소원을 이루지 못한다면 그 의지한 것들이 곧 괴로움이 된다. 그러나 만일 만족할 줄을 아는 마음을 내고 거기에 집착하는 마음을 내지 않는다면 모든 하늘과 사람들이 그를 대신해 기뻐할 것이다. 비구라면 마땅히 이렇게 배워야 한다. 그 때문에 나는 이런 이치를 말하는 것이다.

그러므로 아난아, 비구라면 마땅히 욕심이 적어 만족할 줄 알아야 함을 명심해야 하느니라. 아난아, 이렇게 배워야 하느니라."

그때 아난은 부처님의 말씀을 듣고 기뻐하며 받들어 행하였다.

〔 4 〕[3]

이와 같이 들었다.

어느 때 부처님께서는 바라원婆羅園에 계셨다.

그때 세존께서는 때가 되어 가사를 입고 발우를 가지고 걸식하러 바라촌婆羅村으로 들어가셨다.

이때 악마 파순은 이렇게 생각하였다.

'지금 이 사문이 마을에 들어가 걸식을 하려고 한다. 내 이제 방편

---

[3] 이 소경과 내용이 비슷한 경으로는 『잡아함경』 제39권 1,095번째 소경인 「걸식경乞食經」이 있다.

을 써서 저 마을의 남녀들이 그에게 밥을 주지 않게 하리라.'

악마 파순은 곧 온 나라 사람들에게 "저 사문 구담에게는 음식을 주지 말라"고 명령하였다.

그 무렵 세존께서는 마을로 들어가 걸식하였다. 그러나 아무도 여래와 더불어 말하지 않았고 또 다가와 섬기며 공양하는 이도 없었다. 여래께서는 결국 걸식하지 못하고 이내 마을에서 도로 나오셨다. 이때 악마 파순이 세존께 다가와 말하였다.

"사문이여, 걸식에서 끝내 아무것도 얻지 못했구나."

세존께서는 말씀하셨다.

"악마가 수작을 부려 밥을 얻지 못하게 하였다. 너도 오래지 않아 그 과보를 받을 것이다. 악마야, 이제 내 말을 들어보아라. 옛날 현겁賢劫 동안에 구루손拘樓孫 여래如來·지진至眞·등정각等正覺·명행성위明行成爲·선서善逝·세간해世間解·무상사無上士·도법어道法御·천인사天人師·불중우佛衆祐라는 이름의 부처님이 계셔 이 세상에 출현하셨느니라.

그때 그분 역시 이 마을을 의지해 40만 대중을 거느리고 머물고 계셨다. 이때 악마 파순波旬은 이렇게 생각하였다.

'내 이제 방편을 구해 저 사문이 결국 아무것도 얻지 못하게 하리라.'

그는 다시 생각하였다.

'나는 이제 이 바라촌 사람들과 약속해 저 사문이 밥을 얻지 못하게 하리라.'

이때 성중聖衆들은 가사를 입고 발우를 가지고 마을에 들어가 걸식하였다. 그러나 비구들은 마침내 밥을 얻지 못하고 마을에서 도로 나왔다.

그때 그 부처님께서는 비구들에게 이렇게 말씀하셨다.

'내 이제 묘한 법을 설하리라. 대개 음식을 관찰해보면 아홉 가지가 있으니, 인간이 먹는 4식食과 세간을 벗어난 이들이 먹는 5식食이다.

인간이 먹는 4식이란 무엇인가? 첫째는 단식摶食,[4] 둘째는 갱락식更樂識,[5] 셋째는 염식念食,[6] 넷째는 식식識食[7]이니, 이것이 세간의 4식이니라.

어떤 것이 세간 밖으로 벗어난 이들이 먹는 5식인가? 첫째는 선식禪食, 둘째는 원식願食, 셋째는 염식念食, 넷째는 8해탈식解脫食, 다섯째는 희식喜食이니, 이것이 5식이니라.

비구들아, 이와 같은 5식은 세상 밖으로 벗어난 이들이 먹는다. 부디 전념하여 4식食을 버리고, 방편을 구해 5식食을 마련하도록 하라. 비구들아, 이와 같이 공부해야 하느니라.'

그때 비구들은 그 부처님 가르침을 듣고 곧 스스로 수행하여 5식을 성취하였다. 그래서 악마 파순도 그 틈을 노리지 못하였다. 이때 악마 파순은 생각하였다.

'나는 이제 이 사문에게 방편을 쓸 수가 없다. 이제는 눈[眼]·귀[耳]·코[鼻]·혀[口]·몸[身]·뜻[意]의 틈을 노리리라. 나는 이제 저 마을에 머물며 마을 사람들을 시켜, 이양利養을 구하던 사문들이 이양을 얻게 하고 이미 이양을 얻었던 이들은 더욱 많이 얻게 하리라. 그

---

4 단식摶食이라고도 한다. 인도인들의 일반적인 식사법이 음식을 손으로 둥글게 뭉쳐 입에 넣는 것이므로 단식이라 한다.
5 촉식觸食이라고도 한다. 외부 대상과의 접촉이 먹는 음식과 마찬가지로 몸과 마음을 유지 성장케 하는 자양분이 되므로 음식이라 하였다.
6 의사식意思食이라고도 한다. 출세간의 염식念食과 구분할 때 욕망에 근거한 욕구와 의도, 사유작용을 말한다.
7 분별하여 아는 인식작용을 말한다.

리고 그 비구들로 하여금 이양에 탐착貪着하여 잠깐도 버리지 않고, 또 눈·귀·코·혀·몸·뜻을 따라 방편을 얻고 싶어하도록 하리라.'

이때 그 부처님의 성문들은 때가 되어 가사를 입고 발우를 가지고 마을에 들어가 걸식하였다. 그때 바라촌 사람들은 비구들에게 의복·음식·침구·병에 맞는 의약품 등을 공급하여 모자람이 없게 하고, 모두들 나와 승가리를 붙잡고 억지로 물건을 주었다.

이때 그 부처님은 성문들에게 말씀하셨다.

'이양이란 사람을 나쁜 곳에 떨어뜨리고 함이 없는 곳〔無爲之處〕에 이르지 못하게 하는 것이다. 너희 비구들은 거기에 집착하지 말고 그것으로 향하는 마음을 버려야 한다. 이양에 집착하는 비구가 있다면 그는 다섯 가지 법신法身을 이루지 못하고 계의 덕을 갖추지 못할 것이다. 그러므로 비구들아, 이양을 얻으려는 마음이 아직 생기지 않았으면 그것을 생기지 못하게 하고, 이미 생겼거든 곧 없애도록 하라. 비구들아, 마땅히 이와 같이 배워야 하느니라.'

이때 악마 파순은 곧 몸을 숨기고 떠났느니라."

그때 비구들은 부처님 말씀을 듣고 기뻐하며 받들어 행하였다.

〔 5 〕[8]

이와 같이 들었다.

어느 때 부처님께서는 사위국 기수급고독원에 계셨다.

그때 세존께서 비구들에게 말씀하셨다.

"자애로운 마음을 행하고 자애로운 마음을 널리 펴라. 자애로운 마음을 행하면 온갖 성내는 마음은 스스로 소멸할 것이다.

---

8 이 소경과 내용이 비슷한 경으로는 『잡아함경』 제40권 1,107번째 소경인 「야차경夜叉經」과 『별역잡아함경』 제2권 36번째 소경이 있다.

비구들아, 내가 이제 그 이유를 설명하리라. 옛날에 아주 사나운 귀신이 찾아와 석제환인의 자리에 앉아 있었다. 그때 삼십삼천들은 크게 성을 내며 '무슨 일로 이 귀신이 우리 주인 자리에 앉는단 말인가'고 하였다. 여러 하늘들이 성을 내면 낼수록 그 귀신은 더욱 단정하였고 얼굴은 보통 때보다 훌륭한 모습이 되었다.

그때 석제환인은 보집강당普集講堂에서 미녀들과 즐기고 있었다. 이때 어떤 천자가 석제환인에게 가서 아뢰었다.

'구익瞿翼이여, 아소서. 지금 어떤 못된 귀신이 거룩한 자리에 앉아 있습니다. 그래서 지금 삼십삼천들은 매우 화가 나 있습니다. 그러나 여러 하늘들이 성을 내면 낼수록 그 귀신은 더욱 단정하였고 얼굴은 보통 때보다 훌륭한 모습이 되었습니다.'

석제환인은 생각하였다.

'그 귀신은 틀림없이 신묘한 귀신이다.'

그는 귀신이 있는 곳으로 가 멀지 않은 곳에서 자기 이름을 밝혔다.

'나는 모든 하늘의 주인인 석제환인이다.'

석제환인이 자기 이름을 밝히자 그 못된 귀신은 곧 추한 몸으로 변하였고 얼굴도 미워졌다. 그리고 그 귀신은 이내 사라졌다.

비구들아, 이런 사실로 보더라도 자애로운 마음을 쓰며 버리지 않으면 그 덕이 이와 같음을 알 수 있느니라.

또 비구들아, 나는 옛날에 7년 동안 늘 자애로운 마음을 닦았었다. 그래서 일곱 번의 성겁成劫·패겁敗劫을 거치면서도 생·사에 왕래하지 않을 수 있었다. 겁이 무너지려 할 때에는 바로 광음천光音天에 태어났고, 겁이 시작되려 할 때에는 바로 무상천無想天에 태어났다. 혹은 범천이 되어 여러 하늘들을 거느리고 1만 세계를 거느리기도 했고, 또 서른일곱 차례나 석제환인이 되고 수 없이 전륜성왕이 되었다.

비구들아, 이런 사실로 보더라도 자애로운 마음을 쓰면 그 덕이 이와 같다는 것을 알 수 있느니라.
　자애로운 마음을 쓰면 몸이 무너지고 목숨이 끝난 뒤에 범천에 태어나고, 세 갈래 나쁜 세계를 떠나며, 여덟 가지 어려움에서 벗어날 것이다. 또 자애로운 마음을 쓰면 중심에 있는 바른 나라에 태어날 것이다. 또 자애로운 마음을 쓰면 얼굴이 단정하고 모든 감각기관이 온전하여 형체가 완전히 갖추어질 것이다. 또 자애로운 마음을 쓰면 여래를 직접 보고 모든 부처님을 받들어 섬기게 될 것이며, 집에 있기를 좋아하지 않아 출가하여 도를 배우고자 하는 이는 세 가지 법의를 입고 수염과 머리를 깎고는 사문의 법을 닦고 위없는 범행을 닦게 될 것이다.
　비구들아, 알아야 한다. 마치 저 금강金剛을 사람이 삼키면 그것은 끝내 소화되지 않고 반드시 아래로 나오게 되는 것처럼, 자애로운 마음을 닦는 사람도 그와 같아서 여래가 세상에 출현하게 되면 반드시 도인이 되어 위없는 범행을 닦아 '삶과 죽음은 이미 다하고 범행은 이미 섰으며, 할 일을 이미 마쳐 다시는 후세의 몸을 받지 않는다'고 사실 그대로 알 것이다."
　그때 존자 아난이 세존께 아뢰었다.
　"만일 여래께서 세상에 출현하시지 않았을 때에 그 선남자가 집에서 지내기를 좋아하지 않는다면 그는 어디로 향해야 합니까?"
　세존께서는 말씀하셨다.
　"여래가 세상에 출현하지 않았을 때라도, 선남자가 집에서 지내기를 좋아하지 않아 스스로 수염과 머리를 깎고 한적한 곳에서 자기를 이기며 수행한다면, 그는 그곳에서 온갖 번뇌가 다하고 번뇌가 없는 행을 성취할 것이다."

아난은 아뢰었다.

"어떻습니까, 세존이시여. 그가 스스로 범행과 3승乘의 행을 닦는다면 그런 사람은 어디로 나아가게 됩니까?"

세존께서는 말씀하셨다.

"네 말과 같이 나는 항상 3승의 행을 말한다. 과거와 미래를 비롯한 3세의 모든 부처님께서도 모두 3승의 법을 말한다. 아난아, 알아야 한다. 어떤 때가 되면 중생들의 얼굴과 수명은 갈수록 못해지고, 몸이 쇠약해지고 위신이 없어지며, 온갖 성냄·질투·어리석음·간사함·거짓·의혹이 많아지고 소행이 진실하지 않게 되리라. 혹 근기가 날카롭고 빠른 자가 있다하더라도 여기저기서 다투고 서로 싸우면서 주먹이나 기왓장, 돌이나 칼이나 몽둥이로 서로를 해칠 것이다. 그때의 중생들은 풀을 잡아도 곧 칼이 되어 그들의 목숨을 끊을 것이다.

그 중에서 자애로운 마음을 행하는 중생들은 성냄 없이 그런 변괴를 보다가, 모두들 곧 두려운 생각이 들어 다들 그 나쁜 곳을 버리고 달아나 산이나 들에서 살면서, 스스로 수염과 머리를 깎고 세 가지 법의를 입고 위없는 범행을 닦으며 자기를 극복할 것이다. 그래서 번뇌가 있는 마음을 없애고 해탈을 얻어 곧 번뇌 없는 경지에 들게 될 것이다. 그리고 그들은 저희끼리 이렇게 말할 것이다.

'우리는 원수를 이겼다.'

아난아, 마땅히 알아야 한다. 그들을 가장 훌륭한 자들이라 하느니라."

그때 아난이 다시 부처님께 아뢰었다.

"그들은 어느 부류에 속합니까? 즉 성문의 부류입니까, 벽지불의 부류입니까, 부처의 부류입니까?"

부처님께서 말씀하셨다.

"그들을 바로 벽지불의 부류라고 부른다. 왜냐하면 그들은 다 온갖 공덕을 짓고 온갖 선善의 근본을 행하며, 청정한 네 가지 진리를 닦고 모든 법을 분별하기 때문이다.

선한 법을 행한다는 것은 바로 자애로운 마음이다. 왜냐하면 어짊을 실행하고 자애로움을 행하면 그 덕은 넓고 크기 때문이다. 나는 옛날에 이 자애로움과 어짊의 갑옷을 입고 악마의 권속들을 항복 받았고, 나무 밑에 앉아 위없는 도를 성취하였다. 이런 사실로 보더라도 자애로움이 가장 제일이고, 자애로움이 가장 훌륭한 법임을 알 수 있느니라. 아난아, 알아야 한다. 그러므로 가장 훌륭하다고 부르는 것이다.

자애로운 마음을 쓴다는 것은 그 덕이 이와 같아서 이루 다 헤아릴 수가 없다. 그러니 부디 방편을 구해 자애로운 마음을 닦도록 하라. 아난아, 이와 같이 공부해야 하느니라."

그때 아난은 부처님의 말씀을 듣고 기뻐하며 받들어 행하였다.

〔 6 〕[9]

이와 같이 들었다.

어느 때 부처님께서는 사위국 기수급고독원에 계셨다.

그때 존자 사리불은 이른 아침에 고요한 방에서 일어나 세존께 나아가 머리를 조아려 발아래 예배하고 한쪽에 앉았다. 그때 세존께서 사리불에게 말씀하셨다.

"너는 지금 모든 감각기관이 청정하고 얼굴이 다른 사람과 다르구나. 너는 지금 어떤 삼매에서 노니는가?"

---

9 이 소경과 내용이 비슷한 경으로는 『잡아함경雜阿含經』 제9권 236번째 소경인 「청정걸식주경清淨乞食住經」이 있다.

사리불은 아뢰었다.

"예, 세존이시여. 저는 항상 공삼매空三昧에서 노닙니다."

세존께서는 말씀하셨다.

"훌륭하고 훌륭하구나, 사리불아. 공삼매에서 노닐 수 있다니, 무엇 때문인가? 모든 허공삼매虛空三昧가 가장 제일이기 때문이다. 그 어떤 비구가 공삼매에서 노닌다면 그는 '나〔吾我〕'와 '사람〔人〕'과 '수명壽命'이라는 것이 없음을 알고 또 '중생衆生'을 보지도 않을 것이다. 또한 모든 행의 본말을 보지 않을 것이고, 이미 보지 않으므로 행의 근본을 짓지 않으며, 이미 행이 없으므로 다시는 몸을 받지 않고, 몸을 받는 일이 이미 없어졌으므로 괴롭거나 즐거운 과보를 다시는 받지 않느니라.

사리불아, 알아야 한다. 나는 옛날 불도를 이루기 전에 나무 밑에 앉아 이렇게 생각했었다.

'이 중생들이 어떤 법을 얻지 못해 생·사에 흘러 다니면서 해탈을 얻지 못하는가?'

이때 나는 다시 생각하였다.

'공삼매가 없으면 곧 생·사에 떠다니게 되고 끝내 해탈에 이르지 못한다.

이 공삼매가 있더라도 중생들이 그것을 닦지 않으면, 중생들은 집착하는 생각을 내게 되고 세상이란 생각을 일으킨 뒤에는 곧 생·사의 흐름을 받게 된다. 만일 이 공삼매를 얻고 또 원하는 것이 없게 되면 곧 무원삼매無願三昧를 얻게 될 것이며, 무원삼매를 얻어 여기서 죽어 저기에 태어나기를 구하지 않고 전혀 아무 상相도 없을 때, 그 행자는 다시 무상삼매(無想三昧 : 無相三昧)를 얻어 즐길 수 있을 것이다.

중생들은 다 삼매를 얻지 못하였기 때문에 생·사에 흘러 다니는 것이다. 모든 법을 관찰하면 곧 공삼매를 얻을 것이요, 공삼매를 얻으

면 곧 아뇩다라삼먁삼보리[10]를 이룰 것이다.'

나는 그때 공삼매를 얻고 이레 낮 이레 밤 동안 보리수를 관찰하면서 눈도 깜짝인 일이 없었다.

사리불아, 이런 사실로 보더라도 공삼매가 모든 삼매 중에서 가장 제일의 삼매임을 알 수 있다. 왕삼매王三昧란 바로 공삼매이다. 그러므로 사리불아, 부디 방편을 구해 공삼매를 갖추도록 하라. 사리불아, 이와 같이 공부해야 하느니라."

그때 사리불은 부처님의 말씀을 듣고 기뻐하며 받들어 행하였다.

〔7〕

이와 같이 들었다.

어느 때 부처님께서는 라열성 가란타죽원에서 대비구들 1,250명과 함께 계셨다.

그때 라열성에 시리굴尸利掘[11]이라는 장자가 있었다. 그는 재물과 보배가 많아 금·은 등의 보배와 자거·마노가 이루 헤아릴 수 없었다. 또 그는 부처님의 가르침을 멀리 하고 외도 니건尼乾子민을 심기며, 국왕·대신들과 모두 친한 사이였다. 이때 외도 범지들과 니건자의 신도와 제자들은 스스로 불법을 비방하며 '내가 있고, 내 몸이 있다'고들 말하였다. 아울러 육사외도의 무리들도 모두 함께 모여 이렇게 의논하였다.

"지금 저 사문은 일체지一切智가 있어 모르는 일이 없다. 그리고 우리는 이양을 얻지 못하는데 저 사문은 많은 이양을 얻는다. 그러니 방

---

10 팔리어로 anuttarasammāsambodhi를 음사한 말이다. 위없이 바른 깨달음[無上正等正覺]이라는 뜻이다.
11 시리국다尸利鞠多라고도 하며, 승밀勝密·길호吉護로 한역하기도 한다.

법을 써서 이양을 얻지 못하게 해야 마땅하다. 우리 저 시리굴 장자 집으로 가서 그 장자에게 방도를 세우게 하자."

이때 외도 범지 니건자와 그 육사외도들은 시리굴 장자 집으로 찾아가 장자에게 말하였다.

"대성大姓은 아시오. 당신은 범천의 소생인 범천자로서 세상에 많은 이익을 주었소. 당신은 우리를 가엾이 여겨, 저 사문 구담을 찾아가 그 사문과 비구들을 청해 집으로 와서 제사를 지내시오. 그리고 또 명령하여 집안에 큰 불구덩이를 만들어 불을 붙여 두고 음식에는 독을 넣어 그들을 초청해 먹게 하시오.

만일 사문 구담이 일체지가 있어 3세의 일을 안다면 그 청을 받아들이지 않을 것이요, 만일 일체지가 없다면 곧 청을 받아들여 제자들을 데리고 왔다가 모두 불에 탈 것이오. 만일 그가 하늘 사람이라면 불의 피해를 입지 않고 안온할 수 있을 것이오."

이때 시리굴은 잠자코 육사외도들의 말을 따랐다. 그는 곧 성을 나서 세존께 나아가 머리를 조아려 발아래 예배하고는 독을 품은 마음으로 세존께 아뢰었다.

"원컨대 세존과 비구들께서는 저의 청을 받아 주소서."

세존께서는 그의 마음속 생각을 알면서도 잠자코 청을 받아 주셨다. 이때 시리굴은 여래께서 잠자코 청을 받아 주시는 것을 보고 곧 자리에서 일어나 머리를 조아려 발아래 예배하고 이내 물러갔다.

그는 도중에서 생각하였다.

'우리 육사외도들의 말씀은 참으로 진실하구나. 저 사문은 내 마음속 생각을 알지 못하니 반드시 큰불에 탈 것이다.'

이때 시리굴은 집으로 돌아와 큰 불구덩이를 만들어 불을 활활 피워 두도록 명령하고, 또 갖가지 음식을 장만하여 모두 독을 넣어 두도록 명령하였다. 또 문밖에 큰 불구덩이를 만들어 큰불을 피우고는 그 불 위에 자리를 깔고 음식마다 지독한 독을 넣어 두고 세존께 때가 왔음을 아뢰었다. 그때 세존께서는 때가 되었음을 아시고 가사를 입고 발우를 가지고 비구들에게 앞뒤로 둘러싸여 그의 집으로 떠나셨다. 그리고 비구에게 말씀하셨다.

"너희들은 나보다 먼저 앞서 가지 말고, 또 나보다 앞서 먼저 앉지 말며, 또 나보다 먼저 음식을 먹지 말라."

이때 라열성 사람들은 시리굴이 큰 불구덩이를 만들고 음식에 독을 넣어 부처님과 비구 스님과 네 무리들[12]을 초청했다는 소식을 듣고 모두들 울면서 '장차 여래와 비구 스님을 해치려는 것이 아닌가'고 하였다. 또 어떤 이는 세존께 나아가 머리를 조아려 발아래 예배하고 아뢰었다.

"원컨대 세존께서는 그 장자의 집에 가시지 마소서. 그는 큰 불구덩이를 만들고 독이 든 음식을 만들었습니다."

세존께서는 말씀하셨다.

"너희들은 두려워하지 말라. 여래는 결코 남의 해침을 받지 않는다. 이 염부제 안의 불이 범천까지 치솟는다 하더라도 오히려 나를 태우지 못하거늘 하물며 조그만 불이 여래를 해칠 수 있겠느냐? 끝내 그럴 리 없느니라. 우바새야, 알아야 한다. 내게는 조금도 해칠 마음이 없느니라."

그때 세존께서는 비구들에게 앞뒤로 둘러싸여 라열성으로 들어가 장자의 집에 이르셨다.

세존께서는 비구들에게 말씀하셨다.

---

12 비구・비구니・우바새・우바이의 사부대중을 말한다.

"너희들은 장자의 집에 먼저 들어가지 말고, 또 음식을 먼저 먹지도 말아야 한다."

그때 세존께서 막 발을 들어 문턱 위에 놓자 그 불구덩이는 저절로 목욕하는 연못으로 변했는데, 매우 맑고 시원하며 온갖 꽃이 그 가운데 피어 있었고 또 수레바퀴만한 크기에 줄기는 너비로 된 연꽃이 피어 있었으며, 또 다른 연꽃들이 피어 꿀벌들이 그 안에서 놀고 있었다. 그때 석제환인과 범천왕·사천왕·건답화(乾沓惒 : 건달바)·아수륜 및 여러 열차閱叉·귀신들은 불구덩이 속에서 연꽃이 피는 것을 보고 제각기 경사라 외치며 모두 같은 소리로 말하였다.

'여래께서는 훌륭한 이들 중에서도 제일이시라.'

그때 그 장자의 집에는 여러 외도 이학들이 모여 있었다. 우바새와 우바이들은 여래의 신통을 보고 기뻐 뛰면서 어쩔 줄 몰랐고, 외도 이학들은 여래의 신통을 보고 모두 근심에 잠겼으며, 허공의 모든 천신天神들은 갖가지 이름난 꽃들을 여래 위에 흩뿌렸다. 그때 세존께서는 땅에서 네 치쯤 떠서 허공을 밟고 장자의 집에 이르셨는데, 여래께서 발을 디디는 곳마다 곧 수레바퀴만한 연꽃이 피어났다.

그때 세존께서 오른쪽으로 몸을 돌리며 비구들에게 말씀하셨다.

"너희들은 모두 연꽃을 밟고 오라."

이때 성문들은 모두 연꽃을 따라 장자 집에 이르렀다. 그때 세존께서 곧 옛날부터 내려오는 말씀을 하셨다.

"나는 옛날부터 지금까지 항하의 모래알 같은 모든 부처님들을 공양하고 섬기고 예경禮敬하면서 그 거룩한 뜻을 어기지 않았으니, 이런 지성스러운 맹세로써 이 여러 좌석들이 튼튼하게 되기를 바랍니다."

세존께서는 다시 말씀하셨다.

"비구들아, 나는 지금 허락한다. 먼저 손으로 자리를 잡고 그 다음에는 앉아라. 이것은 내 분부이니라."

그때 세존과 비구들은 모두 자리에 앉았다. 그러자 그 자리 아래마다 너무도 향기로운 연꽃이 피어났다. 이때 시리굴은 여래의 이러한 신통을 보고 생각하였다.

'내가 저 외도 이학들에게 속아 인간의 행(行)을 잃고 또 하늘 길도 영원히 잃었구나. 내 마음이 마치 독약을 먹은 것처럼 심란하니 반드시 세 갈래 나쁜 세계에 떨어질 것이다. 진실로 이런 여래는 만나기 어렵다.'

이렇게 깨닫고는 곧 눈물을 흘리면서 머리를 조아려 발에 예배하고 아뢰었다.

"원컨대 세존께서는 저의 참회를 들으소서. 과거의 잘못을 고치고 미래를 닦겠습니다. 저는 스스로 죄인 줄 알면서 여래를 괴롭혔습니다. 원컨대 세존께서는 저의 참회를 받아 주소서. 다시는 범하지 않겠습니다."

세존께서 말씀하셨다.

"장사야, 허물을 고치고 본래의 뜻을 버리고는 여래를 괴롭혔다는 것을 능히 스스로 아는구나. 성현의 법은 매우 넓고 크다. 너의 참회를 허락하고 법에 따라 용서한다. 내 이제 너의 참회를 받아 주니 다시는 범하지 말라."

이와 같이 두 번 세 번 되풀이하셨다. 그때 아사세왕은 시리굴 장자가 큰 불구덩이와 독이 든 음식을 준비해 여래를 해치려 한다는 소식을 듣고 크게 화를 내며 신하들에게 말하였다.

"이 염부제 안에서 그 사람처럼 시리굴이란 이름을 가진 자는 기필코 모두 없애버리리라."

아사세왕은 또 여래의 공덕을 생각하고는 눈물을 흘리고 슬피 울면서 왕관을 벗고 신하들에게 말하였다.

"내가 이제 살아서 무엇을 하겠는가? 여래를 불태우고 또 비구승들을 모두 불태웠다고 하는구나. 너희들은 빨리 장자 집으로 가 여래를 돌보라."

그때 기바가耆婆伽 왕자가 아사세왕에게 아뢰었다.

"대왕이시여, 근심하지 마시고 또 그런 나쁜 생각도 내지 마소서. 왜냐하면 여래께선 결코 남의 해침을 받지 않으시기 때문입니다. 오늘 시리굴 장자는 여래 제자가 될 것입니다. 원컨대 대왕께서도 지금 가서 그 신통을 보소서."

이때 아사세왕은 기바가의 깨우침을 받고는 설산의 큰 코끼리를 타고 곧바로 시리굴 장자의 집으로 갔고, 코끼리에서 내려 집 안으로 들어갔다.

그때 그 집 문밖에는 사람들이 8만 4천 명이나 모여 있었다. 왕은 크기가 수레바퀴만한 연꽃을 보고 기뻐 뛰면서 어쩔 줄을 몰랐다. 그리고 이렇게 말하였다.

"여래께서 온갖 악마에게 늘 승리하시기를."

왕은 기바가 왕자에게 말하였다.

"훌륭하구나, 기바가야. 너는 여래의 이러한 힘을 믿었구나."

이때 아사세왕은 세존께 나아가 머리를 조아려 발아래 예배하고 한쪽에 앉았다.

그때 아사세왕은 여래 입에서 광명이 나오는 것을 보고, 또 여래의 안색이 특별하심을 두루 살펴보고는 너무 기뻐 어쩔 줄을 몰랐다.

이때 시리굴 장자가 세존께 아뢰었다.

"내가 차린 음식에는 모두 독이 있습니다. 원컨대 세존께서는 잠깐만 기다리소서. 지금 곧 다시 음식을 만들겠습니다. 왜냐하면 여래 몸을 상하게 하지 않기 위해서입니다."

세존께서는 장자에게 말씀하셨다.

"여래와 그 제자들은 결코 남의 해침을 받지 않는다. 장자는 준비했던 음식을 때맞춰 올리기만 하면 되느니라."

이때 장자는 손수 갖가지 음식을 공양하였다. 그때 세존께서는 곧 이런 게송을 말씀하셨다.

지성스러운 부처님과 법과 비구는
어떤 독毒이든 남김없이 없애네.
모든 부처님 독이 없나니
지성스러운 부처님 독을 없애네.

지성스러운 부처님과 법과 비구는
어떤 독이든 남김없이 없애네.
모든 부처님 독이 없나니
지성스러운 법은 독을 없애네.

지성스러운 부처님과 법과 비구는
어떤 독이든 남김없이 없애네.
모든 부처님 독이 없나니
지성스러운 승가 독을 없애네.

탐욕과 성냄의 독
이 세상에는 3독毒이 있네.
여래는 영원히 독이 없나니

지성스러운 부처님 독을 없애네.

탐욕과 성냄의 독
이것은 세상의 3독
여래의 법에는 독이 없나니
지성스러운 법은 독을 없애네.

탐욕과 성냄의 독
이 세상에는 3독이 있네.
여래의 승가는 독이 없나니
지성스러운 부처님 독을 없애네.

세존께서는 이 게송을 마치시고 곧 독이 든 음식을 공양하셨다.
그때 세존께서는 비구들에게 말씀하셨다.
"너희들 모두 먼저 먹지 말라. 반드시 내가 먹은 뒤에 먹어야 한다."
이때 장자는 손수 갖가지 음식을 올려 부처님과 비구 스님을 공양하였다.
그때 시리굴 장자는 여래께서 공양을 마치시는 것을 보고는 발우를 치우고 다시 작은 자리를 가지고 와서 여래 앞에 앉았다.
그때 세존께서는 장자와 8만 4천 대중을 위해 미묘한 논을 말씀하셨다. 이른바 논이란 보시와 계율과 천상에 태어나는 것에 대한 논이요, '탐욕은 더러운 것이요 음행은 큰 재앙이므로 그것을 벗어나는 것이 즐거움이다'고 하셨다.
세존께서는 그 장자와 8만 4천 대중들의 마음이 열리고 뜻이 풀려 다시는 번뇌가 없게 된 것을 보시고, 모든 불세존들께서 항상 말씀하시는 법, 즉 괴로움[苦]과 괴로움의 발생[集]과 괴로움의 소멸[盡]과 괴로움의 소멸에 이르는 길[道]을 8만 4천 대중에게 모두 말씀하시고, 그 행을 자세히 분별하셨다.

그때 대중들은 곧 그 자리에서 모든 번뇌가 없어지고 법안이 깨끗해졌으니, 마치 새 옷은 색이 쉽게 물이 들듯, 그 대중들도 그와 같아서 제각기 그 자리에서 도의 자취를 보았다. 법을 보고 법을 얻어 모든 법을 분별하고는 온갖 의심을 건너 두려움이 없게 되었다. 그래서 다시는 다른 스승을 섬기지 않고 부처님과 법과 승가에 스스로 귀의하여 5계를 받았다.

그때 시리굴 장자는 스스로 도의 자취를 얻은 줄을 알고 세존께 나아가 아뢰었다.

"차라리 여래에게 독을 베풀어 큰 과보를 얻을지언정 다른 외도 이학들에게 감로를 주어 다시 그 죄를 받지는 않겠습니다. 왜냐하면 저는 지금 독이든 음식으로 부처님과 비구 스님을 청하고도 현세에서 이런 증험을 얻었기 때문입니다. 저는 오랜 세월 동안에 저 외도들에게 홀려 여래에게 그런 나쁜 마음을 일으키게 된 것입니다. 외도 이학을 섬기는 자들은 모두 치우친 길에 떨어질 것입니다."

세존께서는 말씀하셨다.

"네 말과 같아서 틀림이 없다. 모두 그들에게 속은 것이니라."

그때 시리굴이 다시 아뢰었다.

"지금부터는 저 외도 이학을 믿지 않고, 또 그들의 사부대중이 저희 집에서 공양하는 것을 허락하지 않겠습니다."

부처님께서 장자에게 말씀하셨다.

"그런 말을 하지 말라. 왜냐하면 너는 늘 그 외도들을 공양해왔기 때문이다. 축생에게 음식을 베풀어도 그 복을 헤아리기 어려운데 하물며 사람이겠느냐? 만일 어떤 외도 이학이 너에게 '시리굴 그대는 누구의 제자인가'라고 묻는다면 너는 뭐라고 대답하겠느냐?"

그때 시리굴은 곧 자리에서 일어나 무릎을 꿇어 합장하고 세존께 아뢰었다.

"용맹하게 해탈하시고 이제 사람의 몸을 받으신 일곱 번째 선인仙人,[13] 바로 석가문釋迦文의 제자입니다."

세존께서는 말씀하셨다.

"훌륭하구나. 장자야. 네가 그렇게 미묘한 찬탄을 능히 말하는구나."

그때 세존께서는 다시 장자를 위해 매우 깊은 법을 설명하시고 곧 다음과 같이 주원呪願하셨다.

제사에는 불이 으뜸이고
시서詩書에는 게송이 제일이네.
사람들 중에는 임금이 제일 높고
온갖 강들 중에는 바다가 근본이다.
별들 중에선 달이 제일 밝고
광명 중에선 해가 으뜸이로다.

위와 아래 그리고 사방의
형상 있는 모든 것과
모든 하늘과 이 세상에서는
부처님이 제일이니

---

13 석가모니부처님은 비바시불 이래로 일곱 번째 부처님이시다.

그 복을 얻으려는 자는
부디 세 부처님께 공양하여라.

세존께서는 이 게송을 마치고 곧 자리에서 일어나셨다.
그때 시리굴과 여러 대중들은 부처님의 말씀을 듣고 기뻐하며 받들어 행하였다.

증일아함경 제 42 권

46. 결금품結禁品

〔 1 〕

이와 같이 들었다.

어느 때 부처님께서는 사위국 기수급고독원에 계셨다.

그때 세존께서 비구들에게 말씀하셨다.

"열 가지 공덕이 있으므로 여래는 비구들을 위해 금계禁戒를 말하는 것이다.

열 가지 공덕이란 무엇인가? 이른바 성중聖衆을 받들어 섬기고, 화합하고 순종하며, 성중을 안온하게 하고, 나쁜 사람을 항복 받으며, 부끄러워하는〔慙愧〕비구들을 괴롭히지 않고, 믿지 않는 사람은 신근信根을 세우게 하며, 믿음이 있는 사람은 그 믿음을 더욱 더하게 하고, 현세에서 번뇌를 없애고 후세의 온갖 번뇌의 병도 모두 없애며, 바른 법을 오래 머무르게 하고, 어떤 방편을 써야 바른 법을 오래 머무르게 할까 하고 항상 사유하는 것이다.

비구들아, 이것이 열 가지 공덕으로서 여래가 비구들을 위해 금계를 연설하는 까닭이니라.

그러므로 비구들아, 부디 방편을 구해 금계를 성취하여 빠뜨림이 없도록 하라. 모든 비구들아, 마땅히 이와 같이 배워야 하느니라."

그때 모든 비구들은 부처님의 말씀을 듣고 기뻐하며 받들어 행하였다.

[2][1]

이와 같이 들었다.

어느 때 부처님께서는 사위국 기수급고독원에 계셨다.

그때 세존께서 비구들에게 말씀하셨다.

"성현이 사는 곳에 열 가지 일이 있어, 3세의 여러 성현들은 항상 그 안에서 사느니라.

어떤 것이 그 열 가지인가? 곧 비구는 다섯 가지 일을 이미 버렸고, 여섯 가지 일을 성취하며, 한 가지 일을 항상 보호하고, 사부대중을 이끌어 보호하며, 약한 이를 보살피고, 평등하게 가까이 지내며, 번뇌 없는 곳으로 바로 나아가고, 몸의 행을 고요히 하며, 마음이 잘 해탈하고, 지혜로 잘 해탈하는 것이니라.

비구가 다섯 가지를 이미 버렸다는 것은 무엇인가? 이에 비구는 5결結을 이미 끊었다. 이와 같이 다섯 가지를 이미 버렸다.

비구가 여섯 가지 일을 성취한다는 것은 무엇인가? 이에 비구는 여섯 가지 중요한 법[2]을 받든다. 이와 같이 비구는 여섯 가지 일을 성취

---

[1] 『잡아함경』 제3권 71번째 소경인 「유신경有身經」에 유사한 내용이 일부 있다.
[2] 『증일아함경』 「육중품六重品」에 따르면 6근根으로 6경境을 인식할 때 기뻐하지도 근심하지도 않고 평정한 마음으로 바른 기억과 바른 앎에 머무르는 것을 여섯 가지 중요한 법[六重法]이라고 한다.

한다.

　비구가 한 가지 일을 늘 보호한다는 것은 무엇인가? 이에 비구는 마음에서 번뇌 있음과 번뇌 없음, 함이 있음과 함이 없음을 항상 보호하여 열반의 문에 이른다. 이와 같이 비구는 늘 한 가지 일을 보호한다.

　비구가 사부대중을 이끌어 보호한다는 것은 무엇인가? 이에 비구는 4신족을 성취하여 이렇게 곧 사부대중을 이끌어 보호한다.

　비구가 약한 이를 보살핀다는 것은 무엇인가? 이에 비구는 생·사의 모든 행이 이미 없어졌다. 이와 같이 비구는 약한 이들을 보살핀다.

　비구가 평등하게 가까이 지낸다는 것은 무엇인가? 이에 비구는 3결結이 이미 없어졌다. 이것을 비구가 평등하게 가까이 지내는 것이라 한다.

　비구가 번뇌 없는 곳으로 바로 나아간다는 것은 무엇인가? 이에 비구는 교만을 없애버린다. 이와 같이 비구는 번뇌 없는 곳으로 바로 나아간다.

　비구가 몸의 행을 고요히 한다는 것은 무엇인가? 이에 비구는 무명이 이미 없어졌다. 이와 같이 비구는 몸의 행을 고요히 한다.

　비구가 마음이 잘 해탈한다는 것은 무엇인가? 이에 비구는 애욕이 이미 다 없어졌다. 이와 같이 비구는 마음이 잘 해탈한다.

　비구가 지혜로 해탈한다는 것은 무엇인가? 이에 비구는 괴로움에 대한 진리와 괴로움의 발생·괴로움의 소멸·괴로움의 소멸에 이르는 길에 대한 진리를 사실 그대로 안다. 이와 같이 비구는 지혜로 해탈하느니라.

　비구들아, 이것이 이른바 열 가지 일로서 바로 성현들이 사는 곳이다. 옛날의 성현들도 여기서 살았고, 살고 있고 또 장차 살아갈 것이다.

그러므로 모든 비구들아, 너희들은 마땅히 다섯 가지 일을 버리고, 여섯 가지 법을 성취하며, 한 가지 법을 지키고, 사부대중을 이끌어 보호하며, 약한 이를 보살피고, 평등하게 가까이 지내며, 번뇌 없는 곳으로 바로 향하고, 몸의 행을 고요히 하며, 마음이 해탈하고, 지혜로 해탈하는 것을 늘 생각해야 한다. 모든 비구들아, 마땅히 이와 같이 배워야 하느니라."

그때 모든 비구들은 부처님의 말씀을 듣고 기뻐하며 받들어 행하였다.

〔 3 〕[3]

이와 같이 들었다.

어느 때 부처님께서는 사위국 기수급고독원에 계셨다.

그때 세존께서 비구들에게 말씀하셨다.

"여래는 10력力을 성취하고 스스로 집착이 없음을 알아 대중 가운데서 사자처럼 외치면서 위없는 법 바퀴를 굴려 중생들을 제도하느니라.

이른바 '이것은 색色이요, 이것은 색의 발생[色集]이며, 이것은 색의 소멸[色盡]이요, 또한 이것은 색에서 벗어남[色出要]이다. 통(痛:受)·상想·행行도 마찬가지며, 이것은 식識이요, 이것은 식의 발생이며, 이것은 식의 소멸이요, 이것은 식에서 벗어남이다'고 관찰한다. 이것으로 인해 이것이 있고, 이것이 생기면 이것이 생기느니라. 즉 무명無明

---

3 이 소경과 내용이 비슷한 경으로는『잡아함경』제14권 348번째 소경인「십력경十力經」이 있다.

을 인연해 행行이 있고 행을 인연해 식識이 있으며, 식을 인연해 명색名色이 있고, 명색을 인연해 6입入이 있으며, 6입을 인연해 접촉[更樂]이 있고, 접촉을 인연해 느낌[痛]이 있으며, 느낌을 인연해 애욕이 있고, 애욕을 인연해 집착[受]이 있으며, 집착을 인연해 존재[有]가 있고, 존재를 인연해 죽음[死]이 있으며, 죽음을 인연해 근심·걱정·괴로움·번민이 이루 헤아릴 수 없나니, 이 5음陰의 몸으로 인하여 이러한 법들이 발생하는 것이니라.

이것이 멸하면 곧 멸하고 이것이 없으면 곧 없다. 즉 무명이 멸하면 행이 멸하고, 행이 멸하면 식이 멸하며, 식이 멸하면 명색이 멸하고, 명색이 멸하면 6입이 멸하며, 6입이 멸하면 접촉이 멸하고, 접촉이 멸하면 느낌이 멸하며, 느낌이 멸하면 애욕이 멸하고, 애욕이 멸하면 집착이 멸하며, 집착이 멸하면 존재가 멸하고, 존재가 멸하면 죽음이 멸하며, 죽음이 멸하면 근심·걱정·괴로움·번민이 모두 없어지느니라.

비구들아, 알아야 한다. 내 법은 매우 넓고 커서 끝이나 밑이 없으며 모든 의심을 끊고 바른 법에 안온히 살 수 있다.

그러므로 선남자와 선여인은 부지런히 마음을 써서 빠뜨림이 없게 하고, 설사 몸이 마르고 무너진다 하더라도 정진하는 행을 버리지 말며, 마음을 잡아매어 잊지 않도록 하라. 괴로운 법을 수행한다는 것은 그리 쉬운 일이 아니니라. 지금 여래가 현재 범행을 잘 닦듯이 한적한 곳을 즐겨 고요히 생각하면서 두타의 행을 버리지 말라.

그러므로 모든 비구들아, 너희들은 마땅히 스스로 관찰할 때에는 그 미묘한 법을 깊이 사유하고 또 두 가지 뜻을 살피며, 게으름 없이 행해 결과를 성취하여 감로와 같은 완전한 소멸의 경지에 이르도록 해야 한다.

그렇게 하면 비록 남에게서 의복·음식·침구·병에 맞는 의약품 등의 공양을 받더라도 그들의 수고를 헛되게 하지 않을 것이다. 그리고 부모로 하여금 그 보답을 얻게 하는 것이고, 모든 부처님을 받들어 섬기고 예경하고 공양하는 것이니라. 모든 비구들아, 마땅히 이와 같이 공부해야 하느니라."

그때 모든 비구들은 부처님의 말씀을 듣고 기뻐하며 받들어 행하였다.

〔 4 〕[4]

이와 같이 들었다.

어느 때 부처님께서는 사위국 기수급고독원에 계셨다.

그때 세존께서 비구들에게 말씀하셨다.

"여래는 10력을 성취하고, 4무소외無所畏[5]를 얻어 대중 가운데서 사자처럼 외치느니라.

10력이란 무엇인가? 이에 여래는 옳은 것도 사실 그대로 알고 그른 것도 사실 그대로 안다. 또 여래는 어디서나 다른 중생들이 인연에 의하여 받는 그 과보를 안다. 또 여래는 여러 가지 계界와 여러 가지

---

4 이 소경과 내용이 비슷한 경으로는 『잡아함경』 제26권 684번째 소경인 「십력경十力經」과 『잡아함경』 제26권 701번째 소경인 「여래력경如來力經」, 당唐 시대 물제제서어勿提提犀魚가 한역한 『불설십력경佛說十力經』, 송宋 시대 시호施護 등이 한역한 『불설불십력경佛說佛十力經』, 송 시대 법현法賢이 한역한 『불설신해지력경佛說信解智力經』이 있다.
5 4무외無畏라고도 하며, 설법함에 있어 두려움이 없게 하는 네 가지로서 "나는 일체 법을 깨달았다"고 자신하는 일체지무소외一切智無所畏, "나는 일체의 번뇌를 완전히 끊었다"고 자신하는 누진무소외漏盡無所畏, "수행의 장애를 이미 다 설하였다"고 자신하는 설장도무소외說障道無所畏, "고통을 벗어나는 길을 이미 다 설하였다"고 자신하는 설진고도무소외說盡苦道無所畏를 말한다.

지持과 여러 가지 입入을 사실 그대로 안다. 또 여래는 여러 가지 해탈과 한량없는 해탈을 사실 그대로 안다. 또 여래는 다른 중생들의 지혜의 많고 적음을 사실 그대로 아느니라.

또 여래는 다른 중생들의 마음속 생각을 사실 그대로 안다. 즉 욕심이 있으면 욕심이 있는 줄을 알고, 욕심이 없으면 욕심이 없는 줄을 안다. 성내는 마음이 있으면 성내는 마음이 있는 줄을 알고, 성내는 마음이 없으면 성내는 마음이 없는 줄을 안다. 어리석은 마음이 있으면 어리석은 마음이 있는 줄을 알고, 어리석은 마음이 없으면 어리석은 마음이 없는 줄을 아느니라. 사랑하는 마음이 있으면 사랑하는 마음이 있는 줄을 알고, 사랑하는 마음이 없으면 사랑하는 마음이 없는 줄을 안다. 집착하는 마음이 있으면 집착하는 마음이 있는 줄을 알고, 집착하는 마음이 없으면 집착하는 마음이 없는 줄을 안다. 어지러운 마음이 있으면 어지러운 마음이 있는 줄을 알고, 어지러운 마음이 없으면 어지러운 마음이 없는 줄을 안다. 흐트러지는 마음이 있으면 흐트러지는 마음이 있는 줄을 알고, 흐트러지는 마음이 없으면 흐트러지는 마음이 없는 줄을 안다. 마음이 좁으면 마음이 좁은 줄을 알고, 마음이 좁지 않으면 마음이 좁지 않은 줄을 안다. 마음이 넓으면 마음이 넓은 줄을 알고, 마음이 넓지 않으면 마음이 넓지 않은 줄을 안다. 한량없는 마음이면 한량없는 마음인 줄을 알고, 한량이 있는 마음이면 한량이 있는 마음인 줄을 안다. 안정된 마음이면 안정된 마음인 줄을 알고, 안정되지 않은 마음이면 안정되지 않은 마음인 줄을 안다. 해탈한 마음이면 해탈한 마음인 줄을 알고, 해탈하지 않은 마음이면 해탈하지 않은 마음인 줄을 아느니라.

또 여래는 나아가는 모든 마음의 길을 안다. 1생·2생·3생·4생·5생·10생·50생·1백 생·천 생·억백천 생·한량없는 생과 이루어지는 겁[成劫]·무너지는 겁[敗劫]을 알며, 한량없이 이루어지고 무너지는 겁 동안에 '나는 옛날 저기서 태어났다. 이름은 이러했고, 자字는 이러했으며, 어떤 음식을 먹었으며 어떤 괴로움과 즐거움을 겪었으며, 수명은 얼마나 길고 짧았으며, 여기서 죽어 저기서 태어나고 저기서 죽어 여기서 태어났다'는 등 이러한 무수한 전생 일을 스스로 기억하느니라.

또 여래는 중생들의 나고 죽는 곳을 안다. 천안天眼으로 중생들을 관찰하여 심은 행에 따른 좋은 몸과 나쁜 몸, 좋은 세계와 나쁜 세계를 다 아느니라. 즉 어떤 중생이 몸과 입과 뜻으로 악을 행하고 성현을 비방하며 삿된 소견의 업을 지어 몸이 무너지고 목숨이 끝난 뒤에 지옥에 태어나고, 또 어떤 중생은 몸과 입과 뜻으로 선을 행하고 성현을 비방하지 않으며 항상 바른 소견을 행하여 몸이 무너지고 목숨이 끝난 뒤에 천상의 좋은 곳에 태어나는 것을 사실 그대로 안다. 이것이 이른바 천안이 청정하여 중생들이 나아가는 행을 관찰한다는 것이니라.

다시 여래는 번뇌가 없어지고 번뇌가 없게 되어 마음이 해탈하고 지혜로 해탈하여, '삶과 죽음은 이미 다하고 범행은 이미 섰으며, 할 일을 이미 마쳐 다시는 몸을 받지 않는다'고 사실 그대로 안다.

이것이 이른바 '여래는 10력이 있고, 집착이 없으며, 네 가지 두려움 없음을 얻어 대중 가운데서 사자처럼 외쳐 법륜을 굴린다'는 것이니라.

여래가 얻은 네 가지 두려움 없음이란 무엇인가? 여래는 등정각等正覺을 이루었다고 말하려 하는데, 만일 어떤 중생이 그저 지식이 있는 자라고 말하려 한다면 그것은 잘못이다.

또 만일 어떤 사문이나 바라문이나 하늘이나 혹은 하늘의 악마가 찾아와 번뇌를 완전히 없애지 못한 자라고 말하려 한다면 그것은 잘못이다. 그것이 잘못이기 때문에 여래는 곧 안온을 얻느니라.

또 내가 연설하는 법은 성현들이 괴로움을 벗어나는 길로서 사실 그대로 괴로움을 끝까지 다하는 것인데, 사문이나 바라문이나 하늘이나 하늘의 악마가 찾아와 괴로움을 끝까지 다하지 못한다고 말하려 한다면 그것은 잘못이다. 그것이 잘못이기 때문에 여래는 곧 안온을 얻느니라.

또 내가 말하는 안의 법[內法]이란 나쁜 세계를 무너뜨리는 것인데 만일 어떤 사문이나 바라문이 찾아와 그렇지 않다고 말하려 한다면 그것은 잘못이다. 비구들아, 이것이 이른바 네 가지 두려움이 없다는 것이니라.

만일 어떤 외도 이학이 '저 사문 구담은 어떤 힘이 있고 어떤 두려움이 없기에 스스로 집착이 없는 가장 높은 이라고 일컫는가'고 말하거든 너희들은 이 10력을 가지고 그들에게 대답하라.

또 만일 어떤 외도 이학이 다시 '우리도 10력을 성취하였다'고 말하거든 너희 비구들은 다시 그들에게 '너는 어떤 10력을 가졌느냐'고 물어보아라. 그때 그 외도 이학들은 대답하지 못하고 결국 의혹만 더하게 될 것이다. 왜냐하면 여래를 제외하고는, 네 가지 두려움 없음을 얻었다고 스스로 일컬을 수 있는 어떤 사문 바라문도 보지 못했기 때문이니라. 그러므로 비구들아, 너희들은 마땅히 방편을 구해 10력과 네 가지 두려움 없음을 성취하도록 해야 한다. 비구들아, 마땅히 이와 같이 공부해야 하느니라."

그때 모든 비구들은 부처님의 말씀을 듣고 기뻐하며 받들어 행하였다.

〔5〕

이와 같이 들었다.

어느 때 부처님께서는 사위국 기수급고독원에 계셨다.

그때 세존께서 모든 비구들에게 말씀하셨다.

"나라의 일을 가까이하면 열 가지 잘못[非法]이 있다. 열 가지란 무엇인가? 이에 어떤 이가 나라를 모반할 마음을 일으켜 국왕을 죽이려 하고, 그 음모로 말미암아 국왕이 죽는 일이 생긴다고 하자. 그러면 그 백성들은 이렇게 생각한다.

'저 사문 도사가 자주 내왕하였다. 이것은 반드시 저 사문의 소행일 것이다.'

이것이 첫 번째 잘못으로서, 나라 일을 가까이할 때 생기는 재앙이다.

또 대신이 반역을 일으켰다가 왕에게 붙잡혀 모두 죽게 되면 그 백성들은 모두 이렇게 생각한다.

'저 사문 도사가 자주 내왕하였다. 이것은 반드시 저 사문의 소행일 것이다.'

이것이 두 번째 잘못으로서, 나라 일에 간섭할 때 생기는 재앙이다.

또 나라에서 재물이나 보배를 잃어버리면 재물을 맡은 사람은 이렇게 생각한다.

'이 보물은 내가 늘 지키고 있었고 다른 사람은 여기 들어온 일이 없다. 반드시 저 사문이 가져갔을 것이다.'

이것이 세 번째 잘못으로서, 나라 일에 간섭할 때 생기는 재앙이다.

또 나이가 한창 젊고 아직 결혼하지 않은 국왕의 딸이 마침 아이를 배게 되면 그 백성들은 이렇게 생각한다.

'그곳에 다른 사람은 내왕한 일이 없다. 이것은 반드시 저 사문의

소행일 것이다.'

이것이 네 번째 잘못으로서, 나라 일을 가까이할 때 생기는 재앙이다.

또 국왕이 중병을 앓다가 다른 사람의 약에 중독이 되면 그 백성들은 이렇게 생각한다.

'그곳에 다른 사람은 없었다. 이것은 반드시 저 사문의 소행일 것이다.'

이것이 다섯 번째 잘못으로서, 나라 일을 가까이할 때 생기는 재앙이다.

또 국왕과 대신들이 서로 다투게 되면 그 백성들은 이렇게 생각한다.

'저 대신들이 본래는 서로 화합하였는데 지금은 서로 다툰다. 이것은 다른 사람의 소행이 아니다. 반드시 저 사문 도사의 소행일 것이다.'

이것이 여섯 번째 잘못으로서, 나라 일을 가까이할 때 생기는 재앙이다.

또 국왕이 본래는 보시하기를 좋아하여 백성들과 재물을 나누었는데 뒤에 갑자기 인색해져 보시하기를 좋아하지 않으면 그 백성들은 이렇게 생각한다.

'우리 국왕은 본래 보시하기를 좋아하였는데 지금은 인색하고 탐욕스러워 보시할 마음이 없다. 이것은 반드시 저 사문의 소행일 것이다.'

이것이 여덟 번째 잘못으로서, 나라 일을 가까이할 때 생기는 재앙이다.

또 국왕이 항상 올바른 법도로 백성들로부터 재물을 거두다가 뒤에 다시 잘못된 법도로 백성들의 재보財寶를 거두면 그 백성들은 제각기 이렇게 생각한다.

'우리 국왕은 본래 법도에 따라 백성들로부터 재보를 거두었는데 지금은 잘못된 법도로 백성들의 재보를 거둔다. 이것은 반드시 저 사문의 소행일 것이다.'

이것이 아홉 번째 잘못으로서, 나라 일을 가까이할 때 생기는 재앙이다.

또 그 나라 인민들이 모두 역병을 앓게 된다면 그것은 모두 전생의 인연인데, 그 백성들은 제각기 이렇게 생각한다.

'우리는 이전에는 병이 없었는데 지금은 모두 병에 걸려 시체가 길에 넘친다. 이것은 반드시 저 사문의 주술 때문일 것이다.'

이것이 열 번째 잘못으로서, 나라 일을 가까이할 때 생기는 재앙이다.

비구들아, 이것이 이른바 열 가지 잘못으로서, 나라 일에 간섭할 때 생기는 재앙이니라.

그러므로 비구들아, 너희들은 미땅히 나라 일에 가까이할 생각을 내지 말아야 한다. 모든 비구들아, 마땅히 이와 같이 배워야 하느니라."

그때 모든 비구들은 부처님의 말씀을 듣고 기뻐하며 받들어 행하였다.

〔 6 〕

이와 같이 들었다.

어느 때 부처님께서는 사위국 기수급고독원에 계셨다.

그때 세존께서 모든 비구들에게 말씀하셨다.

"만일 국왕이 열 가지 법을 성취한다면, 그는 오래 보존하지 못하고 또 도적이 많을 것이다.

열 가지 법이란 무엇인가? 때로 국왕이 인색하고 탐욕스러워 조그만 일로도 곧 화를 내고 의리義理를 살피지 않는 것이다. 만일 왕이 이 첫 번째 법을 성취한다면 그는 오래 보존하지 못하고 나라에 도적이 넘칠 것이다. 또 그 왕이 재물을 탐착하여 보시하기를 달갑게 여기지 않는다면 이것이 이른바 국왕이 두 번째 법을 성취한 것으로서, 그는 오래 보존하지 못한다. 또 국왕이 남의 충고를 받아들이지 않고 사람됨됨이가 포악하여 자애로운 마음이 없다면 이것이 이른바 세 번째 법으로서, 그는 오래 보존하지 못한다. 또 그 왕이 인민들을 억눌러 함부로 가두고 그들이 감옥에서 나올 기약이 없다면 이것이 이른바 네 번째 법으로서, 그는 오래 보존하지 못한다. 또 국왕이 법도가 없고 대신들 또한 바른 행을 살피지 않는다면 이것이 이른바 다섯 번째 법으로서, 그는 오래 보존하지 못한다.

또 국왕이 남의 여자를 탐하고 제 아내를 멀리한다면 이것이 이른바 그 왕이 여섯 번째 법을 성취한 것으로서, 그는 오래 보존하지 못한다. 또 국왕이 술을 좋아하고 즐겨 나라 일을 처리하지 않는다면 이것이 이른바 일곱 번째 법을 성취한 것으로서, 그는 오래 보존하지 못한다. 또 국왕이 노래와 춤과 놀이를 좋아하여 나라 일을 처리하지 않는다면 이것이 이른바 여덟 번째 법으로서, 그는 오래 보존하지 못한다. 또 국왕이 늘 병에 시달리며 건강한 날이 없다면 이것이 이른바 아홉 번째 법으로서, 그는 오래 보존하지 못한다. 또 국왕이 충성스럽고 효성스런 신하를 믿지 않아 심복이 적고 튼튼한 대신이 없는 것이다.

이것이 이른바 '국왕이 이 열 가지 법을 성취하면 오래 보존하지 못한다'는 것이니라.

 이제 비구들도 그와 같다. 만일 열 가지 법을 성취하면 선의 근본인 공덕이 늘지 않고, 몸이 무너지고 목숨이 끝난 뒤에는 지옥에 들어가느니라.

 열 가지 법이란 무엇인가? 만일 비구가 계율을 지키지 않고 또 공경하고 정성스러운 마음도 없다면 이것이 이른바 비구가 첫 번째 법을 성취한 것으로서, 그는 이르러야 할 궁극적 존재를 얻지 못할 것이다. 또 비구가 부처를 받들어 섬기지 않고 진실한 말을 믿지 않는다면 이것이 이른바 비구가 두 번째 법을 성취한 것으로서, 그는 오래 머무를 수 없다. 또 비구가 법을 받들어 섬기지 않고 여러 가지 계율을 빠뜨린다면 이것이 이른바 비구가 세 번째 법을 성취한 것으로서, 그는 오래 머무를 수 없다. 또 비구가 성중을 받들어 섬기되 항상 제 뜻을 낮추어 그들의 받아들임을 믿지 않는다면 이것이 이른바 비구가 네 번째 법을 성취한 것으로서, 그는 오래 머무를 수 없다. 또 비구가 이양利養에 탐착하여 마음에서 지워버리지 못한다면 이것이 이른바 비구가 다섯 번째 법을 성취한 것으로서, 그는 오래 머무를 수 없다.

 또 비구가 많이 배우지 않으며 부지런히 읽고 익히고 외우지도 않는다면 이것이 이른바 비구가 여섯 번째 법을 성취한 것으로서, 그는 오래 보존하지 못한다. 또 비구가 착한 벗과 사귀지 않고 항상 나쁜 벗과 사귄다면 이것이 이른바 비구가 일곱 번째 법을 성취한 것으로서, 그는 오래 보존하지 못한다. 또 비구가 항상 일하기만 좋아하고 좌선할 생각을 않는다면 이것이 이른바 여덟 번째 법으로서, 그는 오래 보존하지 못한다. 또 비구가 산수에 집착하여 길을 돌이켜 세속으로 나아가려 하면서 법을 익히지 않는다면 이것이 이른바 비구의 아홉 번째 법으로서, 그는 오래 보존하지 못한다. 또 비구가 범행 닦는 것을 좋아하지 않고 더러운 것에 탐착한다면 이것이 이른바 비구의 열 번째 법으로서, 그는 오래 보존하지 못한다.
 이것이 이른바 '비구가 이 열 가지 법을 성취하면 반드시 세 갈래 나쁜 세계에 떨어지고 좋은 곳에 태어나지 못한다'는 것이니라.
 만일 국왕이 열 가지 법을 성취하면 세상에 오래 머무르게 되느니라. 열 가지란 무엇인가? 이에 국왕이 재물에 집착하지 않고 성을 내지 않으며 또 조그만 일로 해치려는 마음을 내지 않는다면 이것이 이른바 첫 번째 법으로서, 그는 오래 보존할 수 있다. 또 국왕이 신하들의 충고를 받아들여 그 말을 거스르지 않는다면 이것이 이른바 두 번째 법을 성취한 것으로서, 그는 오래 보존할 수 있다. 또 국왕이 항상 보시하기를 좋아해 백성들과 함께 즐거워한다면 이것이 이른바 세 번째 법으로서, 그는 오래 보존할 수 있다. 또 국왕이 법도에 맞게 재물을 거두고 잘못된 법도로 하지 않는다면 이것이 이른바 네 번째 법으로서, 그는 오래 보존할 수 있다. 또 국왕이 남의 여자를 탐하지 않고 항상 자기 아내를 보호한다면 이것이 이른바 다섯 번째 법을 성취한 것으로서, 그는 오래 보존할 수 있다.
 또 국왕이 술을 마시지 않아 마음이 거칠거나 어지럽지 않다면 이것이 이른바 여섯 번째 법을 성취한 것으로서, 그는 오래 보존할 수 있다. 또 국왕이 실없이 웃으며 놀지 않고 외적을 항복 받는다면 이것이 이른바 일곱 번째 법을 성취한 것으로서, 그는 오래 보존할 수가 있다. 또 국왕이 법을 살펴 다스리며 끝내 왜곡시키지 않는다면 이것이 이른바 여덟 번째 법을 성취한 것으로서, 그는 오래 보존할 수 있다. 또 국왕이 신하들과 화목하며 다투지 않는다면 이것이 이른바 아홉 번째 법을 성취한 것으로서, 그는 오래 보존할 수 있다. 또 국왕이 병이 없고 기력이 왕성하다면 이것이 이른바 열 번째 법으로서, 그는 오래 보존할 수 있느니라.

만일 국왕이 이 열 가지 법을 성취한다면 그는 오래 보존할 것이요, 아무도 그를 어찌지 못하리라.

비구들도 그와 같아 열 가지 법을 성취하면 팔을 굽혔다 펴는 사이에 천상에 태어날 것이니, 열 가지란 무엇인가?

이에 비구가 계율을 받들어 지키며 계율의 덕을 완전히 갖추어 바른 법을 범하지 않는다면 이것이 이른바 비구가 첫 번째 법을 성취한 것으로서, 그는 몸이 무너지고 목숨이 끝난 뒤에 천상의 좋은 곳에 태어날 것이다. 또 비구가 여래에게 공경하는 마음을 가진다면 이것이 이른바 비구가 두 번째 법을 성취한 것으로서, 그는 좋은 곳에 태어날 것이다. 또 비구가 법의 가르침에 순종하며 하나도 범하지 않는다면 이것이 이른바 비구가 세 번째 법을 성취한 것으로서, 그는 좋은 곳에 태어날 것이다. 또 비구가 성중을 공경히 받들며 게으른 마음이 없다면 이것이 이른바 네 번째 법을 성취한 것으로서, 그는 천상에 태어날 것이다. 또 비구가 욕심이 적고 만족할 줄을 알아 이양에 집착하지 않는다면 이것이 이른바 비구가 다섯 번째 법을 성취한 것으로서, 그는 천상에 태어날 것이다.

또 비구가 제 마음대로 하지 않고 항상 계법戒法을 따른다면 이것이 이른바 여섯 번째 법을 성취한 것으로서, 그는 좋은 곳에 태어날 것이다. 또 비구가 사무에 집착하지 않고 항상 좌선하기를 좋아한다면 이것이 이른바 일곱 번째 법을 성취한 것으로서, 그는 천상에 태어날 것이다. 또 비구가 한적한 곳을 좋아해 사람들 틈에서 살지 않는다면 이것이 이른바 여덟 번째 법을 성취한 것으로서, 그는 좋은 곳에 태어날 것이다. 또 비구가 나쁜 벗과는 사귀지 않고 항상 착한 벗과 사귄다면 이것이 이른바 아홉 번째 법을 성취한 것으로서, 그는 좋은 곳에 태어날 것이다. 또 비구가 항상 범행을 닦으며 나쁜 법을 떠나고 많이 듣고 이치를 배워 그 차례를 잃지 않는 것이다.

이와 같이 비구가 열 가지 법을 성취한다면 팔을 굽혔다 펴는 것처럼 짧은 시간에 천상의 좋은 곳에 태어날 것이니라.

모든 비구들아, 너희들은 지옥에 들어가게 하는 열 가지 법답지 못한 행은 부디 버려야겠다고 생각하고, 열 가지 바른 법의 행을 받들어 닦아야 한다. 모든 비구들아, 마땅히 이와 같이 배워야 하느니라."

그때 모든 비구들은 부처님의 말씀을 듣고 기뻐하며 받들어 행하였다.

〔 7 〕[6]

이와 같이 들었다.

어느 때 부처님께서는 라열성의 가란타죽원에서 대비구들 5백 명과 함께 계셨다.

그때 많은 비구들은 때가 되어 가사를 입고 발우를 가지고 라열성으로 걸식하러 들어가고 있었다. 이때 그들은 생각하였다.

'우리가 성에 들어가 걸식하기에는 아직 때가 이르다. 우리 저 외도 이학들을 찾아가 변론하자.'

이때 비구들은 외도 이학들이 있는 곳으로 갔다.

이때 외도 이학들은 멀리서 이 사문들이 오는 것을 보고 저희들끼리 말하였다.

"모두 조용히 하라. 떠들지 말라. 사문 구담의 제자들이 이곳으로 오고 있다. 그리고 사문의 법에서는 고요한 사람을 칭찬한다. 우리의

---

6 이 소경과 내용이 비슷한 경으로는『잡아함경』제17권 486번째 소경인「일법경—法經」①, 487번째「일법경」②, 488번째「일법경」③, 489번째「일법경」④가 있다.

바른 법을 저들이 알도록 난잡하게 굴지 말자."
 그때 비구들은 외도 이학들에게 가서 서로 문안하고 한쪽에 앉았다.
 이때 외도들이 비구들에게 물었다.
 "너희들의 사문 구담이 제자들을 위해 그 미묘한 법을 말하면 너희 비구들은 그 모든 법을 이해하고 스스로 즐거이 노닐지 않는가? 우리도 제자들을 위해 이 미묘한 법을 설명하면서 스스로 즐거이 노닌다. 우리말과 너희들 말은 무엇이 다르며 어떤 차별이 있는가? 설법과 훈계는 꼭 같아서 다름이 없지 않는가?"
 이때 비구들은 외도 이학들의 말을 듣고 좋다고 칭찬하지도 않고 나쁘다고 말하지도 않고 곧 자리에서 일어나 떠났다.
 이때 비구들은 그들끼리 말하였다.
 "우리 이 문제를 가지고 세존께 가서 여쭈어 보자. 만일 세존께서 무슨 말씀이 있으시면 우리는 기억하여 받들어 행하자."
 그때 비구들은 라열성에 들어가 걸식을 마치고 방으로 돌아와 가사와 빌우를 거두고 세존께 나아가 머리를 조아려 발아래 예배하고 한쪽에 섰다. 이때 비구들은 있었던 일을 모두 세존께 아뢰었다.
 그때 세존께서 비구들에게 말씀하셨다.
 "만일 그 외도 이학들이 그런 문제로 묻거든 너희들은 이런 말로 대답하라.
 '하나의 주장·하나의 이치·하나의 연설에서 열의 주장·열의 이치·열의 연설이 있다. 이런 말을 할 때 여기에는 어떤 뜻이 있는가?'
 만일 너희들이 이런 말로 물으면 그들은 능히 대답하지 못하고, 그 외도 이학들은 결국 의혹만 더하게 될 것이다. 왜냐하면 이것은 그들이 가진 경계가 아니기 때문이니라.

그러므로 비구들아, 나는 여래와 나로부터 들은 여래의 제자를 제외하고는 이 물음에 대답할 수 있는 어떤 하늘이나 사람·악마·하늘의 악마·제석·범천왕도 보지 못하였다. 그들은 이것을 논하지 못한다.

하나의 주장·하나의 이치·하나의 연설이라고 나는 그 이치를 설명하는데, 무슨 이유로 그렇게 말하는 것인가? 즉 일체 중생은 음식〔食〕으로 말미암아 살고 먹지 않으면 죽는다. 그러므로 비구가 평등하게 싫어하고 평등하게 해탈하며 평등하게 관찰하고 평등하게 그 이치를 분별한다면 평등하게 괴로움을 벗어날 것이다. 이것은 꼭 같은 이치로서 둘이 아니다. 하나의 주장·하나의 이치·하나의 연설이라고 내가 설명하는 것은 바로 이것을 말하는 것이니라.

둘의 주장·둘의 이치·둘의 연설이라고 나는 그 이치를 설명하는데, 무슨 이유로 그렇게 말하는 것인가? 명名과 색色이 있다. 명名이란 무엇인가? 이른바 느낌〔痛;受〕·생각〔想〕·기억〔念〕·접촉〔更樂〕·사유思惟이니, 이것을 명名이라 한다. 그 어떤 것을 색色이라 하는가? 4대와 4대로 만들어진 색이니, 이것을 색色이라 한다. 이런 이유로 명名과 색色이라고 하는 것이다. 둘의 주장·둘의 이치·둘의 연설은 바로 이런 이유 때문에 내가 지금 그렇게 말하는 것이다. 만일 비구가 평등하게 싫어하고 평등하게 해탈하며 평등하게 관찰하고 평등하게 그 이치를 분별한다면 평등하게 괴로움을 벗어날 것이다.

무슨 이유로 셋의 주장·셋의 이치·셋의 연설이라고 그 이치를 설명하는가? 이른바 세 가지 느낌〔痛〕이 있으니, 세 가지란 무엇인가? 이른바 괴로운 느낌·즐거운 느낌·괴롭지도 않고 즐겁지도 않은 느낌이다. 어떤 것이 즐거운 느낌인가? 이른바 마음속에 즐거운 생각이 떠오르고 또 혼란스럽지도 않은 것이니 이것이 즐거운 느낌이다. 어떤 것이 괴로운 느낌인가? 이른바 마음속이 어지러워 전일하지 않고 여러 가지 생각을 사유하는 것이니 이것이 괴로운 느낌이다. 어떤 것이 괴롭지도 않고 즐겁지도 않은 느낌인가? 이른바 마음속에 괴로운 생각도 즐거운 생각도 없으며, 또 전일(專一)한 것도 아니요 어지러운 생각도 아니며, 법이나 법 아닌 것도 사유하지 않고 항상 스스로 고요하여 마음의 활동이 없는 것이다. 그러므로 괴롭지도 즐겁지도 않은 느낌이라 한다. 이것을 세 가지 느낌이라 하느니라.

만일 비구가 평등하게 싫어하고 평등하게 해탈하며 평등하게 관찰하고 평등하게 그 이치를 분별한다면 평등하게 괴로움을 벗어날 것이다. 내가 말하는 셋의 주장·셋의 이치·셋의 연설은 바로 이것을 말하는 것이니라.

나는 무슨 이유로 넷의 주장·넷의 이치·넷의 연설이라고 그 이치를 또 설명하는가? 이른바 네 가지 진리를 말한다. 네 가지란 무엇인가? 이른바 괴로움과 괴로움의 발생과 괴로움의 소멸과 괴로움의 소멸에 이르는 길에 대한 성스러운 진리이다. 괴로움에 대한 진리(苦諦)란 무엇인가? 이른바 태어나는 괴로움·늙은 괴로움·병드는 괴로움·죽는 괴로움·근심과 슬픔과 번민의 괴로움·원수와 만나는 괴로움·사랑하는 이와 헤어지는 괴로움·구하여 도 얻지 못하는 괴로움이다.

어떤 것이 괴로움의 발생에 대한 진리(苦集諦)인가? 이른바 애욕의 근본이 욕심과 어울리는 것이니 이것이 괴로움의 발생에 대한 진리이다. 어떤 것이 괴로움의 소멸에 대한 진리(苦盡諦)인가? 이른바 애욕이 남김없이 완전히 다하고 다시는 생기지 않는 것이니 이것이 괴로움의 소멸에 대한 진리이다. 어떤 것이 괴로움에서 벗어나는 방법에 대한 진리(苦出要諦)인가? 이른바 현성의 8품도이다. 즉 바른 소견·

바른 다스림・바른 말・바른 생활・바른 업・바른 방편・바른 기억・바른 삼매이니 이것을 8품도라 한다.

만일 비구가 평등하게 싫어하고 평등하게 해탈하며 평등하게 그 이치를 분별하고 평등하게 관찰한다면 평등하게 괴로움을 벗어날 것이니라. 이것이 이른바 넷의 주장・넷의 이치・넷의 연설로서 내가 설명하는 것은 바로 이것을 말하는 것이니라.

나는 지금 무슨 이유로 다섯의 주장・다섯의 이치・다섯의 연설을 말하는가? 이른바 5근根이니라. 다섯 가지란 무엇인가? 신근信根・정진근精進根・염근念根・정근定根・혜근慧根이다.

신근信根이란 무엇인가? 이른바 현성의 제자(賢聖弟子)로서 여래의 도법을 믿고, 그 여래如來・지진至眞・등정각等正覺・명행성위明行成爲・선서善逝・세간해世間解・무상사無上士・도법어道法御・천인사天人師・불중우佛衆祐라고 하는 이가 세상에 출현한 것을 믿는 것이니, 이것을 신근이라 하느니라. 정진근精進根이란 무엇인가? 이른바 몸과 마음과 뜻이 모두 게으르지 않고 부지런하여 선하지 않은 법은 없애고 선한 법은 더욱 자라게 하여 항상 마음에 잡고 있는 것이니, 이것을 정진근이라 한다. 염근念根이란 무엇인가? 이른바 염근이란 외운 것을 잊지 않고 항상 마음속에 두어 모두 지녀 잃어버리지 않으며, 함이 없는 법이나 번뇌 없는 법을 끝내 잊어버리지 않는 것이니, 이것을 염근이라 한다. 정근定根이란 무엇인가? 이른바 정근이란 마음속에 어지러움이 없고 여러 가지 생각이 없으며 언제나 그 뜻이 전일한 것이니, 이것을 삼매근三昧根이라 한다. 지혜근智慧根이란 무엇인가? 이른바 괴로움을 알고 그 발생을 알며 그 소멸을 알고 소멸에 이르는 길을 아는 것이니, 이것을 지혜근이라 한다. 이것을 5근이라 하느니라.

비구가 이 가운데서 평등하게 해탈하고 평등하게 그 이치를 분별한다면 평등하게 괴로움을 벗어날 것이니라. 내가 설명하는 다섯의 주장·다섯의 이치·다섯의 연설은 바로 이것을 말하는 것이니라.

나는 무슨 이유로 여섯의 주장·여섯의 이치·여섯의 연설을 말하는가? 이른바 여섯 가지 중요한 법이니라. 여섯 가지란 무엇인가? 이에 비구는 항상 몸으로 자애로운 마음을 행하여 혹 고요하고 깨끗한 방안에 있더라도 언제나 한결같은 마음이어서 높일 만하고 귀히 여길 만하며, 늘 남과 화합한다. 이것이 비구의 첫 번째 중요한 법이다. 또 입으로 자애로운 마음을 행하여 마침내 거짓이 없고 공경할 만하고 귀히 여길 만하면 이것은 두 번째 중요한 법이다. 또 뜻으로 자애로움을 행하여 미워하는 마음을 내지 않고 공경할 만하고 귀히 여길 만하면 이것이 세 번째 중요한 법이다. 또 만일 법다운 이양을 얻어 발우에 남은 것이 있으면 여러 범행인梵行人들에게 평등한 마음으로 베풀어준다. 이것이 네 번째 중요한 법으로서 공경할 만하고 귀히 여길 만한 것이다. 또 계율을 받들어 지키고 빠뜨림이 없어 성인이 귀히 여길 만하면 그것은 다섯 번째 중요한 법으로서 공경할 만하고 귀히 여길 만한 것이다. 또 바른 소견으로 성현들의 벗어나는 길을 얻어 괴로움을 벗어나고 뜻이 어지럽지 않으며 여러 범행인들과 같이 그 행을 닦으면 이것이 여섯 번째 중요한 법으로서 공경할 만하고 귀히 여길 만한 것이니라.

그때 비구가 평등하게 싫어하고 평등하게 해탈하며 평등하게 그 이치를 분별한다면 평등하게 괴로움을 벗어날 것이다. 내가 말하는 여섯의 주장·여섯의 이치·여섯의 연설은 바로 이것을 말하는 것이니라.

나는 무슨 이유로 일곱의 주장·일곱의 이치·일곱의 연설을 말하는가? 이른바 식識이 머무르는 일곱 곳이니라.

일곱 가지란 무엇인가? 어떤 중생은 여러 가지 생각에 여러 가지 몸을 가지고 있으니 이른바 하늘과 사람들이다. 또 어떤 중생은 여러 가지 몸에 한 가지 생각을 가지고 있으니 이른바 범가이천梵迦夷天으로 맨 처음 태어났을 때이다. 또 어떤 중생은 한 가지 생각에 한 가지 몸을 가지고 있으니 이른바 광음천光音天이 바로 그들이다. 또 어떤 중생은 한 가지 몸에 여러 가지 생각을 가지고 있으니 이른바 변정천遍淨天이 바로 그들이다. 또 어떤 중생은 허공의 영역이 한량없으니 이른바 공처천空處天이 바로 그들이다. 또 어떤 중생들은 식의 영역이 한량없으니 이른바 식처천識處天이 바로 그들이다. 또 어떤 중생은 아무것도 없는 영역이 한량없으니 이른바 불용처천不用處天이 바로 그들이다. 또 어떤 중생은 생각이 있기도 하고 생각이 없기도 한 영역이 한량없으니 이른바 유상무상천有想無想天이 바로 그들이니라.

비구들아, 이것이 식識이 머무르는 일곱 곳이다. 비구가 거기서 평등하게 해탈하고……(이하 생략)……평등하게 괴로움을 벗어날 것이다. 내가 말하는 일곱의 주장·일곱의 이치·일곱의 연설은 바로 이것을 말하는 것이니라.

나는 여덟의 주장·여덟의 이치·여덟의 연설이라고 설명하는데, 무슨 이유로 이렇게 말하는가? 이른바 세상의 여덟 가지 법으로서 그것은 세상을 따라 윤회하게 하는 것이니라.

여덟 가지란 무엇인가? 이른바 이익·손실·헐뜯음·찬양·칭찬·꾸짖음·괴로움·즐거움이니, 이것이 세상을 따라 윤회하게 하는 세상의 여덟 가지 법이니라. 만일 비구가 거기서 평등하게 해탈하고……(이하 생략)……괴로움을 벗어날 것이다. 내가 말하는 여덟의 주장·여덟의 이치·여덟의 연설은 바로 이것을 말하는 것이니라.

나는 아홉의 주장·아홉의 이치·아홉의 연설이라고 설명하는데 무슨 이유로 이렇게 말하는가? 이른바 중생이 사는 아홉 곳이니라.
 아홉 곳이란 무엇인가? 어떤 중생은 여러 가지 몸을 가지고 있으니 이른바 하늘과 사람들이다. 어떤 중생은 여러 가지 몸에 한 가지 생각을 가지고 있으니 이른바 범가이천으로 맨 처음 태어났을 때이다. 어떤 중생은 한 가지 생각에 한 가지 몸을 가지고 있으니 이른바 광음천이 바로 그들이다. 어떤 중생은 한 가지 몸에 여러 가지 생각을 가지고 있으니 이른바 변정천이 바로 그들이다. 어떤 중생은 허공의 영역이 한량없으니 이른바 공처천이 바로 그들이다. 어떤 중생은 식識의 영역이 한량없으니 이른바 식처천이 바로 그들이다. 어떤 중생은 아무것도 없는 영역이 한량없으니 이른바 불용처천이 바로 그들이다. 어떤 중생은 생각이 있기도 하고 없기도 한 영역이 한량없으니 이른바 유상무상천이 바로 그들이다. 여기에 생각이 없는 중생과 거기서 태어나는 중생들을 합해 식識이 머무르는 아홉 곳이라 하느니라.
 거기서 비구가 평등하게 해탈하고……(이하 생략)……괴로움을 벗어날 것이다. 내가 말하는 아홉의 주장·아홉의 이치·아홉의 연설은 바로 이것을 말하는 것이니라.
 나는 무슨 이유로 열의 주장·열의 이치·열의 연설을 말하는가? 이른바 열 가지 생각이다. 즉 부처님을 생각하고, 법을 생각하며, 비구 스님들을 생각하고, 계율을 생각하며, 보시를 생각하고, 하늘을 생각하며, 휴식을 생각하고, 호흡이 들고 남을 생각하며, 몸을 생각하고, 죽음을 생각하는 것이니, 이것을 열 가지 생각이라 하느니라.
 만일 비구가 평등하게 해탈하고……(이하 생략)……괴로움을 벗어날 것이다.
 비구들아, 열의 주장·열의 이치·열의 연설이란 이와 같으니, 이처럼 비구들아, 하나에서 열까지 이르느니라.

비구들아 마땅히 알아야 한다. 만일 외도 이학들이 이 말을 듣는다면 얼굴빛을 자세히 보지도 못하겠거늘 하물며 대답하려 하겠는가? 이런 이치를 이해하는 비구가 있다면 그는 현세에서 제일 높은 사람이 될 것이다. 또 만일 비구·비구니가 이 이치를 10년 동안 사유한다면 그는 반드시 두 가지 과위를 성취할 것이니 아라한이 되거나 아나함이 될 것이다.

비구가 10년은 고사하고 1년 동안만이라도 이 이치를 사유한다면 그도 반드시 두 과위를 성취하여 마침내 중간에 물러남이 없을 것이다. 비구가 1년 동안 사유하는 것은 고사하고, 그 사부대중이 열 달이나 혹은 한 달 동안만이라도 이 이치를 사유한다면 그들도 반드시 두 과위를 성취하고 중간에서 물러나지 않을 것이다. 한 달은 고사하고 만일 사부대중이 이레 동안만이라도 이 이치를 사유한다면 그들도 반드시 두 과위를 성취하여 마침내 의심이 없을 것이다."

그때 아난이 부처님 뒤에서 부채를 들고 부처님을 부치고 있다가 아뢰었다.

"세존이시여, 이 법은 너무도 심오합니다. 만일 어디에 머물건 이 법을 가진 자가 있다면 곧 여래를 만나는 것인 줄 알겠습니다. 그렇습니다, 세존이시여. 이 법의 이름은 무엇이며, 어떻게 받들어 행해야 합니까?"

부처님께서 아난에게 말씀하셨다.

"이 경의 이름은 '열 가지 법의 진리'이니 이렇게 기억하고 받들어 행해야 하느니라."

그때 아난과 모든 비구들은 부처님의 말씀을 듣고 기뻐하며 받들어 행하였다.

〔 8 〕

이와 같이 들었다.

어느 때 부처님께서는 사위국 기수급고독원에 계셨다.

그때 세존께서 모든 비구들에게 말씀하셨다.

"누구든 열 가지 생각을 수행하면 곧 번뇌를 없애 신통을 얻고, 몸으로 증득하여 차츰 열반에 이르게 될 것이다. 열 가지란 무엇인가? 이른바 흰 뼈라는 생각〔白骨想〕·시퍼런 어혈덩어리라는 생각〔靑瘀想〕·썩어서 부풀어 오른다는 생각〔膖脹想〕·소화되지 않은 음식이라는 생각〔食不消想〕·핏덩어리라는 생각〔血想〕·뜯어 먹힌다는 생각〔噉想〕·영원하고 영원하지 않다는 생각〔有常無常想〕·탐욕스럽게 먹는다는 생각〔貪食想〕·죽는다는 생각〔死想〕·모든 세상은 즐거워할 만한 것이 없다는 생각〔一切世間不可樂想〕이니라.

비구들아, 이것이 이른바 '열 가지 생각을 닦으면 번뇌가 없어져 열반에 이르게 된다'는 것이니라.

또 비구들아, 이 열 가지 생각 중에서 '모든 세상은 즐거워할 만한 것이 없다'는 생각이 가장 제일이다. 왜냐하면 즐거워할 만한 것이 없다는 생각을 수행하는 사람과 믿음을 가지고 법을 받드는 사람이 있다면, 이 두 종류의 사람은 반드시 차례를 뛰어넘어 진리를 증득할 것이기 때문이다.

그러므로 비구들아, 만일 나무 밑이나 고요한 곳이나 한데 앉게 되거든 이 열 가지 생각을 깊이 사유하라. 그러므로 모든 비구들아, 마땅히 이와 같이 배워야 하느니라."

그때 비구들은 부처님의 말씀을 듣고 기뻐하며 받들어 행하였다.

〔 9 〕

이와 같이 들었다.

어느 때 부처님께서는 사위국 기수급고독원에 계셨다.

그때 어떤 비구가 세존께 나아가 머리를 조아려 발아래 예배하고 한쪽에 앉아 아뢰었다.

"세존께서는 오늘 비구들을 위하여 열 가지 생각〔十想〕이란 법을 말씀하시고 '그것을 능히 닦는 사람은 모든 번뇌를 끊고 번뇌가 없는 행을 성취할 것이다'고 말씀하셨습니다. 그러나 세존이시여, 저와 같은 사람은 그런 생각을 닦을 수가 없습니다. 왜냐하면 저는 욕심이 많아 몸과 마음이 불꽃같아서 고요히 쉴 수 없기 때문입니다."

세존께서는 말씀하셨다.

"너는 지금 깨끗하다는 생각을 버리고 더럽다는 생각을 깊이 사유하라. 영원하다는 생각을 버리고 무상하다는 생각을 깊이 사유하라. 나〔我〕가 있다는 생각을 버리고 나가 없다는 생각을 깊이 사유하라. 즐거워할 만하다는 생각을 버리고 즐거워할 만한 것이 없다는 생각을 깊이 사유하라. 왜냐하면 만일 비구가 깨끗하다는 생각을 사유하면 곧 욕심이 불꽃처럼 일어나고, 더럽다는 생각을 사유하면 곧 욕심이 없어지기 때문이니라.

비구들아, 알아야 한다. 욕심은 똥 무더기처럼 더럽고, 욕심은 앵무새처럼 말이 많으며, 욕심은 저 독사처럼 은혜를 갚을 줄 모르고, 욕심은 햇볕에 녹는 눈처럼 허망하다. 그러므로 시체를 무덤 사이에 버리듯 그것을 버려라. 욕심은 독을 품은 뱀처럼 스스로를 해치고, 욕심은 짠물을 마셨을 때처럼 싫어할 줄을 모르며, 욕심은 강물을 삼켜버리는 바다처럼 채워지기 어렵고, 욕심은 나찰의 마을처럼 매우 두려운 것이며, 욕심은 마치 원수와 같으니 항상 멀리 여의어야 하느니라.

욕심이 그래도 맛있는 것은 칼에 발린 꿀과 같고, 욕심은 사랑할 만한 것이 못 되는 것은 길에 버려진 해골과 같으며, 욕심이 얼굴에 나타나는 것은 뒷간에서 꽃이 피어나는 것과 같고, 욕심이 참되지 못한 것은 속에 더러운 것들로 가득 찬 화병이 겉은 번듯한 것과 같으며, 욕심이 튼튼하지 못한 것은 거품덩이와 같으니라.

그러므로 비구야, 마땅히 탐욕을 멀리 떠날 것을 생각하고, 더럽다는 생각을 깊이 사유해야 하느니라. 이제 너는 기억하라. 너는 옛날 가섭부처님 밑에서 열 가지 생각을 받들어 행했었다. 지금 거듭 열 가지 생각을 깊이 사유하면 번뇌에서 곧 마음이 해탈할 것이니라."

그때 비구는 눈물을 흘리고 슬피 울면서 스스로 억제하지 못하였다. 그는 곧 머리를 조아려 발아래에 예배하고 세존께 아뢰었다.

"그렇습니다. 세존이시여. 저는 오랫동안 어리석고 미혹하였습니다. 여래께서 친히 열 가지 생각을 말씀해 주시니 이제야 멀리 여의어야겠단 생각이 듭니다. 이제 스스로 참회하오며 다시는 범하지 않겠습니다. 원컨대 세존께서는 이 무거운 죄를 살피시고 미치지 못했던 것을 용서하소서."

세존께서는 말씀하셨다.

"너의 참회를 들어 준다. 다시는 범하지 말라. 여래가 너를 위해 열 가지 생각을 설명하였는데 너는 그것을 기꺼이 받들어 가지려 하지 않았었느니라."

이때 그 비구는 세존의 교훈을 듣고 한적한 곳에서 자신을 이겨내며 사유하였고, 족성자들이 수염과 머리를 깎고 세 가지 법의를 입고 위없는 범행을 닦는 목적대로 그 소원을 이루고자 하였고, '삶과 죽음은 이미 다하고 범행은 이미 섰으며, 할 일을 이미 마쳐 다시는 태를 받지 않는다'고 사실 그대로 알았다. 그래서 그 비구는 곧 아라한이 되었다.

그때 비구들은 부처님의 말씀을 듣고 기뻐하며 받들어 행하였다.

결금結禁과 성현거聖賢居와
이력二力과 십념十念에 대해 설하셨고
친국親國과 무가애無罣礙와
십륜十輪과 관상觀想에 대해 설하셨다.

〔 10 〕
이와 같이 들었다.

어느 때 부처님께서는 사위국 기수급고독원에 계셨다.

그때 세존께서 모든 비구들에게 말씀하셨다.

"열 가지 생각[十念]이 있다. 그것을 자세히 분별하여 수행하면 욕계의 욕망·색계의 욕망·무색계의 욕망·교만·무명을 모두 끊을 것이다.

열 가지 생각이란 무엇인가? 이른바 부처님을 생각하고, 법을 생각하며, 비구 스님을 생각하고, 계율을 생각하며, 보시를 생각하고, 하늘을 생각하며, 지관을 생각하고, 호흡이 들고 남〔安般〕을 생각하며, 몸을 생각하고, 죽음을 생각하는 것이니라. 비구들아, 이것을 일러 '어떤 중생이든 이 열 가지 생각을 수행하면 욕계의 욕망·색계의 욕망·무색계의 욕망·일체의 무명·교만을 모두 끊어 없앤다'고 하는 것이다. 모든 비구들아, 마땅히 이와 같이 배워야 하느니라."

그때 모든 비구들은 부처님의 말씀을 듣고 기뻐하며 받들어 행하였다.

증일아함경 제43권

47. 선악품善惡品

〔1〕[1]

이와 같이 들었다.

어느 때 부처님께서는 사위국 기수급고독원에 계셨다.

그때 세존께서 모든 비구들에게 말씀하셨다.

"만일 어떤 중생이 열 가지 법을 행하면 곧 천상에 태어날 것이요, 또 열 가지 법을 행하면 곧 나쁜 세계에 태어날 것이며, 또 열 가지 법을 행하면 열반 세계에 들어갈 것이다.

어떤 열 가지 법을 행하면 나쁜 세계에 태어나는가? 이에 어떤 사람은 생물을 죽이고, 도둑질하며, 음탕한 짓을 하고, 거짓말을 하며, 꾸미는 말을 하고, 나쁜 말을 하며, 이간질하는 말로 이 사람과 저 사람을 싸우게 하고, 질투하며, 성내고, 삿된 소견을 일으킨다. 이것이

---

[1] 이 소경과 내용이 비슷한 경으로는 『잡아함경』 제37권 1,056번째 소경인 「십법경十法經」 ②가 있다.

열 가지 법이니, 그 어떤 중생이 이 열 가지 법을 행한다면 그는 나쁜 세계에 들어갈 것이니라.

어떤 열 가지 법을 수행하면 천상에 태어나는가? 이에 어떤 사람은 살생하지 않고, 도둑질하지 않으며, 음탕한 짓을 하지 않고, 거짓말하지 않으며, 꾸미는 말을 하지 않고, 나쁜 말을 하지 않으며, 이간질하는 말로 이 사람과 저 사람을 싸우게 하지 않고, 질투하지 않으며, 성내지 않고, 삿된 소견을 일으키지 않는다. 만일 어떤 사람이 이 열 가지 법을 행한다면 그는 곧 천상에 태어날 것이니라.

어떤 열 가지 법을 행하면 열반에 이르게 되는가? 이른바 열 가지 생각이니, 부처님을 생각하고, 법을 생각하며, 비구 스님을 생각하고, 하늘을 생각하며, 계율을 생각하고, 보시를 생각하며, 휴식을 생각하고, 호흡의 들고 남을 생각하며, 몸을 생각하고, 죽음을 생각하는 것이다. 이것이 이른바 '열 가지 법을 수행하면 열반에 이르게 된다'는 것이다.

비구들아, 마땅히 알아야 한다. 하늘과 나쁜 세계에 태어나게 하는 것들은 마땅히 버리고 여의겠다고 생각하고, 열반에 이르게 하는 그 열 가지 법은 잘 닦고 받들어 행하라. 모든 비구들아, 마땅히 이와 같이 배워야 하느니라."

그때 모든 비구들은 부처님의 말씀을 듣고 기뻐하며 받들어 행하였다.

〔2〕
이와 같이 들었다.

어느 때 부처님께서는 사위국 기수급고독원에 계셨다.

그때 세존께서 모든 비구들에게 말씀하셨다.

"열 가지 악의 근본으로 말미암아 바깥의 물건들도 줄어들고 없어지거늘 하물며 안의 법이겠는가?

어떤 것을 열 가지 악이라고 하는가? 말하자면 살생·도둑질·음행·거짓말·꾸미는 말·나쁜 말·이 사람 저사람 싸움 붙이는 이간질하는 말·질투·성냄·삿된 소견을 마음에 품는 것이니라.

살생의 과보로 말미암아 중생의 수명이 매우 짧고, 도둑질의 과보로 말미암아 중생이 태어나자 곧 비천하게 되며, 음행의 과보로 말미암아 중생의 가문이 순결하지 않고, 거짓말의 과보로 말미암아 중생의 입에서 냄새가 나고 깨끗하지 않으며, 꾸미는 말의 과보로 말미암아 땅이 평평하지 않게 되고, 이간질하는 말의 과보로 말미암아 대지에서 가시가 자라며, 나쁜 말의 과보로 말미암아 여러 종류의 언어가 있게 되고, 질투의 과보로 말미암아 곡식이 풍성하지 않게 되며, 성냄의 과보로 말미암아 온갖 더러운 물건이 많아지고, 삿된 소견의 과보로 말미암아 여덟 가지 큰 지옥이 저절로 생기느니라.

이 열 가지 악의 과보로 말미암아 모든 바깥의 물건도 줄어들고 없어지거늘 하물며 안의 물건이겠는가?

비구들아, 이것을 일러 '마땅히 열 가지 나쁜 법은 버리고 열 가지 좋은 법은 닦아 행할 것을 생각하라'고 하는 것이다. 모든 비구들아, 마땅히 이와 같이 배워야 하느니라."

그때 모든 비구들은 부처님의 말씀을 듣고 기뻐하며 받들어 행하였다.

〔 3 〕

이와 같이 들었다.

어느 때 부처님께서는 사위국 기수급고독원에 계셨다.

그때 바사닉왕이 세존께 나아가 머리를 조아려 발아래 예배하고 한쪽에 앉아 아뢰었다.

"여래께서 '내게 보시하면 복을 많이 얻고 다른 이에게 보시하면 복을 적게 얻는다. 내 제자에게 보시하고 다른 이에게는 보시하지 말라'고 말씀하셨다는 것이 사실입니까? 혹 어떤 사람이 이렇게 말한다면 그것은 여래를 헐뜯는 것이 아니겠습니까?"

세존께서는 말씀하셨다.

"나는 '오직 내게만 보시하고 남에게는 보시하지 말라'는 그런 말을 하지 않았습니다. 대왕이여, 아십시오. 나는 항상 이렇게 말합니다.

'만일 비구가 발우에 남은 음식이 있을 때, 물에 던져 벌레들이 그것을 먹게 해도 오히려 복을 받겠거늘, 하물며 사람에게 보시하는데 복을 받지 않겠는가?'

대왕이여, 나는 다만 이렇게 말했습니다.

'계율을 지키는 이에게 보시하는 것은 계율을 범하는 이에게 보시하는 것보다 그 복이 더 많다.'"

그때 바사닉왕이 앞으로 나아와 아뢰었다.

"그렇습니다. 세존이시여. 계율을 지키는 이에게 보시하는 것은 계율을 범하는 이에게 보시하는 것보다 그 복이 배나 많을 것입니다."

왕은 다시 아뢰었다.

"니건자는 제게 와서 말하였습니다.

'사문 구담은 환술幻術을 알아 세상 사람들을 빙빙 돌릴 수 있다.'

세존이시여, 이 말이 사실입니까, 아닙니까?"

세존께서는 말씀하셨다.

"그렇습니다, 대왕이여. 조금 전 말씀하신 것처럼 나는 환술을 가지고 있어 세상 사람들을 빙빙 돌릴 수 있습니다."

왕은 아뢰었다.

"어떤 것이 빙빙 돌리는 환술입니까?"

세존께서는 말씀하셨다.

"살생하는 이는 그 죄가 헤아리기 어렵지만 살생하지 않는 이는 받는 복이 한량이 없습니다. 도둑질을 하는 이는 받는 죄가 한량이 없지만 도둑질하지 않는 이는 받는 복이 한량이 없습니다. 음탕한 짓을 하는 이는 받는 죄가 한량이 없지만 음탕한 짓을 하지 않는 이는 받는 복이 한량이 없습니다. 삿된 소견을 가진 이는 받는 죄가 한량이 없지만 바른 소견을 가진 이는 받는 복이 한량이 없습니다. 내가 아는 환법幻法이란 바로 이것을 말합니다."

왕은 아뢰었다.

"만일 세상 사람이나 악마나 혹은 악마의 하늘 등, 형상이 있는 중생들이 이 환술을 깊이 안다면 그들은 큰 행복을 얻을 것입니다. 지금부터는 저 외도 이학들이 내 나라에 들어오는 것을 허락하지 않겠습니다. 그리고 세존의 사부대중께서 늘 저의 궁중에 머무르시길 청합니다. 필요한 것들을 공양하겠습니다."

세존께서는 말씀하셨다.

"그런 말 마십시오. 왜냐하면 축생들에게 보시하여도 오히려 그 복을 받고 계율을 범하는 이에게 보시하여도 그 복을 받습니다. 더구나 계율을 지키는 이에게 보시한다면 그 복은 한량이 없을 것입니다.

외도 선인들에게 보시하면 1억의 복을 받고, 수다원·사다함·아나함·아라한·벽지불 및 부처님에게 보시하면 그 복은 헤아릴 수 없을 것입니다.

그러므로 대왕께선 마땅히 마음을 내어 미래·과거의 여러 부처님과 그 성문 제자들을 공양하도록 하십시오. 대왕이시여, 마땅히 이와 같이 배워야 합니다."

그때 모든 비구들은 부처님의 말씀을 듣고 기뻐하며 받들어 행하였다.

〔 4 〕

이와 같이 들었다.

어느 때 부처님께서는 사위국 기수급고독원에 계셨다.

그때 많은 비구들은 식사를 마치고 모두 보회강당普會講堂에 모여 이런 이야기들을 하고 있었다. 즉 의복·장식·음식에 관한 이야기, 이웃나라·도적·싸움에 관한 이야기, 술·음행·다섯 가지 욕망에 관한 이야기, 노래·춤·놀이·풍류에 관한 이야기 등, 이런 쓸데없는 이야기들이 한량없었다.

그때 세존께서는 천이天耳로 비구들의 이런 이야기를 들으시고 곧 보회강당으로 가 비구들에게 물으셨다.

"너희들은 여기 모여 무슨 이야기를 하고 있는가?"

비구들은 아뢰었다.

"저희들은 여기 모여 이러이러한 중요하지 않은 일들을 이야기하였습니다."

세존께서는 말씀하셨다.

"그만두어라, 비구들아. 그따위 이야기들은 그만두라. 왜냐하면 그런 이야기는 아무 의미도 없고 또 선한 법으로 나아가는 것도 아니기 때문이다. 그런 이야기로는 범행을 닦을 수 없고, 번뇌가 완전히 사라진 열반을 얻을 수 없으며, 사문의 평등한 길도 얻을 수 없느니라.

그것은 모두 세속 이야기로서 바른 길로 나아가는 이야기가 아니다. 너희들은 이미 세속을 떠나 도를 닦고 있다. 그러므로 행을 무너뜨리는 그런 이야기를 생각할 것이 아니니라.

 만일 너희들이 이야기하고 싶거든 열 가지 법의 공덕을 이야기하라. 열 가지란 어떤 것인가? 정근하는 비구로서 욕심이 적고, 만족할 줄을 알며, 용맹스런 마음이 있고, 많이 들어 남을 위해 설법하며, 두려움이 없고, 계율을 완전히 갖추며, 삼매를 성취하고, 지혜를 성취하며, 해탈을 성취하고, 해탈한 지혜를 성취하는 것이다.

 만일 너희들이 이야기하고 싶으면 이 열 가지 일을 이야기해야 한다. 왜냐하면 그것은 일체를 윤택하게 하고, 이익되는 바가 많으며, 범행을 닦게 하고, 번뇌가 완전히 사라진 함이 없는 곳에 이르게 하며, 열반의 요긴한 길이기 때문이니라.

 너희들은 이제 족성자로서 이미 출가하여 도를 배우고 있다. 그러므로 이 열 가지를 사유해야 하느니라. 그런 논의는 바른 법의 논의로서 나쁜 세계를 떠나게 하느니라. 비구들아, 마땅히 이와 같이 배워야 하느니라."

 그때 모든 비구들은 부처님의 말씀을 듣고 기뻐하며 받들어 행하였다.

〔5〕

 이와 같이 들었다.

 어느 때 부처님께서는 사위국 기수급고독원에 계셨다.

 그때 많은 비구들이 모두 보회강당에 모여 이런 이야기를 하고 있었다.

 '지금 사위성에는 곡식이 귀해 구걸하여도 얻기 어렵다. 세존께서는 말씀하시기를, 〈사람의 몸은 음식을 의지해야 보존할 수 있고, 4대는 마음이 생각하는 법을 의지하며, 법은 선의 근본을 의지한다〉고 하셨다.

우리는 길을 나누어 따로따로 행걸行乞하자. 그래서 행걸하는 사람이 아름다운 여자를 보고 너무도 묘한 접촉을 하게 되며, 또 의복·음식·침구·병에 맞는 의약품 등을 얻게 된다면 좋지 않겠는가?'

그때 세존께서는 청정하여 흐림이 없는 천이天耳로 멀리서 비구들의 이런 이야기를 들으시고, 곧 보회강당으로 가 대중 가운데 앉아 말씀하셨다.

"너희들은 여기 모여 무슨 이야기를 하고 있는가?"

비구들은 아뢰었다.

"저희들은 '사위성은 걸식하러 다녀도 얻기가 어렵다. 그러므로 길을 나누어 한 사람씩 차례로 걸식을 하러 가자. 그러면 때로 아름다운 여자의 좋은 옷도 볼 수 있고, 또 의복·음식·침구·병에 맞는 의약품 등도 얻을 수 있을 것이다'는 이야기를 나누었습니다. 저희들은 바로 이런 이야기를 하였습니다."

세존께서 말씀하셨다.

"걸식을 행하는 비구가 의복·음식·침구·병에 맞는 의약품 등 네 가지 공양을 받고 또 빛깔·소리·냄새·맛·감촉까지 얻으려고 하는가? 나는 항상 훈계하였다.

'걸식乞食에는 가까이할 것과 가까이하지 않아야 할 것, 두 가지가 있다. 혹 의복·음식·침구·병에 맞는 의약품 등을 얻더라도 그것이 나쁜 법을 늘어나게 한다면 그것은 가까이하지 말아야 할 것이요, 만일 걸식하여 얻은 의복·음식·침구·병에 맞는 의약품 등이 좋은 법을 늘어나게 하고 나쁜 법을 늘어나게 하지 않으면 그것은 가까이해야 할 것이다.'

너희 비구들은 우리 법 안에서 어떤 논의를 하려 하는가? 너희들의 논의는 바른 법의 논의가 아니다. 그러므로 그런 법은 버리고 다시는 생각하지 말라. 그것으로는 번뇌가 쉬고 번뇌가 사라진 열반으로 갈 수 없느니라.

너희들이 만일 이야기하려거든 열 가지 법을 이야기하라. 열 가지 법이란 무엇인가? 그것은 정근하는 비구로서 욕심이 적고, 만족할 줄을 알며, 용맹스런 마음이 있고, 많이 들어 남을 위해 설법하며, 두려움이 없고, 계율을 완전히 갖추며, 삼매를 성취하고, 지혜를 성취하며, 해탈을 성취하고, 해탈한 지혜를 성취하는 것이다.

너희들이 이야기하고 싶거든 이 열 가지 일을 이야기하라. 왜냐하면 그것은 일체를 윤택하게 하고, 많은 이익이 있으며, 범행을 닦게 하고, 번뇌가 완전히 사라진 함이 없는 열반의 세계에 이르게 하기 때문이니라.

그런 이야기는 사문의 목적이다. 그런 것들을 항상 사유하며 마음에서 지워버리지 않도록 하라. 모든 비구들아, 마땅히 이와 같이 배워야 하느니라."

그때 모든 비구들은 부처님의 말씀을 듣고 기뻐하며 받들어 행하였다.

〔 6 〕

이와 같이 들었다.

어느 때 부처님께서는 사위국 기수급고독원에 계셨다.

그때 많은 비구들은 모두 보회강당에 모여 제각기 다른 주장을 하였다.

"이 사위성은 아무리 걸식을 하여도 얻기 어려워 비구들이 편안히 살 곳이 못 된다. 우리는 한 사람을 내세워 차례로 걸식하도록 하자.

그 걸식을 행하는 비구는 능히 의복・음식・침구・병에 맞는 의약품 등을 구하여 모자람이 없게 될 것이다."

그때 대중 가운데 있던 어떤 비구가 말하였다.

"우리는 여기서 걸식을 행할 수 없다. 모두 마갈국摩竭國으로 가 거기서 걸식을 행하자. 거기는 곡식이 풍성하고 음식이 매우 많다."

또 어떤 비구는 말하였다.

"우리는 그 나라에서 걸식할 수 없다. 왜냐하면 아사세왕阿闍世王이 그 나라를 다스리는데 그는 주로 비법非法을 행한다. 또 그는 부왕을 죽였고, 제바달두提婆達兜와 친구가 되었다. 그러므로 그곳에서는 걸식을 행할 수 없다."

또 어떤 비구는 말하였다.

"지금 저 구류사국拘留沙國은 인민이 번성하고 재물과 보배가 많다. 거기 가서 걸식을 행하자."

또 어떤 비구는 말하였다.

"우리는 거기서 걸식을 행할 수 없다. 왜냐하면 악생왕惡生王이 그 나라를 다스리기 때문이다. 그는 사납고 흉악해 자비가 없으며, 그 인민들도 사납고 거칠어 싸우기를 좋아한다. 그러므로 거기서 걸식할 수 없다."

또 어떤 비구는 말하였습니다.

"우리는 우전왕優塡王이 다스리는 구심拘深의 바라내성婆羅柰城으로 가자. 그는 불법을 독실하게 믿어 뜻이 흔들리지 않는다. 우리가 거기 가서 걸식한다면 소원대로 이루어질 것이다."

그때 세존께서는 천이로 이 비구들의 이런 주장을 들으시고 곧 옷을 정돈하고 비구들이 있는 곳으로 가 한가운데 앉아 물으셨다.

"너희들은 여기 모여 무슨 이야기를 하려 하며 또 무슨 일을 이야기

했는가?'

비구들은 아뢰었다.

"저희들은 여기 모여 제각기 이런 이야기들을 나누었습니다.

'지금 사위성에서는 곡식이 귀해 걸식을 행하여도 얻기가 어렵다. 모두 마갈국으로 가 거기서 걸식을 행하자. 그 나라는 재물과 보배가 많아 구하는 것을 얻기 쉽다'

그러자 그 중의 어떤 비구가 말하였습니다.

'우리는 그 나라에서 걸식을 행할 수 없다. 왜냐하면 저 아사세왕은 그 나라를 다스리면서 주로 비법을 행한다. 또 그는 부왕을 죽이고 제바달두와 친구가 되어 있다. 그러므로 거기서 걸식을 행할 수 없다.'

또 어떤 비구는 말하였습니다.

'지금 구류사국은 인민이 번성하고 재물과 보배가 많다. 그 나라에 가서 걸식하자.'

그러자 또 어떤 비구가 말하였습니다.

'우리는 거기서 걸식할 수 없다. 왜냐하면 악생왕이 그곳을 다스리는데 그는 사람됨이 흉악하고 자비가 없어 싸우기를 좋아한다. 그러므로 거기서 걸식할 수 없다.'

또 어떤 비구가 말하였습니다.

'우리 우전왕이 다스리는 구심 바라내성으로 가자. 그는 불법을 독실하게 믿어 뜻이 흔들리지 않는다.'

저희들은 여기서 이런 이야기를 하였습니다."

세존께서는 말씀하셨다.

"너희들은 왕이 다스리는 그 나라를 칭찬하거나 비방하지 말고, 또 그 왕들의 우열을 논하지도 말라."

그때 세존께서는 곧 다음 게송으로 말씀하셨다.

모든 사람이 선과 악을 지으면
그 행의 근본에는 원인이 있다
그들은 제각기 그 과보 받으리니
없어짐은 끝내 있을 수 없다.

모든 사람이 선과 악을 지으면
그 행의 근본에는 원인이 있다
선을 행하면 선의 과보 받고
악을 행하면 악의 과보 받는다.

"그러므로 비구들아, 그런 생각으로 나라 일을 비판하지 말라. 그런 비판으로는 번뇌가 완전히 사라진 열반 세계에 이를 수 없고, 또 사문의 바른 행법을 얻을 수도 없다. 만일 그런 비판을 하려 한다면 그것은 바른 업이 아니니라.

너희들은 열 가지 좋은 논의를 배워야 한다. 열 가지란 무엇인가? 정근하는 비구로서 욕심이 적고, 만족할 줄을 알며, 용맹스런 마음을 가지고, 많이 들어 남을 위해 설법하며, 두려움이 없고, 계율을 완전히 갖추며, 삼매를 성취하고, 지혜를 성취하며, 해탈을 성취하고, 해탈 지혜를 성취하는 것이다.

만일 너희들이 이야기하려 하거든 이런 열 가지 일에 대해 이야기하라. 왜냐하면 그것들은 일체를 두루 윤택하게 하고, 범행을 닦아 번뇌가 완전히 사라진 열반에 이르게 하기 때문이니라.

너희들은 출가하여 도를 배우면서 세속을 떠났다. 그러므로 그것을 부지런히 사유해 마음에서 지워버리지 말라. 모든 비구들아, 마땅히 이와 같이 배워야 하느니라."

그때 모든 비구들은 부처님의 말씀을 듣고 기뻐하며 받들어 행하였다.

〔 7 〕
이와 같이 들었다.

어느 때 부처님께서는 사위국 기수급고독원에 계셨다.

그때 많은 비구들은 보회강당에 모여 모두 이렇게 이야기하였다.

"지금 바사닉왕은 주로 비법非法을 행하고 거룩한 계율의 가르침을 범하고 있다. 그는 아라한의 도를 얻은 비구니를 모함해 12년 동안 궁중에 가둬놓고 정을 통하고 있다. 또 부처님과 법과 비구 스님을 섬기지 않고 아라한에 대해 독실하게 믿는 마음이 없으니, 즉 부처님과 법과 성중을 믿는 마음이 없는 것이다. 우리는 여기서 살지 말고 멀리 떠나야 한다. 왜냐하면 왕이 비법을 행하면 그 좌우의 관리들도 비법을 행할 것이며, 관리가 비법을 행하면 모든 백성들도 비법을 행할 것이다. 그러니 우리 여기서 살지 말고 먼 나라로 가서 행걸하자. 그러면 다른 나라의 교화된 풍속도 볼 수 있고, 교화된 풍속을 보면 특이한 곳도 볼 수 있을 것이다."

그때 세존께서는 천이天耳로 이 비구들의 이런 이야기를 들으시고 곧 그들에게로 가 한 복판에 앉아 말씀하셨다.

"너희들은 여기 모여 무엇을 의논하는가?"

비구들은 아뢰었다.

"저희들은 여기서 이렇게 의논하였습니다.

'바사닉왕은 주로 비법을 행하고 거룩한 계율의 가르침을 범하고 있다. 그는 비구니를 모함해 12년 동안 깊은 궁중에 가두어 두고는 여자로 여겨 정을 통하고 있다. 또 도인의 행은 3계를 뛰어넘는데 저 왕은 부처님과 법과 비구 스님을 섬기지 않고 아라한에 대한 독실한 믿음도 없다. 그런 마음이 없으면 곧 3존[2]에 마음이 없는 것이다.

우리는 구태여 여기서 살지 말고 멀리 유행을 떠나자. 왜냐하면 왕이 비법을 행할 때에는 그 신하와 백성들도 악을 행할 것이기 때문이다. 그리고 세상의 풍속도 볼 수 있을 것이다.'"

세존께서는 말씀하셨다.

"너희들은 나라 일에 대해 이야기하지 말라. 먼저 내 몸을 단속하여 사유하고 안으로 살피며 헤아리고 분별하여야 한다. 그런 이야기는 지극한 이치에 맞지 않고, 또 사람으로 하여금 범행을 닦아 번뇌가 완전히 사라진 함이 없는 곳에 이르지 못하게 한다. 먼저 자기 몸을 닦고 법다운 행을 불꽃처럼 일으켜 가장 거룩한 이에게 스스로 귀의해야 한다.

만일 비구가 자기 몸을 닦고 법의 즐거움을 일으킨다면 그런 사람들은 바로 내 몸에서 태어난 사람이라 할 것이다.

비구야, 스스로 불꽃처럼 치열하고 법의 즐거움을 일으켜 거짓이 없이 가장 거룩한 이에게 귀의한다는 것은 무엇인가? 이에 비구가 안으로 몸(身)을 관찰하여 몸이라는 생각이 그치고 스스로 그 마음을 거두어 어지러운 생각을 버리면 근심과 걱정은 없어진다. 밖으로 그 몸을 관찰하여 몸이라는 생각이 그치고 스스로 그 마음을 거두어 어지러운 생각을 버리면 근심과 걱정은 없어진다. 다시 안팎으로 몸을 관찰하여 몸이라는 생각을 그친다.

안으로 느낌(痛)을 관찰하고, 밖으로 느낌을 관찰하고, 안팎으로 느낌을 관찰하며, 안으로 마음(心)을 관찰하고, 밖으로 마음을 관찰하

---

2 불・법・승 삼보를 말한다.

고, 안팎으로 마음을 관찰하며, 안으로 법(法)을 관찰하고, 밖으로 법을 관찰하는 것도 마찬가지며, 안팎으로 법을 관찰하여 법이란 생각이 그치고 스스로 그 마음을 거두어 어지러운 생각을 버리면 근심·걱정은 없어지느니라.

이와 같이 비구는 능히 스스로 그 행을 불꽃처럼 왕성하게 하고 법의 즐거움을 일으켜 가장 거룩한 이에게 스스로 귀의해야 한다. 만일 미래나 현재의 비구들이 능히 스스로 불꽃처럼 일어나 그 행의 근본을 잃지 않는다면 그들은 바로 내 몸에서 태어난 사람이라 할 것이다.

그러므로 비구들아, 만일 무언가 이야기하고 싶거든 열 가지 일을 이야기하라. 열 가지란 무엇인가? 그것은 이른바 정근하는 비구로서 욕심이 적고, 만족할 줄을 알며, 용맹스런 마음을 가지고, 많이 들어 남을 위해 설법하며, 두려움이 없고, 계율을 완전히 갖추며, 삼매를 성취하고, 지혜를 성취하며, 해탈을 성취하고 해탈 지혜를 성취하는 것이다.

너희들이 무언가 이야기하고 싶거든 이 열 가지 일을 이야기하라. 왜냐하면 그것은 일체를 윤택하게 하여 이익이 많고, 범행을 닦아 번뇌가 완전히 사라진 함이 없는 열반 세계에 이르게 하기 때문이니라. 이 이야기는 사문의 목적이다. 그러므로 늘 사유해 마음에서 지워버리지 말라. 모든 비구들아, 마땅히 이와 같이 배워야 하느니라."

그때 모든 비구들은 부처님의 말씀을 듣고 기뻐하며 받들어 행하였다.

〔8〕
이와 같이 들었다.

어느 때 부처님께서는 사위국 기수급고독원에 계셨다.

그때 사위성에 살던 어느 장자가 라운羅云[3]을 위하여 좌선하는 집을 지어 주었다.

그때 라운은 며칠 동안 그 집에 머무르다가 곧 세간으로 나가 유행하였다. 이때 장자에게 '나는 이제 존자 라운을 찾아뵈리라'는 마음이 생겼다. 그래서 장자가 라운의 방으로 찾아갔지만 그곳엔 아무도 없이 텅 비어 있었다. 그 모습을 보고는 여러 비구들에게 말하였다.

"존자 라운께선 지금 어디 계십니까?"

비구들은 대답하였다.

"라운은 지금 세간으로 나가 유행하고 있습니다."

장자는 말하였다.

"여러분. 그 다음 사람을 제가 보시한 이 방에 머무르게 하십시오. 세존께서도 말씀하셨습니다.

'과일나무 동산을 만들고 다리나 배를 만들며 길 가까이 뒷간을 만들어 그것을 보시하면 항상 복을 받고 계법戒法을 성취하여 죽은 뒤에는 천상에 태어난다.'

그래서 저는 라운을 위해 집을 지은 것입니다. 그런데 지금 라운께선 제 방을 좋아하지 않습니다. 원컨대 여러분, 다른 분을 차례에 따라 이 방에 머무르게 하십시오."

비구들은 대답하였다.

"장자가 시키는 대로 하지요."

이때 비구들은 곧 차례에 따라 한 비구를 그 방에서 지내게 하였다.

이때 존자 라운은 생각하였다.

'나는 세존을 떠난 지 너무 오래다. 지금 찾아가서 문안드리리라.'

---

3 부처님의 아들로서 라후라羅睺羅 혹은 라호라羅護羅라고도 하며, 부장覆障・장월障月로 한역하기도 한다.

이때 존자 라운은 세존께 나아가 머리를 조아려 발아래 예배하고 한쪽에 잠깐 앉아다가 곧 자리에서 일어나 자기 방으로 돌아왔다. 그런데 와서 보니 다른 비구가 그 방에 있었다. 그것을 보고 그에게 물었다.

"누가 내 방을 그대에게 주어 지내게 하였는가?"

그 비구는 대답하였다.

"여러 스님들이 차례에 따라 저를 이 방에서 지내게 하였습니다."

이때 라운은 다시 세존께 나아가 그 사실을 자세히 아뢰었다.

"알 수 없습니다. 여래여, 과연 스님들이 저의 방을 차례에 따라 물려주어 다른 도인이 그곳에서 지내게 할 수 있는 것입니까?"

세존께서는 말씀하셨다.

"너는 그 장자에게 가서 이렇게 말하라.

'내 몸과 입과 뜻의 행에 어떤 허물도 없지 않은가? 몸의 세 가지·입의 네 가지·뜻의 세 가지 허물이 없지 않은가? 그런데도 장자는 먼저 내게 주었던 방을 뒤에 다시 스님들에게 주었다.'"

라운은 부처님의 분부를 받고 곧 장자의 집으로 찾아가 그에게 말하였다.

"내게 몸의 세 가지·입의 네 가지·뜻의 세 가지 허물이 없지 않은가?"

장자는 대답하였다.

"저 역시 라운에게서 몸과 입과 뜻의 허물을 보지 못했습니다."

라운이 장자에게 말하였다.

"무엇 때문에 내 방을 빼앗아 다른 스님들에게 주었는가?"

장자는 대답하였다.

"저는 방이 비어 있는 것을 보았기 때문에 스님들에게 보시한 것입니다. 그리고 저는 그때 생각하였습니다.

'존자 라운께서 분명 내가 보시한 방을 좋아하지 않는 것이다.'

그래서 그것을 보시했을 뿐입니다."

이때 라운은 장자의 말을 듣고 곧 다시 세존께 나아가 그 사실을 자세히 아뢰었다.

이때 세존께서는 말씀하셨다.

"빨리 건추揵椎를 쳐서 이 기원정사祇洹精舍에 있는 비구들을 모두 보회강당으로 모이게 하라."

아난은 부처님의 분부를 받고 비구들을 불러 모두 보회강당에 모았다.

그때 세존께서는 비구들에게 말씀하셨다.

"내가 이제 청정한 보시를 설명하리라. 너희들은 잘 사유하고 기억하라."

비구들은 부처님의 분부를 들었다.

세존께서는 말씀하셨다.

"청정한 보시란 어떤 것인가? 비구들아, 만일 어떤 사람이 물건을 보시했다가 뒤에 도로 그것을 빼앗아 다른 사람에게 준다면 그것은 고른 보시가 아니요, 평등한 보시가 아니다. 만일 어떤 사람이 다른 사람의 물건을 빼앗아 성중에게 주거나 또 어떤 사람이 성중에게서 도로 빼앗아 다시 다른 사람에게 준다면 그것은 평등한 보시도 아니요, 또 청정한 보시도 아니니라.

전륜성왕이 자기의 나라를 마음대로 할 수 있는 것처럼 비구는 자기 가사와 발우를 마음대로 할 수 있다. 만일 그 사람이 입으로 허락하지도 않았는데 남의 물건을 가져다 다른 사람에게 준다면 그것은 평등한 보시가 아니니라.

비구들아, 나는 지금 너희들에게 말한다. 주는 이는 주었다고 생각하지만 받는 이가 주었다고 생각하지 않으면 그것은 평등한 보시가 아니니라. 만일 비구가 목숨을 마쳤다면 그는 그 방을 가지고 대중 가운데서 갈마羯磨를 시행해 대중들에게 외쳐 알려야 한다.

'아무 비구가 목숨을 마쳤습니다. 이제 이 방은 여러분의 소유입니다. 누구를 여기서 지내게 하면 좋겠습니까? 여러분의 분부를 따르겠습니다.

여러분, 지금 아무 비구에게 맡겨 그가 지내게 한다면 모두 함께 승인하시겠습니까?'

그래서 대중이 허락하지 않으면 이렇게 두 번 세 번 되풀이해야 한다. 만일 대중 가운데 허락하지 않는 자가 한 사람이라도 있다면, 그것을 주는 것은 평등한 보시가 아니요, 곧 잡되고 탁한 물건이 되느니라.

지금 그 방을 라운에게 돌려주니 너는 이것을 깨끗이 받아야 하느니라."

그때 모든 비구들은 부처님의 말씀을 듣고 기뻐하며 받들어 행하였다.

〔 9 〕

이와 같이 들었다.

어느 때 부처님께서는 라열성 가란타죽원에서 대비구들 5백 명과 함께 계셨다.

이때 대균두大均頭는 한적한 곳에서 지내다 '앞·뒤와 가운데의 여러 가지 소견을 어떻게 하면 알 수 있을까'란 생각을 일으켰다.

그때 대균두는 때가 되어 가사를 입고 발우를 가지고 세존께 나아가 머리를 조아려 발아래 예배하고 한쪽에 앉아 아뢰었다.

"지금 이 여러 가지 소견들은 앞뒤가 서로 맞습니다. 어떻게 하면 이 소견들을 없앨 수 있으며, 또 다른 소견을 생기지 않게 하겠습니까?"

세존께서는 말씀하셨다.

"균두야, 그 소견은 그 생기는 곳이나 멸하는 곳이 모두 무상하며 괴롭고 공한 것이다. 균두야, 그런 줄 알고 그렇게 생각하라. 균두야, 소견에는 62종이 있으니, 열 가지 선한 자리에 머물러 그 소견들을 없애야 하느니라.

열 가지란 무엇인가? 남들은 살생하기를 좋아하지만 우리는 살생하지 않아야 하고, 남들은 도둑질하기를 좋아하지만 우리는 도둑질하지 않으며, 남들은 깨끗한 행을 범하지만 우리는 깨끗한 행을 행하고, 남들은 거짓말을 하지만 우리는 거짓말하지 않아야 한다. 또 남들은 이간질하는 말을 하여 이 사람 저 사람 싸움 붙이고, 꾸미는 말·나쁜 말을 하며, 질투·성냄·삿된 소견을 가지지만 우리는 바른 소견을 가져야 한다.

균두야, 알아야 한다. 나쁜 길을 따라가서 바른 길을 만나고, 삿된 소견을 쫓아 바른 소견에 이르며, 삿됨을 돌이켜 바름으로 나아간다는 것은, 마치 어떤 사람이 자기도 물에 빠져 있으면서 남을 건네주려 하는 것과 같아 끝내 있을 수 없는 일이다. 자기는 열반에 들지 못하고서 남을 열반에 들게 하려 한다면 그건 그리 될 수 없느니라.

그러나 마치 어떤 사람이 자기가 물에 빠지지 않고서 남을 건네주려 한다면 그것은 있을 수 있는 일이다. 지금 그와 마찬가지로 자기가 열반에 들고서 다시 다른 사람을 열반에 들게 하려 한다면 그것은 그리 될 수 있느니라.

그러므로 균두야, 살생을 떠나 살생하지 않음으로서 열반에 들며, 도둑질을 떠나 도둑질하지 않음으로서 열반에 들며, 음행을 떠나 음행하지 않음으로서 열반에 들며, 거짓말을 떠나 거짓말하지 않음으로서 열반에 들며, 꾸미는 말을 떠나 꾸미는 말을 하지 않음으로서 열반에 들며, 추한 말을 떠나 추한 말을 하지 않음으로서 열반에 들며, 이 사람 저 사람 싸움 붙이는 짓을 떠나 이 사람 저 사람 싸움 붙이지 않음으로서 열반에 들며, 질투를 떠나 질투하지 않음으로서 열반에 들며, 성냄을 떠나 성내지 않음으로서 열반에 들며, 삿된 소견을 떠나 바른 소견을 얻음으로서 열반에 들기를 생각하라.

균두야, 알아야 한다. 범부들은 이렇게 생각한다.

'나(我)는 있는가, 나는 없는가, 나는 있기도 하고 없기도 한가? 세상은 영원한가, 세상은 무상한가? 세계는 끝이 있는가, 세계는 끝이 없는가? 목숨이 곧 몸인가, 목숨과 몸은 다른가? 여래는 죽는가, 여래는 죽지 않는가? 죽음은 있는가, 죽음은 없는가? 누가 이 세계를 만들었는가?'

또 '범천이 이 세계를 만들었는가, 지주地主가 이 세계를 펼쳐 놓았는가? 범천이 이 중생들을 만들고, 지주가 이 세상을 만들었는가? 중생은 본래는 없던 것이 지금 있고, 본래 있던 것은 곧 멸할 것인가?' 하고 온갖 삿된 소견을 일으킨다. 범부들은 들은 것도 없고 본 것도 없어서 곧 이런 생각들을 일으키느니라."

그때 세존께서는 곧 이런 게송을 말씀하셨다.

'범천은 저절로 있게 되었다.'
이것은 범지들이 하는 말이다.
그런 소견 참되지도 바르지도 않으니

그저 그들의 소견일 뿐이니라.

'우리 주인이 연꽃을 피웠고
그 속에서 범천이 태어났다.'
지주가 범천을 낳은 것이니
저절로 생겼다는 말 맞지 않다.

'지주地主는 찰리 종족과
범지 종족의 부모이다.'
그러면 왜 찰리의 자손들과
범지들은 다시 서로를 낳는가?

그들이 태어난 곳을 더듬어 보면
그것은 저 여러 하늘들이 한 말
그것은 바로 찬탄한 말이거늘
도리어 굴레의 재앙을 스스로 덮어쓰네.

'저 범천이 사람을 낳았고
지주는 세상을 만들었다.'
혹은 '다른 이가 만들었다' 말하지만
이 말을 누가 증명할건가?

성냄과 탐욕과 어리석음
이 세 가지가 함께 어울려
그 마음 자유롭지 못하면서도
'세상에서 내가 훌륭하다'고 스스로 일컫는구나.

천신天神이 세상을 만든 것도
저 범천이 낳은 것도 아니다.
그런데도 범천이 만들었다 한다면
그것은 허망한 말이 아닌가?

그 자취 찾아보면 갈래가 많고
진실을 살펴보면 그 말들 허망하다
그런 행들 제각기 서로 서로 다른데
그런 행은 진실을 찾는 것이 아니니라.

"균두야, 알아야 한다. 중생들은 그 소견이 같지 않고 그 생각도 각기 다르다. 그 여러 소견들은 모두 무상한 것이다. 누가 그런 소견을 가졌다면 그것은 모두 무상하고 변하는 법이니라.

혹 남들이 살생하더라도 우리는 살생을 떠나야 한다. 남들이 비록 도둑질하더라도 우리는 그것을 멀리 떠나야 한다. 그래서 그런 행을 익히지 않고 마음을 오로지하여 어지럽지 않게 하며 깊이 사유하고 헤아려, 그 일어나는 삿된 소견과 내지 열 가지 나쁜 법을 모두 버리고 그 행을 익히지 않아야 하느니라.

남들이 성을 내더라도 우리는 인욕을 배우고, 남들이 질투하더라도 우리는 그것을 버리며, 남들이 교만하더라도 우리는 그것을 버리기를 생각하고, 남들이 자신을 칭찬하고 남을 헐뜯더라도 우리는 자신을 칭찬하거나 남을 헐뜯지 않으며, 남들이 욕심이 많더라도 우리는 욕심을 적게 가지는 것을 배워야 하고, 남들이 계율을 범하더라도 우리는 그 계율을 닦아야 하느니라.

남들이 게으르더라도 우리는 정진해야 하고, 남들이 삼매를 닦지 않더라도 우리는 삼매를 닦아야 한다. 마땅히 이렇게 배워야 하니, 남들이 어리석더라도 우리는 지혜를 행해야 하느니라. 능히 그 법을 관찰하고 분별하는 자는 삿된 소견이 사라지고 또 다른 소견도 생기지 않을 것이다."

이때 균두는 여래의 설법을 듣고 나서 한적한 곳에서 깊이 사유하고 헤아려 보았다. 그리고 족성자들이 출가하여 도를 배우고 세 가지 법의를 입는 그 목적대로 위없는 범행을 닦았다. 그래서 '삶과 죽음은 이미 다하고 범행은 이미 섰으며, 할 일을 이미 마쳐 다시는 몸을 받지 않는다'고 사실 그대로 알았다. 이때 균두는 곧 아라한이 되었다.

그때 균두는 부처님의 말씀을 듣고 기뻐하며 받들어 행하였다.

〔 10 〕

이와 같이 들었다.

어느 때 부처님께서는 사위국 기수급고독원에 계셨다.

그때 세존께서 모든 비구들에게 말씀하셨다.

"지옥 중생이 그 죄의 과보를 받는 한정은 1겁까지이다. 그러나 중간에 일찍 죽는 자들이 있다. 축생도 그 죄의 과보를 받는 한정은 1겁까지이다. 그러나 중간에 일찍 죽는 자들이 있다. 아귀도 그 과보를 받는 한정은 1겁까지이다. 그러나 중간에 일찍 죽는 자들이 있다.

비구들아, 알아야 한다. 울단왈鬱單曰 사람들은 수명이 1천 세로서 중간에 일찍 죽는 이가 없다. 왜냐하면 그곳 사람들은 매인 데가 없기 때문이다. 또 설사 그곳에서 목숨을 마치더라도 천상의 좋은 곳에 태어나고 타락하는 이가 없을 것이다. 불우체弗于逮 사람들은 수명이 5백 세이고 또 중간에 일찍 죽는 이도 있으며, 구야니瞿耶尼 사람들은 수명이 250세고 또 중간에 일찍 죽는 이도 있으며, 염부제閻浮提 사람들은 최고수명이 1백 세이고 또 중간에 일찍 죽는 사람이 많으니라.

비록 사람의 수명이 최고 1백 세까지 산다고는 하지만, 사람들은 1백 세 동안에 그 행이 같지 않고 그 성질도 각기 다르다. 즉 처음 10세까지는 아직 어려서 지각이 없고, 10대에는 다소 지각이 있으나 아직 완전하지 못하며, 20대에는 의욕이 왕성하고 색에 탐착하며, 30대에는 온갖 기술이 많아지고 하는 일이 끝이 없으며, 40대에는 도리를 분명히 이해하고 익힌 것을 잊지 않느니라.

50대에는 재물에 집착하고 마음에 결단력이 없어지며, 60대에는 게을러지고 잠자기를 좋아하며 몸과 성질이 느려지게 되고, 70대에는 젊은 마음이 없고 또 꾸미지 않게 되며, 80대에는 병이 많아지고 피부가 늘어지며 얼굴에 주름이 지며, 90대에는 모든 감각기관이 쇠하고 뼈마디가 드러나며 쉽게 잊어버리고 정신이 혼미해지느니라.

비구들아, 알아야 한다. 만일 사람이 1백 세를 살면 그만한 어려움을 겪어야 하고, 또 3백 번의 겨울·여름·가을을 보내야 한다. 그러나 수명을 계산해 보면 하잘 것 없느니라. 만일 사람이 1백 세를 살면 3만 6천 끼니를 먹는데 그 사이에 간혹 먹지 않는 때도 있으니, 화가 나서 먹지 않고 주지 않아서 먹지 않으며 병이 나서 먹지 않는 때이다. 그가 먹고 먹지 않는 때와 또 어머니 젖을 먹는 때를 계산해, 대충 요약해서 말하면 3만 6천 끼니라.

비구들아, 알아야 한다. 만일 사람이 그 한계수명인 1백 세를 산다면 그 음식 먹는 사정이 대개 이와 같으니라.

비구들아, 알아야 한다. 이 염부제 사람들도 그 수명이 매우 길어 거의 한량없는 수명과 같은 때가 있었다. 즉 헤아릴 수 없는 오랜 과거 세상에 '온갖 병을 고치는 이[療衆病]'라는 왕이 있었다. 그는 수명이 매우 길고 얼굴이 단정하며 한량없는 쾌락을 누렸다. 그때는 병들거나 늙거나 죽는 재앙이 없었다.

이때 어떤 부부가 아들을 낳았는데 그 아들이 곧 죽어버렸다. 그 부모는 아들을 안아 일으켜 앉히고 밥을 가져다 주었다. 그러나 그 아들은 일어나 앉지도 못하고 밥을 먹지도 못했다. 왜냐하면 죽었기 때문이다.

이때 그 부모는 생각하였다.

'우리 아들이 지금 무슨 화가 났기에 음식도 먹으려 하지 않고 말도 하지 않는가?'

그들은 아직 죽음이라는 말을 들은 적이 없었기 때문에 그렇게 생각한 것이다. 그들은 또 생각하였다.

'이레가 지나도록 우리 아들이 먹지를 않는다. 무엇 때문에 잠자고 있는지 모르겠다. 우리 이 사정을 저 왕에게 찾아가서 알립시다.'

이때 그 부모들은 왕에게 가서 그 사정을 자세히 아뢰었다.

이때 왕은 생각하였다.

'이제 죽음의 메아리가 들리는구나.'

왕은 말하였다.

'너희들은 그 아기를 내게로 데려 오라.'

그때 그 부모들은 곧 아기를 안고 왕에게 갔다. 왕은 아기를 보고는 부모에게 말하였다.

'이 아이는 벌써 죽었다.'

부모는 아뢰었다.

'죽음이란 어떤 것입니까?'

왕은 말하였다.

'이 아이는 다시는 일어나 다니거나 말하거나 대답하거나 음식을 먹거나 장난치지 못할 것이다. 몸은 꼿꼿하여 움직이지 않을 것이니 그

것을 죽음이라 하느니라.'
  부모는 아뢰었다.
  '얼마 동안이나 이 변은 계속 되겠습니까?'
  왕은 말하였다.
  '이 아이는 오래지 않아 몸이 통통 부었다가 곧 문드러지고 고약한 냄새가 나면서 다시는 쓸모없이 될 것이다.'
  그러나 그 부모는 왕의 말을 믿지 않고 죽은 아이를 다시 안고 집으로 돌아갔다. 그러나 얼마 지나지 않아 온몸이 문드러지고 지독한 냄새가 나기 시작했다. 그때서야 그 부모는 비로소 왕의 말을 믿고 말하였다.
  '이 아이는 오래지 않아 몸이 부풀어 올랐다가 모조리 허물어지고 말겠구나.'
  그 부모는 다시 부풀어 오른 어린아이를 안고 왕에게 찾아가 아뢰었다.
  '대왕이여, 이제 이 아이를 공물로 바치겠습니다.'
  그러나 그 부모는 울지도 않았다. 왜냐하면 아직 죽음을 알지 못하기 때문이다.
  그때 그 왕은 그 아이의 가죽을 벗겨 커다란 북을 만들었다. 그리고 일곱 층 다락을 지어 그 북을 그 위에 달게 하고는 곧 한 사람에게 명령하였다.
  '너는 알아야 한다. 이 북을 잘 지키면서 1백 년에 한 번씩 치라. 때를 어기지 말라.'
  그는 왕의 명령에 따라 백 년에 한 번씩 북을 쳤다. 이때 사람들은 그 북소리를 듣고 '일찍이 들어보지 못한 소리다' 하고 이상해 하면서 사람들끼리 말하였다.

'이 무슨 소리인가? 무슨 소리이기에 여기까지 들리는가?'
왕은 말하였다.
'저것은 죽은 사람의 가죽에서 나는 소리니라.'
사람들은 그 말을 듣고 제각기 중얼거렸다.
'이상하구나. 저런 소리를 다 듣게 되다니.'
너희 비구들아, 그때의 왕이 어찌 다른 사람이겠느냐. 그렇게 생각하지 말라. 왜냐하면 그때의 왕이 바로 지금의 나이기 때문이니라.
이것으로도 알 수 있지만, 옛날의 염부제 땅 사람들은 그 수명이 매우 길었는데 지금의 염부제 땅 사람들은 그 수명이 매우 짧고 죽는 이도 한이 없다. 왜냐하면 사람들이 살생을 많이 했기 때문에 수명이 매우 짧아지고 얼굴은 화색을 잃게 된 것이다. 이런 인연으로 이런 변괴가 있게 된 것이니라.
비구들아, 알아야 한다. 이 염부제 땅의 50년은 저 사천왕의 하루 낮 하루 밤이다. 그들의 날 수 계산은 30일이 한 달이요 열두 달이 1년이다. 그들의 수명은 5백 세로서 혹 중간에 일찍 죽는 이도 있느니라.
인간 수명의 18억 세는 환활還活 지옥의 하루 낮 하루 밤이다. 그들의 날 수 계산도 30일이 한 달이요 열두 달이 1년이다. 그들의 수명은 천 세로서 중간에 일찍 죽는 이가 있지만 인간의 수명으로 계산하면 36억 세이니라. 인간의 1백 세는 삼십삼천의 하루 낮 하루 밤이다. 그들의 날과 달과 햇수로 계산하여 그들의 수명은 천 세로서 중간에 혹 일찍 죽는 이도 있느니라.
인간의 수명으로 36억 세는 아비지옥의 하루 낮 하루 밤이다. 그들의 날 수 계산도 30일이 한 달이요 열두 달이 1년이다. 그들의 수명은 2만 세로서 인간의 수명으로 계산하면 1구리拘利[4]에 해당하는 수명이니라.

비구들아, 이와 같이 그 수명을 계산하면 무상천無想天을 제외하고는 그 곱절씩 점점 늘어간다. 무상천의 수명은 8만 4천겁인데 이 세상에 돌아오지 않는 정거천은 제외한다.

그러므로 비구들아, 너희들은 마땅히 방일하지 말고 현재의 몸으로써 번뇌를 없애도록 해야 하느니라. 모든 비구들아, 마땅히 이와 같이 배워야 하느니라."

그때 모든 비구들은 부처님의 말씀을 듣고 기뻐하며 받들어 행하였다.

---

4 구지俱胝라고도 하고, 억億으로 한역하기도 한다. 인도의 수량 단위 중 하나이다.

증일아함경 제 44 권

48. 십불선품十不善品 ①

[1]¹

이와 같이 들었다.

어느 때 부처님께서는 사위국 기수급고독원에 계셨다.

그때 세존께서 모든 비구들에게 말씀하셨다.

"어떤 중생이 살생을 행하고 살생을 널리 편다면 그것은 지옥의 죄와 아귀·축생의 행을 심는 것이요, 설사 인간으로 태어나더라도 수명이 매우 짧을 것이다. 왜냐하면 남의 목숨을 해쳤기 때문이니라.

또 어떤 중생이 남의 물건을 훔친다면 그것은 세 갈래 나쁜 세계에 태어나는 죄를 심는 것이요, 설사 인간으로 태어나더라도 항상 가난하여 배를 채울 밥이 없고 몸을 가릴 옷이 없을 것이다. 그것은 모두

---

1 이 소경과 내용이 비슷한 경으로는 『잡아함경』 제37권 1,047번째 소경인 「원주경圓珠經」①과 1,048번째 소경인 「원주경」②가 있다.

도둑질하였기 때문이니, 남의 물건을 빼앗는 것은 곧 남의 목숨을 끊는 것이니라.

또 어떤 중생이 음행하기를 좋아한다면 그것은 세 갈래 나쁜 세계에 태어나는 죄를 심는 것이요, 설사 인간으로 태어나더라도 그 가문이 도둑질하고 음란한 정숙치 못한 집안일 것이니라.

또 어떤 중생이 거짓말을 한다면 그것은 지옥의 죄를 심는 것이요, 설사 인간으로 태어나더라도 남의 업신여김을 받고 그 말은 신용이 없으며 남의 천대를 받을 것이다. 왜냐하면 그것은 모두 전생의 거짓말 때문이니라.

또 어떤 중생이 이간질하는 말을 한다면 그것은 세 갈래 나쁜 세계에 태어나는 죄를 심는 것이요, 설사 인간으로 태어나더라도 마음이 항상 안정되지 못하고 늘 근심에 빠질 것이다. 왜냐하면 그가 이쪽저쪽에 거짓말을 전하였기 때문이니라.

또 어떤 중생이 나쁜 말을 한다면 그것은 세 갈래 나쁜 세계에 태어나는 죄를 심는 것이요, 설사 인간으로 태어나더라도 남의 미움을 받고 늘 욕설을 듣게 될 것이다. 왜냐하면 그가 말을 항상 올바르게 하지 않았기 때문이니라.

또 어떤 중생이 이 사람 저 사람과 마구 싸운다면 그것은 세 갈래 나쁜 세계에 태어나는 죄를 심는 것이요, 설사 인간으로 태어나더라도 미워하는 이가 많고 친척들은 뿔뿔이 흩어질 것이다. 왜냐하면 그것은 모두 전생에 싸웠기 때문이니라.

또 어떤 중생이 질투한다면 그것은 세 갈래 나쁜 세계에 태어나는 죄를 심는 것이요, 설사 인간으로 태어나더라도 옷이 모자랄 것이다. 왜냐하면 그가 탐하고 질투하였기 때문이니라.

또 어떤 중생이 해칠 마음을 일으킨다면 그것은 세 갈래 나쁜 세계에 태어나는 죄를 심는 것이요, 설사 인간으로 태어나더라도 항상 허황함이 많고 참된 이치를 이해하지 못하며 마음이 어지러워 안정되지 못할 것이다. 왜냐하면 전생에 성을 내어 자애로운 마음이 없었기 때문이니라.

또 어떤 중생이 삿된 소견을 행한다면 그것은 세 갈래 나쁜 세계에 태어나는 죄를 심는 것이요, 설사 인간으로 태어나더라도 중앙에 태어나지 못하고 변두리에 살면서 3존尊의 거룩한 도법의 이치를 듣지 못할 것이다.

그리고 혹은 귀머거리나 장님이나 벙어리 따위의 불구자가 되어 선법과 악법의 뜻을 분별하지 못할 것이다. 왜냐하면 전생에 신근信根이 없었고, 또 사문·바라문·부모·형제를 믿지 않았기 때문이니라.

비구들아, 알아야 한다. 이런 열 가지 악의 과보로 말미암아 이런 재앙이 있게 된다. 그러므로 비구들아, 너희들은 부디 열 가지 악을 여의고 바른 소견을 닦도록 해야 한다. 모든 비구들아, 마땅히 이와 같이 배워야 하느니라."

그때 모든 비구들은 부처님의 말씀을 듣고 기뻐하며 받들어 행하였다.

〔 2 〕[2]

이와 같이 들었다.

어느 때 부처님께서는 사위국 기수급고독원에 계셨다.

---

2 이 소경과 내용이 비슷한 경으로는 『중아함경』 제6권 37번째 소경인 「첨파경瞻波經」과 서진西晉 시대 법거法炬가 한역한 『불설항수경佛說恒水經』·『법해경法海經』과 후한後漢 시대 구마라집鳩摩羅什이 한역한 『불설해팔덕경佛說海八德經』이 있으며, 참고가 될 만한 전적으로는 유송劉宋 시대 불타집佛陀什과 축도생竺道生이 공역한 『미사색부화혜오분율彌沙塞部和醯五分律』 제28권이 있다.

그때 세존께서 계율을 말씀하시는 보름날이 되어 여러 비구들에게 앞뒤로 둘러싸여 보회강당普會講堂으로 가셨다. 이때 세존께서는 잠자코 대중을 둘러보시고 대중들도 조용히 말이 없었다.

이때 아난이 세존께 아뢰었다.

"지금 성중이 모두 강당에 모였습니다. 세존이시여, 비구들을 위하여 금계禁戒를 말씀해 주소서."

이때 세존께서는 잠자코 말씀이 없으셨다. 조금 있다가 아난은 다시 아뢰었다.

"지금이 바로 그때입니다. 금계를 말씀하여 주소서. 초저녁이 지나가고 있습니다."

세존께서는 여전히 잠자코 말씀이 없으셨다. 조금 있다가 아난은 다시 아뢰었다.

"한밤이 지나가고 있고 대중들도 지쳤습니다. 원컨대 세존께서는 지금 바로 계율을 말씀하여 주소서."

그러나 세존께서는 여전히 잠자코 말씀이 없으셨다. 조금 있다가 아난은 다시 아뢰었다.

"새벽이 밝아오고 있습니다. 원컨대 세존께서는 지금 바로 계율을 말씀하여 주소서."

부처님께서 아난에게 말씀하셨다.

"이 대중 가운데 부정한 자가 있기 때문에 계율을 말하지 않는 것이다. 이제 상좌가 금계를 설하도록 하리라. 만일 상좌 비구가 계율을 설할 수 없다면 지율자持律者를 시켜 설하게 하리라. 또 만일 지율자 없다면 계율을 외워 밝게 통달한 이를 시켜 그것을 외우고 설하게 하리라. 오늘 이후로 여래는 계율을 설하지 않을 것이다. 대중 가운데 부정한 자가 있을 때, 여래가 그곳에서 계율을 설한다면 그 사람은 머리가 일곱 조각으로 부서져, 저 수라酬羅 열매와 꼭 같이 될 것이다."
이때 아난은 슬피 울면서 말하였다.
"성중은 오늘부터 외롭게 되었구나. 여래의 바른 법은 어찌 이다지도 빨리 사라지는가? 부정한 사람은 또 어찌 이다지도 빨리 생기는가?"
이때 목건련은 생각하였다.
'이 대중 가운데 법을 파손한 자는 누구인가? 이 대중 가운데 있어 여래로 하여금 금계를 말씀하지 못하게 하는 자가 누구인가?'
대목건련은 곧 삼매에 들어 대중들의 마음속 더러움을 살펴보았다.
그때 목련은 마사馬師와 만숙滿宿 두 비구가 대중 가운데 있는 것을 보았다. 그는 곧 자리에서 일어나 그 비구들에게 다가가 말하였다.
"너희들은 빨리 일어나 이 자리를 떠나라. 여래께서 꾸짖고 계시다. 너희들 때문에 여래께서 금계를 설하지 않으시는 것이다."
그러나 두 비구는 잠자코 말이 없었다. 목련은 두 번 세 번 말하였다.
"너희들은 빨리 일어나라. 여기 있지 말라."
그러나 그 비구들은 잠자코 대답하지 않았다.
그러자 목련은 곧 앞으로 다가가 그들의 손을 잡고 문밖으로 끌어내고는 돌아와 문을 걸고 부처님께 나아가 아뢰었다.
"부정한 비구를 문밖으로 끌어내었습니다. 원컨대 세존께서는 곧 금계를 말씀하여 주소서."
세존께서는 말씀하셨다.
"그만두어라, 그만두어라. 목련아, 여래는 다시는 비구들을 위해 계율을 설하지 않을 것이다. 여래는 두 말을 하지 않는다. 네 자리로 돌아가라."

목련은 다시 아뢰었다.

"지금 이 대중 가운데서 이미 불상사가 생겼으므로 저는 유나[3]법維那法을 행할 수 없습니다. 원컨대 세존께서는 다른 사람을 뽑으소서."

세존께서는 잠자코 허락하셨다.

그때 목건련은 머리를 조아려 세존의 발에 예배하고 본 자리로 돌아갔다.

이때 아난이 아뢰었다.

"비바시毗婆尸여래께서 세상에 출현하셨을 때 그 성중은 얼마나 되었습니까? 또 얼마나 지나 범하는 사람이 생겼습니까? 내려와서 가섭迦葉여래의 제자는 얼마나 되었으며, 어떤 계율을 말씀하셨습니까?"

세존께서는 말씀하셨다.

"91겁 전에 비바시 여래·지진·등정각께서 세상에 출현하셨다. 그때 성중의 모임은 세 번 있었다. 첫 번째 모임에는 16만 8천 비구 성중이 있었고, 두 번째 모임에는 16만 성중이 있었으며, 세 번째 모임에는 10만 성중이 있었는데 그들은 모두 아라한이었다.

그 부처님의 수명은 8만 4천 세셨고 백 년 동안 성중은 청정하였다. 그 부처님은 항상 하나의 게송으로 금계를 삼으셨느니라.

> 참고 견디는 것이 제일이요
> 부처님 말씀은 함이 없음이 제일이라.
> 비록 수염과 머리를 깎았어도
> 남을 해치면 사문이 아니니라.

---

[3] 도유나都維那라고도 한다. 범어 Karma-dāna의 역어이다. 승가 대중의 잡무를 관장하고, 또 그들을 지도 감독하는 직무의 명칭이다.

그때 그 부처님은 이 하나의 게송으로 백 년 동안 금계를 삼으셨다. 그러다가 범하는 사람이 생기자 곧 다시 금계를 정하셨느니라.

또 31겁 전쯤에 시힐試詰 여래·지진·등정각께서 이 세상에 출현하셨다.

그때도 성중의 모임이 세 번 있었다. 첫 번째 모임에는 16만 성중이 있었고, 두 번째 모임에는 14만 성중이 있었으며, 세 번째 모임에는 10만 성중이 있었다.

그 부처님 때에는 80년 동안 청정하여 더러워진 일이 없었다. 그리고 하나의 게송을 말씀하셨다.

눈으로 보아도 삿되지 않아
지혜로운 사람 집착 않나니
갖가지 악한 일을 아주 버리고
이 세상을 지혜롭게 살아가라.

그때 그 부처님은 80년 동안 이 하나의 게송을 말씀하셨고, 뒤에 범하는 사람이 생겨 다시 금계를 정하셨다. 그리고 그 시힐부처님의 수명은 7만세였느니라.

또 그 겁에 비사라바毗舍羅婆부처님께서 세상에 출현하셨다. 그분도 성중의 모임을 세 번 가지셨다. 첫 번째 모임에는 10만의 성중이 모였는데 모두 아라한이었고, 두 번째 모임에는 8만 아라한이었고, 세 번째 모임에는 온갖 번뇌가 완전히 없어진 7만 아라한이었다. 비사라바여래 때에는 70년 동안 범하는 사람이 없었다.

그때는 하나 반의 게송으로 금계를 삼았었다.

해치지 말고 그른 짓도 말고
큰 계율을 받들어 행하라.
음식에 있어서 만족할 줄 알고
앉는 자리도 그렇게 하라.
 뜻을 다잡아 전일專一하는 것
이것이 곧 부처의 가르침이다.

그분은 70년 동안 이 하나의 게송으로 금계를 삼으셨고, 뒤에 범하는 사람이 생겨 다시 금계를 정하셨다. 그리고 비사라바여래의 수명도 7만 세였느니라.

그리고 이 현겁賢劫 중에 구루손拘樓孫여래께서 세상에 출현하셨다. 그때 성중의 모임은 두 번 있었다. 첫 번째 모임에는 7만의 성중이 모였는데 모두 아라한이었고, 두 번째 모임에는 6만 아라한이었다.

그 부처님 때에는 60년 동안 범하는 사람이 없었다. 그때 그 부처님께서는 두 게송으로 계율을 삼으셨다.

비유하면 꿀벌이 꽃밭을 누비며
향기롭고 깨끗한 예쁜 꽃에서 꿀을 따듯
맛있는 음식으로 남들에게 보시하며
도사道士들아 촌락에서 유행하여라.

함부로 남을 비방하지 말고
또 옳고 그름을 보지도 말며
다만 스스로 제 행을 돌아보아
바르고 그릇됨 분명히 보라.

그 부처님께서는 60년 동안 이 두 게송으로 금계를 삼으셨고, 그 뒤에 범하는 사람이 있어 곧 다시 금계를 정하셨다. 그리고 그 부처님의 수명은 6만세였느니라.

또 이 현겁 중에 구나함모니拘那含牟尼 여래・지진・등정각께서 세상에 출현하셨다. 그때는 성중의 모임이 두 번 있었다. 첫 번째 모임에는 60만 성중이 모였는데 모두 아라한이었고, 두 번째 모임에는 40만 성중으로서 모두 아라한이었다. 그 부처님 때에는 40년 동안 범하는 사람이 없었고, 하나의 게송으로 금계를 삼았다.

　　뜻을 굳게 세워 경솔하지 말고
　　거룩하고 고요한 도를 배워라.
　　현자는 근심이나 걱정이 없으니
　　항상 마음속의 생각을 없애라.

그 부처님께서는 40년 동안 이 게송을 설하시며 금계로 삼으셨고, 그 뒤에 범하는 사람이 있어 다시 금계를 정하셨다. 그리고 그 부처님의 수명은 4만 세였느니라.

또 이 현겁에 가섭迦葉부처님께서 세상에 출현하셨다. 그때는 성중의 모임이 두 번 있었다. 첫 번째 모임에는 40만 성중이었고, 두 번째 모임에는 30만 성중으로서 모두 아라한이었다. 그 부처님 때에는 20년 동안 범하는 사람이 없었고 항상 하나의 게송으로 계율을 삼았었다.

　　온갖 악한 일은 짓지를 말고
　　부디 착한 일 받들어 행하라

그 마음을 스스로 깨끗이 하는 것
이것이 곧 부처님들 가르침이다.

그 부처님께서는 20년 동안 이 하나의 게송을 설하며 금계로 삼으셨고, 그 금계를 범하는 일이 있자 다시 제한을 두셨다. 그리고 그 가섭부처님의 수명은 2만세였느니라.
지금은 내가 세상에 출현하여 한 번의 모임에 성중은 1,250명이었고, 12년 동안 범하는 사람이 없었으며, 또 하나의 게송으로 금계를 삼았었다.

입과 마음 단속해 청정케 하고
몸의 행도 또한 청정케 하라
이 세 가지 행을 깨끗이 하여
큰 선인의 도를 닦아 행하라.

12년 동안 이 하나의 게송을 설하여 금계로 삼았는데, 이 계율을 범하는 사람이 생겨 250계가 있게 되었다.
지금부터는 비구들이 함께 모여 율에 있는 그대로 다음과 같이 서로 말하라.
'여러분, 모두 들으십시오. 오늘은 15일 계를 설하는 날입니다. 지금 스님들께서 승인하시면 스님들은 화합하여 금계를 설할 것입니다.'
이렇게 알린 뒤에, 만일 할 말이 있는 비구가 있거든 계를 설하지 말고 모두 잠자코 있어라. 만일 말하는 사람이 없거든 계를 설명하여야 한다. 그렇게 차례로 계를 설명한 뒤에는 다시 이렇게 물어야 한다.

'여러분. 누가 청정하지 않습니까?'

이렇게 두 번 세 번 '누가 청정하지 않습니까?' 하고 물어라. 그리고 청정한 사람은 잠자코 그대로 있어라. 지금 사람의 수명은 너무도 짧아 기껏해야 백세를 넘지 못한다. 그러므로 아난아, 그것을 잘 받들어 가져야 하느니라."

그때 아난은 세존께 아뢰었다.

"먼 옛날에는 모든 불세존의 수명도 매우 길고, 계율을 범하는 이도 적어 더럽혀질 일이 없었습니다. 그런데 지금 사람들은 수명이 매우 짧아 1백 년을 넘지 못합니다. 과거 부처님들께서 멸도하신 뒤, 남기신 법은 세상에 얼마동안이나 머물렀습니까?"

부처님께서 아난에게 말씀하셨다.

"과거 부처님들께서 멸도하신 뒤, 그 법은 오래 보존되지 않았느니라."

아난은 아뢰었다.

"여래께서 세상을 떠나신 뒤에는 바른 법이 세상에 얼마동안이나 보존되겠습니까?"

세존께서는 말씀하셨다.

"내가 멸도한 뒤에 그 법은 오래 보존될 것이다. 가섭부처님께서 멸도하신 뒤 그 남기신 법은 이레 동안 세상에 머물렀느니라. 아난아, 너는 지금 여래의 제자가 적다고 여기는가? 그렇게 보지 말라. 동방의 제자가 무수 억 천이요, 남방의 제자도 무수 억 천이니라.

그러므로 아난아, 너는 '우리 석가문釋迦文부처님의 수명은 매우 길다'고 생각해야 하느니라. 왜냐하면 육신은 비록 멸도하지만 법신法身은 남기 때문이다. 이것이 그 이치이니, 부디 생각하고 받들어 행해야 하느니라."

그때 아난과 모든 비구들은 부처님의 말씀을 듣고 기뻐하며 받들어 행하였다.

〔 3 〕[4]
이와 같이 들었다.

어느 때 부처님께서는 사위국 기수급고독원에서 대비구들 5백 명과 함께 계셨다.

그때 아난이 오른쪽 어깨를 드러내고 오른쪽 무릎을 땅에 대고는 세존께 아뢰었다.

"여래께서는 지극히 밝으시어 살피지 못하는 일이 없습니다. 미래·과거·현재 3세를 모두 밝게 아시고 과거 모든 부처님의 성과 이름, 또 날개처럼 그 뒤를 따르는 제자 보살들의 많고 적음을 모두 아시며, 1겁·1백 겁 혹은 무수한 겁을 다 관찰하여 아시고 또 국왕·대신·인민들의 성과 이름을 능히 분별하시며, 지금 현재의 여러 나라들도 모두 밝게 아십니다.

먼 장래 미륵 시신·등정각께서 세상에 출현하실 때의 사정을 듣고 싶습니다. 새의 날개처럼 그 뒤를 따르는 제자들은 어느 정도이고, 그 부처님 국토의 풍요로움은 어떠하며, 또 얼마나 계속되겠습니까?"

세존께서는 말씀하셨다.

"너는 자리로 돌아가 앉아 내 말을 들어라. 그리고 미륵께서 세상에 출현하실 때 그 나라의 풍요로움과 그 제자의 많고 적음을 듣고 잘 사유하여 기억하라."

이때 아난은 부처님의 분부를 듣고 곧 자리로 돌아가 앉았다.

---

4 이 소경과 내용이 비슷한 경으로는 『중아함경』 제13권 66번째 소경인 「설본경說本經」이 있다.

그때 세존께서는 아난에게 말씀하셨다.

"먼 장래에 이 나라에 계두鷄頭라는 성곽이 있어 동서는 12유순이요, 남북은 7유순으로서 토지는 풍성하고 인민은 번성하며 거리가 즐비할 것이다.

그때 그 성에는 수광水光이라는 용왕龍王이 살며 밤이면 비를 내려 촉촉하고 향기로우며 낮은 맑고 환할 것이다.

이때 계두성 안에 엽화葉華라는 나찰 귀신이 있을 것이다. 그는 법을 따라 행하고 바른 법을 어기지 않으며, 늘 인민들이 잠들기를 기다렸다가 온갖 나쁘고 더러운 것들을 치우고는 또 향수를 그 땅에 뿌려 너무도 향기롭고 깨끗하게 할 것이다.

아난아, 알아야 한다. 그때 이 염부제는 동·서·남·북이 10만 유순이요, 모든 산과 강과 석벽들은 다 저절로 없어질 것이며, 네 바다의 물이 각기 한 방위를 차지할 것이다. 그때의 염부제는 매우 평평하여 거울처럼 맑고 밝을 것이다. 온 염부제 안에는 곡식이 풍성하고 인민이 번성하며 온갖 보배가 넘쳐나고 마을들은 닭 우는 소리가 서로 들릴 만큼 가까울 것이다.

또 그때는 더러운 꽃과 과일나무들은 모두 말라버리고, 나쁘고 더러운 물건들은 저절로 없어지며, 그밖의 달고 맛있으며 또 그 향기 또한 빼어난 과일나무가 땅에서 자라날 것이다.

그때 기후는 화창하고 사계절은 절기를 어기지 않으며, 사람 몸에는 백 여덟 가지 근심이 없을 것이다. 탐욕·성냄·어리석음이 성하지 않아 사람들은 마음이 고르고 모두 그 뜻이 같아서, 서로 보면 기뻐하고 좋은 말로 대하며 말씨가 같아 차별이 없을 것이니, 꼭 저 울단왈鬱單日 사람들과 다름이 없을 것이다. 그리고 이때 염부제 사람들은 크고 작기가 꼭 같아서 여러 가지 차별이 없을 것이다. 또 그때 남녀들이 대소변이 보고 싶으면 땅이 저절로 갈라졌다가 일을 마치면 그 땅이 다시 합쳐질 것이다.

그때 염부제 안에는 멥쌀이 저절로 자라는데 껍질이 없으며 매우 향기롭고 맛있으며 그것을 먹으면 괴로움이 없어질 것이다. 또 이른바 금·은의 보배와 자거·마노·진주·호박 등이 땅에 흩어져 있어도 그것을 살피고 기록하는 사람이 없을 것이다. 그들은 그 보배를 손에 들고 저희끼리 말할 것이다.

'옛날 사람들은 이 보배 때문에 서로를 죽이고 감옥에 가두었으며 또 무수히 고뇌하였다. 그러나 지금은 이 보배들이 기와조각이나 돌과 같아서 아무도 지키는 사람이 없다.'

그때 상가(蠰佉)라는 법왕이 출현할 것이다. 그는 바른 법으로 인민을 다스리고 너비를 성취할 것이다. 너비란 윤보(輪寶)·상보(象寶)·마보(馬寶)·주보(珠寶)·옥녀보(玉女寶)·전병보(典兵寶)·수장보(守藏寶)이니, 이것을 너비라 한다. 그가 이 염부제를 통치할 때에는 칼이나 몽둥이를 사용하지 않아도 항복하지 않는 이가 없을 것이다.

아난아, 지금처럼 그때에도 네 보배 창고가 있을 것이다. 건타월국(乾陀越國)의 이라발(伊羅鉢) 보배 창고에 온갖 보배와 기이한 물건들이 이루 헤아릴 수 없이 많을 것이다. 둘째는 미제라국(彌梯羅國)의 반주(般綢) 큰 창고인데 거기도 보배가 많을 것이다. 셋째는 수뢰타대국(須賴吒大國)에 있는 보배 창고인데 거기도 보배가 많을 것이다. 넷째는 바라내상가(婆羅㮈蠰佉)에 있는 큰 창고인데 온갖 보배가 이루 헤아릴 수 없이 많을 것이다. 이런 네 개의 큰 창고가 저절로 나타날 것이다.

창고지기들은 모두 그 왕에게 가서 아뢸 것이다.

'원컨대 대왕께서 이 보배 창고의 물건들을 빈궁한 사람들에게 보시하소서.'

그때 상가왕은 보배를 얻고도 살피고 기록하지 않을 것이니 마음에 재물에 대한 생각이 없기 때문이다.

이때 염부제에서는 나무에서 너무도 곱고 부드러운 옷이 저절로 열릴 것이며 사람들은 그것을 가져다 입을 것이다. 마치 지금 울단왈 사람들이 나무에서 저절로 열리는 옷을 입는 것과 조금도 다름없을 것이다.

그때 그 왕에게는 수범마修梵摩라는 대신이 있을 것이다. 그는 어릴 때부터 왕과 친하여 왕은 그를 매우 사랑하고 존경할 것이다. 또 그는 얼굴이 단정하고, 키가 크지도 않고 작지도 않으며, 살찌지도 않고 여위지도 않으며, 희지도 않고 검지도 않으며, 나이가 너무 많지도 않고 적지도 않을 것이다.

또 그 수범마에게는 범마월梵摩越이라는 아내가 있을 것이다. 그녀는 미녀들 중에서도 가장 뛰어나고 묘하여 천제天帝의 왕비 같을 것이다. 입에서는 우발優鉢연꽃의 향기가 나고 몸에서는 전단栴檀 향기가 나, 여러 부인들의 여든네 가지 맵시도 그 앞에서는 아주 무색해질 것이다. 그리고 그는 병도 없고 어지러운 생각도 없으리라.

그때 미륵보살은 도솔천에서 나이가 너무 많지도 적지도 않은 그 부모가 될 이들을 관찰하고 곧 강신하여 아래로 내려오고 오른쪽 옆구리에서 태어날 것이다. 지금의 내가 오른쪽 옆구리에서 태어났던 것과 조금도 다름없이 미륵보살도 그럴 것이다.

이때 도솔천의 여러 하늘들은 각기 외칠 것이다.

'미륵보살께서 이미 강신하여 내려가셨다.'

그때 수범마는 곧 그 아들에게 미륵彌勒이라는 이름을 지어줄 것이다. 그는 32상과 80종호로 그 몸을 장엄하고 그 몸은 황금빛일 것이다.

그때 사람들은 수명이 매우 길고 아무 병도 없을 것이니, 그 수명은 8만 4천 세요, 또 여자는 나이 5백 세가 되어야 시집을 갈 것이다. 그때 미륵보살은 얼마동안 집에서 지내다가 곧 출가하여 도를 배울 것이다.

그때 계두성에서 멀지 않은 곳에 용화龍華라는 도수道樹가 있을 것인데 높이는 1유순이요, 너비는 5백보. 미륵보살은 그 나무 밑에 앉아 위없는 도를 이루는데, 그날 밤중에 집을 떠나 그 밤으로 위없는 도를 이룰 것이다. 이때 삼천대천세계는 여섯 번 진동하고 지신들은 각각 저희들끼리 이렇게 말할 것이다.

'지금 미륵께서 성불하셨다.'

그 소리는 사천왕의 궁전까지 들릴 것이다.

'미륵께서 성불하셨다.'

그리하여 삼십삼천·야마천·도솔천·화자재천·타화자재천까지 들리고 더 나아가 범천까지 전해질 것이다.

'미륵께서 성불하셨다.'

그때 대장大將이라는 미왕은 법으로 그 세계를 다스리고 교화하다가 여래의 명성을 듣고 뛸 듯이 기뻐하고 어쩔 줄 모르며 이레 낮·이레 밤을 자지 못할 것이다. 그는 욕계의 수 없는 하늘 사람들을 데리고 미륵부처님께 나아가 공경하고 예배할 것이다. 미륵부처님은 그 하늘들을 위하여 미묘한 논을 설명할 것이다. 이른바 그 논이란 보시와 계율과 천상에 태어나는 것에 대한 논이요, 욕심은 더러운 것이므로 그것을 벗어나는 것이 좋다고 말씀하실 것이다.

그때 미륵부처님은 그 사람들이 발심해 기뻐하는 것을 보고 모든 불세존께서 항상 말씀하시는 법, 즉 괴로움과 괴로움의 발생과 괴로움의 소멸과 괴로움의 소멸에 이르는 길을 그 하늘 사람들을 위하여 널리 해설하실 것이다.

그래서 그 자리에 있던 8만 4천 천자들은 온갖 번뇌가 없어지고 법안이 깨끗해질 것이다.

그때 마왕 대장은 그 세계 인민들에게 이렇게 말할 것이다.

'너희들은 빨리 출가하라. 왜냐하면 미륵께서 오늘 저쪽 언덕으로 건너셨기 때문이다. 그리고 너희들도 이끌어 저쪽 언덕에 이르게 하실 것이다.

그때 계두성에 선재善財라는 장자가 있을 것이다. 그는 마왕의 분부와 또 부처라는 말을 듣고는 8만 4천 무리를 데리고 미륵부처님께 나아가 머리를 조아려 발아래 예배하고 한쪽에 앉는다.

미륵부처님은 그를 위해 미묘한 논을 설명할 것이다. 이른바 그 논이란 보시와 계율과 천상에 태어나는 것에 대한 논이요, 욕심은 더러운 것이므로 그것을 벗어나는 것이 좋다고 말씀하실 것이다.

이때 미륵부처님은 사람들의 마음이 열리고 마음이 풀린 것을 보시고, 여러 불세존께서 항상 말씀하시는 법, 즉 괴로움과 괴로움의 발생과 괴로움의 소멸과 괴로움의 소멸에 이르는 길을 그 사람들에게 자세히 분별하실 것이다. 그래서 그 자리에 있던 8만 4천 명은 온갖 번뇌가 없어지고 법안이 깨끗하게 될 것이다.

이때 선재와 8만 4천 명의 사람들은 앞으로 나아가 부처님께 이렇게 아뢸 것이다.

'출가하여 범행을 잘 닦아서 모두 아라한이 되겠습니다.'

그래서 미륵부처님의 첫 번째 모임은 8만 4천 아라한이 될 것이다.

이때 상가왕은 미륵께서 이미 불도를 이루셨다는 말을 듣고 곧 그 부처님께 나아가 법을 듣고자 할 것이다.

이때 미륵부처님은 그를 위하여 설법하실 것이다. 그 법은 처음도 좋고 중간도 좋고 마지막도 좋으며, 뜻은 매우 깊고 그윽할 것이다.

그리고 대왕은 다시 그 뒤에 태자에게 자리를 물려주고 보물은 이 발사에게 주고 또 여러 범지들에게는 여러 잡다한 보물들을 나눠줄 것이다. 그러고는 8만 4천 무리를 데리고 부처님께 나아가 사문이 되기를 원하여 모두 아라한의 도를 이룰 것이다.

이때 수범마 장자도 미륵보살이 불도를 이루었다는 소식을 듣고 8만 4천 범지들을 데리고 그 부처님께 나아가 사문이 되기를 원할 것이다. 그들은 모두 아라한이 되는데, 오직 수범마 한 사람만은 3결사結使를 끊고 기필코 괴로움을 완전히 벗어나게 되는 경지를 얻을 것이다.

이때 부처님의 어머니 범마월도 8만 4천 궁녀들을 데리고 부처님께 나아가 사문이 되기를 원할 것이다. 이때 모든 여인들은 다 아라한이 되는데, 오직 범마월 한 사람만은 3결사結使를 끊고 수다원須陀洹을 이룰 것이다.

이때 여러 찰리 부인들도 미륵여래께서 세상에 출현하여 정등각正等覺을 이루셨다는 소식을 듣고, 수천만 무리들이 부처님께 나아가 머리를 조아려 발아래 예배하고 한쪽에 앉아, 각기 사문이 될 마음을 내어 출가하여 도를 배울 것이다. 그 가운데는 차례를 뛰어넘어 깨달음을 증득하는 이도 있고, 혹은 증득하지 못하는 이도 있을 것이다.

아난아, 그때 차례를 뛰어 넘어 증득하지 못하는 이들도 모두 법을 받드는 사람으로서 일체 세상은 즐거워할 것이 못 된다는 생각으로 세상을 싫어할 것이다.

그때 미륵부처님은 3승의 가르침을 말씀하실 것이다. 그리고 지금 나의 제자 중에 12두타행을 실천하는 저 대가섭大迦葉은 과거에도 여러 부처님 밑에서 범행을 잘 닦았던 사람이다. 그가 항상 미륵부처님을 도와 인민들을 교화할 것이다."

그때 가섭은 여래로부터 멀지 않은 곳에서 가부좌하고 앉아, 몸과 마음을 바르게 하고 생각을 매어 앞에 두고 있었다. 그때 세존께서 가섭에게 말씀하셨다.

"나는 이제 늙어 나이 80이 넘었다. 그러나 지금 여래에게는 이 세상을 교화할 수 있는 큰 성문이 네 사람 있다. 그들은 지혜가 끝이 없고 온갖 덕을 두루 갖추었다. 그 네 사람이란 이른바, 대가섭 비구·군도발한君屠鉢漢 비구·빈두로賓頭盧 비구·라운羅云 비구이니라.

너희들 네 큰 성문은 결코 반열반에 들지 말라. 내 법이 완전히 사라질 때까지 기다렸다가 그 뒤에 반열반에 들라. 대가섭도 반열반에 들지 말고 미륵께서 세상에 출현하실 때를 기다려라. 왜냐하면 미륵께서 교화할 제자는 다 석가문부처의 제자로서, 내가 남긴 교화로 말미암아 번뇌를 다할 것이기 때문이다. 대가섭은 저 마갈국摩竭國 비제촌毘提村의 산 속에서 지내도록 하라. 미륵여래께서 수 없는 사람들에게 앞·뒤로 둘러싸여 그 산중으로 갈 것이고, 부처님의 은혜를 입은 여러 귀신들은 미륵부처님을 위하여 문을 열고 가섭이 선정에 든 굴을 보도록 할 것이다.

그때 미륵부처님은 오른손을 펴서 가섭을 가리키며 여러 사람들에게 이렇게 말할 것이다.

'이 사람은 먼 옛날 석가문부처님의 제자로서 그 이름은 가섭이다. 지금 현재에도 두타의 고행을 실천함에 있어 그가 제일이니라.'

그때 사람들은 그것을 보고 처음 보는 일이라고 찬탄할 것이다. 그리고 그 수 없는 백천 중생들은 온갖 번뇌가 없어지고 법안法眼이 깨끗해질 것이요, 또 어떤 중생은 가섭의 몸을 자세히 볼 것이다.

이것이 최초의 모임으로서 96억 인민들이 모두 아라한이 될 것이다. 그들은 모두 내 제자다. 왜냐하면 그들은 다 내 교훈을 받아 그렇게 된 것이고, 또 보시하고 사랑을 베풀며 남들을 이롭게 하고 이익을 같이 나누는 네 가지 일을 인연하였기 때문이니라.

아난아, 그때 미륵여래께서는 가섭의 승가리를 받아 입을 것이고, 그 순간 가섭의 몸은 갑자기 별처럼 흩어질 것이다. 그러면 미륵부처님은 또 갖가지 향과 꽃으로 가섭을 공양할 것이다. 왜냐하면 모든 불세존은 바른 법을 공경하는 마음이 있기 때문이요, 미륵 역시 내게서 바른 법의 교화를 받아 위없이 바르고 참된 깨달음을 이루었기 때문이니라.

아난아, 알아야 한다. 미륵부처님의 두 번째 모임에는 94억의 사람이 모이는데 그들은 모두 아라한이다. 그들 역시 내가 남긴 가르침의 제자로서 네 가지 공양을 행하였기 때문에 그렇게 된 것이니라.

또 미륵부처님의 세 번째 모임에는 92억의 사람이 모이는데, 그들도 다 아라한으로서 역시 내가 남긴 가르침의 제자이니라. 그때 비구들의 성명은 모두 자씨慈氏 제자라고 할 것이다. 마치 지금 나의 성문들이 모두 석가 제자라고 일컬이지는 것과 같으니라.

그때 미륵부처님께서는 모든 제자들을 위해 이렇게 설법하실 것이다.

'너희 비구들은 무상하다는 생각·즐거움에는 고통이 있다는 생각·나라고 여기지만 나는 없다는 생각·진실로 공空하다는 생각·색은 변한다는 생각·시퍼런 어혈덩어리라는 생각·썩어서 부풀어 오른다는 생각·소화되지 않은 음식이라는 생각·핏덩어리라는 생각·일체 세상은 즐거워할 만한 것이 없다는 생각을 사유해야 하느니라. 왜냐하면 비구들아, 알아야 한다. 이 열 가지 생각은 다 과거 석가문부처님께서 너희들을 위해 말씀하시어 번뇌를 없애고 마음의 해탈을 얻게 하신 것이기 때문이니라.

만일 이 대중 가운데 석가문부처님의 제자가 있으면 그는 과거에 범행을 닦고 내게 온 것이다. 혹은 석가문부처님에게서 그 법을 받들어 가지다가 내게 온 것이요, 혹은 석가문부처님 밑에서 삼보를 공양하고 내게 온 것이며, 혹은 석가문부처님 밑에서 잠깐 동안 선의 근본을 닦고 여기에 온 것이요, 혹은 석가문부처님 밑에서 4등심等心[5]을 닦고 여기에 온 것이며, 혹은 석가문부처님 밑에서 5계를 받들어 지니고 삼보에 스스로 귀의하고 내게 온 것이요, 혹은 석가문부처님 밑에서 절이나 탑을 세우고 내게 온 것이니라.

혹은 석가문부처님 밑에서 낡은 절을 수리하고 내게 온 것이요, 혹은 석가문부처님 밑에서 8관재법關齋法을 받고 내게 온 것이며, 혹은 석가문부처님께 향과 꽃을 공양하고 내게 온 것이요, 혹은 그분에게서 불법을 듣고는 슬피 울며 눈물을 흘리고 내게 온 것이며, 혹은 석가문부처님에게 전일한 마음으로 법을 듣고 내게 온 것이요, 또는 목숨을 마칠 때까지 범행을 닦다가 내게 온 것이며, 혹은 쓰고 읽고 외우다가 내게 온 것이요, 받들어 섬기고 공양하다가 내게 온 사람들이다.'

그리고 미륵부처님은 곧 다음 게송을 읊을 것이다.

> 계율을 지키고 많이 듣는 덕
> 선정과 사유하는 업을 늘리며
> 깨끗한 범행을 잘 닦았기에
> 그래서 내게로 오게 되었네.

---

[5] 4무량심無量心이라고도 하며, 자애로운 마음[慈]·불쌍히 여기는 마음[悲]·기뻐하는 마음[喜]·평정한 마음[捨]을 말한다.

보시를 권하고 기쁜 마음 내며
마음의 근본을 닦아 행하고
마음에 여러 가지 생각이 없던 이들
모두들 내게로 오게 되었네.

혹은 평등한 마음을 내어
모든 부처님 받들어 섬기고
성중에게 공양하던 이
모두들 내게로 오게 되었네.

혹은 계율과 경전을 외우고
잘 익혀 남을 위해 설명해 주며
일심으로 법의 근본 생각했기에
지금 내게로 오게 되었네.

교화에 능한 석가의 종족
온갖 사리에 공양하였고
법을 받들어 섬기고 공양했기에
지금 내게로 오게 되었네.

혹 어떤 이는 사경을 하고
흰 비단에 써서 널리 배포하며
혹은 경전에 공양했던 이
모두들 내게로 오게 되었네.

채색 비단과 온갖 물건을

절에 가져가 공양하면서
스스로 '나무불' 일컬었던 이
모두들 내게로 오게 되었네.

현재의 부처님과 또 과거의
그 모든 부처님께 공양드리고
선정에 들어 바르고 평등하며
또한 늘어나고 줄어듦도 없네.

그러므로 부처님과 또 그 법과
성스런 그 스님들 섬겨 받들라
전일한 마음으로 삼보 섬기면
함이 없는 곳에 반드시 이르리라.

아난아, 알아야 한다. 미륵여래께서는 그 대중 가운데 이런 게송을 읊을 것이다. 그때 대중 가운데의 여러 하늘과 사람들은 그 열 가지 생각을 깊이 사유하고 11해姟[6]의 사람들이 온갖 번뇌가 없어지고 법안이 깨끗해질 것이다.

미륵여래 때에는 천년 동안 계율을 범하는 비구가 없을 것이다. 그때는 항상 하나의 게송으로 금계를 삼을 것이다.

입과 뜻으로 악을 행하지 말고
몸으로도 또한 범하지 말라.
이 세 가지 나쁜 행을 버리면

---

6 수량의 단위이다. 만萬·억億·조兆·경京, 그 다음이 해姟이다.

생사의 깊은 바다 벗어나리라.

천년이 지난 뒤에 계율을 범하는 이가 있어 다시 계율을 정할 것이다.

미륵여래의 수명은 8만 4천 세일 것이요, 그분이 반열반하신 뒤에 그 남기신 법도 8만 4천년 동안 보존될 것이다. 왜냐하면 그때의 중생들은 모두 그 근기가 지혜롭기 때문이니라.

만일 선남자·선여인으로서 미륵부처님과 세 차례 모임의 성문들과 또 계두성을 보고 싶거나, 또 상가왕과 네 개의 큰 보배 창고를 보고 싶거나, 또 저절로 자란 맵쌀을 먹고 저절로 생기는 옷을 입다가 몸이 무너지고 목숨이 끝난 뒤에 천상에 태어나기를 바라는 이는 부디 부지런히 정진하며 게으르지 말라. 그리고 법사들을 받들어 섬기고 공양하되 이름난 꽃과 짙은 향 등 갖가지를 공양하며 빠뜨림이 없게 하라. 아난아, 마땅히 이와 같이 배워야 하느니라."

그때 아난과 대중들은 부처님의 말씀을 듣고 기뻐하며 받들어 행하였다.

증일아함경 제 45 권

48. 불선품不善品 ②

[4]¹

이와 같이 들었다.

어느 때 부처님께서는 사위국 기수급고독원에 계셨다.

그때 많은 비구들은 보회강당에 모여 서로 이렇게 말하였다.

'지금 여래께서는 참으로 기이하고 참으로 뛰어나십니다. 과거 반열반에 들었던 분들의 성명과 종족을 아시고, 그분들이 가졌던 계율과 그 제자들도 분명히 아시며, 또 그들의 삼매와 지혜와 해탈과 해탈지견과 그 수명의 길고 짧음까지도 모두 다 아십니다.

어떻습니까, 여러분. 여래께서는 법계를 아주 청정하게 분별하시기 때문에 그 부처님들의 성명과 종족을 아시는 것일까요, 아니면 여러

---

1 이 소경과 내용이 비슷한 경으로는 『장아함경』 첫 번째 소경인 「대본경大本經」과 송宋시대 법천法天이 한역한 『비바시불경毗婆尸佛經』과 『불설칠불경佛說七佛經』과 역자를 알 수 없는 『칠불부모성자경七佛父母姓字經』이 있다.

하늘들이 여래께 찾아와 그것을 알려 드리는 것일까요?'

그때 세존께서는 천이로 그 비구들의 이러한 이야기를 환히 들으시고 곧 비구들에게로 가시어 한 복판에 앉아 말씀하셨다.

"너희들은 여기 모여 무슨 이야기를 하고 있고, 무슨 법을 이야기하려 하는가?"

비구들은 아뢰었다.

"저희들은 여기 모여 바른 법의 요점을 이야기하고 있습니다. 즉 저희들은 이런 이야기를 하였습니다.

'여래께서는 참으로 기이하고 참으로 뛰어나십니다. 과거 모든 불세존의 성명을 아시고 그 지혜의 많고 적음을 모두 다 아십니다. 참으로 기이하고 놀랍습니다.

어떻습니까, 여러분. 여래께서는 법계를 아주 청정하게 분별하시기 때문에 저 여러 부처님들의 성명과 종족을 아시는 걸까요, 아니면 여러 하늘들이 여래께 찾아와 그것을 알려드리는 걸까요?'"

세존께서는 말씀하셨다.

"너희들은 과거 모든 부처님의 신비한 지혜의 힘과 그 성명과 수명의 길고 짧음에 대해 듣고 싶은가?"

비구들은 아뢰었다.

"지금이 바로 그때입니다. 원컨대 세존께서는 그 사실을 말씀하여 주소서."

세존께서는 말씀하셨다.

"너희들은 잘 사유하고 기억하라. 내 너희들을 위해 그 사실을 자세히 설명하리라."

그때 비구들은 부처님의 분부를 받들었다.

세존께서는 말씀하셨다.

"비구들아, 마땅히 알아야 한다. 과거 91겁 전에 부처님께서 세상에 출현하셨으니, 그 이름은 비바시 여래·지진·등정각이셨다. 또 31겁 전에 부처님께서 세상에 출현하셨으니, 그 이름은 식힐式詰 여래·지진·등정각이셨다. 또 그 31겁 전 무렵에 부처님께서 세상에 출현하셨으니, 바로 비사라바毗舍羅婆여래라는 분이 출현하셨느니라.

또 이 현겁賢劫 중에 부처님께서 세상에 출현하셨으니, 그 이름은 구루손拘屢孫여래셨다. 또 이 현겁 중에 부처님께서 세상에 출현하셨으니, 그 이름은 구나함모니拘那舍牟尼 여래·지진·등정각이셨다. 또 이 현겁 중에 부처님께서 세상에 출현하셨으니, 그 이름은 가섭迦葉이셨다. 또 이 현겁 중에 부처가 세상에 출현하였으니, 그 이름은 석가문釋迦文 여래·지진·등정각이니라."

그때 세존께서는 곧 이런 게송을 읊으셨다.

　　91겁 전에
　　비바시부처님 계셨고
　　31겁 전에는
　　식힐여래 출현하시고
　　또 그 겁 중에
　　비사라바여래 출현하셨네.

　　지금 이 현겁에
　　네 부처님 세상에 출현하셨으니
　　구루손·구나함모니·가섭 여래로
　　세상을 비추는 태양 같았네.
　　그분들 이름을 알고 싶은가.

그분들 이름은 이러하니라.

"비바시여래께서는 찰리 종족 출신이셨고, 식힐여래께서도 찰리 종족 출신이셨으며, 비사라바여래께서도 찰리 종족 출신이셨다. 구루손여래께서는 바라문 종족 출신이셨고, 구나함모니여래께서도 바라문 종족 출신이셨으며, 가섭여래께서도 바라문 종족 출신이셨다. 그리고 지금 나는 찰리 종족 출신이니라."

그때 세존께서 곧 다음 게송을 읊으셨다.

현겁 전에 출현하셨던 여러 부처님
모두 찰리 종족 출신이셨고
구루손여래부터 가섭여래까지는
모두들 바라문 종족 출신이셨네.

가장 높아 따를 자 없는 이
나는 지금 천상과 인간의 스승
모든 감각기관 욕심 없고 깨끗하나니
나는 찰리 종족 출신이니라.

"비바시여래의 성은 구담이요, 식힐여래께서도 성이 구담이셨으며, 비사라바여래 역시 성이 구담이셨다. 가섭여래의 성은 가섭이요, 구루손여래와 구나함모니여래 역시 성이 가섭이셨다. 그리고 지금 나, 여래의 성은 구담이니라."

그때 세존께서는 곧 이런 게송을 읊으셨다.

처음의 세 부처님
　　그 성은 구담이요
　　그 뒤로 가섭까지는
　　가섭의 성에서 나오셨네.

　　지금 현재의 나는
　　천상과 인간의 공경을 받으며
　　모든 감각기관 욕심 없고 깨끗하나니
　　구담 성에서 나왔느니라.

"비구들아, 알아야 한다. 비바시여래께서는 성이 구린야拘鄰若이셨고, 식힐여래께서도 구린야에서 나왔으며, 비사라바여래 역시 구린야에서 나오셨다. 구루손여래께서는 바라타婆羅墮에서 나왔고, 구나함모니여래도 바라타에서 나왔으며, 가섭여래 역시 바라타에서 나오셨다. 그리고 지금 나 여래·지진·등정각은 구린야에서 나왔느니라."
　그때 세존께서는 곧 다음 게송을 읊으셨다.

　　처음의 세 부처님
　　구린야에서 나오셨고
　　뒤에 세 분 가섭까지
　　바라타에서 나오셨네.

　　지금 현재의 이 나는
　　천상과 인간의 공경 받으며
　　모든 감각기관 욕심 없고 깨끗하나니

바로 구린야에서 나왔느니라.

"비바시여래께서는 파라리화波羅利華 나무 밑에 앉아 불도를 이루셨고, 식힐여래께서는 분다리分陀利 나무 밑에 앉아 불도를 이루셨으며, 비사라바여래께서는 파라波羅 나무 밑에 앉아 불도를 이루셨고, 구루손여래께서는 시리사尸利沙 나무 밑에 앉아 불도를 이루셨으며, 구나함모니여래께서는 우두발라優頭跋羅 나무 밑에 앉아 불도를 이루셨고, 가섭여래께서는 니구류尼拘留 나무 밑에 앉아 도과道果를 이루셨다. 그리고 나 지금의 여래는 길상吉祥 나무 밑에 앉아 불도를 이루었느니라."

그때 세존께서는 곧 다음 게송을 읊으셨다.

최초의 한 분 불도를 이루셨네.
파라리 나무 아래 앉아서
식힐께서는 분타리 아래 앉고
비사라바께선 파라 아래 앉으셨네.

구루손께서는 시리사 아래에 앉고
구나함모니께선 우두발라 아래에서
가섭께서는 니구류 나무
길상 아래에선 내가 도를 이루었네.

일곱 부처님은 하늘 가운데 하늘
온 세상을 환히 비추나니
인연 따라 여러 나무 아래에 앉아

제각기 그 도를 이루셨느니라.

"비바시여래의 제자는 16만 8천이요, 식힐여래의 제자는 16만이며, 비사라바여래의 제자는 10만이요, 구루손여래의 제자는 8만이며, 구나함모니여래의 제자는 7만이요, 가섭여래의 제자는 6만이었다. 그리고 지금 내 제자는 1,250명이다. 그들은 모두 아라한으로서 모든 번뇌가 완전히 없어져 어떤 결박도 없느니라."

그때 세존께서는 곧 다음 게송을 읊으셨다.

16만 8천 명
비바시여래의 제자
10만에 또 6만
식힐여래의 제자.

10만의 비구들은
비사라바 제자요
구루손는 8만
구나함모니는 7만.

가섭은 6만 대중
그들은 모두 아라한
지금 나 석가문은
1,250명이니라.

그들은 모두 진인眞人의 행으로

널리 법을 펴서 나타냈으니
남기신 법과 그 남은 제자
그 수를 헤아릴 수 없다네.

"비바시여래의 시자 이름은 대도사大導師요, 식힐여래의 시자 이름은 선각善覺이며, 비사라바여래의 시자 이름은 승중勝衆이다. 구루손여래의 시자 이름은 길상吉祥이요, 구나함모니여래의 시자 이름은 비라선毗羅先이며, 가섭여래의 시자 이름은 도사導師다. 그리고 지금 내 시자의 이름은 아난阿難이니라."

그때 세존께서는 곧 다음 게송을 읊으셨다.

대도사와 선각
승중과 길상
비라선과 도사
그리고 아난이 일곱째 시자라네.

그들은 모두 성인을 공양하며
그때를 맞추지 못하는 법 없었고
외우고 익히고 받들어 지녀
배운 그 이치를 잊지 않았네.

"비바시여래의 수명은 8만 4천 세였고, 식힐여래의 수명은 7만 세였으며, 비사라바여래의 수명은 6만 세였다. 구루손여래의 수명은 5만 세였고, 구나함모니여래의 수명은 4만 세였으며, 가섭여래의 수명은 2만 세였다. 그리고 지금 내 수명은 너무도 짧아 기껏해야 1백 세를 넘기지 못하느니라."
그때 세존께서는 곧 다음 게송을 읊으셨다.

최초의 부처님은 8만 4천 세
그 다음 부처님은 7만 세였네.
비사라바께서는 6만 세였고
구루손여래 수명은 5만 세였네.

2만^{2}에 또 2만은
구나함모니여래의 수명
가섭여래 수명도 2만 세였는데
오직 나만은 수명이 1백 년이네.

"비구들아, 이와 같이 나는 모든 부처님의 성과 이름과 자를 관찰하여 분명히 알고, 그들이 나온 종족을 모두 익숙히 알며, 그들이 가진 계율과 지혜와 선정과 해탈을 모두 아느니라.'
아난은 아뢰었다.
"여래께서는 '열반에 드신 항하의 모래알 같은 과거 여러 부처님들을 여래는 알고 있고, 또 장차 오시게 될 항하의 모래알 같은 미래 부처님들도 여래는 알고 있다'고 말씀하셨습니다. 그런데 여래께서는 왜 그 많은 부처님들의 행장을 다 말씀하지 않으시고 지금 일곱 부처님의 내력만 말씀하십니까?"

---

2 고려대장경에는 일만一萬으로 되어 있는데, 신수대장경 각주에 의하면 "성본聖本에는 일만一萬이 이만二萬으로 되어 있다"고 하였으며, 앞에서 구나함모니의 수명을 4만 세로 밝혔으므로 성본에 따라 2만으로 번역하였다.

세존께서는 아난에게 말씀하셨다.

"다 그만한 이유가 있어서 여래가 일곱 부처님의 내력만 말한 것이다. 과거 항하의 모래알 같은 부처님들도 일곱 부처님의 내력만 말씀하셨고, 미래에 미륵彌勒부처님께서 세상에 출현하셔도 또 일곱 부처님의 내력만 말씀하실 것이다.

또 사자응師子應여래께서 세상에 출현하셔도 일곱 부처님의 내력만 말씀하실 것이요, 승유순承柔順부처님께서 세상에 출현하셔도 일곱 부처님의 내력만 말씀하실 것이며, 또 광염光焰부처님께서 세상에 출현하셔도 일곱 부처님의 내력만 말씀하실 것이다.

그리고 만일 무구無垢부처님께서 세상에 출현하시면 가섭부처님의 내력만 말씀하실 것이요, 또 만일 보광寶光여래께서 세상에 출현하시면 석가문釋迦文부처님의 내력만 말씀하실 것이니라."

그때 세존께서는 곧 다음 게송을 읊으셨다.

　　사자응・승유순과
　　광염・무구・보광
　　이분들은 미륵 다음에
　　모두 불도를 이룰 것이다.

　　미륵은 식힐의 내력을 설하고
　　사자응은 비사라바의 내력을 설하며
　　승유순은 구루손의 내력을 설하고
　　광염은 구나함모니의 내력을 설하리라.

　　또 무구는 가섭에 대해

과거의 인연을 모두 설명하고
보광도 삼보리를 이루고는
나의 내력을 설명하리라.

과거의 그 여러 부처님들과
또 미래의 여러 부처님
그들은 모두 일곱 부처님의
과거 내력을 설명하리라.

"이런 이유로 여래는 지금 일곱 부처님의 이름만 설명한 것이니라."
이때 아난이 세존께 아뢰었다.
"이 경 이름은 무엇이며 어떻게 받들어 행하여야 합니까?"
세존께서는 말씀하셨다.
"이 경 이름은 기불명호記佛名號이니, 그렇게 기억하고 받들어 행하라."
그때 아난과 모든 비구들은 부처님의 말씀을 듣고 기뻐하며 받들어 행하였다.

〔5〕
이와 같이 들었다.
어느 때 부처님께서는 라열성의 가란타죽원에 계셨다.
이때 사자師子 장자가 사리불에게 찾아와 머리를 조아려 발아래 예배하고 한쪽에 앉아 아뢰었다.
"원컨대 존자께서는 저의 초청을 받아 주소서."

사리불은 잠자코 그 청을 받아 주었다.

장자는 존자가 잠자코 청을 받아 주는 것을 보고 곧 자리에서 일어나 그 발에 예배하고 물러갔다.

그는 다시 대목건련大目乾連·리월離越·대가섭大迦葉·아나율阿那律·가전연迦旃延·만원자滿願子·우바리優婆離·수보리須菩提·라운羅云·균두均頭 사미 등 이러한 상수제자들을 찾아가서 5백 명을 초청하였다.

이때 사자 장자는 곧 자기 집으로 돌아가 갖가지 아주 맛난 음식을 장만하였고, 좋은 자리를 펴고는 때가 되었음을 알렸다.

"여러 진인 아라한들께서는 두루 살피소서. 음식이 준비되었습니다. 원컨대 몸을 굽혀 저의 집으로 왕림하소서."

그때 여러 성문들은 각각 가사를 입고 발우를 가지고 성으로 들어가 장자 집에 이르렀다.

장자는 여러 존자들이 좌정하는 것을 보고 자신의 손으로 직접 갖가지 음식을 돌렸다. 여러 성중이 공양을 마치자 깨끗한 물을 돌리고 각가 성중에게 하얀 천 한 벌씩을 보시하였다. 그리고 앞으로 나아가 축원을 받았다.

이때 존자 사리불은 장자를 위하여 매우 묘한 법을 설명하고는 곧 자리에서 일어나 떠났고, 조용한 자기 방으로 돌아갔다.

이때 라운은 세존께 나아가 머리를 조아려 발아래 예배하고 한쪽에 앉았다.

세존께서는 물으셨다.

"너는 지금 어디서 오느냐?"

라운은 아뢰었다.

"사자 장자의 초청을 받았었습니다."

부처님께서 말씀하셨다.

"어떠했느냐, 라운아. 음식은 훌륭했느냐, 그렇지 못했느냐? 정결했느냐, 거칠었느냐?"

라운은 대답하였다.

"음식은 매우 훌륭하고 또 풍성하였습니다. 지금 이 흰 천도 그에게서 받은 것입니다."

"비구들은 몇 사람이나 갔었고, 그 우두머리는 누구였느냐?"

라운은 아뢰었다.

"화상 사리불께서 우두머리셨습니다. 그리고 신덕이 있는 제자 5백 명이 갔었습니다."

세존께서는 말씀하셨다.

"어떠냐? 라운아, 그 장자는 복을 많이 받겠느냐?"

라운은 세존께 아뢰었다.

"그렇습니다, 세존이시여. 그 장자가 받는 복의 과보는 이루 말할 수 없을 것입니다. 한 명의 아라한에게 보시해도 그 복은 한량없는데 하물며 신묘한 하늘 사람들의 공경을 받는 사람들이겠습니까? 그 자리의 5백 분은 모두 진인들이십니다. 그러니 그 복을 어찌 헤아릴 수 있겠습니까?"

세존께서는 라운에게 말씀하셨다.

"그것은 5백 아라한에게 보시하는 공덕이다. 만일 대중 가운데서 차례에 따라 사문 한 사람을 청해 공양한다고 하자. 이럴 때 대중 가운데서 뽑힌 사람에게 공양하는 복을 5백 아라한에게 공양한 복과 비교한다면, 그 복이 백 배·천 배·몇 억 만 배나 되어 비유로써 견줄 수도 없느니라. 왜냐하면 대중이 뽑은 사람에게 공양하는 복은 한량이 없어 번뇌가 완전히 사라진 감로를 얻기 때문이니라.

"라운아, 알아야 한다. 만일 어떤 사람이 스스로 맹세하기를 '내 기필코 모든 강물을 모두 마셔보리라'고 한다면 그가 과연 그렇게 할 수 있겠는가?"

라운은 부처님께 아뢰었다.

"그럴 수 없습니다, 세존이시여. 왜냐하면 이 염부제는 매우 넓고 크기 때문입니다. 이 염부제에는 네 개의 큰 강이 있습니다. 즉 긍가恆伽·신두新頭·사타私陀·박차博叉이고, 그 하나하나의 강에는 5백 개의 강이 딸려 있습니다. 그러므로 그 사람은 그 물을 모두 마셔볼 수 없습니다. 만일 마시려 한다면 그저 수고만 더할 뿐 끝내 일은 이루지 못할 것입니다."

"그러나 그는 다시 이렇게 말한다.

'나에게는 그 물을 모두 마셔볼 방법이 있다.'

무슨 방법으로 그 물을 모두 마셔보겠다는 것인가? 이때 그는 곧 이렇게 생각한다.

'나는 바닷물을 마시자. 왜냐하면 일체 모든 물은 다 바다로 돌아가기 때문이다.'

어떠냐? 라운아, 그는 과연 그 모든 물을 마실 수 있겠는가?"

라운은 아뢰었다.

"그런 방법이라면 그는 그 물들을 모두 마셔볼 수 있습니다. 왜냐하면 모든 물은 다 바다로 돌아가기 때문입니다. 그런 의미에서 그는 그 물을 모두 마셔볼 수 있습니다."

세존께서는 말씀하셨다.

"그렇다. 라운아, 개인에게 하는 일체의 보시는 저 강물과 같다. 그래서 복을 얻기도 하고 혹은 얻지 못하기도 한다. 그러나 대중은 저 큰 바다와 같다. 왜냐하면 강물이 흘러서 바다로 들어가고 나면 곧 본래 이름은 없어지고 다만 큰 바다라는 이름만 있기 때문이니라.

라운아, 이것도 또한 그와 같다. 지금 열 사람이 있는데 그들은 모두 대중 가운데서 나온 사람들이다. 대중이 아니면 그들은 있을 수 없다. 그 열 사람이란 무엇인가? 수다원으로 향하는 이·수다원을 얻은 이·사다함으로 향하는 이·사다함을 얻은 이·아나함으로 향하는 이·아나함을 얻은 이·아라한으로 향하는 이·아라한을 얻은 이·벽지불 그리고 부처이다. 이 열 사람은 모두 대중 가운데서 나오고 혼자 독립한 것이 아니니라.

라운아, 이런 사실로 보더라도 대중 가운데서 뽑힌 사람은 그 복이 한량없음을 알 수 있다. 그러므로 라운아, 만일 선남자와 선여인이 그 헤아릴 수 없는 복을 구하고 싶다면 저 성중을 공양하여야 하느니라.

라운아, 알아야 한다. 그것은 마치 어떤 사람이 소酥를 물에 넣으면 곧 엉겨 두루 퍼지지 않지만, 만일 기름을 물에 넣으면 곧 물위에 고루 퍼지는 것과 같다. 그러므로 라운아, 성중의 비구들을 공양할 것을 생각해야 하느니라. 라운아, 마땅히 이와 같이 배워야 하느니라."

그때 사자 장자는 '여래께서는 대중에게 보시하는 복은 찬탄하시고 다른 복은 찬탄하지 않으신다'는 소문을 듣게 되었다. 어느 다른 날 장자는 세존께 나아가 머리를 조아려 발아래 예배하고 한쪽에 앉아 아뢰었다.

"세존께서 대중에게 보시하는 복은 찬탄하시고 따로 사람을 청하는 복은 찬탄하지 않으신다는 소문을 듣게 되었습니다. 지금부터는 항상 성중聖衆을 공양하겠습니다."

세존께서는 말씀하셨다.

"나는 '성중에게만 공양하고 다른 사람에게는 공양하지 말라'고 말하지 않았다. 축생에게 보시해도 그 복을 받거늘 하물며 사람이겠느냐? 다만 나는 그 복의 많고 적음에 대해 말하였을 뿐이다. 왜냐하면 여래의 성중은 공경할 만하고 귀히 여길 만하며 세상의 위없는 복밭이기 때문이니라.

지금 이 대중 가운데는 네 부류의 향하는 이와 네 부류의 성취한 이, 그리고 성문의 법과 벽지불의 법과 그리고 부처의 법이 있다. 만일 선남자 선여인이 이 3승의 교법을 얻으려고 하거든 대중 가운데 들어가 그것을 구하라. 왜냐하면 3승의 교법은 모두 대중 가운데서 나오기 때문이니라.

장자야, 나는 이런 이치를 보았기 때문에 그렇게 말한 것일 뿐이다. 그리고 나는 사람들에게 '성중에게만 보시하고 다른 사람에게는 보시하지 말라'고 가르치지 않았느니라."

장자는 아뢰었다.

"그렇습니다. 세존의 말씀과 같습니다. 지금부터는 복업을 짓게 되면 마땅히 모든 성중에게 공양하고 사람을 가려 보시하지는 않겠습니다."

그때 세존께서는 장사를 위해 미묘한 법을 연설하시어 기쁜 마음을 내게 하셨다. 장자는 그 설법을 듣고 곧 자리에서 일어나 머리를 조아려 발아래 예배하고 물러갔다. 그리고 사자 장자는 복업을 지으려고 결심하였다.

그때 여러 하늘은 장자에게 찾아와 말하였다.

"이 자는 수다원으로 향하는 사람이요, 이 자는 수다원을 얻은 사람이다. 이 자에게 보시하면 복을 많이 얻고 이 자에게 보시하면 복을 적게 얻을 것이다."

그때 그 하늘 사람은 곧 다음 게송으로 찬탄하였다.

가려서 보시하기 여래는 찬탄하네.
그러므로 덕이 있는 이들에게 보시하라.
여기에 보시하면 복을 많이 얻으리라.
마치 좋은 밭에서 자라는 모종처럼.

그러나 사자 장자는 잠자코 대답하지 않았다.
하늘 사람은 다시 장자에게 말하였다.
"이 자는 계율을 지키는 사람이요, 이 자는 계율을 범한 사람이다. 이 자는 수다원으로 향하는 사람이요, 이 자는 수다원을 얻은 사람이며, 이 자는 사다함으로 향하는 사람이요, 이 자는 사다함을 얻은 사람이며, 이 자는 아나함으로 향하는 사람이요, 이 자는 아나함을 얻은 사람이며, 이 자는 아라한으로 향하는 사람이요, 이 자는 아라한을 얻은 사람이다.

이 자는 성문의 법을 닦고, 이 자는 벽지불의 법을 닦으며, 이 자는 부처의 법을 닦는다. 여기에 보시하면 복을 적게 얻고, 여기에 보시하면 복을 많이 얻을 것이다."

그러나 장자는 여전히 잠자코 대답하지 않았다. 왜냐하면 가리지 말고 보시하라는 여래의 교훈을 기억하였기 때문이다.

장자는 어느 다른 날 다시 세존께 나아가 머리를 조아려 발아래 예배하고 한쪽에 앉아 아뢰었다.

"저는 세존의 말씀을 기억하고 성중을 청해 공양하려고 하였습니다. 그런데 어떤 하늘이 저에게 찾아와 이렇게 말했습니다.

'이 자는 계율을 지키는 사람이고, 이 자는 계율을 범한 사람이다. 이 사람은 수다원으로 향하고 이 사람은 수다원을 얻었으며……(이하 생략)……3승의 교법을 모두 분별한다.'

그리고 또 다음 게송을 읊었습니다.

　　가려서 보시하기 여래는 찬탄하네.
　　그러므로 덕이 있는 이들에게 보시하라.
　　여기에 보시하면 복을 많이 얻으리라.
　　마치 좋은 밭에서 자라는 모종처럼.

이때 저는 다시 '여래의 교훈은 어길 수 없다. 어떻게 가리는 마음을 내겠는가?'라고 생각하였습니다. 그리하여 끝내 옳고 그르다는 마음과 높고 낮다는 생각을 하지 않았습니다. 이때 저는 다시 이렇게 생각하였습니다.

'나는 모든 중생들에게 다 보시하자. 만일 상대가 스스로 계율을 잘 지키는 자이면 끝없는 복을 받을 것이요, 만일 계율을 범한 자이면 스스로 그 재앙을 받을 것이다. 그저 중생들을 가엾이 여기자. 그들은 먹지 않으면 목숨을 건지지 못한다.'"

세존께서는 말씀하셨다.

"훌륭하고, 훌륭하구나. 장자야, 너는 그 행이 서원을 넘어서는구나. 보살의 보시는 그 마음이 항상 평등하니라.

장자야, 알아야 한다. 보살이 보시할 때는 하늘들이 찾아와 이렇게 말할 것이다.

'족성자야, 알아야 한다. 이 자는 계율을 지키는 사람이요, 이 자는 계율을 범한 사람이다. 이 사람에게 보시하면 복을 많이 얻고, 이 사람에게 보시하면 복을 적게 얻을 것이다.'

그러나 보살은 끝내 '이 사람에게 보시하고 이 사람에게는 보시하지 말자'는 마음이 없느니라. 이처럼 보살은 마음을 굳게 가져 옳고 그르다는 생각을 하지 않고, 또 이 자는 계율을 지킨다고 말하지도 않고 이 자는 계율을 범하였다고도 말하지 않는다. 그러므로 장자야, 평등하게 보시할 것을 늘 명심하라. 오랜 세월 동안 한량없는 복을 받으리라."

이때 사자 장자는 여래의 교훈을 생각하고 여래를 오래도록 바라보면서 그 마음이 흔들리지 않았다. 그래서 그 자리에서 곧 법안法眼이 깨끗해졌다. 그리고 사자 장자는 곧 자리에서 일어나 머리를 조아려 세존의 발에 예배하고 물러갔다.

장자가 떠난 지 오래지 않아 세존께서는 비구들에게 말씀하셨다.

"저 사자 장자는 평등한 보시를 생각하기 때문에, 여래를 머리에서 발끝까지 자세히 바라보고 그 자리에서 곧 법안이 깨끗해졌느니라."

그때 세존께서는 비구들에게 말씀하셨다.

"나의 우바새 가운데 평등하게 보시하기로 첫째가는 제자는 이른바 사자 장자가 바로 그 사람이니라."

그때 모든 비구들은 부처님의 말씀을 듣고 기뻐하며 받들어 행하였다.

〔 6 〕[3]

이와 같이 들었다.

어느 때 부처님께서는 라열성羅閱城 가란타죽원迦蘭陀竹園에서 대비구들 5백 명과 함께 계셨다.

그때 존자 사리불은 기사굴산耆闍崛山의 으슥한 곳에서 헌 누더기 옷을 깁고 있었다.

---

3 이 소경과 내용이 비슷한 경으로는 『잡아함경』 제50권 1,330번째 소경인 「가타경伽吒經」과 『별역잡아함경』 제16권 329번째 소경이 있다.

이때 범가이천梵迦夷天 만 명이 범천梵天에서 사라져 사리불 앞에 나타나서는 머리를 조아려 발아래 예배하고 모두 둘러서서 모시고 있었다. 그리고 이런 게송으로 찬탄하였다.

가장 으뜸인 분께 귀의합니다.
가장 거룩한 분께 귀의합니다.
저희는 지금 모르겠습니다.
어떤 선정에 의지하고 계시는지.

만 명의 범가이천이 이렇게 말했을 때 사리불은 잠자코 인가하였다. 이때 하늘들은 사리불이 잠자코 인가하는 것을 보고 곧 발에 예배하고 물러갔다. 하늘들이 떠난 지 오래지 않아 사리불은 곧 금강삼매金剛三昧에 들었다.

이때 두 귀신이 있었으니, 하나는 이름이 가라伽羅요, 다른 하나는 이름이 우파가라優波伽羅였다. 비사문毗沙門천왕은 그들을 비류륵毗留勒천왕에게 보내 인간과 천상의 일을 의논하려 하였다.

이때 두 귀신은 그 허공으로 날아가다가 사리불이 가부좌하고는 생각을 앞에 두고 마음이 고요히 안정된 모습으로 앉아 있는 것을 멀리서 보았다. 가라 귀신은 우파가라에게 말하였다.

"나는 지금 주먹으로 저 사문머리를 칠 수 있다."

우파가라는 말하였다.

"너는 저 사문의 머리를 칠 생각을 내지 말라. 왜냐하면 저 사문은 아주 신비스러운 덕과 큰 위력을 가지고 있기 때문이다. 저 존자의 이름은 사리불로서, 세존의 제자 중에 지혜롭고 재주가 많기로 저 사람을 능가할 자가 없다. 그는 제자 중에서 지혜가 가장 뛰어난 자이다.

만일 그렇게 하면 너는 오랜 세월 동안 한량없는 고통을 받을 것이다."

그래도 그 귀신은 두 번 세 번 거듭 말하였다.

"나는 저 사문의 머리를 때릴 수 있다."

우파가라는 말하였다.

"만일 네가 내 말을 듣지 않겠다면 너는 여기 있어라. 나는 너를 두고 여기를 떠나겠다."

나쁜 귀신 가라는 말하였다.

"너는 저 사문이 두려운가?"

우파가라는 말하였다.

"나는 정말 두렵다. 만일 네가 손으로 저 사문을 때리면 이 땅은 두 조각이 날 것이다. 그리고 바로 그때 사나운 바람에 억수같은 비가 쏟아져 땅이 진동하고 하늘들은 놀랄 것이다. 땅이 진동하면 사천왕도 놀라고 두려워할 것이요, 사천왕이 알면 우리는 여기서 편히 살 수 없을 것이다."

그러나 나쁜 귀신은 말하였다.

"나는 지금 사문을 욕보일 수 있다."

착한 귀신은 그 말을 듣고 곧 그를 두고 떠났다.

그때 그 나쁜 귀신은 곧 손으로 사리불의 머리를 쳤다. 그러자 천지가 크게 진동하고 사방에서 사나운 바람이 일며 억수같은 비가 쏟아지며 땅이 곧 두 조각으로 갈라졌다. 그리고 그 나쁜 귀신은 온몸이 지옥에 떨어졌다.

그때 존자 사리불은 삼매에서 깨어나 옷매무새를 바르게 하고 기사굴산에서 내려와 죽원으로 갔다. 그는 세존께 나아가 머리를 조아려 발아래 예배하고 한쪽으로 앉았다.

세존께서 말씀하셨다.
"너는 요즘 몸에 병은 없는가?"
사리불은 아뢰었다.
"몸에는 평소 병이 없는데, 머리가 좀 아픕니다."
세존께서는 말씀하셨다.
"가라 귀신이 손으로 네 머리를 쳤구나. 만일 그 귀신이 손으로 수미산을 쳤다면 수미산은 두 조각이 났을 것이다. 왜냐하면 그 귀신은 매우 힘이 세기 때문이다. 그는 지금 그 죄의 과보로 온몸이 아비지옥에 떨어졌느니라."
그때 세존께서 여러 비구들에게 말씀하셨다.
"참으로 기이하고, 참으로 놀라운 일이다. 금강삼매의 힘이 이토록 대단하다니. 그 삼매의 힘 때문에 다치지 않은 것이다. 설사 수미산으로 그 머리를 쳤더라도 끝내 털끝 하나 움직이지 못하였을 것이다.
비구들아 들어라. 내 이제 그 이유를 설명하리라. 이 현겁 중에 부처님이 계셨으니, 그 이름은 구루손 여래·지진·등정각이셨다. 그 부처님에게 두 성문이 있었으니, 하나는 이름이 등수等壽요, 다른 하나는 이름이 대지大智였다.
비구 등수는 신통이 제일이었고, 비구 대지는 지혜가 제일이었다. 그것은 마치 오늘날 나의 제자 사리불이 지혜가 제일이요, 목건련은 신통이 제일인 것과 같았느니라.
그때 등수와 대지 두 비구는 모두 금강삼매를 얻었다. 어느 때에 등수 비구는 한적한 곳에서 금강삼매에 들어 있었다. 이때 소먹이는 사람·염소먹이는 사람·나무하는 사람들은 이 비구가 좌선하는 것을 보고 저희끼리 이렇게 말하였다.
"이 사문은 죽었다."

그래서 목동과 나무꾼들은 곧 섶나무를 모아 비구의 몸 위에 쌓아 불을 붙이고는 그를 두고 떠나버렸다.

이때 등수 비구는 곧 삼매에서 깨어나 옷매무새를 바르게 하고는 곧 그 자리를 떠났다. 그는 그날 가사를 입고 발우를 가지고 마을에 들어가 걸식하였다. 이때 여러 나무꾼들은 이 비구가 마을에서 걸식하는 것을 보고 저희끼리 말하였다.

'저 비구는 어제 죽어 있었다. 그래서 우리가 화장하였는데 오늘 저렇게 다시 살아났다. 우리 저분을 다시 살아난 분〔還活〕이라 부르자.'

비구들아, 만일 어떤 비구가 금강삼매를 얻는다면 불로 태울 수 없고 칼로 벨 수 없으며 물로 쓸려 보낼 수도 없어 남의 해침을 받지 않을 것이다.

비구들아, 금강삼매의 위덕威德은 이와 같은데, 지금 이 사리불이 그 삼매를 얻었다. 사리불 비구는 항상 공삼매空三昧와 금강삼매, 두 곳에서 노니느니라.

그러므로 비구들아, 부디 방편을 구해 금강삼매를 얻도록 하라. 비구들아 이와 같이 공부해야 하느니라."

그때 세존께서는 계속 말씀하셨다.

"내 너희들에게 가르쳐 주리라. 저 사리불 비구의 지혜는 큰 지혜·분별하는 넓은 지혜·끝이 없는 지혜·빠른 지혜·두루 노니는 지혜·날카로운 지혜·매우 깊은 지혜·끓는 지혜이니라.

또 그는 욕심이 적어 만족할 줄 알고, 고요하면서 용맹스러우며, 생각이 흩어지지 않고, 계율을 성취하고, 삼매를 성취하고, 지혜와 해탈과 해탈지견을 성취하였느니라.

부드럽고 온화해 다툼이 없고, 나쁜 말재주를 버렸으며, 모든 말을 삼가고, 악을 떠난 것을 칭찬하며, 항상 여의기를 생각하고, 중생들을 가엾이 여기며, 바른 법을 치성하게 일으켜 남을 위해 설법하되 싫어할 줄 모르느니라."

그때 세존께서는 곧 다음 게송을 읊으셨다.

만 명의 여러 하늘 사람들
그들은 모두 범가이천
스스로 사리불에게 귀의하였네.
저 영취산 꼭대기에서.

가장 으뜸인 분께 귀의합니다.
가장 거룩한 분께 귀의합니다.
저희는 지금 모르겠습니다,
어떤 선정에 의지하고 계시는지.

이처럼 꽃과 같은 그 제자
부처님 깨달음의 나무를 장엄하였으니
마치 저 하늘의 주도원晝度園인 듯
그 즐거움 다시 견줄 데 없네.

"꽃과 같은 제자란 바로 이 사리불 비구를 말한 것이다. 왜냐하면 능히 부처님의 나무를 장엄하기 때문이다. 깨달음의 나무란 바로 여래를 말하는 것이니, 여래는 능히 일체 중생을 덮어 주기 때문이니라.

그러므로 비구들아, 항상 부지런히 용맹 정진하여 사리불처럼 되려고 생각하라. 비구들아 이와 같이 공부해야 하느니라."

그때 비구들은 부처님의 말씀을 듣고 기뻐하며 받들어 행하였다.

증일아함경 제 46 권

49. 방우품放牛品[1] ①

〔 1 〕[2]

이와 같이 들었다.

어느 때 부처님께서는 사위국 기수급고독원에 계셨다.

그때 세존께서 모든 비구들에게 말씀하셨다.

"만일 소치는 아이가 열한 가지 법을 성취한다면 그 소들은 마침내 성장하지 못하고 그는 그 소들을 보호하지 못할 것이다.

열한 가지란 무엇인가? 이른바, 소치는 사람이 그 형체를 분별하지 못하고, 그 모양을 알지 못하며, 긁어서 떨어내야 하는데 긁어서 떨어내지 않고, 상처를 감싸주지 않으며, 때맞춰 연기를 피워주지 않고, 좋은 풀이 무성한 좋은 풀밭을 알지 못하며, 안온한 곳을 알지 못하

---

1 신수대장경 각주에 의하면 "송・원・명 3본에는 「방우품放牛品」이 「목우품牧牛品」으로 되어 있다"고 한다.
2 이 소경과 내용이 비슷한 경으로는 『잡아함경』 제47권 1,249번째 소경인 「목우자경牧牛者經」 ②가 있다.

고, 소가 건너야 할 지점을 알지 못하며, 적당한 때를 알지 못하고, 젖을 짤 때에 남겨두지 않고 다 짜는 것이다. 그럴 때는 부릴 만한 큰 소도 때를 따라 보호할 수 없을 것이다.

 비구들아, 이것이 이른바 '소치는 사람이 이 열한 가지 법을 성취한다면 끝내 그 소를 기를 수 없고 그 몸을 보호할 수 없다'는 것이니라.

 이제 이 대중 가운데 있는 비구들도 그와 같아서 끝내 이익되는 바가 없을 것이다. 열한 가지란 어떤 것인가? 이른바 비구가 그 색色을 분별하지 못하고, 그 모양을 알지 못하며, 긁어 떨어내야 할 것을 긁어 떨어내지 않고, 상처를 감싸주지 않으며, 때맞춰 연기를 피우지 않고, 풀이 무성한 좋은 풀밭을 알지 못하며, 건너야 할 곳을 알지 못하고, 안온한 곳을 알지 못하며, 적당한 때를 알지 못하고, 음식을 남겨둘 줄 모르며, 장로 비구들을 공경히 대접하지 않는 것이니라.

 어떤 것이 비구가 색을 알지 못한다는 것인가? 이에 비구가 4대와 4대로 이루어진 색에 대해 전혀 알지 못하면, 그것이 비구가 그 색을 분별하지 못하는 것이니라.

 어떤 것이 비구가 그 모양을 분별하지 못하는 것인가? 이에 비구가 어리석은 행과 지혜로운 행을 사실 그대로 알지 못하면, 그것이 비구가 그 모양을 분별하지 못하는 것이니라.

 어떤 것이 비구가 긁어 떨어내야 할 것을 긁어 떨어내지 않는 것인가? 이에 비구가 눈으로 빛깔을 보고는 곧 빛깔이라는 생각을 일으켜 온갖 어지러운 생각을 가지고, 또 눈을 단속하지 못하고 생각을 잘 거두어 잡지 않아 온갖 재앙을 만들고 눈을 보호하지 못한다면, 그와 마찬가지로 비구가 귀로 소리를 듣고, 코로 냄새를 맡으며, 혀로 맛을 보고, 몸으로 감촉을 느끼며, 뜻으로 법을 알고는 온갖 어지러운 생각을 일으키고 또 뜻을 보호하지 못해 그 행을 고치지 못한다면, 그것이 비구가 긁어 떨어내야 할 것을 긁어 떨어내지 않는 것이니라.

어떤 것이 비구가 상처를 감싸주지 않는 것인가? 이에 비구가 탐욕을 일으키고는 그것을 떠나지 않고 또 그 생각을 버리지 않으면, 또 성냄과 해치려는 생각을 일으키고 온갖 악하고 선하지 않은 생각을 일으키고는 끝내 그것을 버리지 않으면, 그것이 비구가 상처를 감싸주지 않는 것이니라.

어떤 것이 비구가 때맞춰 연기를 피우지 않는 것인가? 이에 비구가 읊고 외운 법을 때맞춰 남에게 설법하지 않는다면, 그것이 비구가 때맞춰 연기를 피우지 않는 것이다.

어떤 것이 비구가 풀이 무성한 좋은 풀밭을 알지 못하는 것인가? 이에 비구가 4의지意止[3]를 사실 그대로 알지 못하면, 그것이 비구가 풀이 무성한 좋은 풀밭을 알지 못하는 것이니라.

어떤 것이 비구가 건너야 할 지점을 알지 못하는 것인가? 이에 비구가 현성의 8품도를 알지 못하면, 그것이 비구가 건너야 할 지점을 알지 못하는 것이다.

어떤 것이 비구가 사랑할 바를 알지 못하는 것인가? 이에 비구가 12부경, 즉 계경契經・기야祇夜・수결授決・게偈・인연因緣・본말本末・방등方等・비유譬喩・생경生經・설說・광보廣普・미증유법未曾有法을 알지 못하면, 그것이 비구가 사랑할 바를 알지 못하는 것이니라.

어떤 것이 비구가 적당한 때를 알지 못하는 것인가? 이에 비구가 천한 집이나 도박장을 왕래한다면, 그것이 비구가 적당한 때를 알지 못하는 것이니라.

어떤 것이 비구가 남겨두지 않는 것인가? 이에 비구가 신심이 있는

---

3 4념처念處를 말한다.

범지나 우바새의 초청을 받았을 때 음식에 탐착하여 만족할 줄을 모르면, 그것이 비구가 남겨두지 않는 것이다.

어떤 것이 비구가 장로와 덕이 높은 비구들을 공경하지 않는 것인가? 이에 비구가 덕망이 있는 사람에 대해 공경하는 마음을 내지 않으면 그런 비구는 범하는 일이 많으니, 그것이 이른바 비구가 장로를 공경하지 않는 것이니라.

만일 비구가 이 열한 가지 법을 성취한다면, 그는 끝내 이 법 안에서 많은 이익을 얻지 못할 것이니라.

또 만일 소치는 사람이 열한 가지 법을 성취한다면, 그는 그 소들을 보호하고 때를 놓치지 않을 수 있어 많은 이익을 얻을 것이다. 열한 가지란 어떤 것인가? 이에 소치는 사람이 그 형체를 알고, 그 모양을 분별하며, 긁어 떨어내야 할 것을 긁어 떨어내고, 그 상처를 감싸주며, 때맞춰 연기를 피우고, 풀이 무성한 좋은 풀밭을 알며, 건너기에 요긴한 곳을 알고, 그 소를 사랑하며, 적당한 때를 분별하고, 그 성품과 행실을 알며, 젖을 짤 때에 남겨둘 줄을 알고, 또 때를 따라 부릴 만한 놈을 보호할 줄을 아는 것이다. 이렇게 소치는 사람은 소를 보호할 것이다.

비구들아, 이것이 이른바 '만일 소치는 사람이 열한 가지 법을 성취하여 그 시기를 놓치지 않으면 결코 손해 보지 않는다'는 것이니라.

이와 같이 비구도 만일 열한 가지 법을 성취한다면 현세에서 많은 이익을 얻을 것이다. 열한 가지 법이란 어떤 것인가? 이에 비구가 색色을 알고, 모양을 알며, 긁어 떨어낼 줄 알고, 상처를 감쌀 줄 알며, 연기를 피울 줄 알고, 풀이 무성한 좋은 풀밭을 알며, 사랑할 바를 알고, 길을 가릴 줄 알며, 건널 곳을 알고, 음식에 만족할 줄을 알며, 장로 비구를 공경히 받들어 때를 따라 예배할 줄을 아는 것이니라.

어떤 것이 비구가 색을 아는 것인가? 이에 비구가 4대와 4대로 만들어진 색을 알면, 그것이 비구가 색을 아는 것이니라.

어떤 것이 비구가 모양을 아는 것인가? 이에 비구가 어리석은 모양과 지혜로운 모양을 사실 그대로 알면, 그것이 비구가 모양을 아는 것이니라.

어떤 것이 비구가 긁어 떨어낼 줄 아는 것인가? 이에 비구가 욕심이 일어났을 때 그것을 생각해 버릴 줄 알고 애쓰지 않아 영원히 욕심이 없게 된다면, 또 성냄과 해칠 생각과 온갖 악하고 착하지 않은 생각이 일어났을 때 그것을 생각해 버릴 줄을 알고 애쓰지 않아 영원히 성냄이 없게 된다면, 그것이 비구가 긁어 떨어낼 줄 아는 것이니라.

어떤 것이 비구가 상처를 감쌀 줄 아는 것인가? 이에 비구가 눈으로 빛깔을 보더라도 빛깔이란 생각을 일으키지 않고 또 집착하지도 않아 감각기관인 눈을 깨끗이 하며, 근심·걱정과 악하고 착하지 않은 법을 없애 마음으로 탐하거나 즐거워하지 않고 거기서 감각기관인 눈을 보호한다면, 이와 마찬가지로 비구가 귀로 소리를 듣고, 코로 냄새를 맡으며, 혀로 맛을 보고, 몸으로 감촉을 느끼며, 뜻으로 법을 알더라도 안다는 생각을 일으키지 않고 또 집착하지도 않아 감각기관인 뜻을 깨끗이 한다면, 그것이 비구가 상처를 감쌀 줄 아는 것이니라.

어떤 것이 비구가 연기를 피울 줄 아는 것인가? 이에 비구가 들은 바 법을 사람들을 위해 널리 설법하면, 그것이 비구가 연기를 피울 줄 아는 것이니라.

어떤 것이 비구가 풀이 무성한 좋은 풀밭을 아는 것인가? 이에 비구가 현성의 8품도를 사실 그대로 알면, 그것이 비구가 풀이 무성한 좋은 풀밭을 아는 것이니라.

어떤 것이 비구가 사랑할 바를 아는 것인가? 이에 비구가 여래가 설한 법보를 듣고 마음으로 사랑하고 즐거워하면, 그것이 비구가 사랑할 바를 아는 것이니라.

어떤 것이 비구가 갈 길을 가리는 것인가? 이에 비구가 12부경, 즉 계경・기야・수결・게・인연・본말・방등・비유・생경・설・광보・미증유법을 가려서 행하면 그것이 비구가 길을 가릴 줄 아는 것이니라.

어떤 것이 비구가 건너는 지점을 아는 것인가? 이에 비구가 4의지를 알면, 그것이 비구가 건너는 지점을 아는 것이니라.

어떤 것이 비구가 음식에 만족할 줄을 아는 것인가? 이에 비구가 신심이 있는 범지나 우바새가 찾아와 초청했을 때에 그 음식을 탐하지 않고 만족할 줄을 알면, 그것이 비구가 만족할 줄 아는 것이니라.

어떤 것이 비구가 때를 따라 장로 비구를 공경히 받드는 것인가? 이에 비구가 항상 몸과 입과 뜻의 착한 행으로써 여러 장로 비구를 대하면, 그것이 비구가 때를 따라 장로 비구를 공경히 받드는 것이니라.

이와 같은 열한 가지 법을 성취하면 현세에서 많은 이익을 얻을 것이니라."

그때 세존께서는 곧 다음 게송으로 말씀하셨다.

　소를 먹이되 방일하지 않으면
　그 주인은 큰 복을 얻으리라.
　여섯 마리 소도 6년이면
　점점 불어나 60마리 소가 되리.

　만일 비구가 계율을 성취하고
　선정에 있어서 자재를 얻어

여섯 감각기관이 고요해지면
6년 동안에 여섯 신통 얻으리.

이와 같이 비구들아, 만일 어떤 사람이 능히 나쁜 법을 떠나 열한 가지 법을 성취한다면, 그는 현세에서 많은 이익을 얻을 것이다. 모든 비구들아, 마땅히 이와 같이 배워야 하느니라."

그때 모든 비구들은 부처님의 말씀을 듣고 기뻐하며 받들어 행하였다.

〔 2 〕

이와 같이 들었다.

어느 때 부처님께서는 사위국 기수급고독원에 계셨다.

그때 세존께서 비구들에게 말씀하셨다.

"만일 비구가 열한 가지 법을 성취하면 반드시 성장하는 바가 있을 것이다.

열한 가지 법이란 어떤 것인가? 이에 비구가 계율을 성취하고, 삼매를 성취하며, 지혜를 성취하고, 해탈을 성취하며, 해탈지견을 성취하고, 모든 감각기관이 고요하며, 음식에 만족할 줄을 알고, 항상 공법共法을 닦으며, 또 그 방편을 알고, 그 뜻을 분별하며, 이양에 집착하지 않는 것이다. 이와 같이 비구가 이 열한 가지 법을 성취한다면, 그는 크게 자랄 수 있을 것이다. 왜냐하면 일체 모든 행에 바로 이 열한 가지 법이 있기 때문이니라."

이때 아난이 세존께 아뢰었다.

"무슨 까닭입니까? 진실로 거기서 벗어나는 것이 없는 열한 가지 법이 있습니까? 무엇이 그 열한 가지입니까?"

부처님께서는 말씀하셨다.

"이른바 열한 가지란 아란야에서 살고, 걸식하며, 한 곳에 앉고, 하루 한 끼만 먹으며, 한낮에 먹고, 집을 가려 걸식하지 않으며, 세 가지 법의만 입고, 나무 밑에 앉으며, 한적한 곳 한데에 앉고, 기운 누더기 옷을 입으며, 혹은 무덤가에서 사는 것이다.

비구들아, 이것이 이른바 '어떤 사람이 열한 가지 법을 성취하면 곧 이르는 곳이 있을 것이다'는 것이니라. 나는 거듭 너에게 말한다. 만일 어떤 사람이 11년 동안 이 법을 공부한다면, 그는 현재의 몸으로 아나함을 이룰 것이요, 몸을 바꾸면 곧 아라한을 이룰 것이다.

비구들아, 11년은 고사하고 9년, 8년, 7·6·5·4·3·2·1년 동안만이라도 이 법을 공부한다면 곧 아나함이나 혹은 아라한, 두 과위果位를 이룰 것이다. 또 1년은 고사하고 한 달 동안만 그 법을 수행하더라도 그 비구는 아나함이나 혹은 아라한의 두 과위를 이룰 것이다. 왜냐하면 12인연, 즉 태어남·늙음·병듦·죽음·근심·걱정·괴로움·번민이 모두 이 열한 가지 법 가운데서 나오기 때문이니라.

나는 이제 너희들에게 말하나니, 너희들은 가섭 비구 같은 사람이 되라. 만일 어떤 사람이 남들이 꺼리고 괴롭게 여기는 법을 수행한다면 그런 행에는 미치기 어렵다. 왜냐하면 가섭 비구는 이 열한 가지 법을 성취하였기 때문이니라.

너희들은 알아야 한다. 과거의 다살아갈多薩阿竭[4]께서도 등정각을 이루고 이 열한 가지 법을 성취하셨느니라.

지금 가섭 비구는 일체 중생을 모두 가엾이 여긴다. 만일 과거의 여러 성문들을 공양하면 후생에서야 비로소 그 과보를 받겠지만 만일

---

4 팔리어 tathāgata를 음사한 말로 여래如來로 한역한다.

가섭을 공양한다면 현재의 몸으로 곧 그 과보를 받을 것이다.

만일 내가 무상등정각無上等正覺을 이루지 못했더라면 훗날 분명 가섭으로 말미암아 등정각을 이루었을 것이다. 이런 인연으로 가섭 비구는 과거의 여러 성문들보다 뛰어나느니라. 그러므로 가섭 비구와 같은 이가 있다면 그는 곧 우두머리 보살이 될 것이다.

비구들아, 이와 같이 공부해야 하느니라."

그때 모든 비구들은 부처님의 말씀을 듣고 기뻐하며 받들어 행하였다.

〔 3 〕[5]

이와 같이 들었다.

어느 때 부처님께서는 사위국 기수급고독원에 계셨다.

그때 부처님께서는 무수한 중생들에게 앞뒤로 둘러싸여 설법하고 계셨다.

이때 사리불은 많은 비구들을 거느리고 경행하고 있었고, 대목건련・대가섭・아나율・리월・가전연・만원자・우바리・수보리・라운・아난 비구 등도 각각 많은 비구들을 거느리고 서로 즐거워하고 있었으며, 제바달두提婆達兜 역시 많은 비구들을 거느리고 경행하고 있었다.

그때 세존께서는 신통력이 있는 여러 제자들이 각각 그 무리들을 거느리고 경행하는 모습을 지켜보셨다. 그때 세존께서 모든 비구들에게 말씀하셨다.

"사람의 근기와 성정은 서로 비슷한 점이 있어 착한 이는 착한 이와

---

5 이 소경과 내용이 비슷한 경으로는 『잡아함경』 제16권 447번째 소경인 「행경行經」이 있다.

서로 어울리고, 나쁜 이는 나쁜 이와 서로 어울린다. 비유하면 마치 젖은 젖과 서로 어울리고 소酥는 소와 서로 어울리며 똥은 똥오줌과 서로 어울리는 것처럼, 중생의 근기와 행하는 법이 각각 서로 어울리는 것도 그와 같아서, 착한 이는 착한 이와 서로 어울리고 나쁜 이는 나쁜 이와 서로 어울리는 것이다. 너희들은 사리불 비구가 모든 비구들을 거느리고 경행經行하는 것을 보는가?"

비구들이 아뢰었다.

"예, 봅니다."

"저 사람들은 모두 지혜로운 이들이니라."

또 말씀하셨다.

"너희들은 저 목련 비구가 여러 비구들을 거느리고 경행하는 것을 보는가?"

비구들은 아뢰었다.

"예, 봅니다."

"저 비구들은 모두 신통을 갖춘 선비들이니라."

또 물으셨다.

"너희들은 저 가섭이 여러 비구들을 거느리고 경행하는 것을 보는가?"

비구들은 아뢰었다.

"예, 봅니다."

부처님께서 말씀하셨다.

"저 여러 상사上士들은 다 11두타행법頭陀行法[6]을 실천하는 사람들이니라.

---

[6] 신수대장경 각주에 의하면 "송·원·명 3본에는 모두 12두타행법頭陀行法으로 되어 있다"고 한다.

또 물으셨다.

"너희들은 저 아나율 비구를 보는가?"

비구들이 아뢰었다.

"예. 봅니다."

"저 여러 현사賢士들은 모두 천안으로 제일이니라."

또 물으셨다.

"너희들은 저 리월 비구를 보는가?"

비구들이 아뢰었다.

"예. 봅니다."

부처님께서 말씀하셨다.

"저 사람들은 다 선정에 든 사람들이니라."

또 물으셨다.

"너희들은 저 가전연 비구를 보는가?"

비구들이 아뢰었다.

"예. 봅니다."

부처님께서 말씀하셨다.

"저 상사들은 다 이치를 분별할 줄 아는 사람들이니라."

또 물으셨다.

"너희들 저 만원자 비구를 보는가?"

비구들 아뢰었다.

"예. 봅니다."

부처님께서 말씀하셨다.

"저 여러 현사들은 다 설법을 잘하는 사람들이니라."

또 물으셨다.

"너희들은 저 우바리가 여러 비구들을 거느리고 경행하는 것을 보는가?"
비구들이 아뢰었다.
"예, 봅니다."
부처님께서 말씀하셨다.
"저 사람들은 다 계율을 가지는 사람들이니라."
또 물으셨다.
"너희들은 저 수보리 비구를 보는가?"
비구들이 아뢰었다.
"예, 봅니다."
부처님께서 말씀하셨다.
"저 여러 상인上人들은 공을 이해함에 있어 제일이니라."
또 물으셨다.
"너희들은 저 라운 비구를 보는가?"
비구들은 아뢰었다.
"예, 봅니다."
부처님께서 말씀하셨다.
"저 여러 현사들은 다 계를 완전히 갖춘 선비들이니라."
또 물으셨다.
"너희들아, 저 아난 비구를 보는가?"
비구들은 아뢰었다.
"예, 봅니다."
"저 여러 현사賢士들은 다 많이 들음에 있어 제일이라서 한 번 들은 것은 잊지 않느니라."
또 물으셨다.
"너희들은 저 제바달두 비구가 여러 사람들을 거느리고 경행하는 것을 보는가?"
비구들이 아뢰었다.
"예, 봅니다."
부처님께서 말씀하셨다.
"저 사람들은 악의 우두머리로서 선의 근본이 없느니라."
그때 세존께서 곧 이런 게송을 읊으셨다.

　　나쁜 벗이나 어리석은 이
　　그런 자들과 함께하지 말고
　　착한 벗이나 지혜로운 이
　　그런 자들과 더불어 사귀어라.

　　본래는 악하지 않았던 사람도
　　악한 사람을 가까이하면
　　뒤에는 반드시 악의 인을 이루어
　　나쁜 이름이 천하에 퍼지리라.

그때 제바달두의 제자 30여 명은 세존의 이 게송을 듣고, 곧 제바달두를 버리고 세존께 나아가, 땅에 엎드려 발아래 예배하고 무거운 죄의 용서를 구하면서 세존께 아뢰었다.
"저희들이 어리석고 미혹하여 참과 거짓을 분별하지 못하고는 착한 벗을 버리고 나쁜 벗을 가까이하였습니다. 원컨대 세존께서는 용서하소서. 다시는 범하지 않겠습니다."
세존께서는 말씀하셨다.
"너희들의 참회를 받아 주니, 과거를 고치고 미래를 닦아 다시는 범하지 말도록 하라."

이때 제바달두의 제자들은 세존의 교훈을 받들고 한적한 곳에서 묘한 이치를 사유하면서 자신을 극복하며 법을 닦았다. 그래서 족성자들이 수염과 머리를 깎고 출가하여 도를 배우는 목적대로 위없는 범행을 닦으려 하였다.

그때 그 비구들은 모두 아라한이 되었다.

"비구들아, 알아야 한다. 중생의 근본은 끼리끼리 어울리기 마련이라 악한 이는 악한 이와 서로 따르고, 선한 이는 선한 이와 서로 따르는 것이다. 과거나 미래 중생들의 근본 또한 그러하여 끼리끼리 서로 따르느니라. 그것은 마치 깨끗한 것은 깨끗한 것과 서로 어울리고, 더러운 것은 더러운 것과 서로 어울리는 것과 같으니라.

그러므로 비구들아, 깨끗한 이와 서로 어울리고 깨끗하지 않은 이는 멀리 여의는 것을 배우도록 하라. 비구들아, 이와 같이 공부해야 하느니라."

그때 비구들은 부처님의 말씀을 듣고 기뻐하며 받들어 행하였다.

〔 4 〕

이와 같이 들었다.

어느 때 부처님께서는 구류사拘留沙의 법행성法行城에서 대비구들 5백 명과 함께 계셨다.

그때 상사리불象舍利弗[7]은 법복을 버리고 속인 생활로 돌아갔다. 어느 때 아난은 가사를 입고 발우를 가지고 성에 들어가 걸식하다가 차

---

7 팔리어로 Citta-Hatthirohaputta라고 한다. 질다사리불質多舍利佛이라고도 옮긴다. 사위성에 살았던 농부의 아들로 여섯 번 환속하고 일곱 번째 출가한 끝에 아라한이 되었다고 한다.

즘 상사리불의 집에 이르게 되었다. 이때 상사리불은 두 여자의 어깨에 기대어 있었다. 아난은 멀리서 그 모습을 보고 우울해하며 매우 불쾌히 생각하였다. 상사리불은 아난을 보고 너무도 창피스러워 딴 자리로 옮겨 앉았다.

아난은 걸식을 마치고 성을 나와 세존께 나아가 땅에 엎드려 발아래 예배하고 한쪽에 앉아 아뢰었다.

"저는 아까 성에 들어가 걸식하면서 차츰 상사리불 집에까지 이르렀다가, 그가 양쪽으로 여자를 안고 있는 모습을 보았습니다. 저는 그것을 보고 너무도 우울했습니다."

세존께서는 말씀하셨다.

"너는 그것을 보고 어떤 마음이 들었느냐?"

아난은 아뢰었다.

"저는 생각하였습니다.

'상사리불은 열심히 정진하고 들은 것이 많았으며, 성품과 행실이 부드럽고 온화하였고, 항상 범행인들을 위해 설법하며 싫어할 줄 몰랐었는데, 어째서 지금은 법복을 버리고 세속 생활을 즐기는 걸까?'

그래서 저는 그를 보고 너무도 우울했습니다. 그리고 그 상사리불은 큰 신력과 한량없는 위덕이 있었습니다. 저는 '일찍이 그가 석제환인과 변론하는 것을 보았었는데 왜 지금은 애욕을 즐기며 악을 행하는 걸까?'라고 생각하였습니다."

세존께서는 말씀하셨다.

"그렇다. 아난아, 네 말과 같다. 그는 아라한이 아닐 뿐이다. 무릇 아라한이라면 결코 법복을 버리고 세속 생활을 즐기지는 않는다. 아난아, 너는 지금 우울해할 것 없다. 상사리불은 지금부터 이레 뒤에 다시 이곳으로 와서 번뇌를 없애고 번뇌 없는 행을 이룰 것이다. 상사리불은 전생의 업에 끌려 그렇게 되었을 뿐이다. 이제 행이 완전히 갖추어지면 반드시 번뇌를 없앨 것이다."

그때 상사리불은 이레 뒤에 세존께서 계신 곳으로 찾아와 땅에 엎드려 발아래 예배하고 한쪽에 앉았다. 그리고 잠시 뒤 물러앉아 세존께 아뢰었다.

"세존이시여, 끝자리에 앉아 사문의 행을 닦도록 허락하소서."

그때 상사리불 비구는 곧 사문이 되었고 그 자리에서 아라한이 되었다.

이때 상사리불은 가사를 입고 발우를 가지고 성에 들어가 걸식하였다. 어떤 범지는 상사리불을 보고 이렇게 생각하였다.

'이 석종의 제자들은 없는 곳이 없고 안가는 곳이 없다. 그리고 우리들이 행하는 주술을 멸망시킨다. 나는 이제 이 성 사람들에게 저 사문의 허물을 폭로하리라.'

그리하여 그 범지는 성 사람들에게 말하였다.

"너희들은 혹 상사리불을 보았는가? 그는 옛날 '나는 아라한이다'라고 스스로 일긷다가 중산에 법복을 버리고 세속 생활로 도로 돌아가 다섯 가지 욕망을 누리던 사람이다. 이제 다시 사문이 되어 집집마다 걸식하면서 거짓으로 청렴결백한 척하지만 여자들만 보면 욕정을 일으킨다. 그래서 동산으로 돌아가서도 여색만을 생각하며 마음에서 지워버리지 못한다.

마치 약한 나귀가 짐을 질 수 없어 가만히 누워 있는 것처럼, 저 석종의 제자도 그와 같이 거짓으로 걸식하는 척하지만 여자들만 보면 이리 저리 궁리한다."

이때 상사리불은 이 범지가 비방하는 소리를 듣고 곧 생각하였다.

'이 사람이 매우 어리석어 질투하는 마음을 내는구나. 그리고 남이 이양利養을 얻는 것을 보면 아까워하고 시기하지만, 자기가 이양을 얻으면 곧 기쁜 마음으로 속인 시주에게 찾아가 남을 비방한다. 나는 이제 그가 악을 짓지 못하도록 제어해 그로 하여금 한량없는 죄를 받지 않도록 하리라.'

그때 상사리불은 공중으로 날아올라 범지에게 말하였다.

> 안목도 없고 교묘한 방편도 없이
> 나쁜 생각으로 범행을 헐뜯는구나.
> 쓸데없는 일을 스스로 지으면
> 오래도록 지옥의 고통 받으리.

상사리불은 이 게송을 마치고 곧 스스로 물러나 머물던 곳으로 돌아갔다.

그때 성 사람들은 그 범지가 비방하는 말을 듣고, 또 상사리불의 게송을 듣고는 제각기 생각하였다.

'만일 범지의 말과 같다면 나중에 신통을 나타내 보이기 어려웠을 것이다. 그러나 우리는 그가 법복을 버리고 세속 생활로 돌아간 것도 보았다.'

이때 많은 사람들은 서로를 이끌고 상사리불에게 찾아가 땅에 엎드려 발아래 예배하고 한쪽에 앉아 물었다.

"혹 아라한이 법복을 버리고 세속 생활로 도로 돌아가는 일도 있습니까?"

상사리불은 대답하였다.

"아라한이 법복을 버리고 세속 생활로 도로 돌아가는 일은 없다."

그들은 아뢰었다.

"그러면 아라한은 혹 전생 인연으로 말미암아 계율을 범하기도 합니까?"

상사리불은 대답하였다.

"이미 아라한이 되었다면 계율을 범하지 않는다."

그들은 다시 아뢰었다.

"배우는 단계에 있는 사람은 전생 인연으로 말미암아 계율을 범합니까?"

상사리불은 대답하였다.

"배우는 단계에 있는 사람이라면 전생 인연으로 말미암아 계율을 범하는 수가 있다."

그들은 다시 아뢰었다.

"존자께서는 전에 아라한으로서 법복을 버리고 세속 생활로 돌아가 다섯 가지 욕망을 스스로 누리다가 왜 지금 다시 출가하여 도를 배우십니까? 본래는 신통이 있었는데 지금은 왜 그렇습니까?"

그때 상사리불은 곧 다음 게송을 읊었다.

세속 선정에 아무리 노닐더라도
끝내 번뇌를 벗어나지 못하네.
멸진滅盡의 도를 얻지 못하면
다섯 가지 욕망을 다시 익힌다.

섶나무가 없으면 불붙지 않고
뿌리 없으면 가지 생기지 않고
석녀石女는 아이를 밸 수 없듯이
아라한은 번뇌를 받지 않는다.

그때 사람들이 상사리불에게 물었다.

"존자께선 전에 아라한이 아니었습니까?"

상사리불은 대답하였다.

"나는 전에 아라한이 아니었다. 거사들이여, 알아야 한다. 다섯 가지 신통[五通][8]과 여섯 가지 신통[六通][9]은 각기 다르다. 내 이제 열한 가지 신통을 설명하리라. 대개 다섯 가지 신통을 가진 선인은 욕계의 욕망이 이미 다해 혹 위의 세계에 태어나기도 하지만 다시 욕계欲界로 떨어지게 된다. 그러나 여섯 가지 신통을 가진 여래의 제자 아라한은 번뇌가 다한 신통을 얻어 곧 무여열반無餘涅槃의 세계에서 반열반하느니라."

그들은 아뢰었다.

"저희가 상사리불님의 말씀을 살펴보면, 이 세상에는 법복을 버리고 세속 생활로 돌아가는 아라한은 없다고 하셨습니다."

상사리불은 대답하였다.

"그렇다. 너희들 말과 같다. 법복을 버리고 세속 생활로 도로 돌아가는 아라한은 없다. 아라한이 행하지 않는 열한 가지 법이 있다. 열한 가지란 어떤 것인가?

번뇌가 다한 아라한은 결코 법복을 버리고 세속 생활로 도로 돌아가지 않는다. 번뇌가 다한 아라한은 결코 더러운 행을 익히지 않는다. 번뇌가 다한 아라한은 결코 살생하지 않는다. 번뇌가 다한 아라한은 결코 도둑질하지 않는다. 번뇌가 다한 아라한은 결코 음식을 남기지

---

[8] 5신통(神通, pañca-abhiññā)이라고 하며, 천안통天眼通・천이통天耳通・타심통他心通・숙명통宿命通・신족통神足通을 말한다. 이 5신통은 누진통漏盡通이 빠진 것으로 외도外道에게도 존재하는 것으로 생각되어졌다.

[9] 6신통(神通, chaḷa-abhiññā)이라고 하고, 부처님과 보살 등이 갖춘 여섯 종류의 초인적인 능력으로 천안통・천이통・타심통・숙명통・신족통・누진통을 말한다.

않는다. 번뇌가 다한 아라한은 결코 거짓말하지 않는다. 번뇌가 다한 아라한은 결코 무리를 지어 서로 돕지 않는다. 번뇌가 다한 아라한은 결코 추악한 말을 하지 않는다. 번뇌가 다한 아라한은 끝내 의심이 없다. 번뇌가 다한 아라한은 결코 두려워하지 않는다. 번뇌가 다한 아라한은 결코 다른 스승에게 배우지 않고, 또 다시 태를 받지도 않는다.

여러분, 이것이 이른바 '번뇌가 다한 아라한은 결코 열 한 가지 경우에 처하지 않는다'는 것이니라."

그들은 아뢰었다.

"저희들이 존자의 말을 듣고 외도 이학을 관찰해보니 마치 아무것도 없는 빈 병을 보는 것 같습니다. 또 지금 안의 법을 관찰해보니 마치 꿀이 담긴 병과 같아서 달고 맛있지 않은 것이 없습니다. 여래의 바른 법도 그와 같습니다. 이제 저 범지는 한량없는 죄를 받을 것입니다."

그때 상사리불은 허공으로 날아올라 가부좌하고 앉아, 곧 이런 게송을 말하였다.

서로 어느 것이 중요한 줄 모르고
저 외도들의 술수를 익히면서
서로 어지러이 싸우는 것
지혜로운 사람 그런 짓 않느니라.

그때 구류사 사람들은 상사리불에게 아뢰었다.

"그 훌륭한 변설에는 진실로 따르기 어렵습니다. 마치 장님에게 눈을 주고 귀머거리를 듣게 하는 것처럼, 지금 존자의 말씀도 그와 같아서 무수한 방편으로 법을 말씀하시어, 저희들로 하여금 오늘 여래와 법과 비구 스님들께 귀의하게 하셨습니다. 원컨대 존자께서는 저희들이 우바새가 되는 것을 허락하소서. 저희는 목숨이 다할 때까지 다시는 살생하지 않겠습니다."

그때 상사리불은 그들을 위해 미묘한 법을 설명하여 기쁜 마음을 내게 하였다. 그들은 각각 자리에서 일어나 발아래 예배하고 떠났다.

이때 존자 아난은 범지가 상사리불을 비방하였으나 뜻을 이루지 못하였다는 소식을 듣고 '상사리불을 바로 쳐다보지도 못하겠거늘 하물며 함께 변론하겠는가?'고 생각하였다. 그는 곧 세존께 나아가 이 사실을 자세히 아뢰었다.

그때 세존께서는 아난에게 말씀하셨다.

"평등한 아라한을 거론하자면 상사리불을 말하는 것이 옳으니라. 왜냐하면 지금 상사리불은 이미 아라한을 이루어 옛날부터 전해오는 아라한이라는 이름을 지금 다 얻었기 때문이다.

세속의 다섯 가지 신통은 진실한 행이 아니기 때문에 뒤에 반드시 도로 잃어버리게 된다. 그러나 여섯 가지 신통은 진실한 행이다. 왜냐하면 저 상사리불이 먼저는 다섯 가지 신통을 가졌다가 지금은 여섯 가지 신통을 얻었기 때문이다. 너도 상사리불을 따르도록 공부하라. 이것이 그 도리이니 부디 생각하고 받들어 행하라."

그때 아난은 부처님의 말씀을 듣고 기뻐하며 받들어 행하였다.

〔 5 〕[10]

이와 같이 들었다.

어느 때 부처님께서는 사위국 기수급고독원에 계셨다.

---

10 이 소경과 내용이 비슷한 경으로는 『잡아함경』 제12권 298번째 소경인 「법설의설경 法說義說經」이 있다.

그때 세존께서 모든 비구들에게 말씀하셨다.

"이제 인연법因緣法을 설명하리니 잘 사유하고 기억해 그 행을 닦아 익히도록 하라."

비구들은 아뢰었다.

"그렇게 하겠습니다, 세존이시여."

그때 비구들은 부처님의 분부를 받들었다.

세존께서는 말씀하셨다.

"인연법이란 무엇인가? 이른바 무명無明을 인연하여 행行이 있고, 행을 인연하여 식識이 있으며, 식을 인연하여 명색名色이 있고, 명색을 인연하여 6입入이 있으며, 6입을 인연하여 접촉〔更樂〕이 있고, 접촉을 인연하여 느낌〔痛〕이 있으며, 느낌을 인연하여 애욕〔愛〕이 있고, 애욕을 인연하여 집착〔受〕이 있으며, 집착을 인연하여 존재〔有〕가 있고, 존재를 인연하여 태어남〔生〕이 있으며, 태어남을 인연하여 죽음〔死〕이 있고, 죽음을 인연하여 근심〔憂〕·슬픔〔悲〕·괴로움〔苦〕·번민〔惱〕이 이루 말할 수 없다. 이리하여 5음陰의 몸이 이루어지느니라.

무명無明이란 무엇인가? 이른바 괴로움을 모르고 괴로움의 발생과 괴로움의 소멸과 괴로움의 소멸에 이르는 길을 모르는 것이니, 이것을 무명이라 한다.

행行이란 무엇인가? 이른바 행에는 세 가지가 있다. 어떤 것이 셋인가? 이른바 몸의 행·입의 행·뜻의 행이니, 이것을 행이라 하느니라.

식識이란 무엇인가? 이른바 6식이니, 여섯이란 이른바 안식眼識·이식耳識·비식鼻識·설식舌識·신식身識·의식意識이다. 이것을 식이라 한다.

명名이란 무엇인가? 이른바 느낌〔痛〕·생각〔想〕·기억〔念〕·접촉〔更

樂〕· 사유思惟이니, 이것을 명이라 한다. 색色이란 무엇인가? 이른바 4대와 4대로 이루어진 몸이니 이것을 색이라 하며, 명과 색이 각각 다르므로 명색名色이라 하느니라.

6입入이란 무엇인가? 안의 6입이니, 여섯이란 무엇인가? 이른바 안입眼入 · 이입耳入 · 비입鼻入 · 설입舌入 · 신입身入 · 의입意入이니, 이것을 6입이라 한다.

접촉〔更樂〕이란 무엇인가? 이른바 여섯 가지 접촉〔六更樂身〕이다. 여섯 접촉이란 즉 눈〔眼〕· 귀〔耳〕· 코〔鼻〕· 혀〔舌〕· 몸〔身〕· 뜻〔意〕의 접촉이니, 이것을 접촉이라 하느니라.

느낌〔痛:受〕이란 무엇인가? 이른바 세 가지 느낌이다. 어떤 것이 셋인가? 즉 즐거운 느낌 · 괴로운 느낌 · 괴롭지도 않고 즐겁지도 않은 느낌이니, 이것을 느낌이라 한다.

애욕〔愛〕이란 무엇인가? 이른바 세 가지 욕망〔三愛身〕으로서 욕애欲愛 · 유애有愛 · 무유애無有愛이니, 이것을 애욕이라 한다.

집착〔受:取〕이란 무엇인가? 이른바 네 가지 집착이 그것이다. 어떤 것이 넷인가? 즉 애욕의 집착〔欲受:欲取〕· 소견에 대한 집착〔見受:見取〕· 계율에 대한 집착〔戒受:戒取〕· 나라는 집착〔我受:我取〕이다. 이것을 네 가지 집착이라 한다.

존재〔有〕란 무엇인가? 이른바 3유有이다. 어떤 것이 셋인가? 욕유欲有 · 색유色有 · 무색유無色有이니, 이것을 존재라 한다.

태어남〔生〕이란 무엇인가? 이른바 태어남이란 어느 집에 태어나 갖가지 존재를 받아 5음을 얻고 여러 감각기관을 받는 것이니, 이것을 태어남이라 하느니라.

늙음〔老〕이란 무엇인가? 이른바 이런저런 중생들이 그 몸에서 이가 빠지고 머리털이 세며, 기력이 쇠하고 감각기관이 문드러지며, 수명이 날로 줄어들어 본래의 정신이 없어지는 것이니, 이것을 늙음이라 한다.

죽음(死)이란 무엇인가? 이른바 이런저런 중생들이 받은 몸의 온기가 없어지고 무상하게 변하여 가까이했던 다섯 가지가 제각기 흩어지며, 5음의 몸을 버리고 목숨이 끊어지는 것이니, 이것을 죽음이라 한다. 비구들아, 알아야 한다. 그러므로 늙음·병듦·죽음이라 하느니라.

이것이 인연법으로서 그 이치를 자세히 설명한 것이다. 모든 부처 여래가 큰 자비를 일으켜 수행해야 할 일을 나는 이제 마쳤다. 너희들은 나무 밑이나 한데, 혹은 무덤 사이에서 이것을 생각하고 좌선하면서 두려워하거나 어렵게 생각하지 말라. 지금 부지런히 힘쓰지 않으면 후회하여도 소용이 없으리라."

그때 아난이 세존께 아뢰었다.

"여래께서는 비구들을 위해 매우 심오한 인연법을 설명하셨습니다. 그러나 제가 관찰하기엔 그다지 심오한 이치가 없습니다."

세존께시는 말씀하셨다.

"그쳐라. 그쳐라. 그런 생각 말라. 왜냐하면 이 12인연법은 매우 심오하고 심오해 보통 사람은 능히 밝게 깨달을 수 없기 때문이다. 나도 옛날 이 인연법을 깨닫기 전에는 생·사에 흘러 다니면서 벗어날 기약이 없었느니라.

그리고 아난아, 이 인연법을 그다지 심오하지 않다고 말한 것은 비단 오늘의 너만이 아니다. 옛날에도 그렇게 말한 사람이 있었다. 내 이제 그 사실을 말해 주리라.

지나간 세상에 수염須焰이라는 아수륜왕阿須倫王이 가만히 '해와 달을 붙들어 보고 싶다'는 생각을 했었다.

그래서 바다 밖으로 나가 그 몸을 아주 크게 변화시키자 바닷물이 허리춤에 왔다.
그때 그 아수륜왕의 아들 구나라拘那羅는 그 아버지에게 아뢰었다.
'저도 지금 바닷물에 목욕하고 싶습니다.'
수염은 말하였다.
'바다에 들어가 목욕하려 하지 말라. 왜냐하면 바닷물은 매우 깊고 또 넓어 결코 거기서는 목욕할 수 없기 때문이다.'
구나라는 아뢰었다.
'제가 지금 그 물이 대왕의 허리춤까지 밖에 오지 않는 것을 보고 있는데 왜 매우 깊다고 말씀하십니까?'
그래서 아수륜왕은 곧 아들을 들어다 바다에 넣었다. 아들은 그 발이 물밑에 닿지 않자 매우 두려워하였다. 이때 수염이 아들에게 말하였다.
'내 아까 너에게 바닷물이 매우 깊다고 타일렀었다. 그러나 너는 두려울 것 없다고 말했다. 오직 나만이 바다에서 목욕을 할 수 있으니 네가 할 수 있는 일은 아니다.'
그때의 수염 아수륜이 누구라고 생각하는가? 달리 생각하지 말라. 그는 곧 나이니라. 그리고 그때의 그 아들은 바로 너이니라. 그때 내가 바닷물이 매우 깊다고 했을 때 너는 두려울 것 없다고 말하더니, 지금 또 매우 심오한 12인연법을 너는 그다지 심오할 것이 없다고 말하는구나. 모든 중생들은 12인연법을 알지 못하기 때문에 생·사에 헤매면서 거기서 벗어날 기약이 없는 것이다. 모두들 미혹하고 행의 근본을 알지 못하여 이승에서 저승으로 가고 저승에서 이승으로 오면서 영원히 다섯 가지 번뇌 속에 있으니, 벗어나기를 구하지만 그것은 매우 어려운 일이니라.

나도 처음 불도를 이루었을 때 12인연을 깊이 사유하였기 때문에, 악마의 권속들을 항복 받고 무명을 없애 지혜의 밝음을 얻어 온갖 어두움이 아주 없어지고 티끌과 때가 없어졌느니라.

또 아난아, 나는 이 12인연설을 세 번 굴렸고 그렇게 했을 때 곧 도를 깨달았느니라. 이런 사실로도 12인연법은 매우 심오하고 심오한 것으로서 보통 사람이 능히 밝혀 펼 수 있는 것이 아님을 알 수 있느니라.

그러므로 아난아, 마땅히 깊고 깊이 생각하여 이 12인연법을 받들어 행하라. 그와 같이 공부하려고 생각해야 하느니라."

그때 아난은 부처님의 말씀을 듣고 기뻐하며 받들어 행하였다.

〔 6 〕①
이와 같이 들었다.

어느 때 부처님께서는 라열성의 가란타죽원에서 대비구들 5백 명과 함께 계셨다.

그때 라열성에 시라施羅라는 범지가 있었는데, 그는 온갖 주술을 밝게 알고 외도 이학의 경전에 기록된 천문·지리에 모두 능통하였으며 또 5백 명의 범지 동자들을 가르치고 있었다.

또 그 성에는 시녕翅甯이라는 이학의 선비도 있었다. 그는 아는 것이 많고 빈비사라왕頻毗娑羅王의 존경을 받았다. 그래서 왕은 때를 따라 공양하고 범지들이 필요로 하는 물건을 공급하였다.

그때 여래의 명성은 멀리까지 퍼져 '여래·지진·등정각·명행성위·선서·세간해·무상사·도법어·천인사·불중우佛衆祐로서 한량 없이 사람을 건지는 이가 세상에 출현하였다'고들 하였다.

그때 시녕 범지는 생각하였다.

'여래라는 이름은 참으로 듣기 어렵다. 나는 지금 찾아가서 문안하고 예경禮敬하고 가까이하리라.'

이때 시녕 범지는 곧 부처님께 나아가 땅에 엎드려 발아래 예배하고 한쪽에 앉아 아뢰었다.

"사문 구담의 성姓은 무엇입니까?"

세존께서는 말씀하셨다.

"내 성은 찰리이다."

범지는 여쭈었다.

"여러 바라문들은 제각기 '우리 성이 가장 뛰어나 이보다 나은 것이 없다'고들 말합니다. 혹은 성이 희다고 말하고, 혹은 성이 검다고 말합니다. 그리고 바라문들은 스스로 범천에게서 태어났다고 일컫습니다. 지금 사문 구담께서는 무엇이라 주장하시겠습니까?"

세존께서는 말씀하셨다.

"범지여, 알아야 한다. 사람이 혼인할 때라면 반드시 호귀豪貴한 성을 구할 것이다. 그러나 나의 바른 법에는 높거나 낮고 옳고 그른 이름과 성이 없느니라."

범지는 다시 아뢰었다.

"어떻습니까, 구담이시여. 타고난 성이 청정해야 법이 청정한 것 아닙니까?"

"너는 무슨 이유로 법이 청정한 것은 타고난 성이 청정하기 때문이라 하는가?"

"여러 바라문들은 제각기 '우리 성이 가장 뛰어나고 이보다 나은 것은 없다'고 주장합니다. 그래서 혹은 성이 희다고 하고 혹은 성이 검다고 하며, 바라문들은 스스로 '범천에게서 태어났다'고 일컫는 것입니다."

세존께서는 말씀하셨다.

"만일 찰리 처녀가 바라문 집에 시집가서 사내를 나았다면 그 아이는 어느 성을 따라야 하겠는가?"

범지는 아뢰었다.

"그는 바라문 종족이라고 해야 할 것입니다. 왜냐하면 아버지가 정기를 주어 그 아이가 있게 되었기 때문입니다."

"만일 바라문 처녀가 찰리 집에 시집가서 사내를 낳았다면 그 아이는 어느 성을 따라야 하겠는가?"

범지는 아뢰었다.

"그는 찰리 종족이라고 해야 할 것입니다. 왜냐하면 아버지가 정기를 주어 그 아이가 있게 되었기 때문입니다."

부처님께서 범지에게 말씀하셨다.

"깊이 사유한 뒤에 내게 대답하라. 지금 너의 말은 앞뒤가 서로 맞지 않다. 어떤가? 범지여, 가령 나귀가 말의 꽁무니를 쫓아가 새끼를 낳았다면 그것을 말이라 하겠는가, 나귀라 하겠는가?"

범지는 아뢰었다.

"그런 종류는 나귀 말〔驢馬〕이라 할 것입니다. 왜냐하면 나귀의 정기로 말미암아 새끼를 얻었기 때문입니다."

세존께서는 말씀하셨다.

"너는 깊이 사유한 뒤에 내게 대답하라. 너는 아까 '찰리 처녀가 바라문에게 시집가서 아이를 낳으면 바라문 종족이다'고 말하더니, 지금은 '나귀가 말을 쫓아가 새끼를 낳으면 나귀 말이다'고 말하니, 그것은 앞의 말과 어긋나지 않는가? 그리고 또 범지여, 만일 말이 나귀를 쫓아가 새끼를 낳았다면 이름을 무엇이라고 하겠는가?"

범지는 아뢰었다.

"말 나귀〔馬驢〕라고 부를 것입니다."

세존께서는 말씀하셨다.

"어떤가, 범지여. '말 나귀'와 '나귀 말'이 무엇이 다르겠는가? 만일 어떤 사람이 '보배 한 섬'이라 말하고 또 어떤 사람은 '한 섬의 보배'라고 말한다면 이 두 가지 말뜻에 다른 점이 있는가?"

범지는 아뢰었다.

"그것은 같은 뜻입니다. 왜냐하면 '보배 한 섬'과 '한 섬의 보배'는 그 뜻이 다르지 않기 때문입니다."

세존께서는 말씀하셨다.

"그러므로 말 나귀와 나귀 말은 그 뜻이 같으니라."

범지는 아뢰었다.

"사문 구담께선 그렇게 말씀하시지만 바라문들은 '우리 성이 가장 뛰어나니 우리보다 나은 자는 없다'고 스스로 일컫습니다."

세존께서는 말씀하셨다.

"너는 먼저는 그 어머니를 칭찬하더니 뒤에는 다시 그 아버지를 칭찬하는구나. 그러면 만일 그 아버지도 바라문 종족이요 그 어머니도 바라문 종족으로서 그들이 두 아이를 낳았다고 하자. 그 중 한 아이는 온갖 기술이 많고 보지 못한 일이 없으며, 둘째 아들은 아는 것이 없다면, 그때 그 부모는 어느 아들을 정중히 대하겠는가? 지혜로운 아들이겠는가, 아무것도 모르는 아들이겠는가?"

범지는 아뢰었다.

"그 부모는 덕이 높고 총명한 아들을 정중히 대할 것이요, 지혜 없는 아들은 정중히 대하지 않을 것입니다. 왜냐하면 그 한 아들은 모르는 일이 없고 익숙하지 않은 것이 없기 때문입니다. 그러므로 그 아들을 정중히 대할 것이요, 무지한 아들은 정중히 대하지 않을 것입니다."

세존께서는 말씀하셨다

"만일 그 두 아들 중에서 총명한 아들은 살생과 도둑질과 음행 따위의 열 가지 악한 법을 행하고, 총명하지 않은 아들은 몸과 입과 뜻의 행에 있어 열 가지 선한 법을 잘 지켜 하나도 범하는 일이 없다면, 그 부모는 어느 아들을 정중히 대하겠는가?"

범지는 아뢰었다

"그 부모는 응당 열 가지 선을 행하는 아들을 정중히 대할 것입니다. 선하지 않은 짓을 하는 사람을 정중히 대해 뭣하겠습니까?"

세존께서는 말씀하셨다.

"너는 먼저는 많이 들음[多聞]을 칭찬하더니 뒤에는 그 계율을 칭찬하는구나. 어떤가? 범지여, 또 두 아들이 있다고 하자. 한 아들은 아버지는 온전한데 어머니가 온전하지 못하며, 한 아들은 아버지는 온전하지 못한데 어머니가 온전하다. 어머니는 온전한데 아버지가 온전하지 못한 그 아들은 익숙하지 않은 일이 없고 경전과 주술을 널리 알며, 아버지는 온전한데 어머니가 온전하지 못한 두 번째 아들은 널리 배우지는 못하였으나 열 가지 선만은 지킨다면, 그 부모는 어느 아들을 정중히 대하겠는가? 어머니는 깨끗한데 아버지는 깨끗하지 못한 이를 정중히 대하겠는가, 혹은 아버지는 깨끗한데 어머니가 깨끗하지 못한 이를 정중히 대하겠는가?"

범지는 아뢰었다.

"응당 어머니가 깨끗한 아들을 정중히 대할 것입니다. 왜냐하면 그는 경서와 온갖 기술을 널리 알기 때문입니다. 이른바 아버지는 깨끗한데 어머니는 깨끗하지 못한 두 번째 아들은, 비록 계율은 가졌으나 지혜가 없으니 결국 어디에 쓰겠습니까? 들음[聞]이 있으면 반드시 계율은 있는 법입니다."

부처님께서 범지에게 말씀하셨다.

"너는 먼저는 아버지가 깨끗한 것을 찬탄하고 어머니가 깨끗한 것은 찬탄하지 않더니, 지금은 어머니가 깨끗한 것을 찬탄하고 아버지가 깨끗한 것은 찬탄하지 않는구나. 또 먼저 들음의 덕을 찬탄했다가 뒤에 계율의 덕을 찬탄하더니, 다시 이제는 계율을 찬탄했다가 뒤에서야 들음을 찬탄하는구나.

어떤가? 범지여, 만일 그 범지의 두 아들 중에 한 아들은 널리 배우고 들음이 많은데 겸하여 열 가지 선을 가졌고, 그 둘째 아들은 지혜는 있지만 겸하여 열 가지 악을 행한다면 그 부모는 어느 아들을 정중히 대하겠는가?"

범지는 아뢰었다

"아버지가 깨끗하고 어머니가 깨끗하지 못한 아들을 정중히 대할 것입니다. 왜냐하면 그는 온갖 경전을 널리 보고 온갖 기술에 밝으며 아버지의 깨끗함으로 말미암아 그런 아들이 태어났기 때문이며, 또 겸하여 열 가지 선을 행해 범하는 일이 없고 모든 덕의 근본을 두루 갖추었기 때문입니다."

세존께서는 말씀하셨다.

"너는 처음에는 그 성을 말했고, 다음에는 들음을 말하면서 성을 말하지 않았고, 다음에는 다시 계율을 말하면서 들음을 말하지 않았고, 뒤에는 다시 들음을 말하면서 계율을 말하지 않았다. 네가 지금 그 부모와 들음과 계율을 찬탄하는 것이 어찌 앞의 말과 어긋나지 않는가?"

범지는 아뢰었다.

"사문 구담께서는 비록 그렇게 말씀하시지만 바라문들은 '우리 성이 가장 뛰어나니 우리보다 나은 자는 없다'고 스스로 일컫습니다."

세존께서는 말씀하셨다.

"혼인을 하는 경우라면 성을 논하겠지만 나의 법 안에서는 그런 법이 없다. 너는 혹 먼 변방에 있는 나라와 또 다른 변방 사람들에 대해 들어본 적이 있는가?"

범지는 아뢰었다.

"예, 그런 사람들이 있다는 말을 들었습니다."

세존께서는 말씀하셨다.

"그 나라 백성들에게는 두 가지 종성이 있다. 그 두 가지란, 첫째는 평민이요, 둘째는 노예다. 그러나 이 두 가지 성도 일정하지 않느니라."

범지는 여쭈었다.

"어떻게 일정하지 않습니까?"

세존께서는 말씀하셨다.

"먼저는 평민이었다가 뒤에 노예가 되고, 혹은 먼저는 노예였다가 뒤에 평민이 되기도 한다. 그러나 중생 무리는 모두 동일한 종류로서 차이점이 없느니라.

범지여, 천지가 모두 무너져 이 세상이 텅 비게 될 때에는 산과 강과 석벽과 초목들은 모두 불타 없어지고 사람도 다 죽고 만다. 그러다가 천지가 다시 이루어지려 할 때에는 하루·한 달·한 해·세월 등의 한정이 없느니라.

그때 광음천이 이 세상으로 온다. 그 광음천들은 복덕이 차츰 다해 순수한 광명이 없어지면 서로를 바라보다가 곧 욕심을 일으킨다. 그래서 욕심이 지나치게 많은 이는 곧 여자가 되고 욕심이 적은 이는 남자가 되어 서로 서로 정을 통해 곧 아이를 배게 된다.

이 인연으로 말미암아 최초로 사람이 있게 되고, 계속해서 네 종류의 성이 생겨 천하에 퍼진다. 이런 사실로 보더라도 사람은 모두 찰리 종족에서 나왔다는 사실을 알 수 있느니라."

그때 범지는 아뢰었다.

"그만두소서, 그만두소서. 구담이시여, 마치 꼽추의 등을 펴주고 장님의 눈을 띄워주며 어둠 속에 있는 이에게 등불을 주는 것처럼, 사문 구담께서도 그와 같이 무수한 방편으로 저를 위해 설법하셨습니다. 저는 이제 사문 구담께 귀의합니다. 원컨대 저를 위해 설법하시고 제가 우바새 되는 것을 허락하소서."

그때 범지는 다시 세존께 아뢰었다.

"원컨대 여래께서는 저의 초청을 받아 주시어 비구들을 데리고 우리 집으로 오소서."

세존께서는 잠자코 허락하셨다.

이때 범지는 세존께서 잠자코 청을 받아 주심을 보고 곧 자리에서 일어나 땅에 엎드려 발아래 예배하고 이내 물러갔다.

그는 집에 돌아가 음식을 장만하였고, 온갖 자리를 펴고 향수를 땅에 뿌리고는 혼자 중얼거렸다.

"여래께서 이 자리에 앉으시리라."

그때 시라施羅 범지가 5백 제자를 데리고 시녕翅甯 범지 집으로 갔다가, 그 집에서 좋은 자리를 펴는 것을 보고 물었다.

"자네 집에 무슨 혼사라도 있는 건가? 아님 마갈국의 빈비사라왕이라도 초청하려는 것인가?"

시녕 범지는 대답하였다.

"나는 빈비사라 왕을 초청하지도 않았고 또 혼사도 없네. 나는 지금 큰 복을 지으려는 것이네."

시라 범지는 물었다.

"어떤 복을 지으려는지 그 생각을 듣고 싶네."
그때 시녕 범지는 시라 범지에게 대답하였다.
"그대는, 마땅히 알아야 하네. 출가하여 도를 배워 위없는 지진·등정각을 이룬 석종자釋種子가 계시네. 나는 이제 그 부처님과 비구 스님들을 초청하였다네. 그래서 갖가지 자리를 준비하는 것이라네."
그때 시라 범지가 시녕 범지에게 물었다.
"자네가 지금 '부처님'이라고 말했는가?"
"나는 지금 '부처님'이라고 말하였네."
다시 물었다.
"참으로 기이하고, 참으로 놀라운 일이다. 지금 '부처님'이라는 말을 듣게 되다니. 그 여래는 지금 어디 계신가? 내 그분을 뵙고 싶네."
시녕은 대답하였다.
"지금 라열성 밖에 있는 죽원에 머무시며 5백 제자들을 거느리고 즐거이 지내고 계신다네. 찾아가 뵙고 싶다면 지금 즉시 가보게나."
이때 시라 범지는 곧 5백 제자들을 데리고 부처님 계신 곳으로 찾아가 문안드리고 한쪽에 앉았다. 그리고 그는 생각하였다.
'사문 구담은 너무도 단정하고 그 몸은 황금빛이다. 우리 경전에 〈여래가 세상에 출현하는 것은 참으로 만나기 어렵다. 그것은 우담발화優曇鉢花가 아주 가끔씩 피는 것과 같다. 만일 32상相과 80종호種好를 성취하였다면 그는 반드시 두 길로 나아갈 것이다. 즉 집에 있으면 전륜성왕이 되어 7보를 완전히 갖출 것이요, 만일 출가하여 도를 배운다면 반드시 위없는 도를 이루어 삼계三界의 복이 되리라〉는 말이 있다. 나는 이제 부처님의 32상을 살펴보리라.'
그때 그 범지는 30상相만 볼 수 있었고 2상相은 보지 못하였다. 그래서 의심을 일으켰으니 그것은 넓고 긴 혀(廣長舌)와 음마장陰馬藏을 보지 못했기 때문이다.
그때 시라 범지는 곧 다음 게송을 읊었다.

32대인상大人相을
그는 가졌다고 나는 들었네.
이제 두 모습을 볼 수 없으니
그것은 도대체 어디 있는가?

맑고 깨끗한 그 음마장
그 모양 진실로 비유하기 어려우며
과연 넓고도 긴 혀가 있어
귀를 핥으며 얼굴을 덮을까?

원컨대 넓고 긴 그 혀를 내어
나로 하여금 의심이 없게 하고
또 그 음마장 내게 보여
의심의 그물을 아주 없애라.

증일아함경 제 47 권

49. 방우품 ②

〔 6 〕②

그때 세존께서 곧 혀를 내밀어 좌우의 귀를 핥으시고는 도로 거두어들이셨다. 그리고 곧 삼매에 들어 그 범지로 하여금 음마장陰馬藏을 보게 하셨다.

이때 범지는 부처님의 32상相과 80종호種好를 보고 기뻐 뛰면서 어쩔 줄 몰랐다.

이때 시라施羅 범지가 부처님께 아뢰었다.

"저는 지금 바라문이고 사문은 찰리종刹利種입니다. 그러나 사문이나 바라문은 다 동일한 도道로서 하나의 해탈을 구합니다. 바라옵건대 사문은 우리들을 허락하시어 동일한 도를 얻게 하시겠습니까?"

부처님께서 범지에게 말씀하셨다.

"그대가 그럴 생각이 있는가?"

범지가 대답하였다.

"저는 그럴 생각이 있습니다."

세존께서 말씀하셨다.

"그대는 뜻을 내어 하나의 해탈로 향해 가라. 그것은 이른바 바른 견해〔正見〕이니라."

범지가 부처님께 아뢰었다.

"바른 견해가 곧 하나의 해탈입니까, 혹은 다른 해탈이 있습니까?"

세존께서 말씀하셨다.

"범지여, 다시 다른 해탈이 있어 열반의 세계를 얻는다. 거기에는 여덟 가지가 있으니, 이른바 바른 소견〔正見〕·바른 다스림〔正治〕·바른 말〔正語〕·바른 업〔正業〕·바른 생활〔正命〕·바른 방편〔正方便〕·바른 생각〔正念〕·바른 선정〔正定〕이다. 범지야, 이것을 일러 8품도品道로서 열반에 이른다는 것이다."

그때 범지가 부처님께 아뢰었다.

"혹 중생으로서 이 8품도를 아는 이가 있습니까?"

세존께서 말씀하셨다.

"그것을 아는 이는 한 백천〔一白千〕 분이 아니다. 범지야, 마땅히 알아야 한다. 수 없는 백천 중생들이 이 8품도를 아느니라."

범지가 부처님께 아뢰었다.

"혹 중생으로서 이 8품도를 모르는 이가 있습니까?"

세존께서 말씀하셨다.

"중생으로서 모르는 이가 한 사람만이 아니다."

범지가 부처님께 아뢰었다.

"혹 중생으로서 이 법을 얻지 못하는 이가 있습니까?"

세존께서 말씀하셨다.

"이 도를 얻지 못하는 중생으로서 열 한 종류의 사람이 있다. 무엇이 열 한 가지인가? 이른바, 간사하고 거짓된 것, 나쁜 말을 하는 것, 충고하기 어려운 것, 은혜를 갚을 줄 모르는 것, 미워하기 좋아하는 것, 부모를 해치는 것, 아라한을 죽이는 것, 선근善根과 착한 일을 끊는 것, 악을 갚는 것, 나[我]가 있다고 생각하는 것, 나쁜 생각으로 여래를 대하는 사람이다. 범지야, 이것을 일러 '열한 종류의 사람은 이 8품도를 얻지 못한다'고 하는 것이다."

이 8품도를 설명할 때에 그 범지는 온갖 번뇌가 없어지고 법안이 깨끗해졌다.

그때 시라 범지가 5백 명 제자들에게 말하였다.

"너희들은 각각 좋아하는 것을 공부해야 한다. 나는 여래의 밑에서 범행梵行을 잘 닦으리라."

그 제자들이 아뢰었다.

"저희들도 출가하여 도를 배우고 싶습니다."

그때 범지와 그 5백 명 제자들은 모두 꿇어앉아 세존께 아뢰었다.

"바라건대 세존께서는 출가하여 도를 배우기를 허락하소서."

부처님께서 모든 범지에게 말씀하셨다

"잘 왔다, 비구여. 여래의 앞에서 범행을 잘 닦으면 차츰 괴로움의 근본이 없어질 것이다."

여래께서 이렇게 말씀하실 때 5백 명 범지들은 곧 사문으로 변하였다. 그때 세존께서 5백 비구들을 위하여 미묘한 논을 말씀하셨다. 그때 설하신 논은 보시에 대한 논[施論]과 계율에 대한 논[戒論]과 천상에 나는데 관한 논[生天論]이요, 또 탐욕은 더러운 것이므로 그것을 벗어나는 것이 가장 즐거운 것이라고 말씀하셨다. 그리고 여러 불세존이 항상 말씀하시는 법, 즉 괴로움·괴로움의 발생·괴로움의 소멸·괴로움의 소멸에 이르는 길을 말씀하셨다.

세존께서 모든 사람들을 위해 설법하셨을 때 그 5백 명은 온갖 번뇌가 영원히 없어졌고 상인上人의 법을 얻었다.

그때 시녕翅甯 범지가 아뢰었다.

"때가 되었습니다. 원컨대 왕림하십시오."

그때 세존께서 시라 등 5백 비구들에게 말씀하셨다.

"너희들도 모두 가사를 입고 발우를 가져라."

세존께서는 1천 비구들에게 둘러싸여 성안으로 들어가 범지의 집에 이르러 자리에 앉으셨다. 그때 시녕 범지는 5백 바라문이 모두 사문이 된 것을 보고 그들에게 말하였다.

"훌륭하십니다. 여러분. 도에 나아가는 요점은 이보다 나을 것이 없소."

이때 시라 비구는 시녕을 위하여 다음 게송을 읊었다.

이 요긴한 길보다 더 훌륭한
그런 법이 이 밖에 또 없으니
이렇게 훌륭한 비구의 모습들
이 보다 나은 것이 어디 있을까?

그때 시녕 범지가 세존께 아뢰었다.

"원컨대 세존께서는 조금 참으시고 때를 기다리소서. 그렇게 하시면 음식을 다시 장만하겠습니다."

세존께서 말씀하셨다

"이미 장만한 음식을 곧 차려라. 모자랄까 걱정하지 말라."

이때 시녕 범지는 한량없이 기뻐하면서 몸소 음식을 돌려 부처님과 비구 스님들을 공양하였다.

세존께서 공양을 마치시고 발우를 거두시자 시녕 범지는 여러 가지 꽃으로 부처님과 비구 스님들 위에 흩었다. 그리고 앞으로 나아가 세존께 아뢰었다.

"세존이시여, 지금 이 남녀노소들은 모두 우바새가 되기를 원합니다."

그때 범지의 부인이 아이를 배고 있었다. 그 부인이 세존께 아뢰었다.

"저는 지금 아이를 배었습니다. 이것이 사내아이인지 계집아이인지는 모르겠사오나 여래께 귀의하오니, 허락하시어 우바이優婆夷가 되게 하소서."

그때 여래께서는 대중들을 위해 미묘한 법을 연설하시고, 그 자리에서 이런 게송을 읊었다.

유쾌하여라. 이 복의 과보여,
원하는 결과를 반드시 얻어
차츰차츰 안온한 곳에 이르러
근심과 액난厄難이 영원히 없으리.

죽어서는 천상에 태어나게 되리니
비록 그 어떤 마천魔天이라 할지라도
이 복을 지은 사람으로 하여금
다시 죄에 떨어지게 하지 못하리.

그들도 또한 온갖 방편을 구해
성현의 거룩한 지혜를 얻어
괴로움의 근본을 모두 없애고

여덟 가지 어려움 영원히 떠나리.

세존께서 이 게송을 마치시고 곧 자리에서 일어나 떠나셨다.
그때 시녕 범지는 부처님의 말씀을 듣고 기뻐하며 받들어 행하였다.

〔 7 〕[1]
이와 같이 들었다.
어느 때 부처님께서는 사위국 기수급고독원에 계셨다.
그때 세존께서 모든 비구들에게 말씀하셨다.
"나는 항상 하루에 한 끼를 먹으므로 몸이 가볍고 기력이 강성하다. 너희 비구들도 하루에 한 끼를 먹으면 몸이 가볍고 기력이 강성하여 범행을 닦을 수 있을 것이다."
그때 발제바라跋提婆羅[2]가 세존께 아뢰었다.
"저는 하루에 한 끼니만 먹을 수는 없습니다. 왜냐하면 기력이 약하기 때문입니다."
부처님께서 그에게 말씀하셨다.
"너는 시주의 집에 가거든 1분分만 먹고 1분은 가지고 돌아오도록 하라."[3]
발제바라가 부처님께 아뢰었다.

---

1 『중아함경』 제194번째 소경 「발타화리경跋陀和利經」과 내용이 유사하다.
2 발제바라(跋提婆羅, Bhaddālin)는 바제바라波提婆羅・발타리跋陀利라고도 하고, 의역하여 현호賢護라고 한다.
3 『마하승기율摩訶僧祇律』 제17권에 따르면 "새벽에 일어나 두 개의 발우를 지니고 마을로 들어가 걸식하여 하나는 아침으로 먹고, 다른 하나는 점심으로 먹는다. 이것이 두 번[二食]의 식사이다"라고 되어 있다.

"저는 그런 법을 쓸 수 없습니다."

세존께서 말씀하셨다.

"너에게는 재(齋)를 어기는 것을 허락하리니, 하루에 세 때를 먹어라."

발제바라가 부처님께 아뢰었다.

"저는 그 법도 행할 수 없습니다."

세존께서는 잠자코 말씀하시지 않으셨다.

그때 가류타이(迦留陀夷)[4]가 해가 저물어 가사를 입고 발우를 가지고 성에 들어가 걸식하였다. 날이 아주 어두워져 우다이(優陀夷)는 차츰 어느 장자 집에 이르렀다. 그 장자의 부인은 아이를 배고 있었다. 부인은 사문이 밖에서 걸식하는 소리를 듣고 곧 손수 밥을 가지고 나와 주려 하였다.

그런데 우다이는 얼굴빛이 매우 검었는데 마침 하늘에서는 곧 비가 내릴 듯 여기저기서 번개가 쳤다.

그때 장자의 부인은 문을 나와 사문의 몹시 검은 얼굴빛을 보고 갑자기 놀라고 두려워 '귀신이다'라고 소리쳤다. 그리고 '아, 나는 귀신을 보았다'라고 하면서 부르짖었다. 그 바람에 낙태하여 아기가 죽고 말았다.

이때 가류타이는 이내 정사로 돌아와 근심에 잠겨 앉아 생각하고 후회하였으나 어쩔 수가 없었다.

그때 사위성에는 이런 나쁜 소문이 퍼졌다.

'석종(釋種)의 제자 사문이 주술을 부려 남의 아이를 떨어뜨렸다.'

그 중에 어떤 남녀들은 저희들끼리 이렇게 말하였다.

---

4 가류타이(迦留陀夷, Kāludāyin)는 우다이優陀夷・우타優陀・가루오타이加樓烏陀夷라고도 하며, 대추흑大麤黑 또는 흑광黑光으로 한역하기도 한다.

"요즘의 사문들은 행동에 절도가 없고 음식에 때를 모르니 출가하지 않은 속인들과 무엇이 다르겠느냐?"

그때 많은 비구들은 모든 사람들이 '석종의 제자 사문들은 절도가 없고 오고감에 거리낌이 없다'고 말하는 소리를 들었다. 그 중에서 계율을 가지는 비구나 계율이 완전한 이들은 스스로 원망하고 이렇게 꾸짖었다.

'사실은 우리들의 행동이 아니지만 그것은 음식에 제한이 없고 오고감에 시간이 없기 때문이니, 진실로 우리들의 잘못이다.'

그들은 서로 이끌고 부처님께 나아가 땅에 엎드려 발아래 예배하고, 이 사실을 자세히 세존께 아뢰었다.

그때 세존께서 한 비구에게 말씀하셨다.

"너는 가서 가류타이를 불러오너라."

그 비구는 부처님의 분부를 받고 곧 가서 우다이를 오라고 하였다.

이때 우다이는 부처님께서 부르신다는 말을 듣고 곧 세존께 나아가 땅에 엎드려 발아래 예배하고 한쪽에 앉았다.

그때 세존께서 우다이에게 물으셨다.

"네가 정말로 어제 저물게 성에 들어가 걸식하다가 장자의 집에 이르러 장자의 부인을 낙태시켰느냐?"

우다이가 부처님께 아뢰었다.

"그렇습니다. 세존이시여."

세존께서 우다이에게 말씀하셨다.

"너는 왜 시간을 분별하지 않고, 또 비가 오려고 하는데 성에 들어가 걸식하였느냐? 그것은 네가 할 짓이 아니다. 또 그것은 족성자로서 출가하여 도를 배우면서 음식에 탐착貪着하는 것이다."

그때 우다이가 곧 자리에서 일어나 세존께 아뢰었다.

"지금부터 다시는 범하지 않겠습니다. 원컨대 세존께서는 저의 참회를 받아 주십시오."

그때 세존께서 아난에게 말씀하셨다.

"너는 빨리 건추犍搥를 쳐서 모든 비구들을 보회강당에 다 모이게 하라."

아난은 부처님의 분부를 받고 곧 비구들을 모두 강당에 모으고 부처님께 나아가 아뢰었다.

"모든 비구들이 다 모였습니다. 세존께서는 때가 되었음을 아셔야 합니다."

그때 세존께서 곧 강당으로 가시어 한복판에 앉아 비구들에게 말씀하셨다.

"먼 옛날 모든 불세존佛世尊도 모두 하루에 한 끼니만 먹었고〔一座而食〕 모든 성문聲聞들도 하루에 한 끼니만을 먹었으며, 미래의 모든 부처님과 그 제자들도 하루에 한 끼니만 먹을 것이다. 왜냐하면 그것은 도를 행하는 요긴한 법이기 때문이다. 그러므로 하루에 한 끼니를 먹을 것이다. 만일 하루에 한 끼니를 먹게 되면 몸은 가볍고 마음은 열리게 될 것이다. 마음이 열리면 온갖 선의 뿌리를 얻을 것이요, 선의 뿌리를 얻으면 곧 삼매를 얻을 것이며, 삼매를 얻으면 사실 그대로 알게 될 것이다. 무엇을 사실 그대로 아는가? 이른바 괴로움에 대한 진리를 사실 그대로 알고, 괴로움의 발생에 대한 진리를 사실 그대로 알며, 괴로움의 소멸에 대한 진리를 사실 그대로 알고, 괴로움에서 벗어나는 방법에 대한 진리를 사실 그대로 알 것이다.

너희들 족성자는 이미 출가하여 도를 배우고 세속의 여덟 가지 업을 버렸으면서 때를 알지 못한다면 저 탐욕을 가진 사람들과 무슨 차별이 있겠는가? 범지梵志에게는 범지의 법이 따로 있고 외도外道에게는 외도의 법이 따로 있느니라."

이때 우바리優波離가 세존께 아뢰었다.

"과거의 여래와 미래의 모든 부처님도 모두 하루에 한 끼니만 먹는다면 원컨대 세존께서도 비구들을 위하여 때를 한정하여 먹게 하소서."

세존께서 말씀하셨다.

"여래도 그런 지혜는 있다. 그러나 다만 범하는 이가 없기 때문이니, 반드시 눈앞에 죄가 있어야 제한을 정하는 것이다."

그때 세존께서 모든 비구들에게 말씀하셨다.

"나는 완전히 하루에 한 끼니만 먹는다〔一座而食〕. 너희들도 하루에 한 끼니를 먹어야 한다. 이제 너희들은 점심때에만 먹고〔日中而食〕 때를 지나서 먹어서는 안 된다. 또 너희들은 걸식하는 법을 배워야 한다. 어떤 것이 비구가 배워야 할 걸식하는 법인가? 이른바 비구는 목숨을 지탱하는 것으로써 취지를 삼아, 얻어도 기뻐하지 않고 얻지 못해도 걱정하지 않는다. 음식을 얻었을 때에는 생각하고 먹고 탐착하는 마음이 없다. 그래서 다만 그것으로써 내 몸을 보존하며 묵은 병을 고치고 새 병이 나지 않게 하며 기력을 충족하게 한다. 비구들아, 이것을 걸식이라고 하느니라.

너희 비구들은 한 번 앉아 먹어야 한다. 어떤 것이 비구가 한 번 앉아 먹는 것인가? 일어나면 먹는 법을 범하는 것이니, 다시 먹지 말아야 한다. 이것을 비구가 한 번 앉아 먹는 것이라고 한다.

너희 비구들은 음식을 얻어서 먹어야 한다. 어떤 것이 비구가 음식을 얻어서 먹는 것인가? 말하자면 비구가 이미 음식을 얻었는데 다시 무엇이 있어 그것과 같을 것인가? 먹은 뒤에 또 얻더라도 다시 그것을 먹지 않아야 한다. 비구는 이와 같이 음식을 얻어서 먹어야 한다.

너희 비구들은 세 가지 법의를 입고 나무 밑이나 한적한 곳에 앉으며 한데 앉아 고행하고 누더기 옷을 입으며 무덤 사이에 머무르고 헤어진 나쁜 옷을 입어야 한다. 왜냐하면 욕심이 적은 사람을 찬탄하기 때문이니라.

나는 지금 너희들에게 분부하니 마땅히 가섭 비구처럼 되어야 한다. 왜냐하면 가섭 비구는 12두타행을 스스로 행하고 또 남을 가르쳐 그 요긴한 법을 행하게 하기 때문이다.

나는 지금 너희들에게 분부하니 마땅히 면왕面王[5] 비구처럼 되어야 한다. 왜냐하면 면왕 비구는 나쁘고 해진 옷을 입고 장식을 하지 않기 때문이다. 비구들아, 이것이 나의 교훈이니 부디 생각하고 닦아 행하라. 비구들아, 마땅히 이와 같이 배워야 한다.

그때 발제바라는 3개월이 지나도록 세존께서 계신 곳에 나아가지 않았다. 그래서 아난은 3개월이 지난 뒤에 처음으로 발제바라 비구에게 가서 말하였다.

"지금 모든 비구들은 모두 누더기 옷을 깁고 있다. 그리고 여래께서는 곧 세간에 유행遊行하실 것이다. 지금 가서 뵙지 않으면 후회해도 아무 소용이 없을 것이다."

이때 아난은 발제바라를 데리고 세존께 나아가 땅에 엎드려 발아래 예배하고, 세존께 아뢰었다.

"세존이시여, 저의 참회를 받아 주십시오. 지금부터 다시는 범하지 않겠습니다. 여래께서는 금계를 정하셨으나 제가 받지 않았습니다. 원컨대 용서해 주십시오."

이와 같이 재삼 되풀이하였다.

---

5 면왕(面王, Mogharājan)은 또한 모하라야莫賀囉惹라고도 한다.

이때 세존께서 말씀하셨다.

"너의 참회를 받아 주니 뒤에는 다시 범하지 말라. 왜냐하면 내가 그 무수한 생사生死를 생각하건대, 혹은 나귀·노새·낙타·코끼리·말·돼지·염소 따위가 되어 풀을 먹고 그 몸을 길렀으며, 혹은 지옥에서 뜨거운 쇠 구슬을 먹었으며, 혹은 아귀가 되어 항상 고름과 피를 먹었고, 혹은 인간이 되어 5곡을 먹었으며, 혹은 하늘 사람이 되어 자연의 감로甘露를 먹었었다. 그리하며 무수한 겁 동안에 온갖 목숨을 받아 서로 다투면서 조금도 만족할 줄 몰랐다.

우바리야, 마땅히 알아야 한다. 마치 불이 섶을 얻어 조금도 만족할 줄 모르고 또 큰 바다가 온갖 물을 머금어 만족할 줄 모르는 것처럼, 지금 범부들도 그와 같이 음식을 탐내어 만족할 줄 모른다."

그때 세존께서 이런 게송을 말씀하셨다.

생사가 끊어지지 않는 것
그것은 모두 탐욕 때문이다.
원망과 미움으로 악을 키우는 것은
어리석은 사람이 익히는 것이라네.

"그러므로 발제바라야, 항상 욕심이 적어 만족할 줄 알기를 생각하고 탐욕과 온갖 잡된 생각을 일으키지 말라. 우바리야, 마땅히 이와 같이 배워야 한다."

그때 발제바라는 여래의 교훈을 받고 한적한 곳에서 스스로 힘쓰고 꾸짖었으니, 그 까닭은 족성자로서 출가하여 도를 배우는 이가 위없는 범행을 닦으면 '삶과 죽음은 이미 다하였고 범행은 이미 섰으며, 할 일을 이미 다 마쳐 다시는 몸을 받지 않는다'는 것을 사실 그대로 알았기 때문이었다.
 이때 발제바라는 곧 아라한이 되었다.
 그때 세존께서 모든 비구들에게 말씀하셨다.
 "내 성문 제자들 중에서 음식을 제일 많이 먹는 이는 길호吉護[6] 비구이다."
 그때 모든 비구들은 부처님의 말씀을 듣고 기뻐하며 받들어 행하였다.

〔8〕
 이와 같이 들었다.
 어느 때 부처님께서는 앙예촌鴦藝村에서 대비구들 5백 명과 함께 계셨다.
 그때 세존께서 모든 비구들에게 말씀하셨다.
 "사람들은 모두 너희들을 사문이라고 한다. 그래서 만일 너희들에게 '너희들이 사문이냐?' 하고 물으면 너희들은 '사문이다'라고 대답한다. 나는 이제 너희들에게 사문의 행과 바라문의 행에 대하여 말하리라. 너희들이 생각하고 닦아 익히면 뒤에 반드시 성취하리니, 그것은 확실하여 틀림이 없을 것이다. 나는 이제 그 이유를 설명하리라. 사문에는 두 종류가 있으니, 습행習行 사문과 서원誓願 사문이다.
 무엇을 습행 사문이라고 하는가? 말하자면 비구로서 가고 옴·나아감과 머무름·바라봄·용모·옷을 입음·발우를 지니는 것이 모두 법과 같고, 탐욕·성냄·어리석음에 집착하지 않으며, 다만 계戒를 지니고 정진하여 법이 아닌 것을 범하지 않고 모든 계를 평등하게 배

---
6 발제바라를 가리키는 말이다.

우는 것이니, 이것을 습행 사문이라고 한다.

어떤 것을 서원 사문이라고 하는가? 말하자면 비구로서 위의·계율·출입·나아감과 머무름·걸음걸이·용모·바라봄·거동이 모두 법과 같고, 번뇌를 없애 번뇌가 없게 되며, 현세에서 몸으로 증득하여 스스로 유행하면서 교화한다. 그래서 '삶과 죽음이 이미 다하였고 범행은 이미 섰으며, 할 일을 이미 다 마쳐 다시는 몸을 받지 않는다'는 것을 사실 그대로 아는 것이니, 이것을 서원 사문이라고 한다. 비구들아, 이것을 일러 '두 종류의 사문'이라고 한다."

그때 아난이 세존께 아뢰었다.

"그 어떤 것을 사문의 법행法行이라고 하고 바라문의 법행이라고 합니까?"

부처님께서 아난에게 말씀하셨다.

"이른바 비구로서 음식에 만족할 줄을 알고 밤낮으로 경행經行하며 때를 잃지 않고 여러 가지 도의 갈래를 행하는 것이다.

어떤 것을 비구의 온갖 감각기관(根)이 고요한 것이라고 하는가? 말하자면 비구가 눈으로 빛깔을 보고도 집착하거나 어지러운 생각을 일으키지 않고, 거기에서 감각기관인 눈을 깨끗이 하여 온갖 나쁜 생각을 없애고 착하지 않은 법을 생각하지 않는 것이다. 귀로 소리를 듣고 코로 냄새를 맡으며 혀로 맛을 보고 몸으로 감촉을 느끼며 뜻으로 법을 알더라도 거기에 집착하거나 어지러운 생각을 일으키지 않아서 감각기관인 뜻을 청정이 하는 것이다. 이와 같은 것을 비구의 모든 감각기관이 청정한 것이라 하느니라.

어떤 것을 비구가 음식에 만족할 줄 아는 것이라고 하는가? 비구가 배를 요량해 먹고 살찌거나 희어지기를 바라지 않으며, 다만 그 몸을 보존하려고 할 뿐이요, 묵은 병을 고치고 새 병은 다시 생기지 않아 범행을 닦을 수 있도록 하는 것이다. 마치 어떤 남녀가 몸에 부스럼이 나면 때에 따라 고약을 바르는 것은 다만 부스럼을 고치려고 하는 것인 것처럼, 지금 이 비구들도 그와 같아서 배를 요량해 먹을 뿐이다. 또 수레에 기름을 치는 것은 멀리 가려고 하는 것인 것처럼, 비구가 배를 요량해 먹는 것은 목숨을 보존하려고 하는 것일 뿐이다. 이와 같은 것을 비구가 음식에 만족할 줄 아는 것이라 하느니라.

어떤 것을 비구가 항상 깨어 있을 줄 아는 것이라고 하는가? 이른바 비구로서 초저녁과 새벽에 항상 깨어 있어 37도품道品의 법을 생각하고 낮에는 거닐면서 나쁜 생각과 온갖 번뇌[結]를 없애며, 초저녁과 새벽에도 거닐면서 나쁜 번뇌와 좋지 못한 생각을 없애고, 밤중에는 오른쪽으로 누워 다리를 포개고 다만 광명을 향하는 생각을 가지며, 또 새벽에는 드나들고 거닐면서 좋지 못한 생각을 버리는 것이니, 이와 같은 것을 비구가 늘 때를 알아 깨어 있는 것이라 하느니라.

아난아, 이것이 사문이 해야 할 요긴한 행이다.

그 어떤 것이 바라문이 해야 할 요긴한 행인가? 비구는 괴로움에 대한 진리를 사실 그대로 알고, 괴로움의 발생·괴로움의 소멸·괴로움에서 벗어나는 방법에 대하여 사실 그대로 안다. 그리고는 욕루欲漏의 마음·유루有漏의 마음·무명루無明漏의 마음에서 벗어나 해탈을 얻는다. 해탈을 얻고는 곧 해탈하였다는 지혜[解脫智]를 얻는다. 그래서 '삶과 죽음은 이미 다하였고 범행은 이미 섰으며, 할 일을 이미 다 마쳐 다시는 태胎를 받지 않는다'는 것을 사실 그대로 아는 것을 말한다. 이것을 바라문이 해야 할 요긴한 행의 법이라고 한다.

아난아, 마땅히 알아야 한다. 이것을 요긴한 행의 의미라고 하느니라."

그때 세존께서 곧 이런 게송을 말씀하셨다.

사문을 식심息心이라 하니
온갖 악을 영원히 다 끊었기 때문이요
범지를 청정淸淨이라 하니
온갖 어지러운 생각을 다 버렸기 때문이다.

"그러므로 아난아, 사문의 법행과 바라문의 법행을 항상 생각하고 닦아 행하여야 하느니라. 어떤 중생이라도 이 법을 행한 뒤에야 사문이라고 일컬을 수 있다.

무엇 때문에 사문이라고 하는가? 온갖 번뇌를 아주 없애기 때문에 사문이라고 한다. 무엇 때문에 범지라고 하는가? 어리석고 미혹한 법을 모두 버렸기 때문에 범지梵志라고 한다. 또 찰리刹利라고도 하나니, 무엇 때문에 찰리라고 하는가? 음욕과 성냄과 어리석음을 끊었기 때문에 찰리라고 한다.

또 목욕沐浴이라고도 하니, 무엇 때문에 목욕이라고 하는가? 21가지의 번뇌를 다 씻어 없앴기 때문에 목욕이라고 한다. 또 깨달음〔覺〕이라고도 하나니, 무엇 때문에 깨달음이라고 하는가? 어리석은 법과 지혜로운 법을 밝게 깨달았기 때문에 깨달음이라고 한다. 또 저 언덕〔彼岸〕이라고도 하나니, 무엇 때문에 저 언덕이라고 하는가? 이 언덕에서 저 언덕에 이르기 때문에 저 언덕이라고 한다.

아난아, 이런 법을 행할 수 있는 이라야 비로소 사문·바라문이라고 한다. 이것이 그 의미이니 부디 생각하고 받들어 행하라."

그때 아난은 부처님의 말씀을 듣고 기뻐하며 받들어 행하였다.

〔9〕
이와 같이 들었다.

어느 때 부처님께서는 석시釋翅 가비라월迦毗羅越 니구류원尼拘留園에서 대비구들 5백 명과 함께 계셨다.

그때 제바달두提婆達兜 왕자는 세존께 나아가 땅에 엎드려 발아래 예배하고 한쪽에 앉아 아뢰었다.

"세존이시여, 저에게도 도道에 들어가 사문이 되는 것을 허락해 주소서."

부처님께서 제바달두에게 말씀하셨다.

"너는 속가에 있으면서 시주가 되어 보시하는 것이 좋겠다. 사문이 된다는 것은 그리 쉬운 일이 아니다."

이때 제바달두는 두 번 세 번 부처님께 아뢰었다.

"세존이시여, 끝자리에라도 앉기를 허락해 주소서."

부처님께서 다시 말씀하셨다.

"너는 속가에 있는 것이 좋겠다. 출가하여 사문의 행을 닦는 것은 마땅치 않느니라."

그때 제바달두는 곧 이렇게 생각하였다.

'이 사문이 질투하는 마음을 가지고 있구나. 나는 지금 내 손으로 직접 머리를 깎고 범행을 잘 닦으리라. 이 사문이 무슨 필요가 있겠는가?'

이때 제바달두는 곧 돌아가 제 손으로 수염과 머리를 깎고 가사를 입고 '나는 석종의 제자이다'라고 스스로 일컬었다.

그때 수라타修羅陀[7]라고 하는 비구가 있었다. 그는 두타행으로 걸식하면서 누더기 옷을 입고 다섯 가지 신통을 밝게 통달하였다.

이때 제바달두는 그 비구에게 가서 땅에 엎드려 발아래 예배하고

---

7 수라타(修羅陀, Surādha)는 또한 수뢰타須賴陀라고도 하며, 한역하면 선득善得이다.

앞으로 나아가 말하였다.

"원컨대 존자는 저를 위해 설법하여 오랜 세월 동안 안온함을 얻게 하십시오."

수라타 비구는 곧 그를 위해 위의와 예절을 설명하고 말하였다.

"이 법을 깊이 사유하여 가지고 버릴 것을 잘 분별하시오."

이때 제바달두는 그 비구가 시키는 대로 행하여 빠뜨리지 않았다. 제바달두가 그 비구에게 말하였다.

"원컨대 존자는 저를 위해 신통을 얻는 길을 말씀해 주십시오. 저는 그 도를 수행할 수 있습니다."

그때 비구는 그를 위해 신통을 얻는 길을 설명하였다.

"당신은 지금 마음의 가볍고 무거움을 공부하시오. 마음의 가볍고 무거움을 알게 되거든, 다시 4대大인, 지地·수水·화火·풍風의 가볍고 무거움을 분별하고, 4대의 가볍고 무거움을 알게 되거든 곧 자재삼매自在三昧를 수행하고, 자재삼매를 행하고 나서는 다시 용맹삼매勇猛三昧를 닦으며, 용맹삼매를 수행하고는 다시 심의삼매心意三昧를 수행하고, 심의삼매를 수행하고는 다시 자계삼매自戒三昧를 수행하시오. 자계삼매를 마치고 나면 오래지 않아 곧 신통의 도를 성취할 것입니다."

그때 제바달두는 스승의 가르침을 받고는 스스로 마음의 가볍고 무거움을 깨달았고 다시 4대의 가볍고 무거움을 깨달았다. 그리고 여러 가지 삼매를 모두 닦아 하나도 빠뜨림이 없었다. 그래서 오래지 않아 신통의 도를 성취하였다. 이리하여 무수한 방편으로 무량한 변화를 부렸으므로 그 명성이 사방에 멀리 퍼졌다.

그때 제바달두는 신통의 힘으로 삼십삼천에까지 올라가 우발연화優鉢蓮花와 구모두화拘牟頭華 등 갖가지 꽃을 꺾어 가지고 와서 아사세阿闍世 태자에게 바치면서 말하였다.

"이 꽃은 삼십삼천에 나는 꽃으로 석제환인이 보내어 태자에게 바치는 것입니다."

그때 왕태자는 제바달두의 신통이 이러한 것을 보고 곧 수시로 공양하고 그가 필요한 것을 대주었다. 태자는 다시 이렇게 생각하였다.

'제바달두의 신통은 참으로 따르기 어렵다.'

이때 제바달두는 다시 제 모습을 숨기고 어린아이의 몸으로 변화해 태자의 무릎 위에 앉았다. 여러 궁녀들은 각기 이렇게 생각하였다.

"이 아이는 누구인가? 귀신인가, 하늘인가?"

그 말을 마치기 전에 그는 다시 몸을 변화해 본래의 몸으로 되었다. 이때 왕태자와 궁녀들은 모두 찬탄하였다.

"그것이 바로 제바달두였구나."

곧 필요한 것을 모두 공급해 주었고 또한 이러한 말을 퍼뜨렸다.

"제바달두의 이름과 덕망은 이루 다 기록할 수가 없다."

그때 많은 비구들은 이 소문을 듣고 세존께 나아가 땅에 엎드려 발 아래 예배하고 아뢰었다.

"제바달두는 신통이 매우 많아 의복·음식·침구·병에 맞는 의약품 등을 얻을 수 있습니다."

부처님께서 비구들에게 말씀하셨다.

"너희들은 그런 생각을 하지 말라. 제바달두의 이양利養을 탐내지 말라. 그리고 그의 신통의 힘을 부러워하지도 말라. 그는 곧 신통의 힘 때문에 삼악도三惡道에 떨어지게 될 것이다. 제바달두가 얻는 이양과 그 신통은 장차 다해 없어질 것이다. 왜냐하면 그는 스스로 몸과 입과 뜻으로 나쁜 행을 짓게 될 것이기 때문이다."

그때 제바달두는 다시 이렇게 생각하였다.

'사문 구담이 신통이 있으면 나도 신통이 있다. 사문 구담이 아는 것이 있으면 나도 아는 것이 있다. 사문이 귀족이면 나도 귀족이다. 만일 사문 구담이 한 가지 신통을 나타내면 나는 두 가지를 나타낼 것이요, 사문이 두 가지를 나타내면 나는 네 가지를 나타낼 것이며, 그가 네 가지를 나타내면 나는 여덟 가지를 나타낼 것이요, 그가 여덟 가지를 나타내면 나는 열여섯 가지를 나타낼 것이며, 그가 열여섯 가지를 나타내면 나는 서른두 가지를 나타낼 것이다. 그 사문이 나타내는 신통을 따라 나는 자꾸 그보다 갑절이나 더 나타낼 것이다.'

그때 많은 비구들이 제바달두의 이 말을 들었다. 그 중의 5백여 비구들은 제바달두에게로 갔다. 그리하여 제바달두와 그 5백 비구들은 태자의 공양을 받았다.

이때 사리불과 목건련이 서로 의논하였다.

"우리 함께 저 제바달두에게 가서 그가 설법할 때 무엇을 말하는지 들어보자."

곧 그들은 함께 제바달두에게 갔다.

그때 제바달두는 멀리서 사리불과 목건련이 오는 것을 보고 곧 그 비구들에게 말하였다.

"저 두 사람은 실달悉達의 제자이다."

그리고는 매우 기뻐하였다. 사리불과 목건련은 거기 가서 서로 문안인사를 나누고 한쪽에 앉았다.

이때 다른 비구들은 모두 이렇게 생각하였다.

'석가문釋迦文부처님의 제자들이 지금 다 제바달두에게 왔다.'

그때 제바달두가 사리불에게 말하였다.

"너는 지금 비구들을 위하여 설법할 수 있겠느냐? 나는 조금 쉬고 싶다. 등 병을 앓고 있기 때문이다."

그는 다리를 포개고 오른쪽으로 누워 흐뭇한 마음으로 곧 잠이 들었다.

사리불과 목건련은 제바달두가 잠든 것을 보고 곧 신통으로 모든 비구들을 모아 데리고 공중을 날아 돌아갔다.

이때 제바달두는 잠에서 깨어나 비구들이 보이지 않자 잔뜩 화를 내며 이렁헥 말하였다.

"내가 만일 원수를 갚지 못하면 제바달두가 아니다."

이것이 제바달두가 첫 번째 5역죄逆罪를 범한 것이었다.

그는 막 이렇게 생각하자 곧 신통을 잃고 말았다.

그때 많은 비구들이 세존께 아뢰었다.

"제바달두 비구는 대단한 신통이 있어서 우리 성중聖衆을 무너뜨릴 수 있습니다."

그때 세존께서 모든 비구들에게 말씀하셨다.

"제바달두는 단지 지금만 성중聖衆을 무너뜨린 것이 아니다. 과거 세상에서도 늘 성중을 무너뜨렸었다. 그 내력을 말하면 과거에도 성중을 무너뜨렸고 또 악한 생각을 내어 '나는 기어코 사문 구담을 잡아 죽이고 삼계에서 부처가 되어 홀로 높아 짝이 없이 되리라'고 하였다."

이때 제바달두가 아사세 태자에게 말하였다.

"옛날에 사람의 수명이 매우 길었지만 지금은 짧아졌습니다. 만일 왕태자가 하루아침에 목숨을 마친다면, 이 세상에 헛되이 태어난 것이 되고 말 것입니다. 그런데 왜 부왕을 해쳐 성왕聖王의 자리를 이어받지 않습니까? 나는 여래를 해치고 부처가 될 것이니, 그때에는 새 왕과 새 부처로서 얼마나 유쾌하겠습니까?"

그때 아사세 태자는 곧 문지기를 보내어 부왕을 잡아 감옥에 가두고 스스로 왕이 되어 나라를 다스렸다.

이때 신하들이 저희끼리 수군거렸다.

"저 아들은 태어나지 않은 것이 좋았을 뻔했다. 원한을 품은 아들이다."

그런 뜻에서 아사세왕[8]이라고 이름한 것이다.

이때 제바달두는 아사세왕이 그 부왕을 가둔 것을 보고 다시 이렇게 생각하였다.

'나도 기어코 사문 구담을 잡아 죽이리라.'

그때 세존께서는 기사굴산의 한 작은 산 곁에 계셨다. 제바달두는 기사굴산으로 가서 길이 30주(肘) 너비 15주가 되는 큰 돌을 들어 세존께 던졌다.

이때 산신 금비라金毘羅[9]가 항상 그 산에 머물고 있었는데, 제바달두가 돌을 들어 부처님께 던지는 것을 보고 곧 손을 펴 온몸을 덮었다. 그러나 부서진 돌 한 조각이 여래의 발을 때려 곧 피가 흘렀다.

그때 세존께서 제바달두를 보고 말씀하셨다.

"너는 지금 또 나쁜 생각을 내어 여래를 해치려고 하는구나."

이것이 두 번째 5역죄였다.

그때 제바달두는 다시 이렇게 생각하였다.

'나는 끝내 사문 구담瞿曇을 죽이지 못하였다. 다시 방편을 구하리라.'

그리고는 거기서 떠나갔다.

그는 아사세왕에게 가서 아뢰었다.

"검은 코끼리에게 취하도록 술을 먹여 사문을 해치게 하십시오. 왜

---

8 팔리어로 Ajātasattu라고 하며, 의역하여 미생원未生怨, 즉 '아직 태어나기도 전에[未生] 원망하는 마음을 가졌다'는 뜻이다.

9 금비라(金毘羅, Kumbhīra)는 또한 금비로金鞞盧・공비라供毗羅라고도 하며, 한역하면 위여威如이다.

냐하면 이 코끼리는 몹시 사나워서 틀림없이 사문 구담을 해칠 수 있기 때문입니다. 그리고 만일 저 사문이 일체지一切智가 있다면 반드시 내일은 성에 들어와 걸식하지 않을 것이요, 일체지가 없다면 틀림없이 성에 들어와 걸식하다가 이 사나운 코끼리에게 죽임을 당할 것입니다."

아사세왕은 곧 독한 술을 코끼리에게 먹여 취하게 하고 온 나라 백성들에게 영슈을 내렸다.

"편하기를 구하고 목숨을 아끼는 자는 내일은 성안을 다니지 말라."

그때 세존께서는 때가 되어 가사를 입고 발우를 가지고 라열성에 들어가 걸식하였다. 그런데 그 나라의 남녀노소와 사부대중들은 아사세왕이 코끼리에게 술을 먹여 여래를 해치려 한다는 말을 듣고 모두 서로 이끌고 세존께 나아가 땅에 엎드려 발아래 예배하고 아뢰었다.

"원컨대 세존께서는 라열성에 가셔서 걸식하지 마십시오. 왜냐하면 아사세왕이 코끼리에게 취하도록 술을 먹여 여래를 해치려고 하기 때문입니다."

부처님께서 여러 우바새들에게 말씀하셨다.

"등정각等正覺은 결코 남의 해침을 받지 않느니라."

세존께서는 그 말을 들었으나 평상시와 똑같이 성안으로 들어갔다. 이때 그 사나운 코끼리가 멀리서 세존께서 오시는 것을 보고는 불꽃처럼 성이 나서 여래께 달려와 해치려고 하였다. 그러나 부처님께서는 코끼리가 오는 것을 보고 곧 이런 게송을 말씀하셨다.

　　코끼리야, 이 용을 해치지 말라.
　　용과 코끼리는 나타나기 어렵나니
　　너는 이 용을 해치지 않음으로

저 좋은 곳에 태어나게 되리라.

그 코끼리는 여래께서 읊으시는 게송을 듣고 곧 앞으로 나아가 꿇어앉아 여래의 발을 핥았다. 그리고 허물을 뉘우치고 마음이 편치 않아, 곧 목숨을 마치고는 삼십삼천에 태어났다.

그때 아사세왕과 제바달두는 코끼리의 죽음을 보고 매우 슬퍼하였다.

제바달두가 왕에게 말하였다.

"사문 구담이 코끼리를 잡아 죽였습니다."

왕이 말하였다.

"이 사문 구담은 큰 신력이 있고 온갖 기술伎術이 많아 곧 주술呪術로써 저 큰 코끼리를 죽인 것입니다."

왕이 다시 말하였다.

"이 사문은 반드시 큰 위력을 갖추고 있습니다. 그러므로 사나운 코끼리의 해침을 받지 않은 것입니다."

제바달두가 대답하였다.

"사문 구담은 사람의 마음을 홀리는 주술이 있어서 저 외도 이학異學들도 모두 항복 받거늘 하물며 축생 따위이겠습니까?"

이때 제바달두는 다시 이렇게 생각하였다.

'내가 지금 아사세왕을 살펴보니 그는 뉘우치며 마음이 변하려고 한다.'

그렇게 생각한 그는 근심하고 불쾌해 하면서 라열성을 나왔다.

그때 법시法施 비구니는 멀리서 제바달두가 오는 것을 보고 그에게 말하였다.

"당신이 지금 하시는 일은 아주 잘못된 일입니다. 지금 후회하기는 쉽지만 뒤에는 아마 어려울 것입니다."

제바달두는 이 말을 듣고 더욱 화가 나서 곧 물었다.

"이 중년〔禿婢〕아, 내게 무슨 잘못이 있기에 지금은 쉽고 나중에는 어렵다고 하느냐?"

법시 비구니가 대답하였다.

"당신은 지금 악인惡人들과 함께 온갖 죄악의 근본을 지었습니다."

이때 제바달두는 불꽃같은 성이 치밀어 곧 손으로 그 비구니를 때려 죽였다.

제바달두는 그 진인(眞人 : 阿羅漢)을 죽이고 자기 방으로 돌아와 여러 제자들에게 말하였다.

"너희들은 마땅히 알아야 한다. 나는 지금 나쁜 생각을 내어 사문 구담에게 향하였지만 그것은 의리에 맞지 않다. 아라한으로서 나쁜 생각을 내어 아라한을 향해서는 안 된다. 나는 지금 저분에게 참회하는 것이 옳다."

이때 제바달두는 이 때문에 근심에 잠겨 이내 중병을 얻었다. 그는 제자들에게 말하였다.

"나는 지금 사문 구담을 찾아가 뵐 기운이 없다. 너희들은 나를 부축해 가지고 저 사문에게로 가자."

그때 제바달두는 열 손톱에 독약을 바르고는 다시 그 제자들에게 말하였다.

"너희들은 나를 가마에 메고 사문에게로 가라."

제자들은 그를 가마에 메고 세존에게로 떠났다.

그때 아난이 멀리서 제바달두가 오는 것을 보고 곧 세존께 아뢰었다.

"제바달두가 지금 저기에 오고 있습니다. 반드시 뉘우치는 마음이 있어 여래께 참회를 구하려는 것일 것입니다."

부처님께서 아난에게 말씀하셨다.

"제바달두는 끝내 내게 오지 못할 것이다."

아난은 두 번 세 번 되풀이해 아뢰었다.

"지금 저 제바달두가 참회를 하려고 이곳으로 오고 있습니다."

세존께서 아난에게 말씀하셨다.

"저 나쁜 사람은 끝내 여래에게 오지 못할 것이다. 그는 오늘 목숨이 이미 다 되었느니라."

그때 제바달두는 세존께서 계신 곳에 이르기 전에 그 제자들에게 말하였다.

"내가 지금 누워서 여래를 뵐 수는 없다. 가마에서 내려 뵙는 것이 마땅하다."

제바달두가 땅에 막 발을 내딛자 땅 속에서 큰 불바람[火風]이 일어나 그의 몸을 에워쌌다. 그때 제바달두는 불에 타면서 곧 여래께 후회하는 마음이 생겨 막 '나무불南無佛'이라고 외치려고 하였다. 그러나 그 말을 마치지 못한 채 '나무'[10]만을 일컫고 곧 지옥으로 들어갔다.

그때 아난은 제바달두가 지옥에 떨어지는 것을 보고 세존께 여쭈었다.

"제바달두가 지금 목숨을 마치고 지옥에 들어갔습니까?"

부처님께서 말씀하셨다.

"제바달두는 번뇌를 다하여 구경처究竟處에 이르지 못하였다. 지금 그는 나쁜 생각을 일으켜 여래의 몸을 해치려 하였기 때문에 몸이 무너지고 목숨이 끝난 다음에 아비지옥阿鼻地獄에 들어갔다."

---

10 팔리어로 namo라고 한다. 귀의歸依한다는 뜻이다.

아난은 눈물을 흘리고 슬피 울면서 어쩔 줄을 몰랐다.
세존께서 아난에게 말씀하셨다.
"너는 왜 그처럼 슬피 우느냐?"
아난이 부처님께 아뢰었다.
"저는 아직 애욕愛欲의 마음이 다하지 못하였고 욕심[欲][11]을 끊지 못하였기 때문에 슬피 웁니다."
그때 세존께서 이런 게송을 말씀하셨다.

 만일 사람들이 스스로 행行을 짓고
 그 근본을 도로 관찰해 보면
 선善한 이는 그대로 선한 과보를 받고
 악惡한 이는 그대로 악한 재앙을 받는다.

 세상 사람들이 나쁜 행을 행하여
 죽어서 지옥의 고통을 받더라도
 만일 그가 또 선善한 행을 행하면
 몸을 바꾸어 하늘의 복을 받으리.

 그는 제가 스스로 악한 일을 행해
 제 스스로 지옥에 들어갔거니
 그것은 이 부처님의 허물 아니다.
 너는 지금 어찌하여 슬피 우는가?

---

11 신수대장경 각주에 의하면 "성본聖本에는 욕欲이 결結로 되어 있다"고 하였다.

그때 아난이 세존께 아뢰었다.

"제바달두는 지금 죽어 어디에 태어났습니까?"

세존께서 아난에게 말씀하셨다.

"지금 제바달두는 목숨을 마치고 아비지옥에 들어갔다. 왜냐하면 그는 5역죄를 지었기 때문에 그런 과보를 받는 것이다."

아난이 다시 부처님께 아뢰었다.

"그렇습니다, 세존이시여. 세존의 말씀과 같습니다. 자기가 죄를 지어 현세의 몸으로 지옥에 들어갔습니다. 제가 지금 눈물을 흘리면서 슬피 우는 까닭은 제바달두가 그 이름과 종족을 아끼지 않고, 또 부모와 어른들을 위하지 않으며 모든 석씨를 욕되게 하고 우리 문중을 헐뜯었기 때문입니다. 그러나 제바달두가 현재의 몸으로 지옥에 들어간 것은 진실로 그럴 수 없는 일입니다. 왜냐하면 우리 문족門族은 전륜성왕의 지위에서 나왔기 때문입니다. 그러므로 제바달두의 몸은 왕족에서 나왔는데 현재의 몸으로 지옥에 들어간다는 것은 있을 수 없는 일입니다. 제바달두는 현세의 몸으로 번뇌를 다하고 번뇌가 없게 되어, 마음이 해탈하고 지혜가 해탈하여 현세의 몸으로 과果를 증득해야 할 것입니다. 그래서 '삶과 죽음은 이미 다하였고 범행은 이미 섰으며, 할 일을 이미 다 마쳐 다시는 태胎를 받지 않는다'는 것을 사실 그대로 알고, 진인眞人의 자취를 배워 아라한이 되어 무여열반無餘涅槃의 세계에서 반열반般涅槃했어야 할 터인데, 어찌 현세의 몸으로 지옥에 들어갈 줄 알았겠습니까?

제바달두가 이 세상에 있을 때에 큰 신력神力과 신덕神德이 있어 능히 삼십삼천에까지 올라갔고 변화가 자재自在하였는데 어떻게 그런 사람이 지옥에 들어갈 수 있습니까? 알 수 없습니다, 세존이시여. 제바달두는 지옥에서 얼마만큼 세월을 지나야 하겠습니까?"

세존께서 아난에게 말씀하셨다.

"그 사람은 지옥에서 한 겁劫을 지내야 할 것이다."

그때 아난이 다시 부처님께 아뢰었다.

"그러하오나 겁에는 대겁大劫과 소겁小劫, 이 두 종류가 있는데, 그는 어떤 겁을 지내야 합니까?"

부처님께서 아난에게 말씀하셨다.

"그는 대겁을 지내야 할 것이다. 이른바 대겁이란 즉 현겁賢劫이니, 그는 그 겁수劫數를 지나고 행이 끝나면 목숨을 마치고 도로 사람의 몸을 받아 태어날 것이다."

아난이 부처님께 아뢰었다.

"제바달두는 인간의 근본[人根]을 모두 잃어버리고야 비로소 다시 이룩하겠습니다. 왜냐하면 겁의 수효가 길고 멀기 때문입니다. 대개 대겁이란 현겁에 불과합니다."

그때 아난은 더욱 슬피 울고 흐느끼면서 다시 부처님께 아뢰었다.

"제바달두는 아비지옥에서 나오면 다음에는 어디에 태어나겠습니까?"

부처님께서 아난에게 말씀하셨다.

"제바달두는 거기서 목숨을 마치면 사천왕천에 태어날 것이다."

아난이 다시 물었다.

"또 거기에서 목숨을 마치면 어디에 태어나겠습니까?"

부처님께서 아난에게 말씀하셨다.

"거기에서 목숨을 마치면 계속하여 차례로 삼십삼천三十三天·염천焰天·도솔천兜率天·화자재천化自在天·타화자재천他化自在天에 태어날 것이다."

아난이 다시 물었다.

"거기에서 목숨을 마치면 또 어디에 태어나겠습니까?"

부처님께서 아난에게 말씀하셨다.

"제바달두는 지옥에서 목숨을 마치고 천상의 좋은 곳에 태어나면 60겁을 지내도록 3악도(惡道)에 떨어지지 않고, 천상과 인간을 왕래하다가 최후로 사람의 몸을 받을 것이다. 그러고는 수염과 머리를 깎고 세 가지 법의를 입고 견고한 믿음으로 출가하여 도를 배워 벽지불이 될 것이니, 그때는 이름을 '나무'라 할 것이다."

그때 아난이 앞으로 나아가 부처님께 아뢰었다.

"세존이시여, 그와 같이 제바달두는 악의 과보로 말미암아 지옥의 죄를 받았는데, 또 어떤 공덕을 지었기에 60겁 동안 삶과 죽음을 지내면서도 고뇌를 받지 않고, 다시 벽지불이 되어 그 이름을 '나무'라 할 수 있습니까?"

부처님께서 아난에게 말씀하셨다.

"잠깐 동안의 착한 마음도 그 복을 비유하기 어렵거늘, 하물며 제바달두처럼 고금(古今)의 일에 두루 밝고 외워 익힌 것이 많으며, 온갖 법을 모두 가져 들은 것을 잊지 않는 이이겠는가?

생각하면 저 제바달두는 과거의 원한으로 해칠 마음을 내어 여래를 향하였으나, 다시 과거 인연의 과보로 기쁜 마음을 가지고 여래를 향하였으므로 이 인연의 과보 때문에 60겁 동안 3악도에 떨어지지 않는 것이다. 그는 또 마지막 목숨을 마칠 때에 부드럽고 즐거운 마음으로 '나무'라고 했기 때문에 뒷날 벽지불이 되어 그 이름을 '나무'라 할 것이다."

그때 아난이 곧 앞으로 나아가 부처님께 예배하고 거듭 아뢰었다.

"그렇습니다, 세존이시여. 세존의 말씀과 같습니다."

이때 대목건련이 앞으로 나아가 부처님께 아뢰었다.

"저는 지금 아비지옥으로 가서 제바달두를 위해 요긴한 행을 설명하고, 그를 위로하고 경하慶賀하겠습니다."

부처님께서 목련에게 말씀하셨다.

"네가 알아서 하되 너무 경솔하고 성급하게 하지 말고, 마음을 전일專一하게 하고 뜻을 바르게 하여 어지러운 생각을 일으키지 말라. 왜냐하면 매우 악한 중생은 다루기 어렵고 성취시키기 어렵기 때문이다. 그래서 아비지옥에 떨어진 것이다. 또 그 죄인들은 인간의 음성과 말을 주고받는 것을 알지 못한다."

목련이 다시 부처님께 아뢰었다.

"저는 지금 64가지 말을 다 통하니 그 음성音聲으로 그에게 가서 말하겠습니다."

부처님께서 목련에게 말씀하셨다.

"너는 때를 알아서 하라."

아난이 이 말을 듣고 기뻐 뛰면서 어쩔 줄 몰랐다.

이때 대목련이 앞으로 나아가 부처님의 발에 예배한 뒤에 부처님을 세 번 돌고, 그 앞에서 마치 역사力士가 팔을 굽혔다 펴는 것 같은 짧은 시간에 곧 아비지옥으로 들어갔다.

이때 대목건련이 아비지옥의 허공에서 손가락을 튀겨 깨우면서 말하였다.

"제바달두야."

제바달두는 묵묵히 있고 대답하지 않았다.

이때 옥졸들이 목련에게 말하였다.

"그대는 지금 어느 제바달두를 불렀는가?"

옥졸들이 다시 말하였다.

"지금 여기는 구루손부처님 때의 제바달두도 있고 구나함모니부처님 때의 제바달두와 가섭부처님 때의 제바달두도 있으며, 또 속가에 있던 제바달두와 출가한 제바달두도 있다. 비구여, 지금 그대는 어느 제바달두를 불렀는가?"

목련이 대답하였다.

"지금 내가 부른 사람은 석가문부처님의 숙부의 아들 제바달두이다. 그 이를 보고 싶다."

이때 옥졸들이 손에 쇠고랑을 들고 혹은 불꽃을 잡아 그 몸을 지지며 부수고 있었다. 제바달두의 몸에는 벌건 불꽃이 붙어 그 불길의 높이가 30주나 되었다. 여러 옥졸들이 제바달두에게 말하였다.

"이 미련한 놈아, 왜 잠만 잤느냐?"

제바달두는 온갖 고통에 몹시 괴로워하면서 대답하였다.

"너희들은 지금 나를 어떻게 하려는 것이냐?"

옥졸들이 말하였다.

"너는 지금 공중을 쳐다보라."

곧 그 말을 따라 공중을 쳐다보다가, 대목련이 보배연꽃 위에 가부좌하고 앉아 있는 것을 보았는데, 해가 구름을 헤치고 나오는 것 같았다. 제바달두는 그것을 보고 곧 이런 게송을 읊었다.

    그 누가 하늘 광명 나타내기에
    해가 구름을 헤치고 나오는 것 같은가?
    또 마치 순금으로 된 산 덩어리 같아
    더러운 티끌 때가 전혀 없구나.

그때 목련도 게송으로 대답하였다.

나는 바로 석씨의 사자
구담瞿曇 종족의 후예로서
그의 성문聲聞 제자이거니
이름을 대목련이라 한다.

그때 제바달두가 목련에게 말하였다.
"존자 목건련이여, 무엇 때문에 여기에 오셨습니까? 여기 중생들은 한량없이 많은 죄를 지어 교화하기 매우 어렵고 착한 일을 짓지 않아 목숨을 마치고 여기 와서 태어난 것입니다."
목련이 대답하였다.
"나는 부처님의 사자로서 일부러 여기에 왔다. 너를 가엾이 여겨 괴로움의 근본을 뽑아 주려고 한다."
이때 제바달두는 '부처님'이라는 말을 듣고 기뻐 뛰면서 어쩔 줄 몰랐다. 그리고는 이렇게 말하였다.
"원컨대 존자는 곧 자세히 설명하여 주십시오. 여래 세존께서는 어떤 분부가 계셨습니까? 다시 나쁜 세계가 없을 것이라고 말씀하시지는 않으셨습니까?"
목련이 대답하였다.
"제바달두여, 두려워하지 말라. 지옥은 매우 괴로우나 이보다 더 괴로운 곳은 없다. 저 석가문 불佛·여래如來·지진至眞·등정각等正覺께서는 온갖 곤충까지 불쌍하게 여기시는데, 마치 어머니가 자식을 사랑하는 것 같이 해서 마음에 차별이 없으시다. 그래서 때를 따라 법을 연설하여 마침내 차례를 잃지 않게 하며, 또 그 종류를 어기지 않고 한량없이 연설하신다.
지금 세존께서는 이렇게 말씀하셨다.

'너는 처음에 나쁜 생각을 내어 세존을 해치려고 하였고, 또 다른 사람을 시켜 죄악의 근본으로 나아가게 하였다. 그 인연의 과보로 아비지옥에 들어가 한 겁을 지내는 동안에는 나갈 기약이 없을 것이다. 그러다가 그 겁수가 지나고 행이 다하여 목숨을 마치고 나면 사천왕천에 태어날 것이요, 거기서 계속하여 차례대로 삼십삼천·염천·도솔천·화자재천·타화자재천에 태어나서, 60겁 동안은 악취惡趣에 떨어지지 않고 인간과 천상으로 돌아다니다가 최후로 몸을 받으면 도로 사람으로 태어날 것이다.

그리하여 수염과 머리를 깎고 법복을 입고 견고한 믿음으로 출가하여 도를 배우면 틀림없이 벽지불이 되어 그 이름을 '나무'라 할 것이다. 왜냐하면 네가 전에 죽음에 다다라 목숨이 끊어지려 할 때에 '나무'라고 일컬었기 때문에 그 이름을 가지게 된다.'

지금 저 여래께서는 그 '나무'라고 한 착한 말을 관찰하셨기 때문에 그 이름을 말씀하셨고, 60겁 동안 악한 세계에 떨어지지 않고 벽지불이 되리라고 말씀하신 것이다."

그때 제바달두는 이 말을 듣고 기뻐 뛰면서 착한 마음이 생겨 다시 목련에게 아뢰었다.

"여래께서 말씀하신 가르침은 반드시 그러하리라고 의심하지 않습니다. 중생을 가엾이 여겨 한량없이 많은 중생들을 제도하시고, 또 큰 자비로 어리석고 미혹한 이를 교화하십니다. 비록 제가 지금부터 아비지옥에서 오른쪽으로 누워 한 겁을 지내더라도 마음과 뜻이 전일하고 발라 마침내 괴로워하거나 지겨워하지 않겠습니다."

목련이 다시 제바달두에게 말하였다.

"어떠냐? 지금 네 고통에 혹 더하거나 덜한 것이 있느냐?"

제바달두가 대답하였다.

"제 몸의 고통은 갈수록 더하고 덜하지 않습니다. 지금 여래께서 주시는 이름을 받아 고통이 조금 덜하지만 그것은 말할 것도 못 됩니다."

목련이 물었다.

"네가 지금 괴로워하는 고통의 모양은 어떤 종류인가?"

제바달두가 대답하였다.

"뜨거운 쇠 바퀴로 몸을 깔아 부수고 쇠 절굿공이로 몸을 찧으며, 검고 사나운 코끼리가 제 몸을 짓밟고, 또 불산(火山)이 와서 제 얼굴을 누르며, 옛날에 입었던 가사가 몹시 뜨거운 구리쇠 경첩이 되어 제 몸에 와서 감깁니다. 그 고통의 모양은 이와 같습니다."

목련이 물었다.

"너는 과연 네 죄의 근본을 알고 그런 고통을 받는가? 내가 지금 낱낱이 분별해 주리니 너는 듣고 싶은가?"

제바달두가 대답하였다.

"예, 곧 말씀하여 주십시오."

그때 목련은 이런 게송을 말하였다.

너는 옛날에 가장 훌륭한
비구 승단(僧團)을 무너뜨렸다.
그래서 지금 뜨거운 쇠 절구로
너의 온몸을 찧고 부순다.

그리고 너는 그 대중의
제일가는 성문(聲聞)으로서
비구 스님들과 싸웠으므로

지금 뜨거운 바퀴에 치인다.

너는 옛날에 국왕을 시켜
술 취한 코끼리 놓았으므로
지금 저 검은 코끼리 떼가
너의 온몸을 짓밟는다.

너는 옛날에 큰 돌을 들어
멀리 여래의 발에 던졌으므로
지금에 그 불 산의 과보로
남김없이 너를 태운다.

너는 옛날에 주먹으로
그 비구니를 죽였으므로
지금 뜨거운 구리쇠 경첩으로
감아 태워 펴지지 않는 것이다.

과보는 끝내 무너지지 않고
또 그것은 헛되지 않나니
그러므로 부디 부지런히 힘써
온갖 악의 근본을 여의어라.

"제바달두여, 네가 옛날에 지은 악의 근본은 바로 이런 것들이다. 그러므로 부디 알뜰한 마음으로 불여래佛如來를 향함으로써 오랜 세월 동안 한량없이 많은 복을 얻도록 하라."

제바달두가 다시 목련에게 아뢰었다.

"이제 목련께 부탁합니다. 땅에 엎드려 세존의 발에 예배하옵고 문안 인사를 드립니다. '기거함이 경건하시고 행보도 편안하십니까?'라고 합니다. 아울러 존자 아난께도 예배한다고 전해 주십시오."

그때 존자 대목건련은 큰 신통을 놓아 아비지옥의 고통을 쉬게 하였다. 그리고 다시 게송을 읊었다.

석씨의 스승 가장 훌륭한 이께
'나무불'이라고 모두들 외쳐라.
그 이라면 능히 안온함을 베풀어 주고
온갖 고뇌를 덜어 버리시느니라.

그때 지옥 중생들은 목련의 이 게송을 듣고 6만여 명은 행이 다하고 죄가 끝나 곧 거기에서 목숨을 마치고는 사천왕천에 태어났다.

목련은 곧 신통을 거두고 자기 처소로 돌아왔다. 그는 세존께 나아가 땅에 엎드려 발아래 예배하고 한쪽에 서서 아뢰었다.

"제바달두는 문안드리며 공경하고 받들기 한량없는데 '기거함에 가볍고 행보도 편안하십니까?' 하고 문안드렸으며, 또 아난께도 문안하면서 이렇게 말하였습니다.

'여래께서 〈60겁 중에 벽지불辟支佛이 되어 이름을 '나무'라 하리라〉고 기별記莂을 주시니, 저는 비록 아비지옥 속에서 오른쪽으로 누워 있더라도 마침내 그 괴로움을 사양하지 않겠습니다.'"

세존께서 말씀하셨다.

"참으로 훌륭하다. 목련아, 많은 이익을 주었고 많은 은혜를 베풀었구나. 중생을 가엾이 여기고 천상과 인간을 편안하게 하였으며, 여래의 모든 성문들로 하여금 차츰 번뇌가 사라진 열반에 이르게 하였다. 그러므로 목련아, 항상 노력하여 세 가지 법을 성취하도록 하라. 왜냐하면 만일 저 제바달두가 몸으로 짓는 세 가지와 입으로 짓는 네 가지와 뜻으로 짓는 세 가지의 선한 법을 수행하였더라면 그는 몸을 마치도록 이양利養을 탐하지 않고 또 5역죄逆罪를 지음으로써 아비지옥에 들어가지 않았을 것이다.

그 까닭이 무엇인가 하면 무릇 이양을 탐내는 사람은 삼보三寶에 공경하는 마음이 없고, 또한 금계禁戒를 받들어 지니지 않으며, 몸과 입과 뜻으로 짓는 행을 완전히 갖추지 않고, 다만 탐내는 일에만 뜻을 오로지하여 몸과 입과 뜻으로 행하기 때문이다. 목련아, 마땅히 이와 같이 배워야 하느니라."

그때 목련은 부처님의 말씀을 듣고 기뻐하며 받들어 행하였다.

〔 10 〕

이와 같이 들었다.

어느 때 부처님께서는 사위국 기수급고독원에 계셨다.

그때 세존께서 모든 비구들에게 말씀하셨다.

"만일 중생들이 자애로운 마음〔慈心〕을 닦아 해탈하고, 그 이치를 널리 펴서 남을 위해 연설하면 반드시 열한 가지 과보를 얻을 것이다.

어떤 것이 그 열한 가지인가? 누워도 편안한 것, 깨어도 편안한 것, 나쁜 꿈을 꾸지 않는 것, 하늘도 보호하는 것, 사람도 사랑하는 것, 독약을 먹지 않는 것, 무기에 상해를 입지 않는 것, 물・불・도적의 침해를 당하지 않는 것, 몸이 무너지고 목숨이 끝난 뒤에는 범천梵天에 태어나는 것이다. 비구들아, 이것을 일러 '자애로운 마음을 수행하면 열한 가지 복을 얻는다'고 하는 것이다."

그때 세존께서 곧 이 게송을 읊으셨다.

만일 자애로운 마음을 닦고
또 방일放逸한 행동 없으면
온갖 번뇌가 점점 엷어져
마침내 도의 자취 보게 되리라.

자애로운 마음을 행함으로
반드시 저 범천에 태어날 것이요
어느 새 온갖 그 번뇌 사라져
함이 없는 그곳에 아주 가리라.

죽이지 않고 해칠 마음 없으며
승부勝負를 겨루는 그 뜻이 없으면
사랑을 행하여 일체를 덮어
마침내 원한의 마음 없으리.

"그러므로 비구들아, 부디 방편을 구하여 자애로운 마음을 수행하고 그 이치를 널리 펴도록 하라. 모든 비구들아, 마땅히 이와 같이 배워야 하느니라."

그때 모든 비구들은 부처님의 말씀을 듣고 기뻐하며 받들어 행하였다.

증일아함경 제 48 권

50. 예삼보품禮三寶品

〔1〕

이와 같이 들었다.

어느 때 부처님께서는 사위국 기수급고독원에 계셨다.

그때 세존께서 모든 비구들에게 말씀하셨다.

"만일 선남자와 선여인이 여래의 절〔神寺〕에 예배하려고 한다면 열한 가지 법으로 여래의 절에 예배하여야 한다.

어떤 것이 그 열한 가지 법인가?

잘 견디기 때문에 용맹스런 마음을 일으키는 것, 마음이 한결같기 때문에 마음이 어지럽지 않은 것, 온갖 지관止觀을 닦기 때문에 전일한 마음으로 생각하는 것, 삼매三昧에 들기 때문에 온갖 생각이 영원히 쉬는 것, 지혜智慧를 말미암기 때문에 그 마음이 한량없는 데 미치는 것, 그 형상을 말미암기 때문에 뜻의 어려움을 관찰하는 것, 위의威儀를 말미암기 때문에 뜻이 맑고 고요한 것, 명칭名稱 때문에 마음이 흐트러지지 않는 것, 그 색色을 말미암기 때문에 마음에 상상想像이 없는 것, 부드러운 음성을 말미암기 때문에 그 범음梵音은 미치기 어려운 것이다.

모든 비구들아, 만일 선남자와 선여인이 여래의 절에 예배하려 하거든 마땅히 이 열한 가지 법¹을 갖추어 예배해야 한다. 그리하면 오랜 세월 동안 한량없이 많은 복을 얻을 것이다. 모든 비구들아, 마땅히 이와 같이 배워야 한다."

그때 모든 비구들은 부처님의 말씀을 듣고 기뻐하며 받들어 행하였다.

〔 2 〕
이와 같이 들었다.

어느 때 부처님께서는 사위국 기수급고독원에 계셨다.

그때 세존께서 모든 비구들에게 말씀하셨다.

"만일 선남자와 선여인이 법에 예배하고자 한다면 열한 가지 일을 생각한 뒤에 예배해야 한다.

어떤 것이 그 열한 가지인가? 바른 법은 교만이 있으면 교만을 제거한다는 것, 바른 법은 애욕이 있으면 애욕의 생각을 제거한다는 것, 탐욕이 있으면 탐욕을 제거한다는 것, 바른 법은 생사生死의 깊은 흐름을 끊는다는 것, 바른 법을 행하면 평등한 법을 얻는다는 것, 바른 법을 밝히면 모든 악취惡趣를 끊는다는 것, 이 바른 법을 찾으면 좋은 곳에 이르게 된다는 것, 바른 법은 욕망의 그물을 끊을 수 있게 한다는 것, 바른 법을 행하면 유위有爲에서 무위無爲에 이르게 된다는 것, 바른 법을 행하면 밝아 비추지 않는 곳이 없다는 것, 바른 법은 열반

---

1 고려대장경 원문에는 단지 열 가지 법만 나와 있고, 한 가지 법이 빠져 있다.

의 세계에 이르게 한다는 것이다. 만일 선남자와 선여인이 법에 예배하고자 하면 이 열한 가지 법을 깊이 사유해야 한다. 그러면 곧 한량없이 많은 복을 얻고 오랜 세월 동안에도 한량없이 많은 복을 받게 될 것이다. 모든 비구들아, 마땅히 이와 같이 배워야 한다."

그때 모든 비구들은 부처님의 말씀을 듣고 기뻐하며 받들어 행하였다.

〔3〕

이와 같이 들었다.

어느 때 부처님께서는 사위국 기수급고독원에 계셨다.

그때 세존께서 모든 비구들에게 말씀하셨다.

"만일 선남자와 선여인이 승가僧家에 예배하고자 하면 열한 가지 법을 집중하여 생각한 뒤에 예배해야 한다.

무엇이 그 열한 가지 법인가? 여래의 제자는 바른 법을 성취하였다는 것, 여래의 성스러운 제자는 상하上下가 화합和合하다는 것, 여래의 승가는 법과 법을 성취하였다는 것, 여래의 성스러운 제자는 계율을 성취하였다는 것, 삼매三昧를 성취하였다는 것, 지혜를 성취하였다는 것, 해탈을 성취하였다는 것, 해탈견혜解脫見慧를 성취하였다는 것, 여래의 성스러운 제자는 삼보三寶를 맡아 보호한다는 것, 여래의 성스러운 제자는 외도 이학異學을 항복 받는다는 것, 여래의 성스러운 제자는 모든 중생의 좋은 벗이며 복밭이 된다는 것이다.

만일 선남자와 선여인이 승가에 예배하고자 하면 이 열한 가지 법을 깊이 사유하면서 해야 한다. 그리하면 오랜 세월 동안 한량없이 많은 복을 얻을 것이다. 모든 비구들아, 마땅히 이와 같이 배워야 한다."

그때 모든 비구들과 하늘·용·귀신·건답화乾沓和·아수륜阿須倫·

가류라迦留羅・진타라甄陀羅・마휴륵천摩休勒天 및 사람들은 부처님의 말씀을 듣고 기뻐하며 받들어 행하였다.

〔 4 〕
이와 같이 들었다.

어느 때 바가바婆伽婆께서 마갈국 밀제라성 동쪽에 있는 대천원大天園에서 대비구들 1,250명과 함께 계셨다.

그때 세존께서는 공양을 마치시고 일어나 아난과 함께 동산을 거닐다가 갑자기 웃으셨다.

아난은 이렇게 생각하였다.

'여래如來・무소착無所着・등정각等正覺께서는 함부로 웃으시지 않는데 지금 무엇 때문에 웃으셨을까? 틀림없이 어떤 의미가 있을 것이다. 내가 여쭈어 보리라.'

아난은 옷을 정제整齊하고 오른쪽 무릎을 땅에 붙이고 합장하고 부처님께 여쭈었다.

"여래・무소착・등정각께서는 함부로 웃으시지 않으시는데, 지금 무슨 까닭에 웃으셨습니까? 틀림없이 까닭이 있을 터이오니 그 이유를 듣고 싶습니다."

세존께서 말씀하셨다.

"내가 너를 위해 설명하리라. 과거 현겁賢劫 초에 이곳은 어떤 전륜성왕轉輪聖王이 온 천하를 다스리고 있었는데 그 이름을 대천大天이라고 하였었다. 그는 오래 살고 병이 없으며 단정하고 용맹스러워 바른 법으로 다스리고 백성을 속이지 않았다. 그리고 그에게는 7보寶가 저절로 생겼다. 그 7보는 첫째 윤보輪寶, 둘째 상보象寶, 셋째 마보馬寶, 넷째 주보珠寶, 다섯째 여보女寶, 여섯째 주장보主藏寶, 일곱째 전병보전

兵寶이다."

세존께서는 이어 말씀하셨다.

"그 대천왕은 동자童子로서 8만 4천 세歲를 지냈고 태자太子로서 8만 4천 세를 지냈으며 왕위에 올라 8만 4천 세를 지냈다."

아난이 부처님께 여쭈었다.

"어떤 것을 윤보輪寶라고 합니까?"

세존께서 말씀하셨다.

"보름달이 한창 둥글 때에 왕이 깨끗이 목욕하고 궁녀들과 동쪽 누각에 올라 동쪽을 향해 바라볼 때에 바퀴 살 천 개를 가진 금 바퀴가 나타나는데, 그 바퀴의 높이는 일곱 길로서 한 그루의 다라多羅[2]와 같다. 다라란 홀로 우뚝하게 솟아난 나무인데, 그 나무로 한정하여 그 바퀴는 일곱 그루의 다라 높이만큼 떠 있는데, 순수한 자마금紫磨金으로 되었다.

왕은 그것을 보고 가만히 생각하였다.

'이 바퀴는 좋은 바퀴이다. 붙드는 것이 좋겠다.'

이렇게 생각하자 그 바퀴는 곧 왕의 왼손에 놓였다. 왕은 곧 그것을 들어 오른손에 옮기고 바퀴에 대고 말하였다.

'항복하지 않는 것은 나를 위해 항복 받고 내 땅이 아닌 것은 나를 위해 차지하되 법대로 하고 법 아닌 것으로는 하지 말라.'

말을 마치자 바퀴는 도로 공중에 머무르되 바퀴의 테는 동쪽으로 향하고 바퀴통은 북쪽으로 향하였다. 왕은 좌우에 명령하여 네 종류의 군사를 모았다. 군사가 모이자, 그 군사를 데리고 바퀴를 좇아 공

---

[2] 다라(多羅, tala)는 한역하면 고송수高㧦樹이다. 종려나무와 비슷하고 높은 것은 24~25m에 이른다고 한다.

중에 세웠다. 바퀴가 동쪽으로 끌면 그것을 따라 동방 세계를 두루 순행하다가 해가 저물면 왕은 군사를 데리고 바퀴 밑에서 잠을 잤다.

그러면 동방 세계의 여러 작은 왕들은 모두 와서 조회하고 금 발우에는 은 좁쌀을 담고 은 발우에는 금 좁쌀을 담아 모두 왕에게 바치면서 말하였다.

'잘 오셨습니다, 대왕이여. 이 동방 세계의 토지와 보배와 백성들은 모두 왕의 소유입니다. 원컨대 수레를 멈추어 여기서 사십시오. 저희들이 천왕의 명령을 받들겠습니다.'

대천왕이 여러 작은 왕들에게 대답하였다.

'너희들이 내 명령을 받들고 싶거든 제각기 본국으로 돌아가 열 가지 선행善行으로 백성들을 가르치고 사리에 어그러지는 일은 행하지 말라.'

이 훈계를 마치자 바퀴는 곧 굴러 바다로 나가 구름을 타고 떠나갔다. 바다에는 저절로 1유순由旬쯤 되는 너비의 길이 열렸다. 왕은 네 종류 군사와 함께 바퀴를 따라 앞에서와 같이 남방 세계를 순행하였다. 남방세계의 여러 작은 왕들은 모두 와서 조회하고 금 발우에는 은 좁쌀을 담고 은 발우에는 금 좁쌀을 담아 왕에게 바치면서 말하였다.

'잘 오셨습니다, 천왕이여. 이 남방 세계의 토지와 보배와 백성들은 모두 왕의 소유입니다. 원컨대 수레를 멈추시고 여기에서 사십시오. 우리들은 천왕의 명령을 받들겠습니다.'

대천왕이 대답하였다.

'너희들이 내 명령을 받들고자 하거든 제각기 본국으로 돌아가 열 가지 선행으로 백성을 가르치고 사리에 어그러지는 일은 행하지 말라.'

이렇게 교훈을 마치자 바퀴는 서쪽으로 돌아 서방 세계를 순행하였다. 서방세계의 여러 왕들이 물건을 바치고 살기를 청하는 것도 남방 세계에서와 같았다.

바퀴는 다시 북쪽으로 돌아 북방 세계를 순행하였다. 북방 세계의 여러 왕들도 모두 와서 조회하고, 물건을 바치고 살기를 청하는 것도 앞에서와 같았다.

이렇게 나흘 동안 돌아다니면서 염부제의 네 바다를 둘러 본래의 밀제라성으로 돌아와, 궁문 앞 허공 위에서 바퀴 테를 동쪽으로 향하고 일곱 그루의 다라 높이만큼 높은 위치에서 머무르자 왕은 곧 궁중으로 들어갔다."

부처님께서 아난에게 말씀하셨다.

"대천왕이 얻은 윤보는 이와 같으니라."

아난이 다시 부처님께 여쭈었다.

"대천왕이 얻은 상보象寶는 어떠하였습니까?"

부처님께서 아난에게 말씀하셨다.

"대천왕은 그 뒤 보름날 달이 한창 둥글 때에, 깨끗이 목욕하고는 궁녀들을 데리고 동쪽 누각에 올라 동으로 향해 공중을 바라볼 때에 만호滿呼라는 흰 코끼리가 허공을 타고 왔다. 일곱 개의 다리에 발굽은 통통하고 입에는 여섯 개의 어금니가 있으며 머리에는 금관金冠을 썼고 영락瓔珞도 금으로 되었으며 진주眞珠로 그 몸을 얽고 좌우에는 금방울을 달았다. 그는 신력이 있어 자유로이 형상을 변화하였다.

대천왕은 그것을 보고 생각하였다.

'나는 이 코끼리를 가지는 것이 좋겠다. 반드시 쓸 만하리라.'

이렇게 생각하자 코끼리는 곧 왕의 앞 공중에 머물렀다. 왕은 다섯 가지 일로 그 코끼리를 가르치고 다시 이렇게 생각하였다.

'이 코끼리의 능력을 시험해 보리라.'

이튿날 날이 밝아 왕은 그 코끼리를 타고 잠깐 동안에 천하를 두루 돌고, 다시 본국으로 돌아와 동쪽 궁문에서 동쪽으로 향해 섰다.
아난아, 대천왕이 얻은 상보는 이와 같았느니라."
아난이 다시 부처님께 여쭈었다.
"대천왕이 얻은 마보馬寶는 어떠하였습니까?"
부처님께서 아난에게 말씀하셨다.
"그 뒤에 대천왕은 보름날 달이 한창 둥글 때에, 깨끗이 목욕하고는 궁녀를 데리고 서쪽 누각에 올라 서쪽을 향해 바라보았다. 바라함婆羅숨이라는 검푸른 말이 허공을 타고 오는데, 걸어도 몸이 흔들리지 않고 머리에는 금관을 썼으며 영락은 보배로 되었고 진주로 몸을 얽었으며 좌우에는 방울을 달았다. 그 말은 신력神力이 있어 자유로이 그 형상形相을 변화하였다.
대천왕은 그것을 보고 이렇게 생각하였다.
'이것을 얻어 타면 좋겠다.'
이렇게 생각하자 말은 왕의 앞으로 왔다. 왕은 그것을 타고 시험하고 싶었다.
이튿날 날이 밝자 왕은 그것을 타고 동쪽으로 갔다. 잠깐 동안에 천하를 두루 돌고 본국으로 돌아와 서쪽 궁문에서 서쪽으로 향해 섰다.
아난아, 대천왕이 얻은 마보는 이와 같았느니라."
아난이 부처님께 여쭈었다.
"대천왕이 얻은 주보珠寶는 어떠하였습니까?"
부처님께서 아난에게 말씀하셨다.
"대천왕은 그 뒤 보름날 달이 한창 둥글 때에, 깨끗이 목욕하고는 궁녀들을 데리고 동쪽 누각에 올라 동쪽을 향해 바라보았다. 길이는 1척尺 6촌寸이요 여덟모가 있으며 검푸른 유리 빛으로 된 구슬이 허공을 타고 오는데 땅에서 일곱 다라 높이쯤 되었다.

　대천왕은 그것을 보고 이렇게 생각하였다.

　'저 구슬을 얻어 구경하는 것이 좋다.'

　이렇게 생각하자 곧 그 구슬을 얻을 수 있었다. 왕은 그것을 시험하고 싶었다. 밤중이 되자 왕은 네 종류의 군사를 모으고 당기 꼭대기에 그 구슬을 달고 성을 나가 놀았다. 구슬은 사방 12유순까지 밝게 비추었다. 군사들은 서로 볼 수 있어서 낮과 다름이 없었다. 그 구슬 광명이 비추는 곳에는 사람들이 모두 놀라 일어나 '날이 밝았다'고 말하였다. 왕은 곧 궁중으로 돌아와 궁전 안에 당기를 세웠다. 궁전 안팎은 항상 밝아 낮과 다름이 없었다.

　아난아, 대천왕이 얻은 구슬은 이와 같았느니라."

　아난이 부처님께 여쭈었다.

　"대천왕이 얻은 옥녀보玉女寶는 어떠하였습니까?"

　부처님께서 아난에게 말씀하셨다.

　"대천왕은 보름날 달이 한창 둥글 때가 되어 깨끗이 목욕하고는 궁녀들을 데리고 동쪽 누각에 올라 동쪽을 향해 바라보았다. 그러다가 만나가리曼那呵利라고 하는 찰제리 여보女寶를 보게 되었다.

　그녀는 견줄 수 없을 만큼 단정하고 아름답고 깨끗하며, 키는 크지도 않고 작지도 않으며 몸은 뚱뚱하지도 않고 호리호리하지도 않으며 희지도 않고 검지도 않았다. 겨울에는 몸이 따뜻하고 여름에는 몸이 서늘하며 몸 털구멍에서는 전단향 냄새가 나고 입에서는 우발라 연꽃 향내가 나며 보통 여자들의 어떤 나쁜 자태도 없었다. 성정性情이 잘 조화되어 있고 남의 마음을 미리 알아 받들어 행하는데, 허공을 타고 와서 왕에게 이르렀다.

　아난아, 대천왕이 얻은 옥녀보는 이와 같았느니라."

아난이 부처님께 여쭈었다.

"대천왕이 얻은 주장보主藏寶는 어떠하였습니까?"

부처님께서 아난에게 말씀하셨다.

"대천왕은 보름날 달이 한창 둥글 때가 되어 깨끗이 목욕하고는 궁녀들을 데리고 북쪽 누각에 올라 북쪽을 향해 바라보다가, 아라타지阿羅咃吱라고 하는 주장신主藏臣을 보았다.

그는 단정하고 아름답고 묘하며, 키는 크지도 않고 작지도 않으며 몸은 살찌지도 않고 여위지도 않았다. 몸은 황금빛이요 털은 검푸른 빛이며 눈은 흰자위 검은자위가 분명하였다. 또 땅에 묻힌 7보寶를 환히 보고는 주인이 있는 것은 잘 보호해 주고 주인이 없는 것은 파내어 왕의 쓰임새에 공급供給하였다. 그는 총명하고 지혜로우며 좋은 방편을 가졌는데, 허공을 타고 와서 왕에게 이르렀다.

그가 왕에게 말하였다.

'지금부터 왕께서는 한껏 즐기시고 그 아무것도 걱정하지 마십시오. 제가 왕에게 보물을 바쳐 모자람이 없게 하겠습니다.'

왕은 그를 시험하려고 함께 배를 타고 바다로 들어가 그에게 말하였다.

'나는 금과 은 등의 보물을 가지고 싶다.'

그가 대답하였다.

'해안海岸으로 돌아가시면 구해 올리겠습니다.'

왕이 말하였다.

'나는 물속의 보물을 가지고 싶다. 육지의 보물은 필요 없다.'

그는 곧 자리에서 일어나 옷을 정제한 뒤에 오른쪽 무릎을 꿇고 합장하고 물을 보고 예배하였다. 물속에서 곧 저절로 금덩이가 나오는데 크기는 수레 바퀴통만 하였다. 그래서 잠깐 동안에 배에 가득 찼다.

왕이 말하였다.

'그만두라. 더 이상 금을 끌어올리지 말라. 배가 가라앉겠다.'

아난아, 대천왕이 얻은 주장보는 이와 같았느니라."

아난이 다시 부처님께 여쭈었다.

"대천왕이 얻은 병사를 주관하는 장군은 어떠하였습니까?"

부처님께서 아난에게 말씀하셨다.

"대천왕은 보름날 달이 한창 둥글 때가 되어 깨끗이 목욕하고는 궁녀들을 데리고 남쪽 누각에 올라 남쪽을 향해 바라보았다. 그러다가 남쪽에서 비비나比毘那라고 하는 장군을 보게 되었다.

그는 단정하고 아름다우며 털은 진주 빛 같고 몸은 녹색이었다. 키는 크지도 않고 작지도 않으며 몸은 살지지도 않고 여위지도 않으며 눈은 남의 속을 꿰뚫어 보았다. 군사를 부리는 꾀는 변화가 많고 나아가고 물러남에 시기를 잘 알았는데, 그가 허공을 타고 왕에게로 왔다.

그가 왕에게 말하였다.

'원컨대 왕은 마음껏 즐기시고 천하의 일은 걱정하지 마십시오. 사방을 정벌하는 일은 제가 맡아서 하겠습니다.'

왕은 그를 시험하고자 하여 밤중에 이렇게 생각하였다.

'네 종류의 군사를 모으고 싶다.'

이렇게 생각하자 군사들은 모두 모였다.

왕이 다시 생각하였다.

'동쪽으로 이끌고 가고 싶다.'

군사들은 곧 동쪽으로 몰렸다. 왕은 복판에 앉고 장군은 앞에 있고 네 종류의 군사들은 빙 둘러섰다. 왕이 가려고 생각하면 군사들은 곧 가고 왕이 돌아오려고 생각하면 군사들은 곧 돌아왔다.

아난아, 대천왕이 얻은 병사를 주관하는 장군보은 이와 같았느니라."

부처님께서 아난에게 말씀하셨다.

"대천왕이 얻은 7보는 이와 같았느니라."

부처님께서 다시 아난에게 말씀하셨다.

"대천왕은 오랫동안 천하를 다스리다가 머리를 빗어주는 시자侍者 겁북劫北[3]에게 말하였다.

'만일 내 머리에서 흰 머리카락이 보이거든 곧 그것을 뽑아 나에게 보여라.'

겁북은 오랫동안 머리를 지켜보다가 흰 머리카락 하나를 발견하고 곧 왕에게 아뢰었다.

'전에 분부하신 흰 머리카락을 이제 발견하였습니다.'

왕이 말하였다.

'그것을 뽑아 나에게 보여라.'

겁북은 곧 금 족집게로 흰 머리카락을 뽑아 왕의 손바닥에 놓았다. 왕은 흰 머리카락을 집어 들고 이런 게송을 읊었다.

    이제 내 머리에
    이 흰 털이 났구나.
    몸의 사자使者가 부르러 왔으니
    도道에 들어갈 때가 되었네.

왕은 가만히 생각하였다.

---

3 겁북劫北은 팔리본에 Kappaka으로 되어 있고, 이발사란 뜻이다.

'나는 이미 인간의 다섯 가지 욕망을 한껏 누렸다. 이제는 출가하여 수염과 머리를 깎고 법복을 입으리라.'

왕은 곧 태자 장생長生을 불러 말하였다.

'동자야, 내 머리에는 벌써 흰 머리카락이 났다. 세간의 다섯 가지 즐거움[五樂]이 나는 이제 싫어졌다. 이제는 천상의 쾌락을 구해야 하겠다. 나는 지금 수염과 머리를 깎고 법복을 입고 출가하여 도를 닦으리니, 너는 이 나라의 정사를 맡아 다스려라.

그리고 너도 장자를 세워 태자로 삼고 겁북을 잘 보호하여 흰 머리카락을 살피게 하다가 흰 머리카락이 나거든 이 나라를 너의 태자에게 맡기고 나처럼 출가하여 수염과 머리를 깎고 법복을 입어야 하느니라.'

왕은 다시 태자에게 말하였다.

'나는 지금 이 거룩한 자리를 간절한 마음으로 너에게 물려준다. 너는 이 거룩한 자리를 대대로 이어 종족이 끊어지지 않게 하라. 종족이 끊어지면 곧 변방 사람이 될 것이요, 또 선한 행을 끊으면 곧 법이 없는 곳에 태어나게 될 것이다.'

대천왕은 이렇게 훈계한 뒤에 그 나라를 태자 장생에게 물려주고 겁북과 농토를 모두 물려주었다."

부처님께서 아난에게 말씀하셨다.

"대천왕은 이 성·이 동산·이 땅에서 수염과 머리를 깎고 법복을 입고 도에 들어갔다. 그리고 여기서 8만 4천 년 동안 자慈·비悲·희喜·호(護:捨)의 4범행梵行을 닦다가 여기서 목숨을 마치고는 범천에 태어났다. 대천왕이 출가한 지 이레 뒤에 그 옥녀는 목숨을 마쳤다.

장생이 왕위에 올랐다. 그는 보름날 달이 한창 둥글 때가 되어 궁녀들을 데리고 동쪽 누각에 올라 동쪽을 향해 바라보았다. 앞에서와 같이 다정한 어떤 옥녀가 허공을 타고 왔다.

장생왕은 7보를 가지고 나라 정치를 맡아 네 천하를 통솔하였다.

장생왕이 겁북에게 말하였다.

'지금부터는 내 머리를 빗기되 흰 머리카락을 보거든 곧 내게 알려라.'

장생은 왕위에 오른 지 8만 4천 년이 지나 흰 머리카락이 났다.

겁북이 왕에게 아뢰었다.

'흰 머리카락이 났습니다.'

왕이 말하였다.

'그것을 뽑아 내 손바닥에 올려놓아라.'

겁북은 곧 금 족집게로 그것을 뽑아 왕의 손바닥 위에 올려놓았다. 왕은 흰 머리카락을 잡고 게송을 읊었다.

　　이제 내 머리에
　　흰 털이 났구나.
　　몸의 사자가 부르러 왔으니
　　도에 들어갈 때가 되었네.

왕은 가만히 생각하였다.

'나는 이미 인간의 다섯 가지 욕망은 한껏 누렸다. 이제는 출가하여 수염과 머리를 깎고 법복을 입자.'

왕은 곧 태자 관계(冠髻)를 불러 이렇게 말하였다.

'동자야, 나는 벌써 머리가 세었다. 세간의 다섯 가지 욕망은 벌써 싫어졌다. 이제는 하늘 쾌락을 구해야 하겠다. 나는 지금 출가하여 수염과 머리를 깎고 법복을 입고 도를 닦으리라. 너는 이 나라를 맡아 잘 다스려라.

 그리고 장자를 세워 태자로 삼고 겁북을 잘 길러 흰 머리카락을 살피게 하여 흰 머리카락이 나거든 나라를 태자에게 물려주고 나처럼 출가하여 수염과 머리를 깎고 법복을 입어라.'

 왕이 다시 태자에게 말하였다.

 '나는 이제 이 거룩한 왕위를 간결한 마음으로 너에게 물려준다. 너는 이 거룩한 왕위를 이어 종족이 끊어지게 하지 말라. 종족이 끊어지면 곧 변방 사람이 될 것이요, 만일 선한 행을 끊으면 곧 법이 없는 곳에 태어날 것이다.'

 장생왕은 이렇게 훈계한 뒤에 그 나라를 태자 관계에게 물려주고 겁북과 농토를 다 물려주었다."

 부처님께서 아난에게 말씀하셨다.

 "장생왕도 이 성·이 동산·이 땅에서 수염과 머리를 깎고 법복을 입고 도에 들어갔다. 그리고 여기서 8만 4천 년 동안 자·비·희·호의 4범행을 행하다가 목숨을 마치고 범천에 태어났다."

 부처님께서 아난에게 말씀하셨다.

 "장생왕이 집을 나온 지 이레 뒤에 그 7보는 저절로 변화해 떠나 버렸다.

 관계왕은 근심에 잠겨 있었다. 신하들은 근심에 잠겨있는 왕을 보고 물었다.

 '천왕은 무엇을 근심하십니까?'

 왕이 대답하였다.

 '7보가 변화해 떠났기 때문이다.'

 신하들이 아뢰었다.

 '왕은 걱정하지 마십시오.'

왕이 말하였다.

'어떻게 걱정하지 않겠느냐?'

신하들이 아뢰었다.

'부왕 범행이 이 가까운 동산에 계십니다. 가서 여쭈어 보시면 반드시 그 7보를 이룩할 법을 왕에게 가르쳐 주실 것입니다.'

왕은 곧 거동 준비를 명령하였다. 신하들은 수레를 준비하고 왕에게 알렸다. 왕은 신하들과 함께 7보로 된 수레를 타고 다섯 가지 물건, 즉 보배 갓·깃 일산·칼·부채·보배 신 등으로 기치를 삼고 좌우에는 신하가 따르게 하고는 동산으로 나아갔다.

동산에 이르러서는 수레에서 내려 다섯 가지 물건을 벗어놓고 동산 문으로 걸어서 들어갔다. 그는 부왕 앞에 나아가 머리를 조아려 그 발에 예배한 뒤에 한쪽에 물러앉아 합장하고 아뢰었다.

'대왕께서 가지셨던 7보가 지금 모두 변화해 떠났습니다.'

부왕은 먼저 좌정坐定하고 그 말을 듣고는 머리를 들고 대답하였다.

'동자야, 대개 성왕의 법에는 아비가 소유했던 것을 믿는 것이 아니다. 네가 스스로 법을 행하여 그것을 구하여야 한다.'

왕이 다시 물었다.

'전륜성왕은 어떤 법으로 교화하였습니까?'

부왕이 대답하였다.

'법을 공경하고 법을 존중하며 법을 생각하고 법을 기르며 법을 자라게 하고 법을 성하게 하며 법을 크게 하나니, 이 일곱 가지 법을 행하면 성왕의 다스림에 적절한 것이며 또 7보를 이룩할 수 있다.'

왕이 다시 물었다.

'어떤 것이 법을 공경하는 것이고……(이하 생략)……법을 크게 하는 것입니까?'

부왕이 대답하였다.

'빈궁貧窮한 이에게 보시하고 백성을 가르쳐 양친에게 효도하게 하고 봉양하게 하며, 네 철과 여덟 절후에 때를 맞추어 제사를 올리고, 인내를 가르치며, 음욕과 질투와 어리석음을 버리는 것이니, 이 일곱 가지 법을 행하면 성왕의 법에 꼭 맞는 것이니라.'

왕은 부왕의 교훈을 받고 물러나 예배하고는 일곱 번 돌고 이내 돌아왔다.

이에 왕은 곧 부왕의 명령을 받들어 일곱 가지 법을 잘 행하면서 사방에 영을 내려 왕의 가르침을 공경하고 숭상하게 하였다.

왕은 곧 창고를 열어 빈궁한 이에게 보시하고 고독한 노인들을 모셔 봉양奉養하자 사방 백성들은 모두 그것을 따라 받들어 행하였다.

그때 왕은 보름날 달이 한창 둥글 때에, 깨끗이 목욕하고는 궁녀들을 데리고 동쪽 누각에 올라 동쪽을 향해 바라보았다.

1천 개의 바퀴살을 가진 자금紫金 바퀴가 허공을 타고 와서 공중에 떠 있는데, 바퀴의 높이는 일곱 그루의 다라나무만 하고 땅에서 일곱 그루의 다라나무 만큼 떨어져 있었다.

왕은 그것을 보고 생각하였다.

'이 바퀴를 가졌으면 좋겠다.'

바퀴는 곧 내려와 왕의 왼손에 있다가 다시 오른손으로 옮겨갔다. 왕은 그 바퀴를 보고 말하였다.

'항복하지 않은 이들은 나에게 항복하게 하고 내 땅이 아닌 것은 나의 땅이 되게 하되 법法대로 하고 비법非法으로 하지 말라.'

왕은 곧 손으로 그것을 던져 허공으로 돌려보냈다. 그것은 궁문 동쪽에서 바퀴 테는 동쪽으로 향하고 바퀴통은 북쪽으로 향하여 허공에 떠 있었다.

바퀴가 생긴 뒤에 흰 코끼리·검푸른 말·신령스런 구슬·옥녀·주장·장군 등. 이 7보가 차례로 나타난 것은 대천왕과 같았고 그것을 시험한 것도 그와 같았다.

거기서 8만 4천 년을 마친 것과 왕이 겁북을 주고 태자에게 분부하며 나라 일을 맡기고 출가하여 도에 들어간 것 등도 모두 먼저 왕의 법과 같았다."

부처님께서 아난에게 말씀하셨다.

"그 관계왕도 이 성·이 동산·이 땅에서 수염과 머리를 깎고 법복을 입고 8만 4천 년 동안 자·비·희·호의 4범행을 닦다가 여기서 목숨을 마치고 범천에 태어났다."

부처님께서 아난에게 말씀하셨다.

"그 대천왕의 자손은 서로 대를 이어 8만 4천 년에 이르렀고, 전륜성왕의 자리와 선한 종족은 끊어지지 않았다.

그 최후 성왕의 이름은 임⁴으로 바른 법으로 나라를 다스렸다. 그는 사람됨이 총명하고 자상하여 무엇이나 잊지 않았다. 32상이 있었고 빛깔은 붉은 연꽃 같았다. 보시하기를 좋아하여 사문과 바라문을 공양하였고 외로운 노인들을 모셔 기르며 빈궁한 이에게 보시하였다.

네 성문과 성 복판에 창고를 만들어 두고 금·은·잡보·코끼리·말·수레와 의복·침구·병에 맞는 의약품·향·꽃·음식을 쌓아두고, 고독한 이를 위해서는 그 아내를 주선해 주며 갖가지로 보시하되 남의 요구를 다 따라 주었다.

왕은 6재일齋日에는 안팎에 명령하여 모두 여덟 가지 계율을 가지게 하였다. 이 날에 수타회천은 항상 인간에 내려와 그 여덟 가지 계율을

---

4 임崔은 팔리본에는 Nimi(尼彌)로 되어 있다.

받았다.[5] 제석과 삼십삼천三十三天은 모두 그 나라 사람들을 찬탄하였다.

'유쾌하여라. 좋은 이익이로구나. 이런 법왕을 만나게 되었구나. 갖가지로 보시하되 백성들의 요구를 따르고 또 깨끗한 재계는 빠뜨리는 일이 없구나.'

제석천은 모든 천자들에게 말하였다.

'임왕을 보고 싶은가?'

모두들 대답하였다.

'보고 싶습니다. 여기 오게 하소서.'

제석천은 곧 궁비니窮鼻尼 천녀에게 명령하였다.

'너는 밀제라성蜜提羅城에 가서 임왕에게 이렇게 말하라.

〈당신은 크게 좋은 이익을 얻었습니다. 여기 모든 하늘들은 모두 당신의 높은 공덕을 찬탄합니다. 그리고 나에게 은근히 문안드리게 하였습니다. 그리고 여기 여러 천자들은 당신을 매우 보고 싶어합니다. 잠깐 생각을 굽혀 여기 오셔 주소서.〉

궁비니는 분부를 받고 곧 인간 세계로 내려갔다. 마치 사람들이 팔을 굽혔다 펴는 것 같은 짧은 사이에 갑자기 왕의 궁전 앞 허공에 섰다.

그때 왕은 한 궁녀를 데리고 궁전 위에 앉아 이렇게 생각하였다.

'일체 세간이 모두 안온을 얻어 어떤 고통도 없게 하고 싶다.'

궁비니는 공중에서 손가락을 튀기면서 왕을 깨웠다. 왕은 머리를 들고 궁전 위의 광명을 보고 또 그 소리를 들었다.

'저는 석제환인의 시자입니다. 석제환인이 저를 보내어 여기에 왔습

---

5 신수대장경 각주에 의하면 "송宋·원元·명明 3본에는 수受가 모두 수授로 되어 있다"고 한다.

니다.'
왕이 말하였다.
'궁금합니다. 천제는 내게 무슨 분부가 있으십니까?'
천녀가 대답하였다.
'천제는 간절한 마음으로 바랍니다. 지금 이 여러 천자들은 당신의 공덕을 찬탄하고 사모하면서 만나고 싶어합니다. 잠깐 왕림하소서.'
왕이 잠자코 허락하였다.
천녀는 돌아가 천제天帝에게 아뢰었다.
'분부는 이미 전달되었습니다. 그리고 오기를 허락하였습니다.'
천제는 곧 어자御者에게 명령하여 7보로 된 날아다니는 마차를 장엄하고 밀제라성으로 가서 임왕을 맞아 오게 하였다. 어자는 분부를 받고 곧 마차를 준비하여 인간으로 내려갔다.
그때 왕은 신하들과 함께 궁전에 모여 앉아 있었다. 수레가 왕의 앞 공중에 머물렀다. 어자가 말하였다.
'천제가 지금 수레를 보내어 맞이하러 왔습니다. 모든 천자들께서 공손히 기다리고 있습니다. 곧 수레에 오르소서. 그리고 너무 연연해서 돌아보지 마십시오.'
여러 대소大小 신하들은 왕이 떠난다는 말을 듣고 너무 서운해 하면서 모두 일어나 합장하고 아뢰었다.
'왕께서 떠나신 뒤에 우리는 누구의 명령을 받들어야 하겠습니까?'
왕이 대답하였다.
'그대들은 걱정하지 말라. 내가 떠난 뒤에도 보시하고 재계하면서 백성들을 잘 보살피고 나라를 다스리되 내가 있을 때와 같이 하라. 나는 오래지 않아 다시 돌아올 것이다.'
왕이 분부를 마치자 수레가 곧 땅에 내려왔다. 왕은 곧 수레에 올랐다.

어자가 왕에게 물었다.

'어느 길로 가리이까?'

왕이 말하였다.

'무슨 말인가?'

어자가 대답하였다.

'가는 데는 두 갈래 길이 있습니다. 첫째는 악의 길이요, 둘째는 선의 길입니다. 악을 행한 사람은 나쁜 길로 가서 괴로운 곳에 이르고, 선을 닦은 사람은 좋은 길을 거쳐 즐거운 곳에 이르는 것입니다.'

왕이 말하였다.

'오늘은 선악善惡의 길을 모두 가고 싶구나.'

어자는 그 말을 듣고 한참만에야 깨닫고 말하였다.

'참으로 좋습니다, 대왕이여.'

어자는 곧 두 길 중간으로 인도하였다. 왕은 선악을 모두 다 보면서 삼십삼천으로 갔다.

천제와 여러 천자들은 멀리서 왕이 오는 것을 보고서 천제가 말하였다.

'잘 오셨습니다, 대왕이여.'

그리고는 자기 자리에 같이 앉게 하였다."

부처님께서 아난에게 말씀하셨다.

"왕은 곧 천제의 자리에 앉았다. 왕과 천제는 모양과 옷과 말소리가 모두 똑같았다. 천자들은 마음속으로 이렇게 생각하였다.

'어느 것이 제석이며 어느 것이 왕인가?'

또 생각하였다.

'사람은 눈을 깜빡이는 법인데 모두 다 눈을 깜빡이지 않는다.'

그래서 그것을 분별할 수 없어 모두 놀랐다.
천제는 천자들이 의심을 가진 것을 보고 생각하였다.
'나는 왕을 붙들어 여기서 머물게 한 뒤에 저들을 깨닫게 하리라.'
천제는 여러 천자들에게 말하였다.
'그대들은 내가 왕을 붙들어 여기서 머물게 하기를 바라는가?'
천자들이 말하였다.
'진정 머물게 하고 싶습니다.'
천제가 임왕에게 말하였다.
'대왕은 여기 머무를 수 있습니까? 내가 다섯 가지 욕망을 공급해주고, 그로써 여러 하늘들이 왕을 알아보도록 하겠습니다.'
왕이 천제에게 말하였다.
'그렇게 하겠습니다.'
왕은 곧 쾌락의 공양供養을 받고는 말하였다.
'원컨대 여러 천자님들의 수명이 무궁하시기를 빕니다. 손님은 주인께 사양하려고 청합니다.'
이렇게 세 번 청하였다.
제석천이 왕에게 물었다.
'왜 머무르지 않으시렵니까?'
왕이 대답하였다.
'나는 출가하여 도를 배워야 하겠습니다. 지금 이 천상에서는 도를 배울 인연이 없습니다.'
천제가 말하였다.
'왜 도를 닦으려 하십니까?'
왕이 대답하였다.
'부왕의 유언을 받았습니다. 만일 흰 머리카락이 나거든 집을 떠나

라고 말입니다.'

제석천은 도에 들어가라는 유언이 있었다는 말을 듣고 잠자코 대답하지 않았다.

왕이 천상에서 잠깐 동안 다섯 가지 욕망을 누린 시간은 인간 세계의 12년에 해당하였다. 왕은 장차 고별告別하려고 여러 천자들을 위해 자세히 법을 설명하였다. 이때 제석천이 어자에게 명령하였다.

'너는 이 임왕을 본국으로 배웅해 드려라.'

어자는 분부를 받고 곧 수레를 장엄하고 왕에게 말하였다.

'왕은 수레에 오르소서.'

이에 왕은 제석과 여러 천자들에게 고별인사를 하고 수레에 올라, 오던 길을 따라 밀제라 궁전으로 돌아왔다. 그리고 여자는 곧 천상으로 돌아갔다.

며칠 뒤에 왕은 다시 겁북에게 분부하였다.

'만일 내 머리에서 흰 머리카락을 보거든 곧 내게 알려라.'

며칠 사이에 왕의 머리에 흰 머리카락이 났다. 겁북은 금 족집게로 흰 머리카락을 뽑아 왕의 손바닥 위에 올려놓았다. 왕은 그것을 보고 곧 게송을 읊었다.

　　이제 내 머리에
　　이 흰 털이 났구나.
　　몸의 사자가 부르러 왔으니
　　도에 들어갈 때가 되었네.

왕은 가만히 생각하였다.

'나는 이미 인간의 다섯 가지 욕망은 한껏 누렸다. 이제는 출가하여

수염과 머리를 깎고 법복을 입으리라.'
  왕은 태자 선진善盡을 불러 말하였다.
  '나는 이제 흰 머리카락이 났다. 세간의 다섯 가지 즐거움은 이미 싫어졌다. 이제는 천상의 쾌락을 구하여야 하겠다. 수염과 머리를 깎고 법복을 입고 출가하여 도에 들어가리라. 동자야, 나는 이제 나라 일을 너에게 부탁한다. 그리고 겁북을 잘 보호하여, 만일 네 머리에 흰 머리카락이 나거든 나라를 너의 태자에게 물려주고 너도 출가하여 도에 들어가라. 동자야, 나는 이제 이 거룩한 왕위를 너에게 물려준다. 종족을 끊어지게 하지 말라. 종족이 끊어지면 곧 변방 사람이 될 것이다.'"
  부처님께서 아난에게 말씀하셨다.
  "임왕은 곧 나라 정사를 태자에게 물려주고 겁북과 농토를 붙여 주었다. 그리고 이 성·이 동산·이 땅에서 수염과 머리를 깎고 법복을 입고 출가하여 도를 닦았다. 도를 닦은 이레 뒤에 바퀴와 구슬은 변화해 떠나고 코끼리·말·옥녀·장자·장군은 모두 죽었다.
  왕은 그 동산에서 8만 4천 년 동안 사·비·희·호의 4범행을 행하다가 목숨을 마친 뒤에는 범천에 태어났다.
  그 뒤에 선진왕은 그 아버지의 업業을 받들지 않아 바른 법이 바뀌고 무너졌다. 그 때문에 7보는 다시 와서 호응하지 않았다.
  선한 행이 계속 되지 않자 사람들의 목숨은 짧아지게 되었고 모습은 추하며 힘은 적고 병은 많으며 지혜가 없는 다섯 가지 줄어듦[五減]이 닥쳐왔다. 다섯 가지 줄어듦이 이르자 갈수록 백성들은 빈곤해지고 빈곤으로 말미암아 절도竊盜는 들끓었다. 그들은 왕에게 나아가 아뢰었다.
  '이 사람은 남의 물건을 훔친 사람입니다.'

왕은 바깥 신하들에게 명령하여 그 나라 백성들에게 벌을 주게 하였다. 왕이 도둑을 죽였다는 말을 듣고 백성들은 모두 그의 악함을 미워하여 제각기 칼을 만들었다. 칼은 여기서 비로소 만들어졌고, 또 그로 말미암아 살생이 생기게 되었으니 여기서 두 가지 악이 있게 되었다.

또 남의 아내를 범하고 그 남편과 싸우면서 '나는 하지 않았다'고 하니 여기서 넷째 악이 생겼고, 이간하는 말로 싸움을 붙이니 이것이 다섯째의 악이며, 싸우면서 서로 꾸짖으니 이것이 여섯째의 악이요, 나쁜 말로 진실하지 못하니 이것이 일곱째 악이며, 남의 화합和合을 미워하니 이것이 여덟째 악이요, 성을 내어 얼굴빛이 변하니 이것이 아홉째 악이며, 마음에 의심을 품으니 이것이 열째 악이다. 이 열 가지 악이 이미 갖추어지자 다섯 가지 줄어듦은 갈수록 더해 갔다."

부처님께서 이어 말씀하셨다.

"현겁 초에 나타났던 그때의 대천왕이 누구인지 알고 싶으냐? 그분은 바로 나이다. 아난아, 그때의 8만 4천 년 맨 마지막 왕으로서 정치를 바로 한 임왕이 누구인지 알고 싶으냐? 그 이는 바로 너이다. 그때 최후의 왕으로서 난폭하여 도가 없고 성왕의 종족을 끊은 선진왕이 누구인지 알고 싶으냐? 그이는 바로 저 조달調達[6]이다.

아난아, 너는 과거에 대천 전륜성왕의 좋은 계통을 이어받아 그 왕위가 끊이지 않게 하였으니, 그것은 다 너의 공功으로서 법대로 하였고 비법으로 하지 않았기 때문이다. 아난아, 나는 지금 위없는 법왕으로서 위없는 선법을 물려 간절한 마음으로 너에게 붙여 주는 것이다. 너는 석종釋種의 아들로서 변방 사람이 되지 말고 종족을 끊는 행을

---

6 제바달다를 가리키는 다른 이름이다.

짓지 말도록 하라."

아난이 부처님에게 여쭈었다.

"어떤 것이 종족을 끊는 행이 됩니까?"

부처님께서 아난에게 말씀하셨다.

"대천왕은 비록 선법은 행하였으나 번뇌를 다하지 못하여 세간을 벗어나지 못하였고 건너지 못하였으며 탐욕을 끊지 못하였고 20억[7]의 결박[結]을 부수지 못하였으며, 62가지 소견을 버리지 못하였고 세 가지 때[三垢][8]를 씻지 못하였으며, 신통을 얻지 못하였고 해탈의 참 도를 얻지 못하였으며, 열반을 얻지 못하였다. 그래서 대천이 행한 선법은 범천에 태어나는 것에 지나지 못하였다.

아난아, 나는 지금 법을 밝혀 끝내 함이 없다. 내 법은 진제眞際에 이르러 천상과 인간세계를 벗어났으며, 내 법은 샘이 없고 탐욕이 없으며 번뇌가 사라지고 생사를 건너고 신통을 얻었으며 번뇌를 해탈하였고 진정한 사문이며 열반에 이르렀다.

아난아, 나는 지금 이 위없는 법을 간절한 마음으로 너에게 부촉附囑하니 너는 내 법을 사라지게 하지 말고, 또 변방 사람이 되지 말라. 아난아, 만일 현재의 성문으로서 이 법을 끊는 이가 있으면 그는 곧 변방 사람이 될 것이요 만일 능히 이 법을 일으키면 그는 곧 부처의 맏아들이 되어 권속을 성취할 것이다.

아난아, 너는 부디 권속을 성취하고 종족을 멸하는 행을 짓지 말라. 아난아, 내가 지금까지 말한 법을 모두 너에게 부촉하니 너는 그렇게 알고 공부해야 한다."

---

7 신수대장경 각주에 의하면 "송宋・원元・명明 3본에는 억億이 일一로 되어 있다"고 하였다.
8 탐貪・진瞋・치癡 3독毒의 이명異名이다.

부처님께서 이렇게 말씀하시자 아난은 기뻐하며 받들어 행하였다.

〔5〕
이와 같이 들었다.
어느 때 부처님께서는 사위국 기수급고독원에 계셨다.
그때 세존께서 모든 비구들에게 말씀하셨다.
"큰 지옥에 갈 사람이 넷이 있다. 말하자면 네 사람이란 말가리未佉梨 죄인과 제사帝舍 비구 죄인과 제바달두提婆達兜 죄인과 구파리瞿波離 비구 죄인이 그 사람들이다.

말가리 죄인은 몸에서 불꽃이 나오는데 그 길이가 60주肘나 되고, 제사 죄인은 몸에서 불꽃이 나오는데 그 길이가 40주나 되며, 제바달두 죄인은 몸에서 불꽃이 나오는데 그 길이가 30주나 되고, 구파리 죄인은 몸에서 불꽃이 나오는데 그 길이는 20주나 된다.

비구들아, 마땅히 알아야 한다. 말가리는 무수한 중생들을 가르쳐 삿된 소견과 뒤바뀐 생각을 가지게 하였고 '있다 없다〔有無〕' 하는 생각을 헤아리게 하였다. 저 어리석은 제사는 여러 성중聖衆의 발우를 산산이 부수었다. 어리석은 제바달두는 비구들과 싸우고 아라한 비구니를 죽였으며 여래에 대하여 해칠 마음을 내었다. 구파리 죄인은 사리불과 목건련을 비방하였다.

또 비구들아, 말가리 죄인은 무수한 중생을 가르쳐 삿된 소견을 가지게 하였기 때문에 몸이 무너지고 목숨이 끝난 뒤에는 염광焰光 지옥에 떨어졌다. 제사 죄인은 성중의 발우를 산산이 부수었기 때문에 몸이 무너지고 목숨이 끝난 뒤에는 등해等害 지옥에 떨어졌다. 제바달두 죄인은 여래에 대해 모해하려는 마음을 일으켰기 때문에 몸이 무너지고 목숨이 끊어진 뒤에는 아비지옥에 떨어졌다. 구파리 죄인은 사리불과 목건련을 비방했기 때문에 몸이 무너지고 목숨이 끝난 뒤에는 발투마鉢投摩 지옥에 떨어졌다.

그때 옥졸들은 산채로 말가리 죄인의 혀를 뽑아 등에 뒤집어 붙였다. 왜냐하면 과거에 무수한 중생들을 가르쳐 삿된 소견을 가지게 하였기 때문이다. 그때 옥졸들은 제사 죄인의 몸을 산채로 찢고 구리쇠 녹인 물을 심장에 쏟아 부으며 뜨거운 철환을 머금게 하였다. 왜냐하면 그는 발우를 산산이 부수었기 때문이다.

제바달두 죄인은 뜨거운 쇠 바퀴로 그 몸을 쓸고 또 쇠 절굿공이로 그 몸을 찧으며 사나운 코끼리가 그 몸을 짓밟고 또 뜨거운 큰 철산이 그 얼굴을 짓눌렀으며 뜨거운 구리쇠판으로 그 몸을 둘둘 감았고 쇠 바퀴로 그 머리를 끊었다. 왜냐하면 과거에 성중과 싸우고 승가의 화합을 부수었기 때문이다.

또 저 어리석은 제바달두는 저 태자를 시켜 그 부왕을 해치게 하였다. 그 과보로 말미암아 쇠 절굿공이로 그 몸을 부수게 하였다. 또 저 어리석은 제바달두는 코끼리를 취하도록 술을 먹여 여래를 해치려 하였다. 그 과보로 말미암아 코끼리 떼가 그 몸을 짓밟았다. 또 저 흉악한 제바달두는 기사굴산 꼭대기에 올라가 돌을 들어 여래에게 던졌다. 그 과보로 말미암아 뜨거운 철산으로 그 얼굴을 짓누르게 하였다. 그리고 저 어리석은 제바달두는 아라한 비구니를 죽였다. 그 과보로 말미암아 뜨거운 구리쇠판으로 그 몸을 둘둘 감았다.

비구들아, 마땅히 알아야 한다. 구파리 죄인은 저 연화지옥에 있을 때 보습을 갖춘 천 마리의 소가 보습으로 그의 혀를 갈았다. 왜냐하면 사리불과 목건련을 비방하였기 때문이니, 그 과보로 말미암아 보습을 갖춘 천 마리 소로 그 혀를 갈게 한 것이다.

또 비구들아, 말가리 죄인은 그 몸에서 길이 60주나 되는 불꽃이 날 때, 어떤 중생이 그를 가엾이 여겨 '나는 저 사람을 구제해 편안하게 하리라' 하여, 길이 40주나 되는 네 바닷물을 가지고 그 몸에 쏟아 부었지만 그 바닷물은 이내 다 말라 버리고 불꽃은 변함이 없다. 마치 뜨거운 철판을 나흘 동안 불에 태울 때, 어떤 사람이 와서 네 방울의 물을 뿌리면 그 물은 곧 말라 버리는 것처럼, 이것도 그와 같아서 어떤 사람이 와서 네 바닷물로 그 사람의 몸에 쏟아 무사하게 하려고 하여도 마침내 성과를 얻지 못한다. 왜냐하면 그 죄가 매우 깊고 무겁기 때문이다.

또 저 제사 죄인의 몸에서 길이 40주나 되는 불꽃이 날 때에, 어떤 중생이 그를 가엾이 여겨 세 큰 바닷물을 그 몸에 쏟아 부었지만 그 바닷물은 곧 말라 버리고 불꽃은 꺼지지 않는다. 마치 어떤 사람이 세 방울 물을 뜨거운 철판에 뿌리면 물은 곧 말라 버리고 오래 머무르지 못하는 것처럼, 이것도 그와 같아서 세 바닷물로 제사 몸에 쏟아 부어도 물은 곧 말라 버리고 끝내 불은 꺼지지 않는다.

제바달두 죄인의 몸에서 길이 30주나 되는 불꽃이 날 때에, 어떤 중생이 가엾이 여기는 생각을 내여 제바달두를 무사하게 해 주려고 두 바닷물을 그 몸에 쏟아 부으면 물은 이내 말라 버리고 끝내 불은 꺼지지 않는다. 마치 두 방울 물을 뜨거운 철판에 떨어뜨리면 마침내 철판은 식지 않는 것처럼, 저 어리석은 제바달두도 그와 같아서 두 바닷물로 그 몸에 쏟아 붓더라도 물은 곧 말라 버리고 끝내 불은 꺼지지 않나니 제바달두의 몸의 고통도 이와 같다.

구파리 죄인의 몸에서 길이 20주나 되는 불꽃이 날 때에, 어떤 중생이 그를 가엾이 여겨 한 바닷물을 가져다 그 몸에 쏟아 붓더라도 그 바닷물은 곧 말라 없어지고 끝내 불은 꺼지지 않는다. 마치 한 방울 물을 뜨거운 철판에 떨어뜨리면 물은 곧 말라 버리고 오래 머무르지 못하는 것처럼 구파리 비구도 그와 같아서 죄의 과보에 끌리기 때문에 그러한 죄를 받는 것이다.

비구들아, 이것을 일러 '네 종류의 사람이 지극히 중한 죄를 받는다'고 하는 것이다. 그러므로 부디 마음을 다해 이런 걱정을 여의고 범행을 고루 닦는 여러 성현(賢聖)들을 섬기도록 하라. 인자(仁者)들이여, 마땅히 이와 같이 배워야 한다."

그때 모든 비구들은 부처님의 말씀을 듣고 기뻐하며 받들어 행하였다.

〔6〕

이와 같이 들었다.

어느 때 부처님께서는 사위국 기수급고독원에 계셨다.

그때 세존께서 모든 비구들에게 말씀하셨다.

"나는 지금 지옥을 밝게 알고 지옥으로 가는 길을 알며 또 그 지옥 중생들의 근본을 다 안다. 즉 만일 어떤 중생이 온갖 악하고 착하지 않은 행을 지으면 몸이 무너지고 목숨이 끝난 뒤에는 지옥에 들어가는 지를 나는 다 안다.

또 비구들아, 나는 축생(畜生)에 대해서도 밝게 알고 축생으로 가는 길을 알며 또 축생의 근본을 다 안다. 즉 온갖 악의 근본을 짓고 거기에 태어나는 지를 나는 다 안다.

나는 또 아귀(餓鬼)로 가는 길을 안다. 즉 누구나 악의 근본을 지으면 아귀 속에 태어나는 지를 나는 다 안다.

또 나는 인간의 세계로 향하는 사람의 길을 안다. 즉 어떤 중생으로서 사람의 몸을 얻는 지를 나는 다 안다.

또 나는 하늘로 가는 길을 안다. 즉 어떤 중생이 온갖 공덕의 근본을 짓고 저 천상에 태어나는 지를 나는 다 안다.
　또 나는 열반으로 가는 길을 안다. 즉 어떤 중생이 번뇌를 다하고 번뇌가 없게 되어, 심해탈心解脫하고 혜해탈慧解脫하여 현재에서 깨달음의 결과를 성취하는 지를 나는 안다.
　비구들아, 마땅히 알아야 한다. 나는 지옥으로 가는 길을 안다. 무슨 이유로 나는 이런 말을 하는가?"
　부처님께서 이어 말씀하셨다.
　"나는 지금 중생들의 생각을 관찰하고 이른바 '이 사람은 몸이 무너지고 목숨이 끝난 뒤에는 지옥에 들어갈 것이다'라고 말한다. 그런데 그 뒤에 과연 그 사람이 지옥에 들어가 심한 고통과 무서운 고문을 무수히 받으면서 이루 말할 수 없는 근심·걱정·괴로움·번민을 당하는 것을 본다.
　마치 어떤 큰 불구덩이에 연기가 나지 않을 때 어떤 사람이 그곳으로 가면, 눈 밝은 사람은 그리로 가는 그 사람을 보고 '저 사람은 틀림없이 저 불구덩이에 떨어질 것이다'라고 말하였는데, 그 뒤에 과연 그 사람이 불구덩이에 떨어지는 것을 본다. 내가 말하는 그 사람이 불구덩이에 떨어지는 것처럼, 나는 지금 중생들의 생각을 관찰하고 '틀림없이 지옥에 들어갈 것이다'라고 말하는데, 그 뒤에 과연 그 사람이 지옥에 들어가 이루 말할 수 없는 지독한 고통을 받는 것을 분명히 본다.
　왜 그 사람은 지옥에 들어가는가? '나는 지옥으로 가는 중생을 보고, 그들은 모두 온갖 악한 행과 착하지 않은 업을 지었기 때문에 몸이 무너지고 목숨이 끝난 뒤에는 지옥에 들어가는 것을 다 안다'고 말한 것은 바로 이것을 두고 한 말이다.
　나는 또 축생으로 가는 길을 알고 축생으로 가는 사람을 안다. 무슨 이유로 나는 이렇게 말하는가?

비구들아, 나는 중생들의 마음속에 품고 있는 생각을 관찰하고 '저 사람은 몸이 무너지고 목숨이 끝난 뒤에는 축생 세계에 태어날 것이다'라고 말한다. 그 뒤에 과연 그 사람은 축생 세계에 태어나서 이루 말할 수 없는 근심·걱정·괴로움·번민을 당하는 것을 나는 본다.

왜 그 사람은 축생 세계에 떨어지는가? 비유하면 어떤 촌락에 큰 뒷간이 있어 똥이 가득 차있는데 어떤 사람이 그곳으로 오면, 눈 밝은 사람은 그 사람이 그리로 오는 것을 보고 '저 사람은 머지않아 뒷간에 빠질 것이다'라고 말한다. 그 뒤에 과연 그 사람이 뒷간에 빠져 이루 말할 수 없는 곤액困厄을 당하는 것을 그는 본다.

왜 그 사람은 뒷간에 빠졌는가? 내가 지금 중생들을 관찰하는 것도 그와 같아서 '저 사람은 틀림없이 축생 세계에 태어날 것이다'라고 말하고, 또 그 뒤에 그가 축생 속에 태어나서 한량없이 많은 고통을 받는 것을 본다. '내가 지금 축생들을 관찰하여 모두 다 밝게 안다'고 말한 것은 바로 이것을 두고 한 말이다.

나는 또 아귀 중생을 알고 아귀로 가는 길을 알며 그 몸이 무너지고 목숨이 끝난 뒤에 아귀로 태어나는 사람을 알고, 어떤 중생이 몸이 무너지고 목숨이 끝난 뒤에는 아귀 세계로 나아갈 것을 나는 다 알며, 그 뒤에 그 중생이 아귀 세계에 들어가 괴로움과 즐거움을 받는 것을 나는 다 본다.

왜 그 사람은 아귀 속에 들어가는가? 비유하면 어떤 마을의 곁에 가지와 잎이 다 떨어진 큰 나무가 위험한 곳에 서 있는데 어떤 사람이 그곳으로 가면, 눈 밝은 사람은 멀리서 그 사람을 보고 '틀림없이 저 나무 밑으로 갈 것이다'라고 말하였다. 조금 뒤에 과연 그 사람이 그 밑에서 앉기도 하고 눕기도 하면서 괴롭고 즐거운 과보를 받는 것을 그는 본다.

왜 그 사람은 그 나무 밑에 와서 앉기도 하고 눕기도 하는가? 내가 지금 중생들을 관찰하는 것도 그와 같아서, 몸이 무너지고 목숨이 끝난 뒤에는 틀림없이 아귀 세계에 떨어져 이루 말할 수 없는 괴롭고 즐거운 과보를 받는 것을 본다. '나는 아귀를 알고 아귀로 나아가는 길을 다 분명히 안다'고 말한 것은 바로 이것을 두고 한 말이다.

나는 사람 세계를 알고 사람으로 나아가는 길을 알며 어떤 행을 짓고는 몸이 무너지고 목숨이 끝나 인간 세계에 태어나는 지를 나는 다 안다.

비구들아, 나는 중생들이 마음속으로 생각하고 있는 것을 관찰하고는 '저 사람은 몸이 무너지고 목숨이 끝난 뒤에는 반드시 인간 세계에 태어나리라'고 말하고, 그 뒤에 과연 그 사람이 인간 세계에 태어난 것을 본다.

왜 그는 인간 세계에 태어났는가? 비유하면 어떤 촌락에 큰 나무가 있는데 그것은 평평한 곳에 서 있고 그늘이 많았다. 어떤 사람이 그 길로 바로 오면, 눈 밝은 사람은 그것을 보고, 곧 '저 사람은 틀림없이 그 나무 밑을 향해 가서 거기 이를 것이다'라고 아는데, 정말로 그는 조금 뒤에 그 사람이 그 나무 밑에 가서 한량없는 즐거움을 받는 것을 보는 것과 같다.

왜 그 사람은 그 나무 밑에 이르게 되는가? 내가 중생들이 마음속에 생각하고 있는 것을 관찰하는 것도 그와 같아서 '그는 몸이 무너지고 목숨이 끝난 뒤에는 반드시 인간 세계에 태어나리라'는 것을 의심하지 않고, 또 그 뒤에 과연 그 사람이 인간 세계에 태어나 한량없는 즐거움을 누리는 것을 나는 본다.

'나는 사람의 세계를 알고 인간 세계로 나아가는 길을 알며 지금 인간 세계에 태어난 것을 다 안다'고 말한 것은 바로 이것을 두고 한 말이니라.

나는 또 하늘을 알고 하늘 세계로 나아가는 길을 알며 어떤 중생이 온갖 공덕을 짓고 천상에 나는 지를 나는 안다. 무슨 이유로 이런 말을 하는가?

나는 지금 중생들이 마음속으로 생각하고 있는 것을 관찰하고는 '저 사람은 몸이 무너지고 목숨이 끝난 뒤에는 반드시 천상의 좋은 곳에 태어나리라'고 말한다. 그리고 그 뒤에 과연 그 사람이 몸이 무너지고 목숨이 끝나 천상의 좋은 곳에서 저절로 복을 받고 그 쾌락이 견줄 데 없음을 본다. 이것을 일러 '그 사람은 천상에 태어나서 저절로 복을 받고 쾌락이 견줄 데 없다'고 하는 것이니라.

비유하면 촌락 곁에 높고 넓은 좋은 강당이 있어서 그림을 그리고 조각을 새기고 비단과 번기와 일산을 달고 향수를 땅에 뿌리고 좋은 자리를 깔아놓으며, 모두 털로 짜고 무늬 있게 수를 놓은 자리를 갖추었을 때, 어떤 사람이 그 길로 바로 오면 눈 밝은 사람은 그를 보고, '그는 반드시 저 높고 넓은 강당으로 향하여 거기에 이르게 될 것이다' 라고 의심하지 않다가 조금 뒤에 과연 그 사람이 그 강당에 올라가 앉기도 하고 눕기도 하면서 복을 받고 그 쾌락 또한 견줄 데 없음을 보는 것과 같다.

이것도 그와 같아서 나는 중생들을 관찰하고 그는 몸이 무너지고 목숨이 끝난 뒤에는 반드시 천상의 좋은 곳에 태어나서 이루 말할 수 없는 쾌락을 누릴 줄을 안다.

'어째서 그 사람은 천상의 좋은 곳에 태어났는가? 또 나는 어떻게 하늘 세계를 알고 하늘로 나아가는 길을 아는가?'라고 말한 것을 바로 이것을 두고 한 말이다.

나는 또 열반을 알고 열반으로 나아가는 길을 알며 반열반할 중생을 안다. 즉 어떤 중생으로서 번뇌를 다하고 번뇌가 없게 되어, 심해탈하고 혜해탈하여 현재의 몸으로 깨달음을 증득하여 스스로 즐거이 노니는 것을 나는 다 안다.

무슨 이유로 나는 이런 말을 하는가? 비구들아, 나는 중생들이 마음속에 생각하고 있는 것을 관찰하고는 그는 번뇌를 다하고 번뇌가 없게 되어, 심해탈하고 혜해탈한 줄을 안다. 이것을 일러 '그는 번뇌를 다하고 번뇌가 없게 되었다'고 하는 것이니라.

비유하면 촌락에서 멀지 않은 곳에 물이 아주 맑은 큰 못이 있는데, 어떤 사람이 그 길로 바로 오면, 눈 밝은 사람은 멀리서 그 사람이 오는 것을 보고 '저 사람은 반드시 저 못으로 갈 것이다' 하고 의심하지 않다가, 조금 뒤에 과연 그 사람이 그 못에 이르러 깨끗이 목욕하여 온갖 더러운 때와 티끌을 모두 씻고 그 곁에 앉아 남과 다투지 않는 것을 보는 것과 같다.

내가 중생들을 관찰하는 것도 그와 같아서 번뇌를 다하고 번뇌가 없게 되어 심해탈하고 혜해탈하여, 삶과 죽음은 이미 다하였고 범행은 이미 섰으며, 할 일을 이미 다 마쳐, 이름과 물질〔名色〕을 사실 그대로 다 안다. 이것을 일러 '그 사람이 거기에 이르렀다'고 하는 것이다.

나는 열반의 길을 알고 또 중생으로서 반열반하는 이를 모두 다 안다. 여래·지진·등정각은 이런 지혜가 있고 두려움이 없는 힘을 갖추어 모두 다 성취하였다. 여래의 지혜는 한량이 없다.

여래는 능히 과거의 한량이 없고 헤아릴 수 없는 일을 모두 관찰해 알고 한량이 없는 미래와 현재의 일을 모두 다 분별한다.

그러므로 비구들아, 너희들은 마땅히 방편을 구하여 10력(力)과 두려움 없음〔無畏〕을 갖추도록 해야 하느니라. 모든 비구들아, 마땅히 이와 같이 배워야 한다."

그때 모든 비구들은 부처님의 말씀을 듣고 기뻐하며 받들어 행하였다.

〔7〕

이와 같이 들었다.

어느 때 부처님께서는 사위국 기수급고독원에 계셨다.

그때 세존께서 모든 비구들에게 말씀하셨다.

"크고 높고 넓은 나무가 설산雪山을 의지하고 있는데 그것은 다섯 가지가 훌륭하다.

어떤 것이 그 다섯 가지인가? 이른바 뿌리가 움직이지 않는 것, 껍질이 매우 두꺼운 것, 가지가 넓게 드리워진 것, 덮지 않는 것이 없는 것, 잎이 매우 무성한 것이다. 비구들아, 이것을 '설산에 의지하고 있는 저 큰 나무가 매우 좋다'고 하는 것이다.

지금 선남자와 선여인도 이처럼 뛰어난 종족에 의지하면 다섯 가지 일이 증장增長한다. 어떤 것이 그 다섯 가지인가? 말하자면 믿음이 더욱 자라는 것, 계율이 더욱 자라는 것, 들음이 더욱 자라는 것, 보시가 더욱 자라는 것, 지혜가 더욱 자이 더욱 자라는 것이다. 비구들아, 이것을 일러 '선남자와 선여인이 뛰어나 종족을 의지하여 다섯 가지 일을 성취한다'고 하는 것이다.

그러므로 비구들아, 너희들은 부디 방편을 구하여 믿음〔信〕·계율〔戒〕·들음〔聞〕·보시〔施〕·지혜智慧를 성취하도록 해야 하느니라."

그때 세존께서는 곧 다음 게송을 읊으셨다.

마치 저 설산의 나무가
　　다섯 가지 공덕을 성취함으로
　　뿌리 좋고 껍질 두껍고 가지 멀리 드리우며
　　그 잎이 매우 무성한 것처럼

　　믿음이 있는 선남자와 선여인은
　　다섯 가지 공덕을 이루나니
　　믿음과 계율과 들음과 보시와
　　그 지혜 더욱 자라나느니라.

"비구들아, 마땅히 이와 같이 배워야 한다."
　그때 모든 비구들은 부처님의 말씀을 듣고 기뻐하며 받들어 행하였다.

　　〔8〕
　　이와 같이 들었다.
　　어느 때 부처님께서는 사위국 기수급고독원에 계셨다.
　　그때 무라파군(茂羅破群)[9] 비구는 여러 비구니들과 서로 어울려 놀았고 비구니들과도 서로 어울려 놀기를 좋아하였다. 사람들이 무라파군 비구를 비방하면 그 비구니들은 매우 화를 내며 근심하고 걱정하면서 불쾌히 여겼고, 또 누가 비구니를 나무라면 파군 비구도 근심하고 걱정하면서 불쾌히 여겼다.
　　그래서 모든 비구들이 파군 비구에게 말하였다.

---

9 무라파군(茂羅破群, Moliya-phagguna)은 또한 모리파군나(牟梨破群那・무라파나(茂羅破那)라고도 한다.

"너는 왜 비구니들과 친하고 또 비구니들도 너와 교제를 하는가?"
파군이 대답하였다.
"내가 여래께서 말씀하신 교훈을 알기로는 음행을 범한 죄 따위는 그리 말할 만한 것도 못 되는 것이다."
비구들이 다시 말하였다.
"그만두라. 그런 말을 하지 말라. 여래의 교훈을 비방하지 말라. 여래의 교훈을 비방하는 자는 그 죄가 작지 않다. 또 세존께서는 무수한 방편으로 음행의 더러움을 말씀하셨는데, 음행을 즐기는 이를 죄가 없다고 말씀하셨다니 그럴 이치가 없느니라. 너는 그런 나쁜 소견을 버려라. 그렇지 않으면 오랜 세월 동안 한량없이 많은 고통을 받을 것이다."
그러나 그 파군 비구는 여전히 비구니들과 친하게 지내면서 그 행동을 고치지 않았다.
이때 많은 비구들이 세존께 찾아가서 땅에 엎드려 발아래 예배하고 세존께 아뢰었다.
"이 사위성 안에 파군이라는 비구가 비구니들과 서로 사귀고 또 비구니들도 파군 비구와 왕래하면서 사귀고 있습니다. 그래서 저희들은 그를 권해 그런 행동을 고치라고 하였사오나 그들은 갈수록 더욱 친하게 지내면서 뒤바뀐 소견을 버리지 않고 또 바른 법의 업을 따르지 않습니다."
그때 세존께서 어떤 비구에게 말씀하셨다.
"너는 저 파군 비구에게 가서 여래가 부른다고 일러라."
그 비구는 여래의 분부를 받고 곧 파군 비구에게 가서 말하였다.
"너는 마땅히 알아야 하리라. 여래께서 너를 부르신다."
파군 비구는 그 비구의 말을 듣고 곧 세존께 나아가 땅에 엎드려 발아래 예배하고 한쪽에 앉았다.

그때 세존께서 그 비구에게 물으셨다.

"너는 정말로 비구니들을 가까이하였느냐?"

파군이 대답하였다.

"그렇습니다, 세존이시여."

부처님께서 비구에게 말씀하셨다.

"너는 비구로서 왜 비구니들과 사귀느냐? 너는 지금 족성자族姓子로서 수염과 머리를 깎고 세 가지 법의를 입고 견고한 믿음으로 출가하여 도를 배우고 있지 않느냐?"

파군 비구가 부처님께 아뢰었다.

"그렇습니다, 세존이시여. 저는 족성자로서 견고한 믿음으로 출가하여 도를 배우고 있습니다."

부처님께서 비구에게 말씀하셨다.

"네가 할 법이 아닌데 너는 왜 비구니와 사귀느냐?"

파군이 아뢰었다.

"저는 여래의 말씀을 듣건대 음행을 즐기는 죄는 말할 것이 못 된다고 하셨습니다."

부처님께서 말씀하셨다.

"이 미련한 사람아, 여래가 어떻게 음행을 즐기는 것은 죄가 없다고 말하였겠는가? 나는 무수한 방편으로 음행의 더러움을 말하였다. 너는 지금 어째서 말하기를 '여래는 음행은 죄가 없다고 말하였다'라는 말을 하느냐? 너는 입으로 짓는 허물을 잘 단속하여 오랜 세월 동안에 늘 그 죄를 받지 않도록 하라."

부처님께서 이어 말씀하셨다.

"너는 지금 잠깐 있어라. 내가 모든 비구들에게 물어보리라."

그때 세존께서 많은 비구들에게 말씀하셨다.

"너희들을 혹 내가 비구들에게 '음행은 죄가 없다'고 말한 것을 들은 일이 있는가?"

비구들이 아뢰었다.

"세존이시여, 저희들은 여래께서 '음행은 죄가 없다'고 말씀하신 것을 듣지 못하였습니다. 왜냐하면 여래께서는 무수한 방편으로 음행의 더러움을 말씀하셨기 때문입니다. 만일 죄가 없다고 말씀하셨다면 그럴 이치가 없습니다."

부처님께서 모든 비구들에게 말씀하셨다.

"그렇다, 그렇다. 모든 비구들아, 너희들 말과 같다. 나는 무수한 방편으로 음욕의 더러움을 설명하였다."

그때 세존께서는 거듭 모든 비구들에게 말씀하셨다.

"너희들은 마땅히 알아야 하느니라. 혹 어떤 어리석은 사람이 법을 익힌다고 하자. 이른바 계경契經・기야祇夜・게偈・수결授決・인연因緣・본말本末・비유譬喩・생경生・방등方等・미증유未曾有・설說・광보廣普 등 이런 법을 외우고 익히더라도 그 뜻을 제대로 알지 못하나니 그 뜻을 관찰하지 않고 또 순종해야 할 법을 순종하지 않기 때문이다. 마침내 그 행을 따르지 않고 그 법만을 외우는 까닭은 욕심을 따라 남과 경쟁하여 승부를 다투려 할 뿐이니, 그것은 자기를 위한 것도 아니요 또 남을 제도하지도 못할 것이니, 그가 그렇게 법을 외우는 것은 곧 계율을 범하는 일이 될 것이다.

비유하면 마치 어떤 사람이 촌락을 떠나 독사를 잡으려고 할 때, 그가 아주 큰 독사를 보고는 직접 가서 왼손으로 그 꼬리를 잡으면 뱀은 머리를 돌려 그 손을 물어 그 과보로 곧 목숨을 마치고 마는 것처럼, 이것도 같아서 혹 어떤 어리석은 사람이 그 법을 익히되 12부 경전을 모두 어림해 알지만 그 뜻을 제대로 관찰하지는 못한다. 왜냐하면 그는 바른 법의 이치를 완전히 알지 못하기 때문이다.

그러나 혹 어떤 선남자는 그 법을 갖고 익히되, 계경·기야·게·수결·인연·본말·비유·생경·방등·미증유·설·수결·인연·광보 등, 이런 법을 외우고는 그 뜻을 깊이 이해하고 그 깊은 이치를 잘 알기 때문에 그 교훈에 순종하고 어기거나 빠뜨림이 없다. 그리고 그 법을 외우는 까닭은 승부를 다투려는 마음에서가 아니고 남과 경쟁하지 않으며, 자기를 닦고 남을 구제하려고 하며 그 소원을 성취한다. 그래서 그 인연으로 차츰 열반에 이르게 된다.

비유하면 마치 어떤 사람이 그 마을을 벗어나 독사毒蛇를 찾다가 그는 독사를 보고는 쇠 집게로 먼저 그 머리를 집은 뒤에 곧 머리를 잡아 움직이지 못하게 하면, 비록 그 뱀이 꼬리를 돌려 그 사람을 해치려 하여도 마침내 어찌하지 못하는 것과 같다. 왜냐하면 모든 비구들아, 그 머리를 잡았기 때문이니라.

저 선남자도 그와 같아서 모든 경전을 두루 읽고 외우고 익히되, 그 이치를 관찰하고 그 법을 순종하여 마침내 어기거나 빠뜨림이 없으면 그는 그 인연으로 말미암아 차츰 열반에 이르게 될 것이다. 왜냐하면 그는 바른 법을 잡았기 때문이다.

그러므로 비구들아, 내 법의 이치를 아는 이는 받들어 행할 것을 생각하고 내 법의 이치를 모르는 이는 자주 와서 내게 물어라. 여래는 지금 현재 세상에 살아 있다. 뒷날 후회하여도 아무 소용이 없을 것이다."

부처님께서 말씀하셨다.

"만일 어떤 비구가 대중들 가운데에서 '여래가 말씀하신 금계禁戒를 나는 다 안다. 음행을 즐기는 죄는 말할 것이 못 된다'고 말하거든, 비구들아, 너희들은 그 비구에게 '그만 중지하라, 그만 중지하라. 그런 말을 하지 말라. 여래를 비방하는 그런 말을 하지 말라. 여래께서는 끝내 그런 말씀을 하시지 않으셨다'고 말하라.

그래서 만일 그 비구가 그 허물을 고치면 좋거니와 그래도 그 행을 고치지 않거든 다시 두 번 세 번 충고하라. 만일 그가 고치면 좋거니와 그래도 고치지 않으면 타락하고 말 것이다. 그리고 비구들아, 그 일을 숨겨 드러내지 않으면 너희들도 함께 타락할 것이다. 모든 비구들아, 이것이 나의 금계이다."

그때 모든 비구들은 부처님의 말씀을 듣고 기뻐하며 받들어 행하였다.

〔9〕
이와 같이 들었다.

어느 때 부처님께서는 사위국 기수급고독원에 계셨다.

그때 생루生漏 범지가 세존께 찾아가 문안인사를 드리고 한쪽에 앉아서 아뢰었다.

"과거에 몇 겁이 있었습니까?"

부처님께서 범지에게 말씀하셨다.

"과거에 그 많은 겁은 이루 다 헤아릴 수 없다."

범지가 부처님께 아뢰었다.

"그 수를 계산할 수 없습니까? 사문 구담께서는 항상 3세世를 말하셨습니다. 그 3세란 이른바 과거·미래·현재입니다. 사문 구담께서는 과거·미래·현재를 아십니다. 원컨대 사문께서는 겁수의 이치를 설명하여 주십시오."

부처님께서 말씀하셨다.

"만일 내가 이 겁에서 시작해서 다시 그 다음의 겁을 설명하려면, 네가 멸도하고 네가 목숨을 마치더라도 그 겁수의 이치를 다 알지 못할 것이다. 왜냐하면 지금은 사람의 수명이 매우 짧아 한껏 살아야 1백 살을 넘기지 못하기 때문이다. 그러므로 그 1백 살 동안, 그 겁을 세어, 내가 멸도하고 네가 목숨을 마치더라도 마침내 그 겁수의 이치는 다 알지 못할 것이다.

범지야, 마땅히 알아야 한다. 여래께서는 그런 지혜가 있어 그 겁의 수를 자세히 분별하고, 중생들의 수명의 길고 짧기와 그 어떤 고락苦樂을 받은 것을 다 분명히 안다. 이제 너를 위해 비유를 들어 말하리라. 지혜로운 이는 비유를 들어 말해 주면 다 알게 되느니라. 마치 저 항하강 모래알 수는 한량이 없어 계산할 수 없는 것처럼, 지나간 겁의 수도 그와 같아서 이루 다 말할 수 없고 헤아릴 수 없느니라."

범지가 부처님께 아뢰었다.

"미래의 겁수는 얼마나 됩니까?"

부처님께서 말씀하셨다.

"그것도 항하강 모래알 수와 같아서 한량없이 많고 헤아릴 수 없이 많으며 셀 수도 없느니라."

범지가 다시 아뢰었다.

"현재 겁에는 이루어지는 겁〔成劫〕과 무너지는 겁〔壞劫〕이 있습니까?"

부처님께서 말씀하셨다.

"이 겁에는 이루어지는 겁과 무너지는 겁이 있지만, 그것은 한 겁 백 겁이 아니다. 마치 그릇이 위태한 자리에 놓여 있으면 끝내 가만히 머무를 수 없고 가령 머무르려고 해도 곧 무너지고 마는 것처럼, 세계의 모든 경계도 그와 같아서 겁이 이루어지기도 하고 무너지기도 하여, 몇 겁이 이루어지기도 하고 무너지기도 하여, 몇 겁이 이루어지고 무너지는지 그 수는 다 헤아리기 어렵다.

왜냐하면 생사生死는 길고 멀어 그 끝이 없기 때문이다. 중생은 무명無明과 번뇌로 말미암아 이승에서 저승으로, 저승에서 이승으로 떠돌아다니면서 오랜 세월 동안에 고통과 번민을 받는 것이니, 그것을 싫어하고 근심하여 그 고뇌를 벗어나야 한다. 그러므로 범지야, 마땅히 이와 같이 배워야 한다."

그때 생루 범지는 세존께 아뢰었다.

"사문 구담께서는 참으로 놀랍고 뛰어나십니다. 과거와 미래의 겁수의 이치를 다 아시고 계십니다. 저는 지금 사문 구담께 귀의하겠습니다. 원컨대 사문 구담께서는 저를 허락해 우바새가 되게 하소서. 저는 목숨을 마칠 때까지 감히 살생하거나 나아가서는 술을 마시지 않겠습니다."

그때 생루 범지는 부처님의 말씀을 듣고 기뻐하며 받들어 행하였다.

〔 10 〕

이와 같이 들었다.

어느 때 부처님께서는 라열성의 기사굴산에서 대비구大比丘들 5백 명과 함께 계셨다.

그때 어떤 비구가 세존께 아뢰었다.

"이 세계의 겁은 끝이 있습니까?"

부처님께서 말씀하셨다.

"방편으로써 비유를 인용해 말해 주리라. 그러나 겁의 수는 끝이 없느니라. 먼 과거의 이 현겁에 부처님께서 세상에 출현하셨으니 그 명호를 구루손俱樓孫 지진·등정각이라 하였다. 그때 이 기사굴산은 다른 이름으로 불리고 있었다. 이때 이 라열성에 살던 사람들은 이 기사굴산에 오르기 위해 나흘 낮 나흘 밤을 걸어서 비로소 그 꼭대기까지 올랐다.

또 비구야, 구나함모니拘那含牟尼부처님 때에도 이 기사굴산은 다른 이름으로 불리고 있었다. 그때 라열성 사람들은 사흘 낮 사흘 밤을 걸어 비로소 이 산꼭대기에 이르렀다.

가섭迦葉여래가 세상에 나오셨을 때에도 이 기사굴산은 다른 이름으로 불리고 있었다. 이때 라열성 사람들은 이틀 낮 이틀 밤을 걸어 비로소 이 산꼭대기에 이르렀다.

또 지금 나 석가문釋迦文부처님이 세상에 나왔는데 이 산 이름은 기사굴산이라 하고 잠깐 동안에 이 산꼭대기에 이르게 된다.

또 미륵彌勒여래가 세상에 출현하더라도 이 산 이름은 역시 기사굴산이라 할 것이다. 왜냐하면 모든 부처님의 위신력을 모두 이 산이 생겨나게 하기 때문이다.

비구들아, 이 사실로써 겁이 무너지는 일이 헤아릴 수 없이 많음을 알 수 있느니라. 그리고 겁에는 두 종류가 있으니 곧 큰 겁〔大劫〕과 작은 겁〔小劫〕이다. 만일 그 겁에 여래가 세상에 없을 때 그때에는 벽지불辟支佛이 세상에 나타나는 일이 없을 것이니 그 겁은 작은 겁이라고 한다. 만일 그 겁에 여래가 세상에 나타나면 그때는 벽지불은 세상에 나타나는 일이 없을 것이니 그 겁은 큰 겁이라고 한다.

비구들아, 이 사실로 보더라도 겁수는 길고 멀어 헤아릴 수 없음을 알 수 있다. 그러므로 모든 비구들아, 이 겁수의 이치를 기억하여야 한다."

그때 그 비구는 부처님의 말씀을 듣고 기뻐하며 받들어 행하였다.

증일아함경 제 49 권

51. 비상품非常品

〔1〕[1]

이와 같이 나는 들었다.

어느 때 부처님께서는 사위국 기수급고독원에 계셨다.

그때 세존께서 모든 비구들에게 말씀하셨다.

"어떠냐? 비구들아, 너희들은 생사生死에 돌아다니면서 고뇌苦惱를 겪고 거기에서 슬피 울면서 흘린 그 눈물이 더 많겠느냐? 저 항하강의 물이 더 많겠느냐?"

그때 비구들은 앞으로 나아가 부처님께 아뢰었다.

"저희들이 여래께서 말씀하신 뜻을 관찰해보면 생사를 겪으면서 흘린 눈물은 저 항하강의 물보다 더 많습니다."

부처님께서 비구에게 말씀하셨다.

---

[1] 이 소경과 내용이 비슷한 경으로는 『잡아함경』 제33권 938번째 소경인 「누경淚經」과 『별역잡아함경』 제16권 331번째 소경이 있다.

"훌륭하고, 훌륭하다. 모든 비구들아, 너희들 말대로 틀림이 없느니라. 너희들이 생사에 있으면서 흘린 눈물은 항하강의 물보다 더 많으니라. 왜냐하면 그 생사 중에서도 또한 부모가 돌아가셨을 것이니, 거기에서 흘린 눈물은 이루 다 헤아릴 수 없기 때문이니라. 또 오랜 세월 동안 부모·형제·자매姉妹·아내·자식 등 다섯 친척과 모든 은애恩愛하는 이를 추모하여 슬피 울면서 흘린 눈물도 이루 다 헤아릴 수 없을 것이다.

비구들아, 그러므로 너희들은 마땅히 그 생사를 싫어하고 근심하여 그것을 여의도록 해야 한다. 비구들아, 마땅히 이와 같이 배워야 하느니라."

이렇게 설법하시자 60여 명 비구들은 번뇌가 다 끊어지고 뜻에 이해가 생겼다.

그때 모든 비구들은 부처님의 말씀을 듣고 기뻐하며 받들어 행하였다.

〔 2 〕[2]

이와 같이 나는 들었다.

어느 때 부처님께서는 사위국 기수급고독원에 계셨다.

그때 세존께서 모든 비구들에게 말씀하셨다.

"어떠냐? 비구들아, 너희들이 생사 중에 있으면서 몸이 허물어질 때 흘린 피가 더 많겠느냐? 저 항하강의 물이 더 많겠느냐?"

그때 모든 비구들이 부처님께 아뢰었다.

"저희들이 여래께서 하신 말씀을 관찰해 보면 그때 흘린 피는 저 항

---

2 이 소경과 내용이 비슷한 경으로는 『잡아함경』 제33권 937번째 소경인 「혈경血經」과 『별역잡아함경』 제16권 330번째 소경이 있다.

하강의 물보다 훨씬 더 많을 듯합니다."

부처님께서 모든 비구들에게 말씀하셨다.

"훌륭하고, 훌륭하다. 비구들아, 너희들의 말대로 너희들이 흘린 피는 항하강의 물보다 더 많으니라. 왜냐하면 그 생사 중에서 있으면서 혹은 소·양·돼지·개·사슴·말·새·짐승과 그밖의 무수한 것들이 되어 겪은 고뇌는 실로 싫어하고 근심할 만한 것이기 때문이다. 그러니 마땅히 그것을 버리겠다고 생각하여야 한다. 비구들아, 마땅히 이와 같이 배워야 하느니라."

세존께서 이렇게 설법하시자 60여 명의 비구들은 번뇌가 없어지고 뜻에 이해가 생겼다.

그때 모든 비구들은 부처님의 말씀을 듣고 기뻐하며 받들어 행하였다.

〔3〕

이와 같이 나는 들었다.

어느 때 부처님께서는 사위국 기수급고독원에 계셨다.

그때 세존께서 모든 비구들에게 말씀하셨다.

"무상無常한 것이라는 생각을 깊이 사유思惟하고 무상한 것이라는 생각을 널리 펴라. 무상한 것이라는 생각을 깊이 사유하고 무상한 것이라는 생각을 널리 펴면, 욕애欲愛·색애色愛·무색애無色愛를 모두 끊고 무명無明과 교만憍慢이 다 없어질 것이다.

비유하면 마치 불로써 초목草木을 태워 남김없이 영원히 다 없애는 것과 같다. 비구들아, 마땅히 알아야 한다. 만일 무상한 것이라는 생각을 깊이 사유하고 무상한 것이라는 생각을 널리 펴면, 삼계三界의 애욕을 모두 다 끊을 수 있을 것이다.

옛날에 청정음향淸淨音響이라고 하는 국왕이 있었다. 이 염부閻浮 땅을 다스리면서 8만 4천 성곽城郭을 두었고 8만 4천 대신大臣과 8만 4천의 채녀婇女를 두었는데 그 하나하나 채녀들에게는 각각 네 명의 시녀[侍人]들이 있었다.

그때 음향音響 성왕聖王에겐 자식이 한 명도 없었다. 그때 그 대왕은 곧 이렇게 생각하였다.

'내가 지금까지 이 나라를 다스리면서 법으로써 다스리고 이치에 어긋나는 일은 없었다. 그러나 지금 내게는 뒤를 이을 자식이 없으니 내가 목숨을 마친 뒤에는 가문 혈족이 끊어져서 없어지고 말 것이다.'

그때 그 국왕은 자식이 없기 때문에 모든 하늘·용龍·신神과, 해·달·별에 스스로 귀의歸依하고, 또 제석천帝釋天·범천梵天·사천왕四天王과 산신山神·수신樹神에서부터 아래로는 약초신藥草神·과신果神에 이르기까지 귀의하여 복福을 구하되 '원컨대 저에게도 자식이 생기게 해 주소서' 하고 빌었다.

그때 삼십삼천三十三天에 수보리須菩提라고 하는 어떤 천자天子가 있었는데, 그는 목숨이 끝나가려 할 즈음에 다섯 가지 징조가 저절로 생겨 몸을 핍박하였다.

어떤 것이 그 다섯 가지인가? 이 모든 하늘들의 꽃은 끝내 시들지 않는 법인데, 이 천자의 화관은 저절로 시들었던 것이다. 저 하늘들의 옷은 때와 먼지가 묻지 않는 법인데, 그때 이 천자의 옷에는 때와 먼지가 생겼던 것이다. 또 삼십삼천의 신체身體는 향기가 나고 깨끗하며 광명이 밝게 비치는 법인데, 그때 저 천자의 몸에서는 냄새가 나서 가까이 갈 수가 없었다. 또 삼십삼천에는 항상 옥녀玉女가 있어 앞뒤로 둘러싸고 풍악을 울리며 다섯 가지 욕망을 즐겼는데, 그때 저 천자가 목숨이 끝나려 할 즈음엔 옥녀들이 모두 뿔뿔이 흩어졌다. 또 삼십삼천에는 저절로 만들어진 자리가 있는데 네 자는 땅 속에 들어가 있다가 만일 천자가 자리에서 일어나면 땅에서 네 자쯤 떨어지곤 했는데, 그러나 이 천자는 목숨이 끝나려 할 즈음엔 본래의 자리를 좋아하지 않았다.

이것을 일러 다섯 가지 징조가 저절로 생겨 몸을 핍박한다는 것이다.

수보리 천자에게 이러한 다섯 가지 징조가 있자, 그때 석제환인釋帝桓因이 한 천자에게 말하였다.

'너는 지금 염부 땅으로 가서 음향왕音響王에게 말하기를〈석제환인은 한량없는 공경을 드립니다. 기거는 경건하시고 행보도 건강하십니까? 염부 땅에는 왕의 자식이 될 만한 덕이 있는 사람이 없습니다. 다만 지금 삼십삼천에 수보리라는 천자가 있는데, 그에게는 지금 다섯 가지 징조가 저절로 생겨 몸을 핍박하고 있습니다. 그래서 지금 신神이 내려와 왕의 자식이 될 것입니다. 그러나 그는 나이 젊고 왕성할 때에 틀림없이 출가하여 도를 배우면서 위없는 범행梵行을 닦을 것입니다〉라고 하여라.'

그 하늘이 대답하였다.

'그렇게 하겠습니다, 천왕이여.'

그는 천왕의 분부를 받고 마치 역사가 팔을 굽혔다 펼 만큼 짧은 시간에 삼십삼천에서 사라져 염부 땅으로 갔다.

그때 음향대왕은 일산을 든 한 사람을 데리고 높은 누각 위에 있었다. 그때 그 하늘은 누각 위 허공에서 왕에게 말하였다.

'석제환인은 한량없는 공경을 드립니다. 행보는 건강하시고 기거는 경건하십니까? 염부 땅에는 왕의 아들이 될 만한 덕이 있는 사람이 없습니다. 다만 지금 삼십삼천에 수보리라는 천자가 있는데, 지금 다섯 가지 징조가 이미 그의 몸을 핍박하고 있습니다. 그래서 지금 신이 내려와 왕의 자식이 될 것입니다. 그런데 단지 그는 나이 젊고 왕성할 때에 틀림없이 출가하여 도를 배우면서 위없는 범행梵行을 닦을 것입니다.'

그때 음향왕은 이 말을 듣고 나서 뛸 듯이 기뻐 어쩔 줄 모르면서 곧 하늘에게 대답하였다.

'지금 와서 알려 주시는 일은 그보다 더한 큰 다행이 없습니다. 다만 신이 내려와 저의 아들이 되어 주시기만 한다면 출가하려고 해도 결코 어기거나 거스르지 않을 것입니다.'

그때 저 하늘은 석제환인의 처소로 돌아가서 천왕에게 아뢰었다.

'음향왕은 그 말을 듣고 매우 기뻐하면서 〈다만 신이 내려오시기만 한다면 출가하려고 해도 결코 어기거나 거스르지 않을 것입니다〉라고 하였습니다.'

그때 석제환인은 곧 수보리 천자의 처소에 가서 수보리 천자에게 말하였다.

'너는 지금 음향왕의 왕궁에 태어나기를 서원誓願하라. 왜냐하면 음향왕은 항상 바른 법으로 나라를 다스리고 교화하는데 자식이 없기 때문이다. 너는 전생의 복이 있어 많은 공덕을 지었으니, 지금 신으로 내려가 저 궁중에 태어나라.'

수보리 천자가 대답하였다.

'그만 하십시오, 그만 하십시오. 천왕이시여, 저는 인간 세계의 왕궁王宮에 태어나기를 원하지 않습니다. 저는 출가하여 도를 배우려고 하는데, 왕궁에 있으면 도를 배우기가 매우 어렵습니다.'

석제환인이 말하였다.

'너는 다만 그 왕궁에 태어나기를 발원하기만 하라. 나는 분명히 장

차 너를 보호하여 출가해서 도를 배우게 하리라.'

비구들아, 마땅히 알아야 한다. 그때 수보리 천자는 곧바로 왕궁에 가기를 발원하였느니라.

이때 음향왕은 그의 첫째 부인과 관계를 가졌는데, 그 부인은 임신한 것을 알게 되었다. 이때 부인이 음향왕에게 말하였다.

'대왕이여, 마땅히 아셔야만 합니다. 저는 지금 임신한 것을 알았습니다.'

그때 왕은 그 말을 듣고 뛸 듯이 기뻐하며 어쩔 줄 몰랐다. 그리고는 다시 특별히 좋은 자리를 펴고 맛있고 좋은 음식을 먹여 왕과 다름없게 해 주었다. 이때 부인은 8·9개월이 지나자 한 사내아이를 낳았는데 얼굴은 매우 단정하고 뛰어나 세상에 보기 드물었다.

그때 음향왕은 모든 외도外道 범지梵志와 모든 신하들을 불러 그들로 하여금 아기의 상相을 보게 하고, 관상을 보는 사람들에게 그 동안의 모든 일들을 전부 설명하였다. 모든 바라문들이 대답하였다.

'오직 바라건대 대왕은 지금 그 이치를 살피소서. 지금 태어나신 태자는 세상에서 특별하게 뛰어난 분이십니다. 옛날에 천자로 있었을 때에 그 이름을 수보리라고 하였사오니, 지금 우선 그 이름을 따서 수보리라고 하소서.'

여러 관상 보는 사람들이 아기의 이름을 짓고는 각기 자리에서 일어나 떠나갔다.

그때 왕자 수보리는 왕이 애지중지하여 왕의 눈앞에서 잠깐도 떠나지 못하게 하였다. 이때 음향왕은 이렇게 생각하였다.

'나는 지금까지 자식이 없었다. 그래서 자식 때문에 모든 하늘에 빌어 아들 하나만 점지해 달라고 하였었다. 그렇게 한지 얼마쯤 지나서 지금 이 아들을 낳았다. 그러나 천제天帝의 예언은 장차 출가하여 도

를 배우게 될 것이라고 하니, 나는 지금 교묘한 방편을 써서 출가하여 도를 배우지 못하게 하리라.'

음향왕은 태자를 위하여 세 계절에 알맞은 궁전을 지었다. 추울 때에는 따뜻한 궁전을 짓고 더울 때에는 시원한 궁전을 지으며 춥지도 않고 덥지도 않을 때에는 그 계절에 알맞은 궁전을 지었다. 또 그를 위해 궁녀宮女가 거처할 궁전 네 채도 지었다. 첫 번째 궁전에는 6만 채녀婇女를 두었고, 두 번째 궁전에도 6만 채녀를 두었으며, 세 번째 궁전에도 6만 채녀를 두었고 네 번째 궁전에도 6만 채녀를 두었는데, 그들은 각각 시녀 네 명씩을 두고서 빙빙 돌아가는 자리를 만들어 태자를 그 위에 눕게 하였다.

만일 수보리 왕자가 앞으로 나가 즐기려고 하는 마음을 가지면 그때 모든 궁녀들은 곧 앞에 서 있고, 이때 그 자리는 몸을 따라 돌았는데, 그 앞에는 6만 채녀와 그들의 시녀 네 명이 있었다. 만일 그가 뒤에서 놀려고 마음을 내면 즉시 자리는 곧 몸을 따라 돌았고, 또 모든 채녀들과 서로 즐기려고 하면 그때 자리는 곧 몸을 따라 돌았다. 그래서 왕자 수보리로 하여금 다섯 가지 욕망에 빠져 출가하는 것을 좋아하지 않게 하였다.

그때 석제환인은 밤중이 되어 아무도 없을 때를 틈타 왕자 수보리의 처소로 가서 허공에서 수보리 왕자에게 말하였다.

'왕자여, 그대는 옛날에 〈만일 내가 집에 있게 되면 나이 장성壯盛할 때에 출가하여 도를 배우리라〉 하고 이렇게 생각하지 않았는가? 그런데 오늘은 무슨 이유로 다섯 가지 욕망에 빠져 스스로 즐기면서 출가하여 도를 배우려고 생각하지 않는가? 그리고 나도 또한 〈왕자를 권유하여 출가하여 도를 배우게 하리라〉고 그렇게 말하였다. 지금이 바로 그때이다. 만일 출가하여 도를 배우지 않으면 후회하여도 아무 소

용이 없으리라.'

석제환인은 이렇게 말하고 나서 곧 물러갔다.

그때 왕자 수보리는 궁녀들 속에 있으면서 이렇게 생각하였다.

'음향왕은 나에게 애욕愛欲의 그물을 주었다. 나는 그 애욕의 그물 때문에 출가하여 도를 배울 수가 없다. 나는 이제 이 그물을 끊어 더러움에 끌려 다니지 않고, 견고한 믿음으로 출가하여 도를 배우되, 텅 비고 고요한 곳에서 부지런히 공부하고 수행하여 날로 새롭게 하리라.'

그때 왕자 수보리는 다시 이렇게 생각하였다.

'지금 음향 부왕께서는 6만이나 되는 채녀婇女들에게 앞뒤로 둘러싸여 있다. 나는 지금 그들에게 혹 이 세상에 영원히 존재하는 이치가 있는가를 관찰해 보리라.'

그때 왕자 수보리는 궁중을 두루 관찰하여 보았다. 그러나 어떤 여인女人도 영원히 세상에 존재할 사람은 없었다. 수보리는 다시 이렇게 생각하였다.

'나는 지금 무엇 때문에 바깥 물질만 관찰하는가? 몸 안의 인연으로 일어나는 것들을 관찰해 보리라. 지금 이 몸속에 있는 머리카락·털·손톱·발톱·이·뼈·골수 따위 중에 혹 세상에 영구히 존재할 것이 있는가?'

그래서 머리에서부터 발끝에 이르기까지 36가지 물질에 대해 관찰해 보았으나 그것들도 모두 더러운 물건일 뿐 어느 것 하나 깨끗하지 않았다.

그리하여 한 가지도 탐낼 만한 것이 없고 진실한 것이 없었다. 모두 허깨비요 거짓이라서 진실한 게 아니고, 모두 공空으로 돌아가는 것으로서, 이 세상에 오래 존재하는 것이 아니었다. 그때 왕자 수보리는 다시 이렇게 생각하였다.

'나는 지금 이 그물을 끊고 출가하여 도道를 배우리라.'

그때 수보리는 이 5수음受陰의 몸을 관찰해 보았다. 이른바 '이 색色은 괴로운 것이요, 이 색은 발생하는 것이며, 이 색은 소멸하는 것이요, 이 색은 벗어나야 할 것이다. 통(痛 : 受)·상想·행行도 그러하고, 또 이 식識은 괴로운 것이요, 이 식은 괴로움이 발생하는 것이며, 이 식은 소멸하는 것이요, 이 식은 벗어나야 할 것이다.'

그때 이 5음陰인 몸을 관찰하고 나서 '이른바 발생하는 속성을 가진 것〔習法〕은 다 사라지는 속성을 가진 것〔盡法〕이다'라고 깨닫고 그 자리에서 곧 벽지불辟支佛이 되었다.

그때 수보리 벽지불은 스스로 부처가 된 것을 깨닫고 곧 이 게송을 읊었다.

> 나는 너의 근본을 알고 싶어했나니
> 마음은 생각에서 생겨났구나.
> 내 너를 생각하지 않으면
> 너는 곧 존재하지 않으리.

이때 벽지불은 이 게송을 읊고 나서 허공을 날아 떠나갔다. 그는 어떤 산속으로 가서 혼자 나무 밑에서 무여열반無餘涅槃 세계에서 반열반般涅槃하였다.

그때 음향왕은 곁에 있던 신하에게 말했다.

'너는 수보리 궁전에 가서 왕자는 자나 깨나 편안하신가 보고 오라.'

대신은 왕의 분부를 받고 왕자의 궁전으로 갔다. 그런데 그가 쉬고 있는 내실內室의 덧문은 굳게 닫혀 있었다.

그 대신은 왕이 계신 곳으로 돌아와 왕에게 아뢰었다.

'왕자는 자나 깨나 편안하신 듯 덧문이 굳게 닫혀 있었습니다.'
그러자 왕은 두 번 세 번 물었다.
'너는 가서 왕자가 잘 주무시는지 보았느냐?'
그 대신은 다시 궁문宮門으로 갔다. 그러나 덧문은 굳게 닫혀 있었다. 그는 다시 왕에게 아뢰었다.
'왕자는 궁에서 잠이 들어 깨어나지 않았고 덧문은 굳게 닫힌 채 아직까지 열리지 않았습니다.'
그때 음향왕은 다시 이렇게 생각하였다.
'내 아들 왕자는 어릴 때에도 잠을 잘 자지 않았는데, 더구나 지금은 한창 장성한 나인데 무슨 잠을 그리 자겠는가? 내가 직접 가서 아들의 길흉吉凶을 살펴보리라. 내 아들이 행여 무슨 병이나 난 것이 아닐까?'
그때 음향왕은 곧 수보리가 있는 궁전으로 가서 문밖에 서서 어떤 사람에게 말하였다.
'너는 지금 사다리를 놓고 담을 넘어 안으로 들어가 나를 위해 문을 열어라.'
그 사람은 왕의 분부를 받고, 곧 사다리를 놓고 담을 넘어 안으로 들어가 왕을 위해 문을 열어 주었다. 왕은 궁 안으로 들어가 궁전 안을 살펴보았다. 그러나 그가 누워 있어야 할 자리는 비어 있었고 왕자는 보이지 않았다. 왕은 채녀들에게 물었다.
'왕자 수보리는 지금 어디 계시느냐?'
모든 채녀들이 대답하였다.
'저희들도 왕자께서 어디 계신지 모르겠나이다.'
그때 음향왕은 이 말을 듣고 스스로 땅에 쓰러졌다가 한참 후에야 비로소 깨어났다.

그때 음향왕이 모든 신하들에게 말하였다.

'내 아들은 어렸을 때 이렇게 생각하였다.

〈만일 내가 자라면 꼭 수염과 머리를 깎고 세 가지 법의法衣를 입고 견고한 믿음으로 출가하여 도道를 배우리라.〉

그러니 지금 왕자는 틀림없이 나를 버리고 출가하여 도를 배우고 있을 것이다. 너희들은 지금 왕자가 어디 있는지 사방으로 찾아보아라.'

그때 신하들은 즉시 수레를 타고 사방으로 흩어져서 왕자를 찾았다. 그때 어떤 신하가 산 속으로 길을 가는 도중에 이런 생각을 하였다.

'만일 왕자 수보리가 출가하여 도를 배운다면 틀림없이 이 산에서 도를 배울 것이다.'

그리고 그 대신은 왕자 수보리가 어떤 나무 밑에서 가부좌하고 앉아 있는 것을 멀리서 발견했다. 그러자 그 신하는 곧 '저 사람이 바로 왕자 수보리일 것이다'라고 그렇게 생각하고는 자세히 살펴본 다음 왕에게 가서 아뢰었다.

'왕자 수보리께서는 저기 가까운 산 어떤 나무 밑에서 가부좌하고 앉아 계십니다.'

음향왕은 이 말을 듣고 나서 곧 그 산 속으로 갔다. 멀리서 수보리가 어떤 나무 밑에서 가부좌하고 앉아 있는 것을 보고, 또 땅에 쓰러지며 말하였다.

'내 아들이 전에 서원誓願하기를 〈만일 내 나이 스물이 가까워지면 출가하여 도를 배우리라〉라고 하더니, 이제 그 말이 틀리지 않았구나. 저 하늘도 나에게 말하기를 〈당신의 아들은 반드시 도를 배울 것입니다〉라고 하였었다.'

그때 음향왕은 곧 앞으로 나아가 수보리에게 말하였다.

'너는 지금 왜 나를 버리고 출가하여 도를 배우느냐?'

그때에도 벽지불은 잠자코 대답하지 않았다. 왕이 다시 말하였다.

'네 어머니는 지금 크나큰 근심에 잠겨 기필코 너를 봐야 밥을 먹겠다고 하신다. 어서 일어나 궁궐로 가자.'

그러나 벽지불은 여전히 아무 말도 하지 않고 잠자코 있었다.

음향왕은 곧 앞으로 나아가 아들의 손을 잡았으나 그래도 그는 꼼짝 하지 않았다. 그러자 왕은 다시 모든 신하들에게 말하였다.

'왕자는 오늘 이미 목숨을 마쳤다. 석제환인釋提桓因이 전에 나에게 와서 〈당신은 반드시 아들을 얻을 것이다. 다만 그는 장차 출가하여 도를 배울 것이다〉라고 말하더니, 이제 왕자는 이미 출가하여 도를 배웠다. 이젠 이 사리舍利[3]를 싣고 왕국으로 돌아가 화장[蛇旬][4]하자.'

그때 그 산 속에 있던 모든 신[神祇]들은 반쯤 몸을 나타내고 왕에게 아뢰었다.

'이분은 벽지불이지, 왕자王子가 아닙니다. 그런 까닭에 화장하여 사리舍利를 취하는 법을 왕자의 법으로 해서는 안 됩니다. 왜냐하면 우리는 과거 모든 부처님의 제자들인데, 그 모든 부처님께서는 〈세상에는 반드시 탑[偸婆]을 세워야 할 네 종류의 사람이 있는데, 어떤 사람이 그 네 사람인가? 여래如來·지진至眞·등정각等正覺을 위해 꼭 탑을

---

3 팔리어로는 Śarīra라고 하며, 음역하여 설리라設利羅라고도 한다. 원래 어원적 의미로는 신체를 뜻하지만 그 복수형은 유골을 뜻한다. 불교에서는 대부분 부처님이나 성자聖者의 유골을 뜻하는 용어로 사용하는데, 본문에서 불도를 성취한 수보리 왕자의 육신을 처리함에 있어서는 이 두 가지 의미를 다 이해해야만 문장을 보다 쉽게 이해할 수 있다.

4 다비茶毗라는 뜻으로 죽은 시신을 화장火葬하는 것을 말한다. 신수대장경 각주에 의하면 "성본聖本에는 순사旬蛇로 되어 있다"고 되어 있다.

세워야 하고, 벽지불을 위해서 반드시 탑을 세워야 하며, 여래의 제자로서 번뇌가 다 없어진〔漏盡〕아라한을 위해서 꼭 탑을 세워야 한다〉⁵라고 이렇게 가르치셨기 때문이니, 마땅히 전륜성왕의 몸을 화장할 때처럼 여래와 벽지불의 몸을 화장할 때도 그와 같이 해야 합니다.'

그때 음향왕은 다시 하늘에게 말하였다.

'마땅히 어떻게 공양하고 전륜성왕의 몸을 화장합니까?'

수신樹神이 대답하였다.

'전륜성왕을 위해 쇠로 곽(槨 : 널)을 만들고, 그 안에 향유香油를 가득히 부어 전륜성왕의 몸을 목욕시키고 나서 희고 깨끗한 겁파육의劫波育衣⁶로 그 몸을 싼 뒤에, 다시 무늬가 있는 비단 옷을 그 위에 덮고, 곽 안에 넣어 쇠뚜껑으로 그 위를 덮고 여러 곳에 못을 칩니다. 그리고는 흰 천 백 장張으로 그 곽을 싸고는 갖가지 향을 땅에 쌓아놓고 쇠 곽을 그 속에 올려놓은 다음 이레 낮 이레 밤 동안 꽃과 향을 공양하고, 비단으로 만든 번기와 일산을 달고 풍악을 울립니다.

이레가 지난 뒤에는 왕의 몸을 다시 가져다가 화장하고, 그 사리를 주워야 합니다. 화장하고 나서는 이레 낮 이레 밤 동안 끊이지 않고 공양을 하다가 네거리에 탑을 세웁니다. 그리고는 다시 향·꽃·번기·일산 등 갖가지로 공양합니다.

대왕이여, 마땅히 알아야만 합니다. 전륜성왕의 사리는 이와 같이 공양해야 합니다. 그리고 모든 불여래佛如來와 벽지불과 아라한도 그렇게 하면 됩니다.'

---

5 앞에서 네 종류의 사람이라고 했는데, 실제는 세 사람밖에 안 된다. 신수대장경 각주에 의하면 "송宋·원元·명明 3본에는 이 아래에 '전륜성왕 응기투바轉輪聖王 應起偸婆'라는 글이 더 있다"고 한다.

6 팔리어로는 kappāsacīvara라고 한다. 또는 겁패의劫貝衣라고도 하며, 번역하여 목면의木棉衣, 또는 면의棉衣라고 한다.

그때 음향왕이 그 하늘에게 말하였다.
'무슨 인연因緣으로 전륜성왕의 몸을 공양해야 하며, 무슨 인연으로 벽지불과 아라한의 몸을 공양해야 합니까?'
하늘이 왕에게 대답하였다.
'전륜성왕은 왕법王法으로 다스려 자기 자신도 살생을 행하지 않고, 다른 사람을 시켜서도 살생하게 하지 않으며, 자기 자신도 도둑질을 하지 않고, 다른 사람을 시켜서도 도둑질을 하게 하지 않으며, 자기 자신도 음일淫妷한 짓을 하지 않고, 다른 사람을 시켜서도 남의 아내를 범하게 하지 않으며, 자기 자신도 거짓말·꾸밈 말·욕·이간질하는 말로 이편과 저 편을 싸움 붙이는 일·질투·성냄·어리석음이 없고, 마음이 전일하고 올곧아 항상 바른 소견만을 가지며, 또 다른 사람을 시켜서도 바른 소견을 가지게 합니다. 대왕이여, 이런 인연 때문에 전륜성왕을 위해 꼭 탑을 세워야 하는 것입니다.'
왕이 하늘에게 물었다.
'또 무슨 인연으로 번뇌가 다한 아라한을 위해 탑을 세워야 합니까?'
하늘이 왕에게 대답하였다.
'번뇌가 다한 아라한 비구는 욕애欲愛가 이미 다 끊어졌고 성냄과 어리석음이 이미 제거되어, 이윽고 존재를 벗어나서 무위(無爲 : 涅槃)에 이르렀으니, 그는 세간의 좋은 벗이요 복밭[福田]입니다. 이런 인연 때문에 번뇌가 다한 아라한을 위해 꼭 탑을 세워야 하는 것입니다.'
왕이 다시 물었다.
'무슨 인연으로 벽지불을 위해 반드시 탑을 세워야 합니까?'
하늘이 대답하였다.
'벽지불은 스승이 없이 스스로 깨달은 이로서 세상에 나오기가 매우 어렵습니다. 그는 현재 세상에서 과보果報를 얻어 나쁜 갈래의 세계를 벗어나고, 사람들로 하여금 천상天上에 태어나게 합니다. 이런 인연 때문에 벽지불을 위해 꼭 탑을 세워야 하는 것입니다.'

왕이 다시 물었다.

'무슨 인연으로 여래를 위해 반드시 탑을 세워야 합니까?'

하늘이 대답하였다.

'여래는 10력力을 원만하게 갖추었습니다. 그 10력은 성문聲聞이나 벽지불이 미칠 수 있는 일이 아니며, 전륜성왕轉輪聖王도 미칠 수 없으며, 세간의 어떤 중생도 능히 미칠 수 있는 일이 아닙니다. 또 여래는 네 가지 두려움 없음[四無畏]이 있어, 대중 가운데에서 능히 사자처럼 외쳐 범륜梵輪을 굴리십니다. 또 여래께서는 해탈하지 못한 이를 해탈케 하시고 벗어나지 못한 이를 벗어나게 하시며, 반열반般涅槃하지 못한 이를 반열반하게 해 주십니다. 구호해줄 사람이 없는 사람에게는 덮어 보호해 주시고, 장님에게는 눈이 되어 주시며, 병든 이를 위해서는 곧 의사가 되어 주십니다. 그래서 하늘과 세상사람, 그리고 마魔와 또는 마천魔天들이 모두 높이고 받들어 모시지 않는 이가 없고, 공경하고 귀하게 여깁니다. 또 여래는 나쁜 갈래 세계의 중생들을 돌려 좋은 곳으로 이르게 하십니다.

대왕이여, 이런 인연 때문에 여래를 위해 꼭 탑을 세워야 하는 것입니다. 대왕이여, 이런 인연의 본말本末 때문에 저 네 분들을 위해 꼭 탑을 세워야 한다고 말하는 것입니다.'

그때 음향왕이 그 하늘에게 말하였다.

'훌륭하고, 훌륭하십니다. 천신天神이시여, 나는 지금 당신의 가르침을 받고, 이 사리를 공양하게 하고, 마땅히 벽지불을 공양하겠습니다.'

그때 음향왕이 모든 사람들에게 말하였다.
'너희들은 각각 수보리 벽지불의 사리를 메고 내 나라로 돌아가자.'
신하들은 왕의 명령을 받고 금金 평상에 눕혀 수레에 싣고 국내로 돌아갔다. 이때 음향왕은 곧 쇠 곽을 만들도록 명령하고 그 안에 향유를 가득 채운 뒤에 벽지불의 몸을 목욕시키고 겁파육의로 그 몸을 쌌다. 다시 온갖 채색이 있고 좋은 비단옷으로 그 위를 덮어 쇠 곽 안에 넣고는 또 쇠 덮개로 그 위를 덮고 여러 곳에 못을 쳐 든든하게 하고 나서 흰 천 1백 장으로 그 위를 덮었다.

그리고 갖가지 좋은 향을 가져다가 벽지불의 몸을 그 속에 두고, 이레 낮 이레 밤 동안 향과 꽃을 공양하였다.

이레가 지난 뒤에 벽지불을 화장한 사리舍利에 다시 이레 동안 풍악을 울리면서 공양을 올리고 네 거리에 탑 하나를 세웠다.

그리고는 향·꽃·비단으로 만든 번기와 일산을 공양하고 광대로 하여금 풍악을 울리며 그 탑에 공양하였느니라.

비구들아, 마땅히 알아야만 한다. 어떤 중생이 벽지불의 사리를 공경하고 공양하면, 그는 목숨을 마친 뒤에 곧 삼십삼천에 태어날 것이요, 또 어떤 중생이 무상無常한 것이라는 생각을 깊이 사유하면 세 갈래 나쁜 세계를 돌려 천상이나 인간 세계에 태어날 것이다.

모든 비구들아, 너희들은 이렇게 생각하지 말아야 하나니, 그때의 음향왕이 어찌 다른 사람이겠느냐? 그는 바로 지금의 나였었느니라. 그 무상한 것이라는 생각을 깊이 사유하면 많은 이익을 얻을 것이니, 나는 지금 그 이치를 관찰하고 나서 모든 비구들에게 말하는 것이다. 그러니 너희들은 무상한 것이라는 생각을 깊이 사유하고 무상한 것이라는 생각을 널리 펴라. 무상한 것이라는 생각을 깊이 사유하면 곧 욕애欲愛·색애色愛·무색애無色愛를 모두 끊고, 무명無明과 교만憍慢도 영원히 남김 없이 될 것이다. 비유하면 마치 불로 초목草木과 높고 좋은 강당講堂의 창과 문을 태우는 것과 같다. 비구가 무상한 것이라는 생각을 깊이 사유하는 것도 그와 같아서 욕애·색애·무색애를 영원히 끊어 남김없이 될 것이다.

그러므로 비구들아, 너희들은 마땅히 마음을 다해 어기거나 잃어버리는 일이 없게 하라."

이렇게 설법하실 때 그 자리에서 60여 명의 비구는 번뇌가 다 끊어지고 뜻에 이해가 생겼다.

그때 모든 비구들은 부처님의 말씀을 듣고 기뻐하며 받들어 행하였다.

〔 4 〕[7]

이와 같이 나는 들었다.

어느 때 부처님께서는 사위국 기수급고독원에 계셨다.

그때 세존께서 모든 비구들에게 말씀하셨다.

"만일 비구와 비구니에게 마음의 다섯 가지 더러움〔心五弊〕[8]이 끊어

---

7 이 소경과 내용이 비슷한 경으로는 『중아함경』 제56권 206번째 소경인 「심예경心穢經」이 있다.
8 첫째 세존을 의심함〔懷疑世尊〕, 둘째 바른 법을 의심함〔懷疑正法〕, 셋째 승가 대중을 의심함〔懷疑僧家〕, 넷째 금계를 범하고도 그 허물을 참회하지 않음〔犯於禁戒 不自悔過〕, 다섯째 마음과 뜻이 안정되지 못한 채 범행을 닦음〔心意不定而修梵行〕이다. 이 소경과 같은 내용인 『중아함경』 제56권 206번째 소경인 「심예경心穢經」에서는 다섯 가지 더러움〔五穢〕이라고 하여 첫째는 세존을 의심함〔懷疑世尊〕, 둘째 법을 의심함〔懷疑法〕, 셋째는 계를 의심함〔懷疑戒〕, 넷째는 세존의 가르침을 의심함〔懷疑世尊之敎示〕, 다섯째는 세존께서 칭찬하시는 범행자梵行者에 대하여 마음속으로 반감을 일으킴이라고 하였고, 팔리본에서는 다섯 가지 마음의 거침〔五種心荒蕪〕이라고 하여 첫째 스승을 의심함〔疑師〕, 둘째 법을 의심함〔疑法〕, 셋째 승가를 의심함〔疑僧家〕, 넷째 계율을 의심함〔疑學〕, 다섯째 같은 수행자에 대해 성냄〔對同行者瞋恚〕이라고 하였다.

지지 않고, 마음의 5결結을 끊지 못했다면, 그 비구와 비구니는 밤낮으로 선善한 법이 줄어들고 더 늘어나지 않을 것이다.

비구들아, 어떤 것을 마음의 다섯 가지 더러움이 끊어지지 않은 것이라고 하는가? 비구가 여래에 대해 의심하는 것이 있으면, 역시 해탈解脫하지도 못하고, 또한 바른 법에 들어가지도 못하여 그 사람은 마음을 공부〔諷誦〕에 두지 않게 된다. 이것을 일러 그 비구는 마음의 더러움이 끊어지지 않았다고 하는 것이니라.

또 비구가 바른 법에 대해 의심이 있으면, 해탈하지도 못하고 또한 저 바른 법에 들어가지도 못하여 그 사람도 역시 공부를 하지 못한다. 이것을 일러 그 비구는 마음의 더러움이 끊어지지 않았다고 하는 것이니라.

또 비구가 성중聖衆에 대하여 의심이 있으면, 해탈하지 못하고 또한 화합和合한 대중에 대하여 마음을 베풀지 않으며, 또 도품법道品法에 마음을 두지 않게 된다. 이것을 일러 그 비구는 마음의 더러움이 끊어지지 않았다고 하는 것이니라.

또 비구가 금계禁戒를 범하고도 스스로 그 잘못을 뉘우치지 않으면 그 비구는 이미 금계를 범하고도 스스로 뉘우쳐 고치지 않기 때문에 도품법道品法에 마음을 두지 않는다. 이것을 일러 그 비구는 마음의 더러움이 끊어지지 않았다고 하는 것이니라.

또 비구가 마음과 뜻이 안정되지 못한 채 범행을 닦고는 이렇게 말한다.

'나는 이 범행을 닦은 공덕으로 말미암아 천상이나 혹은 여러 신들〔神祇〕로 태어날 것이다.'

그러나 그 비구는 그런 마음으로 범행을 닦기 때문에 마음을 오로지 도품道品에 두지 않으리니, 마음을 오로지 도법에 두지 않으면, 이것을 일러 마음의 더러움이 끊어지지 않았다고 하는 것이니라.

이와 같은 비구는 마음의 다섯 가지 더러움이 끊어지지 않은 것이니라.

어떤 것을 비구가 마음에 5결結이 끊어지지 않은 것이라고 하는가? 비구가 게을러서 방편을 구하지 않는 것이니, 저 비구는 이미 게을러져 방편을 구하지 않으면, 이것을 일러 그 비구는 두 번째 마음에 결박이 끊어지지 않았다고 하는 것이니라.

또 비구가 항상 거짓말을 매우 좋아하고 잠자는 것만 탐하는 것이니, 그 비구는 이미 거짓말하기를 좋아하고 잠자기를 탐하게 되면, 이것을 일러 그 비구는 두 번째 마음에 결박이 끊어지지 않았다고 하는 것이니라.

또 비구가 마음이 안정되지 않아 항상 혼란한 것을 좋아하면, 이것을 일러 그 비구는 세 번째 마음에 결박이 끊어지지 않았다고 하는 것이니라.

또 비구가 감각기관의 문[根門]이 안정되지 못하면, 그 비구는 이미 감각기관의 문이 안정되지 못하게 되나니, 이것을 일러 그 비구는 네 번째 마음에 결박이 끊어지지 않았다고 하는 것이니라.

또 비구가 항상 시끄러운 장터에 있기를 좋아하고 고요한 곳에 있지 않으면, 이것을 그 비구는 다섯 번째 마음에 결박이 끊어지지 않았다고 하는 것이니라.

만일 비구와 비구니에게 마음의 다섯 가지 더러움이 있고 5결結이 끊어지지 않았으면, 그 비구와 비구니는 밤낮으로 선善한 법이 끊어져 늘어남이 없을 것이다. 비유하면 마치 여덟 마리, 또는 열두 마리의 병아리를 수시로 덮어 보호해 주지 않고, 수시로 알을 품어 주지 않으며, 수시로 보호하지 않으면, 그 닭이 비록 '내 새끼를 아무 탈 없이 무사하게 보전하리라'고 생각하더라도 그 병아리는 마침내 안온하지 못한 것과 같다.

왜냐하면 모두가 수시로 보호하지 않았기 때문에 뒤에는 모두 끊어지고 무너져서 새끼가 부화되지 못하는 것이다.

이 역시 그와 같아서, 만일 비구와 비구니가 마음의 5결結을 끊지 않고 다섯 가지 마음의 더러움을 버리지 못하면, 밤낮으로 선한 법은 점점 줄어들어 늘어나는 일이 없게 될 것이다.

만약 또 비구와 비구니가 마음의 5결結을 끊고 다섯 가지 마음의 더러움을 없애면 밤낮으로 선한 법이 늘어나고 조금도 줄어들지 않을 것이다. 비유하면 여덟 마리나 열두 마리의 병아리를 수시로 보살펴 주고 수시로 양육養育하며, 수시로 덮어 보호해 주면, 그 닭이 비록 '내 새끼들을 완전하게 성취하지 않게 하리라'고 생각하더라도, 그 병아리들은 저절로 성취하여 안온하고 무사하게 되는 것과 같다.

왜냐하면 수시로 양육하여 아무 일이 없게 하였기 때문에, 그때 그 병아리들은 알을 깨고 곧 밖으로 나올 수 있게 되는 것이다.

이 역시 그와 같아서 만일 비구와 비구니가 다섯 가지 마음의 더러움을 끊고 마음의 5결結을 없애면 그 비구와 비구니는 오랜 세월 동안 선한 법이 자꾸만 늘어나고 줄어드는 일이 없을 것이다.

그런 까닭에 비구와 비구니는 마땅히 마음을 시설施設하여 부처님에 대해 망설이거나 의심하지 말고, 성중에 대해 망설이거나 의심하지 말라. 또 계戒를 완전히 갖추고 마음과 뜻이 전일專一하고 바르게 되어 어지럽지 않으며, 또 마음을 내어 다른 법을 희망하지 않고, 또 요행을 바라는 마음으로 범행을 닦으면서 '나는 이 법을 행함으로써 하늘이나 사람의 몸이 되어 신묘神妙하고 높고 좋은 종족이 될 것이다'라고 하지 말아야 한다.

또 만일 어떤 비구와 비구니가 부처님과 법과 성중에 대하여 망설이거나 의심이 없으며, 또 계를 범하지 않고 빠뜨리거나 잃지 않으면, 나는 지금 너희들에게 거듭 알리니, 그 비구는 장차 천상이나 혹은 인간, 이 두 곳에 태어날 것이다.

비유하면 마치 어떤 사람이 매우 뜨거운 곳에서 배고프고 목마를 때에, 그늘져 시원한 곳을 만나고, 찬 샘물을 얻어 마시면, 그 사람은 비록 '나는 아무리 그늘져 시원한 곳에서 찬물을 얻어 마셨지만 아직도 배고프고 목마른 것은 풀리지 않았다'고 말하더라도 그 사람은 더위가 이미 가시고 주림과 목마름도 이미 없어진 것과 같다.

이 역시 그와 같아서, 만일 비구와 비구니가 여래에 대하여 의심하거나 망설임이 없으면, 그 비구는 곧 두 갈래 세계인 천상이나 인간 세상에 태어날 것이다.

그러므로 비구와 비구니는 마땅히 방편을 구해 마음의 다섯 가지 더러움을 끊고 마음의 5결結을 없애도록 해야 한다. 비구들아, 마땅히 이와 같이 배워야 하느니라."

그때 모든 비구들은 부처님의 말씀을 듣고 기뻐하며 받들어 행하였다.

〔5〕

이와 같이 나는 들었다.

어느 때 부처님께서는 사위국 기수급고독원에 계셨다.

그때 세존께서 모든 비구들에게 말씀하셨다.

"혹 어떤 때에 왕의 위엄이 널리 미치지 않으면 도적盜賊이 다투어 일어날 것이요, 도적이 이미 다투어 일어나면 마을에 집이나 도시 사람들은 모두 다 패망敗亡할 것이다. 또 기근饑饉을 만나 목숨을 마치는 이도 있으리니, 만일 저 중생들이 기근을 만나 목숨을 마치면, 그들은 모두 세 갈래 나쁜 세계에 떨어질 것이다.

지금 이 정진精進하는 비구도 그와 같아서, 만일 계戒를 가지는 이가 줄어들면, 그때에는 악한 비구가 다투어 일어날 것이요, 나쁜 비구가 이미 다투어 악을 일으키고 나면, 바른 법은 점점 쇠해지고 그른 법[非法]이 자꾸 늘어날 것이며, 그른 법이 늘어나면 그 가운데 살고 있는 중생들은 모두 세 갈래 나쁜 세계에 떨어지게 될 것이다.

또 만일 이때 왕의 위엄이 먼 데까지 떨치면 도적은 곧 숨고 말 것이요, 왕의 위엄이 이미 먼 데까지 떨치고 나면 성곽城郭 안이나 마을 사람들은 불꽃처럼 번성해질 것이다.

지금 이 정진하는 비구도 또한 이와 같아서 만일 계를 완전하게 가지면, 그때에는 계를 범하는 비구는 점점 줄어들어서, 바른 법은 일어나고 그른 법은 줄어들 것이니, 그 가운데 살고 있는 중생들은 목숨을 마친 뒤에는 모두 천상이나 인간 세상에 태어날 것이다.

그런 까닭에 비구들아, 마땅히 계율을 완전히 갖추기를 생각해야 하고 위의威儀와 예절禮節을 빠뜨리거나 줄어들게 하지 말아야 한다. 비구들아, 마땅히 이와 같이 배워야 하느니라."

그때 모든 비구들은 부처님의 말씀을 듣고 기뻐하며 받들어 행하였다.

[6][9]

이와 같이 나는 들었다.

어느 때 부처님께서는 사위국 기수급고독원에 계셨다.

---

9 이 소경과 내용이 비슷한 경으로는 『잡아함경』 제9권 241번째 소경인 「소연법경燒燃法經」이 있다.

그때 세존께서 모든 비구들에게 말씀하셨다.

"차라리 항상 잠을 잘지언정 깨어 있으면서 혼란한 생각으로 사유하지 말아야 한다. 몸이 무너지고 목숨이 끝난 뒤에는 나쁜 세계에 태어날 것이다.

차라리 쇠 송곳을 불에 달구어 눈을 지질지언정 빛깔을 보고 혼란한 생각을 일으키지 말아야 한다. 혼란한 생각을 일으키는 비구는 인식작용(識)이 패망하고, 비구가 이미 인식작용이 패망하고 나면, 미래 세계에는 반드시 세 갈래 나쁜 세계인 지옥地獄·축생畜生·아귀餓鬼의 길로 나아갈 것이다.

지금 내가 이렇게 말하는 것은 '사람은 차라리 잠을 잘지언정 깨어 있으면서 혼란한 생각으로 사유하지 말아야 한다'는 것이니라.

차라리 예리한 송곳으로 그 귀를 찌를지언정 소리를 듣고 혼란한 생각을 일으키지 말아야 한다. 혼란한 생각을 일으키는 비구는 인식작용이 패하게 된다. 그러므로 차라리 항상 잠을 잘지언정 깨어 있으면서 혼란한 생각을 일으키지 말아야 한다.

차라리 뜨거운 쇠사슬로 그 코를 뭉갤지언정 냄새를 맡고 혼란한 생각을 일으키지 말아야 한다. 혼란한 생각을 일으키는 비구는 인식 작용이 패하고, 이미 인식 작용이 패하면 곧 지옥·축생·아귀의 세 갈래 나쁜 세계에 떨어질 것이다. 내가 말하는 것은 정녕 이것 때문이다.

차라리 예리한 칼로 그 혀를 자를지언정 나쁜 말·추한 말 때문에 세 갈래 악한 세계인 지옥·축생·아귀의 길에 떨어지지 말아야 한다. 그러므로 차라리 항상 잠을 잘지언정 깨어 있으면서 혼란한 생각을 일으키지 말아야 한다.

차라리 뜨겁게 달군 구리쇠판으로 그 몸을 감쌀지언정 장자長者·거사居士・바라문婆羅門의 딸과 교접交接하지 말아야 한다. 만일 그들과 오가면서 교접하고 이야기를 나누면 반드시 세 갈래 악한 세계인 지옥・축생・아귀의 길에 떨어질 것이다. 내가 말하는 것은 정녕 이것 때문이다.

차라리 항상 잠을 잘지언정 깨어 있으면서 성중을 무너뜨리려는 생각은 하지 말아야 한다. 성중을 무너뜨려 5역죄逆罪에 떨어지면, 억천 분의 부처님이라 해도 마침내 구원하지 못할 것이다.

정녕 대중들과 다투는 이는 반드시 구제하지 못할 죄에 떨어질 것이다. 그런 까닭에 나는 지금 '차라리 항상 잠을 잘지언정 깨어 있으면서 성중을 무너뜨리려는 생각을 하여 구제할 수 없는 죄를 짓지 말아야 한다'고 말한 것이다.

그러므로 비구들아, 너희들은 마땅히 6정情[10]을 잘 단속하여 실수하는 일이 없게 해야 한다. 비구들아, 마땅히 이와 같이 배워야 하느니라."

그때 모든 비구들은 부처님의 말씀을 듣고 기뻐하며 받들어 행하였다.

〔 7 〕[11]

이와 같이 나는 들었다.

어느 때 부처님께서는 사위국 기수급고독원에 계셨다.

그때 세존께서 모든 비구들에게 말씀하셨다.

---

10 6근根・6입入이라고 하며, 눈[眼]・귀[耳]・코[鼻]・혀[舌]・몸[身]・뜻[意]을 말한다. 근根에는 정식情識이 있기 때문에 정이라고 표현한 것이다.
11 이 소경과 내용이 비슷한 경으로는 후한後漢 시대 안세고安世高가 한역한 『아나빈저화칠자경阿那邠邸化七子經』과 서진西晉 시대 축법호竺法護가 한역한 『불설미륵하생경佛說彌勒下生經』이 있다.

"그때 아나빈기阿那邠祁 장자에게 네 아들이 있었는데, 그들은 모두 부처님·법·성중을 섬기지 않았고, 또 부처님·법·성중에 귀의歸依하지도 않았다. 그때 아나빈기 장자가 네 아들들에게 말하였다.

"너희들은 각각 부처님·법·성중에 귀의하라. 그리하면 오랜 세월 동안 한량없이 많은 복을 받을 것이다."

아들들이 아버지에게 말하였다.

"저희들은 스스로 부처님·법·성중에 귀의하지 않겠습니다."

아나빈기 장자가 말하였다.

"나는 지금 너희들에게 각각 순금純金 1천 냥씩 줄 테니, 내 말대로 부처님·법·성중에 귀의하라."

"저희들은 스스로 부처님·법·성중에 귀의하지 않겠습니다."

"너희들에게 각각 2천·3천·4천·5천 냥의 순금을 더 줄 테니, 부디 스스로 부처님·법·성중에 귀의하여라. 그리하면 오랜 세월 동안 한량없이 많은 복을 받을 것이다."

그때 아들들은 이 말을 듣고 잠자코 받아들였다. 그때 아들들은 아나빈기 장자에게 아뢰었다.

"저희들은 어떻게 부처님·법·성중에 귀의해야 합니까?"

너희들은 모두 와서 나를 따라 세존께 가자. 만일 세존께서 무슨 말씀이 있으시거든 너희들은 꼭 잘 기억하여 받들어 행하라."

아들들이 아버지에게 아뢰었다.

"여래께서는 지금 어디 계십니까? 여기서 얼마나 멉니까?"

"지금 여래·지진·등정각께서는 사위성에 있는 내 동산에 계신다."

그때 아나빈기 장자는 네 아들을 데리고 세존께서 계신 곳으로 찾아가 그 발에 머리 조아려 예배하고 한쪽에 서 있었다.

그때 장자가 세존께 아뢰었다.

"지금 제 아들 넷은 아직 부처님·법·성중에 귀의하지 않았습니다. 그래서 어제 각각 순금 5천 냥씩을 주고 권하여 부처님·법·성중을 섬기게 하였습니다. 오직 바라옵건대 세존께서는 이 아이들을 위해 설법하시어, 오랜 세월 동안 한량없이 많은 복을 받게 해 주십시오."

세존께서는 장자의 네 아들들을 위해 차례로 설법하시고 그들에게 권하시어 모두 기쁘게 해 주셨다. 장자의 아들들은 그 설법을 듣고 뛸 듯이 기뻐 어쩔 줄 모르며 스스로 앞으로 나가 꿇어앉아 세존께 아뢰었다.

"저희들은 각자 스스로 세존과 바른 법과 성중에 귀의하나이다. 지금부터 이후로는 살생하지 않고……(이하 생략)……술을 마시지 않겠습니다."

이와 같이 두 번 세 번 되풀이하였다.

그때 아나빈기 장자가 세존께 아뢰었다.

"만일 어떤 사람이 물질을 내어 사람들을 보살펴주면서 그들로 하여금 부처님을 섬기게 하면 그 복이 어떠합니까?"

세존께서 말씀하셨다.

"훌륭하고, 훌륭하다. 장자야, 이런 질문을 하여 하늘과 사람들이 편안하게 될 것이다. 그래서 여래에게 이런 이치를 묻는구나. 잘 생각하고 기억하라. 내가 너희들을 위해 설명해 주리라."

그때 장자는 부처님의 분부를 따랐다.

세존께서 말씀하셨다.

"큰 창고 넷이 있다. 어떤 것이 그 네 가지인가? 건타위乾陀衛에는 이라발伊羅鉢 용왕의 창고가 있는데, 그것을 첫 번째 창고라고 하며, 무수히 많은 보배가 그 궁전에 가득 쌓여 있다. 또 밀체라국蜜締羅國에는 반조斑稠라고 하는 큰 창고가 있는데, 헤아릴 수 없이 많은 진귀한 보배가 거기에 쌓여 있다. 또 수뢰타국須賴吒國에는 빈가라賓伽羅라고 하는 큰 창고가 있는데, 거기에도 헤아릴 수 없이 많은 진귀한 보배가 쌓여 있다. 바라내국婆羅㮈國에는 낭가蠰佉라고 하는 큰 창고가 있는데, 거기에도 헤아릴 수 없이 많은 보배가 쌓여 있다.

염부 땅의 남녀男女 노소〔大小〕들이 4년 4개월 4일 동안 이라발 창고에 있는 보배를 꺼낸다 해도 끝내 줄어들지 않는다.

또 저마다 반조 창고에 와서 4년 4개월 4일 동안 보배를 집어내도 줄어드는 줄을 모르고, 또 저마다 빈가라 창고에서 4년 4개월 4일 동안 보배를 집어내도 줄어드는 줄을 모르며, 또 바라내국에 있는 낭가 대창고의 보배를 4년 4개월 4일 동안 각각 집어내도 줄어드는 줄을 모른다.

장자야, 이것을 일러 네 개 큰 창고의 보배를 염부 땅의 남녀노소들이 4년 4개월 4일 동안 각각 꺼내 가도 줄어드는 줄을 모른다고 하는 것이니라.

미래 세상에 미륵彌勒이라는 부처님께서 세상에 출현하실 것이다.

그때 그 나라의 이름은 계두雞頭라고 하는데, 왕이 다스리는 경계는 동서東西가 12유연由延이고 남북南北이 7유연이며, 인민人民이 번성하고 곡식이 풍성할 것이다.

계두왕雞頭王이 다스리는 곳은 성을 일곱 겹 둘렀고, 세로와 너비가 1유연이나 되는 못이 네 개나 있다. 그 못 아래는 금모래가 깔려 있고, 우발연화優鉢蓮華・구물두화拘物頭花・분타리화分陀利華가 그 못 안에 각각 피어 있다. 물빛은 금빛・은빛・수정水精빛・유리琉璃빛이며, 만일 은빛 물이 얼어버리면 곧 그 물이 은銀으로 변화되고, 금빛 물이 얼어버리면 곧 그 물이 금金으로 변화되며, 유리 빛 물이 얼어버리면 곧 그 물이 유리로 변화되고, 수정 빛 물이 얼어버리면 곧 그 물이 수정水精으로 변화된다.

장자야, 마땅히 알아야 한다. 거기에는 큰 성문城門이 네 개가 있는데, 은 못물에는 금으로 문지방을 만들고 금 못물에는 은으로 문지방을 만들었으며, 유리 못에는 수정으로 문지방을 만들고 수정 못에는 유리로 문지방을 만들 것이니라.

장자야, 마땅히 알아야 한다. 그때 계두성鷄頭城 둘레에는 방울이 달려 있어 그 방울들은 다섯 가지 음악 소리를 낼 것이고, 그 성안에서는 항상 일곱 가지 소리가 날 것이다. 어떤 것이 그 일곱 가지 소리인가? 즉 조개〔貝〕소리·북 소리·거문고 소리·소고小鼓 소리·원고員鼓12 소리·장구〔鞞鼓〕 소리·노래와 춤 소리이다.

그때 그 계두성 안에는 멥쌀〔粳米〕이 저절로 생산生産되는데 길이가 다 세 치이고, 매우 향기롭고 맛있어서 온갖 맛보다 뛰어나며, 베고 나면 조금 뒤에 다시 나서 벤 흔적을 볼 수 없느니라. 그때 낭가蠰佉라고 하는 왕이 있어 법으로 나라를 교화하고 다스리며 너비를 원만하게 갖출 것이다.

장자야, 마땅히 알아야 한다. 그때 선보善寶라고 하는 창고지기가 있으리니, 그는 덕이 높고 지혜로우며 천안天眼이 제일일 것이다. 또 능히 보배가 간직된 곳을 잘 알아 주인이 있는 창고는 잘 보호해 주고 주인이 없는 창고는 왕에게 바칠 것이다.

그때 이라발伊羅鉢용왕·반조般稠용왕·빈가라賓伽羅용왕·낭가용왕, 이 네 용왕들이 보배 창고를 맡고 있는데, 그들은 모두 선보라는 창고

---

12 신수대장경 각주에 의하면 "원·명 2본에는 원員이 원圓으로 되어 있다"고 한다.

지기에게 가서 말할 것이다.

'필요한 것이 있으면 우리들이 모두 공급해 주리라.'

그때 네 용왕이 말한다.

'네 개의 창고에 있는 보배를 바치리니 그것으로 일을 경영하기 바라오.'

그때 창고지기 선보는 네 창고의 보배를 받아 금으로 된 깃 수레와 함께 낭가왕에게 바칠 것이다."

그때 세존께서 곧 이 게송을 읊으셨다.

이라伊羅는 건타乾陀에 있고
반조般稠는 밀치蜜締에 있으며
빈가賓伽는 수뢰국須賴國에 있고
낭가는 바라내국에 있다.

갖가지 보배가 가득 차 있는
네 개의 보배 창고
그때 항상 나타나리니
쌓은 공덕 때문이니라.

그 거룩한 왕에게
금·은과 보배 깃으로 된 수레 바치면
모든 신들은 모두 옹호하리니
그대 장자는 그런 복을 받으리.

"그때 미륵彌勒 지진至眞·등정각等正覺·명행성위明行成爲·선서善逝

· 세간해世間解 · 무상사無上士 · 도법어道法御 · 천인사天人師 · 불중우佛衆祐라고 하는 명호를 가진 부처님께서 세상에 출현하시어 인민들을 교화敎化하실 것이다.

장자야, 마땅히 알아야 한다. 그때 선보라는 창고지기가 어찌 다른 사람이겠느냐? 이런 생각을 하지 말아야 하나니, 그 창고지기는 바로 지금 장자 그대이기 때문이니라.

그때 낭가왕은 금·은으로써 널리 복덕福德을 짓고, 8만 4천 대신들에게 앞뒤로 둘러싸여 미륵의 처소를 찾아가 출가하여 도를 배울 것이다. 또 창고를 담당했던 사람도 널리 복덕을 지은 뒤에 출가하여 도를 배워 괴로움의 끝을 완전히 벗어날 것이다. 그것은 모두 장자가 네 아들을 인도해 부처님·법·비구승比丘僧에 귀의하게 했기 때문이니, 그 공덕의 인연으로 세 갈래 나쁜 세계에 떨어지지 않을 것이다. 또 그 공덕의 인연으로 네 개의 큰 창고를 얻고, 그 과보果報로 낭가왕의 창고를 주관하게 되어, 그 세상에서 괴로움의 끝을 완전히 벗어날 것이다.

왜냐하면 부처님·법·승가에 귀의하면, 그 덕德은 이루 다 헤아릴 수 없기 때문이다. 부처님·법·승가에 귀의하면, 그 복이 이와 같으니라. 그런 까닭에 장자야, 부디 형상이 있는 무리들을 사랑하고 가엾이 여겨, 방편을 구해 부처님·법·승가에 귀의하게 하라. 장자야, 마땅히 이와 같이 배워야 하느니라."

그때 아나빈기 장자는 뛸 듯이 기뻐 어쩔 줄을 모르면서 곧 자리에서 일어나 부처님을 세 번 돌고 예배하고 떠나갔고, 그 네 아들들도 이와 같이 하였다.

그때 아나빈기 장자와 그 네 아들은 부처님의 말씀을 듣고 기뻐하며 받들어 행하였다.

〔 8 〕[13]

이와 같이 들었다.

어느 때 부처님께서는 사위국 기수급고독원에 계셨다.

그때 아나빈기 장자는 몸에 중병을 앓고 있었다. 그때 사리불舍利弗이 청정하여 더러운 티가 없는 천안天眼으로, 아나빈기 장자가 몸에 중병을 앓고 있는 것을 보고, 곧 아난阿難에게 말하였다.

"그대는 오시오. 우리 함께 아나빈기 장자에게 가서 문병을 합시다."

그러자 아난이 대답하였다.

"마땅히 그때를 알아야 합니다."

그때 아난이 때가 되자 가사를 입고 발우를 들고 사위성에 들어가 걸식하다가, 차츰 아나빈기 장자의 집에 이르러 곧 자리에 나아가 앉았다.

그때 사리불이 그 자리에서 곧 아나빈기 장자에게 말하였다.

"당신의 병은 지금 더하거나 덜함이 있습니까? 느끼시기에 고통이 점점 없어지거나 더 그 심해지거나 하는 차도가 없습니까?"

장자가 대답하였다.

"지금 제 병은 어디 의뢰할 수 없을 정도로 너무 심하고, 갈수록 더하기만 할 뿐 덜한 줄은 모르겠습니다."

사리불이 말하였다.

"지금 같은 때에 장자는 마땅히 부처님은 바로 '여래·지진·등정각·명행성위·선서·세간해·무상사·도법어·천인사·불중우이시다'라고 생각해야 합니다. 또 마땅히 법에 대해서 '여래의 법은 매우

---

13 이 소경과 내용이 비슷한 경으로는 『잡아함경』 제37권 1,032번째 소경인 「급고독경給孤獨經」과 『중아함경』 제6권 28번째 소경인 「교화병경教化病經」이 있다.

깊어 공경할 만하고 높일 만하며, 그 무엇과 견줄 만한 것이 없는 성현聖賢이 수행해야 할 것이다'라고 추모하고 기억해야 합니다. 또 마땅히 승가에 대해서는 '여래의 제자는 상하가 화순和順하여 다투거나 싸우는 일이 없으며, 법과 법을 성취하였고, 계를 성취하였으며, 삼매三昧를 성취하였고 지혜智慧를 성취하였으며, 해탈解脫을 성취하였고 해탈지견[解脫見慧]을 성취하였다. 이른바 승僧이란 사쌍팔배四雙八輩로써 이것을 이름하여 여래의 성중이라고 하며, 존경할 만하고 귀하게 여길 만하니, 그들은 이 세간의 위없는 복밭이다'라고 생각해야 합니다.

　장자여, 만일 부처님을 생각하고 법을 생각하며 비구승 생각하기를 수행하면, 그 덕은 이루 다 헤아릴 수가 없어 감로甘露의 멸진처滅盡處에 이르게 될 것입니다.

　만일 선남자나 선여인이 부처님·법·성중인 3존尊을 생각하면, 결코 세 갈래 나쁜 세계에 떨어지는 일이 없을 것이요, 만일 선남자나 선여인이 부처님·법·성중인 3존을 생각하면, 반드시 천상이나 인간 세계의 좋은 곳에 태어날 것입니다.

　장자여, 빛깔[色]에 대해 마음을 일으키지 말고 빛깔에 의지하여 인식작용[識]을 일으키지 말며, 소리[聲]에 대해 마음을 일으키지 말고 소리에 의지하여 인식작용을 일으키지 말며, 냄새[香]에 대해 마음을 일으키지 말고 냄새에 의지하여 인식작용을 일으키지 말며, 맛[味]에 대해 마음을 일으키지 말고 맛에 의지하여 인식작용을 일으키지 말며, 감촉[細滑]에 대해 마음을 일으키지 말고 감촉에 의지하여 인식작용을 일으키지 말며, 뜻[意]에 대해 마음을 일으키지 말고 뜻에 의지하여 인식작용을 일으키지 말며, 금세今世와 후세後世에 대해 마음을 일으키지 말고 금세와 후세에 의지하여 인식작용을 일으키지 말며, 애욕[愛]을 일으키지 말고 애욕에 의지해 인식작용을 일으키지 말아야 합니다.

　왜냐하면 애욕(愛)을 연緣하여 취함(受:取)이 있고 취함을 연하여 존재(有)가 있으며, 존재를 연하여 태어남(生)이 있고 태어남을 연하여 죽음(死)·근심(愁)·걱정(憂)·괴로움(苦)·번민(惱)이 이루 헤아릴 수 없이 있게 되기 때문입니다. 이것을 일러 5고성음苦盛陰이라고 하는데, 나(我)니 남(人)이니, 수명(壽)이니 목숨(命)이니 하는 것도, 사부士夫·중생 등 형상이 있는 무리도 모두 다 없는 것입니다.

　눈이 일으킬 때 곧 생기는 것이지만[14] 그 온 곳을 알지 못하고, 눈이 사라지면 곧 멸하지만 그 가는 곳을 알지 못합니다. 아무것도 없는 데서 눈이 생기고 이미 있는데도 눈은 멸하는 것입니다. 그것은 다 여러 법의 인연이 모였기 때문이니, 이른바 인연법因緣法이란 '이것을 연緣하여 이것이 있고 이것이 없으면 없는 것이다'라고 하는 것입니다.

　그것은 이른바 무명無明을 연하여 행行이 있고 행을 연하여 식識이 있으며, 식을 연하여 명색名色이 있고 명색을 연하여 6입入이 있으며, 6입을 연하여 접촉(更樂:觸)이 있고 접촉을 연하여 느낌(痛:受)이 있으며, 느낌을 연하여 애욕(愛)이 있고 애욕을 연하여 취함(受:取)이 있으며, 취함을 연하여 존재(有)가 있고 존재를 연하여 태어남(生)이 있으며, 태어남을 연하여 죽음이 있고 죽음을 연하여 근심·걱정·괴로움·번민 따위가 이루 다 헤아릴 수 없이 많은 것입니다. 귀·코·혀·몸·뜻도 다 그와 같아서 아무것도 없는 데에서 그것이 생겨나지만 그것이 온 곳을 알지 못하고, 이미 있었던 것이 멸하였지만 그것이 간 곳을 알지 못합니다. 그것은 모두 여러 가지 법의 인연이 모인 것

14　고려대장경 본문에는 '즉기則起' 2자가 없으나 신수대장경 각주에 의하면 "송·원·명 3본에는 즉기則起 2자가 더 있다"고 한다. 이어지는 뒤의 문장을 고려해 볼 때 이 두 글자를 넣어야 문맥이 통하므로 이를 참고하여 해석하였다.

이기 때문입니다. 장자여, 이것은 공행제일법空行第一法이라고 하는 것입니다."

그때 아나빈기 장자는 눈물을 흘리고 슬피 울면서 스스로 억제하지 못하였다.

그러자 사리불이 아나빈기 장자에게 말하였다.

"무슨 까닭에 그처럼 슬퍼하십니까?"

장자가 대답하였다.

"저는 슬퍼하는 것이 아닙니다. 그 이유는 저는 옛날부터 숱하게 부처님을 받들어 섬겨왔고, 또 모든 장로長老 비구들도 존경하였었습니다. 그런데도 사리불께서 연설하신 것과 같은 이러한 중요한 법을 들어보지 못했기 때문입니다."

그때 아난이 아나빈기 장자에게 말하였다.

"장자여, 마땅히 알아야 합니다. 세간世間에는 두 종류 사람이 있나니, 이것은 여래께서 말씀하신 것입니다. 어떤 것이 그 두 종류의 사람인가? 첫째는 즐거움을 아는 사람이요, 둘째는 괴로움을 아는 사람입니다. 저 즐거움을 익히는 사람은 이른바 존자 야수제耶輸提 족성자族姓子이고, 저 괴로움을 익히는 사람은 바로 바가리婆伽梨 비구입니다.

또 장자여, 야수제 비구는 공을 제일 잘 아는 사람이고, 바가리 비구는 믿음으로 해탈한 사람입니다. 또 장자여, 괴로움을 아는 사람과 즐거움을 아는 사람, 이 두 사람은 마음의 해탈[俱解脫]을 얻은 사람입니다. 이 두 사람은 다 여래의 제자로서 그들과 비교할 사람은 아무도 없습니다. 그들은 죽지도 않고 태어나지도 않기 때문입니다.

저 두 사람은 부처님의 가르침을 부지런히 듣고서 게을리 하지 않았지만, 다만 마음에 더함과 덜함의 차이가 있기 때문에 아는 이도 있고 알지 못하는 이도 있는 것입니다.

장자께서는 '나는 옛날부터 이미 여러 부처님을 섬겨왔고 장로 비구들을 공경하였지만 사리불께서 연설한 것 같은 그런 중요한 법을 아직 들어보지 못했다'고 말씀하셨으나, 야수제 비구는 땅을 관찰하여 마음의 해탈을 얻었고, 바가리 비구는 칼을 관찰하여 곧 마음의 해탈을 얻었습니다. 그런 까닭에 장자여, 당신은 마땅히 저 바가리 비구들과 같은 사람이 되어야 합니다."

그때 사리불은 그를 위해 더 자세하게 설법하고 권유하여 기쁘게 해 주고 위없는 마음을 내게 한 뒤에 곧 자리에서 일어나 떠나갔다.

사리불과 아난이 떠난 지 그리 오래되지 않아 아나빈기 장자는 이내 목숨을 마치고 삼십삼천三十三天에 태어났다. 그때 아나빈기 천자는 다른 하늘들보다 뛰어난 다섯 가지 공덕이 있었는데, 어떤 것이 그 다섯 가지 공덕인가? 이른바 하늘 수명[天壽]·하늘 형상[天色]·하늘 쾌락[天樂]·하늘 위신[天威神]·하늘 광명[天光明]이다.

그때 아나빈기 천자는 곧 이렇게 생각하였다.

'내가 지금 이 하늘의 몸을 얻은 것은 모두 여래의 은혜 때문이다. 나는 지금 다섯 가지 욕락을 스스로 즐기기 전에 먼저 세존께 나아가 꿇어앉아 절하고 문안인사를 드리리라.'

그리고 아나빈기 천자는 그는 모든 천자들에게 둘러싸여 온갖 하늘 꽃을 가지고 여래의 위에 흩뿌렸다.

그때 여래께서는 사위국 기수급고독원에 계셨다.

그때 저 천자는 허공에서 합장하고 세존을 향해 곧 이 게송을 읊었다.

    여기는 바로 기원祇洹의 경계
    여러 선인들이 즐겁게 노닐었고

법왕法王께서 다스리는 곳이니
　　기쁘고 즐거운 마음을 내라.

그때 아나빈기 천자가 이 게송을 설하여 마치자 여래께서 잠자코 옳다고 하셨다.

그때 아나빈기 천자는 이렇게 생각하였다.

'여래께서 옳다고 인정하셨다. 나는 곧 신통(神足)을 버리고 한쪽에 서 있으리라.'

그때 아나빈기 천자는 곧 세존께 아뢰었다.

"저는 수달須達입니다. 또 아나빈기라고 하면, 세상 사람들이 환히 다 알 것입니다. 저도 또한 여래의 제자로서 거룩한 가르침을 받다가, 지금은 목숨을 마치고 삼십삼천에 태어났나이다."

세존께서 말씀하셨다.

"너는 누구의 은혜로 지금 그 하늘의 몸을 받았느냐?"

천자가 부처님께 아뢰었다.

"세존의 힘을 입어 하늘 몸을 받았나이다."

그때 아나빈기 천자는 다시 하늘 꽃을 여래의 몸에 흩고, 또 아난과 사리불의 위에도 흩었다. 그리고는 기원을 일곱 바퀴 돌고는 사라지더니 다시는 나타나지 않았다.

그때 세존께서 아난에게 말씀하셨다.

"어젯밤에 어떤 천자가 내게 와서 이런 게송을 읊었다."

　　여기는 바로 기원祇洹의 경계
　　여러 선인들이 즐겁게 노닐었고
　　법왕法王께서 다스리는 곳이니

기쁘고 즐거운 마음을 내라.

"그리고는 그 천자는 이 기원을 일곱 바퀴 돌고는 곧 물러갔다. 아난아, 너는 혹 그 천자를 알겠느냐?"

아난이 부처님께 아뢰었다.

"그는 틀림없이 아나빈기 장자일 것입니다."

부처님께서 아난에게 말씀하셨다.

"훌륭하구나. 네 말과 같다. 너는 알 수 없는 지혜인데도 그 천자를 아는구나. 왜냐하면 그는 바로 아나빈기 천자이기 때문이다."

아난이 부처님께 아뢰었다.

"아나빈기는 지금 천상에 태어나서 이름을 무엇이라고 합니까?"

세존께서 말씀하셨다.

"그는 아나빈기라고 부르느니라. 왜냐하면 그가 하늘에 태어나던 날 모든 하늘들은 다 이렇게 말하였다.

'이 천자는 인간 세계에 있을 때 바로 여래의 제자였다. 그는 항상 평등한 마음으로 일체 중생에 두루 보시하였고 곤궁한 이를 두루 구제하였다. 그런 공덕을 짓고 곧 이 삼십삼천에 태어났으니, 그러므로 계속해서 그 이름을 아나빈기라고 하자.'"

그때 세존께서 모든 비구들에게 말씀하셨다.

"아난 비구는 큰 공덕이 있고 지혜를 성취하였다. 아난 비구는 지금은 비록 배우는 자리에 있지만 그 지혜는 아무도 같은 사람이 없다. 왜냐하면 아라한이 알아야 할 것을 아난은 다 알고 있고, 과거 모든 불세존께서 배우셨던 것을 아난은 다 알고 있기 때문이다. 과거에도 역시 이런 사람이 있어서 듣기만 하면 곧 알았다. 그러나 오늘날 우리 아난 비구 같은 이는 바라보기만 해도 곧 이렇게 안다.

'여래는 이것을 필요로 하고, 여래는 이것은 필요로 하지 않는다.'
과거 모든 부처님의 제자는 삼매에 들어서야 비로소 미연未然의 일을 알았지만, 오늘날 우리 아난 비구 같은 이는 보면 곧 환히 아느니라."

그때 세존께서 모든 비구들에게 말씀하셨다.

"내 성문 제자들 중에서 널리 아는 것이 있고 용맹스럽게 정진하며, 생각이 어지럽지 않고 들은 것이 많기로 제일가는 사람으로 맡은 일을 감당해낼 수 있는 사람은 바로 이 아난 비구이니라."

그때 모든 비구들은 부처님의 말씀을 듣고 기뻐하며 받들어 행하였다.

[9][15]

이와 같이 들었다.

어느 때 부처님께서는 사위국 기수급고독원에 계셨다.

그때 아나빈기 장자는 선생善生이라는 이름을 가진 며느리를 보았는데, 그녀는 얼굴이 단정하고 얼굴빛은 도화색桃華色과 같았다. 바사닉왕波斯匿王 대신의 딸로서 그 족성[姓]만 믿고 부호富豪 종족임을 믿어, 시부모와 남편을 공경하지 않고, 부처님·법·비구승을 섬기지 않았으며, 또 거룩한 3존尊을 공경하고 받들지도 않았다.

그때 아나빈기 장자는 곧 세존께 나아가 발에 머리 조아려 예배하고 한쪽에 앉아 있었다.

그때 장자가 세존께 아뢰었다.

---

15 이 소경과 내용이 비슷한 경으로는 유송劉宋 시대 구나발타라求那跋陀羅가 한역한 『불설아속달경佛說阿遬達經』과 실역失譯 『옥야녀경玉耶女經』과 동진東晋 시대 축담무란쓰曇無蘭이 한역한 『옥야경玉耶經』이 있다.

"근자에 바사닉왕의 제일가는 대신의 딸을 며느리로 맞이했는데 그는 자신의 족성만 믿고, 3존을 받들어 섬기지 않으며, 장로와 존비尊卑를 받들어 섬기지도 않습니다. 바라옵건대 세존께서는 마땅히 그녀를 위해 설법하여 기쁜 마음을 내게 하시고 그 마음이 열려 뜻에 이해가 생기게 하여 주십시오."

그때 여래께서 잠자코 장자의 말을 허락하셨다.

그때 장자는 다시 부처님께 아뢰었다.

"오직 바라옵건대 세존께서는 지금 비구 스님과 함께 저의 초청을 받아 주십시오."

그때 장자는 여래께서 잠자코 청을 받아 주신 것을 보고, 곧 자리에서 일어나 부처님께 예배하고 주위를 세 바퀴 돌고 나서 떠나갔다.

그는 집으로 돌아가 갖가지 음식을 장만하고 좋은 자리를 편 뒤에 때가 되었음을 알렸다.

"부디 바라옵건대 세존께서는 저의 청을 받아 주소서. 이미 음식이 갖추어졌습니다."

세존께서는 비구 대중들에게 앞뒤로 둘러싸인 채 장자의 집에 이르러 자리에 나아가 앉으셨다. 그러자 장자는 따로 작은 자리를 가져다가 여래의 앞에 앉았다.

그때 세존께서 선생이라는 여인에게 말씀하셨다.

"장자의 며느리야, 마땅히 알아야 한다. 대개 부인에게는 네 가지 법이 있다. 어떤 것이 그 네 가지 법인가? 어머니와 같은 부인이 있고, 친척과 같은 부인이 있으며, 도적과 같은 부인이 있고, 노비와 같은 부인이 있느니라.

너는 지금 꼭 알아야 한다. 어머니와 같은 부인이란, 수시隨時로 남편을 보살펴 모자람이 없게 하여 받들어 섬기고 공양하나니, 그때 모든 하늘들은 곧 그를 보호해 주고, 사람인 듯하면서 사람이 아닌 것 〔人非人〕들은 그 틈을 엿보지 못하며, 죽으면 곧 천상에 태어난다.

장자의 며느리야, 이것을 일러 어머니와 같은 부인이라고 하느니라.

저 어떤 사람을 친척과 같은 부인이라고 하는가? 장자의 며느리야, 남편을 보고 나서는 마음에 변동〔增減〕이 없이 고락苦樂을 같이하는 사람이니, 이것을 일러 친척과 같은 부인이라고 하느니라.

저 어떤 것을 도적과 같은 부인이라고 하는가? 그 여인은 남편을 보고 나면, 곧 성을 내고 남편을 미워하며, 또한 받들어 섬기거나 공경하거나 예배하지도 않고, 남편을 보면 곧 해치려고 한다. 마음이 다른 곳에 있기 때문에 남편은 아내와 친하지 않고 아내는 남편과 친하지 않으며, 남의 사랑과 공경을 받지 못하고 모든 하늘이 옹호擁護하지도 않으며, 나쁜 귀신이 침해侵害한다. 그리고 그는 몸이 무너지고 목숨이 끝나면 지옥에 떨어지나니, 이것을 일러 도적과 같은 부인이라고 하느니라.

저 어떤 사람을 종〔婢〕과 같은 부인이라고 하는가? 현명하고 어진 부인은 그 남편을 보고는 수시로 보살피고 말을 참아 끝내 되돌려 갚지 않으며, 추운 고통을 참아내고 항상 사랑하는 마음을 가지며, 거룩한 3존에 대하여 이렇게 생각한다.

'이것이 존재하므로 내가 존재하나니, 이것이 사라지면 나도 사라져 없어진다.'

그러므로 모든 하늘들이 옹호하고 사람인 듯하면서 사람이 아닌 것들도 모두 사랑하고 생각하며, 몸이 무너지고 목숨이 끝난 뒤에는 천상과 같은 좋은 곳에 태어난다.

장자의 며느리야, 이것을 일러 네 종류의 부인이 있다고 한 것인데,

지금 너는 그 어느 조항에 해당하느냐?"

그때 그 여인은 세존의 이 말씀을 듣고 나서, 앞으로 나아가 부처님의 발에 예배하고 세존께 아뢰었다.

"오직 바라옵건대 세존이시여, 저는 지금 과거를 고치고 미래를 닦아 다시는 감히 그렇게 하지 않겠습니다. 지금부터 이 뒤로는 항상 예법禮法을 행하여 종과 같이 되겠나이다."

그때 선생善生 부인은 그 남편에게 돌아와서는 남편의 발에 머리를 조아려 예를 올리고서 말하였다.

"모쪼록 당신을 보살피기를 종과 같이 하겠습니다."

이때 선생 여인은 다시 세존께서 계신 곳을 찾아가서 발에 머리 조아려 예배하고 한쪽에 앉았다.

그때 세존께서 그를 위해 차례로 설법하셨다. 그때 설법한 논은 보시에 대한 논〔施論〕, 계율에 대한 논〔戒論〕, 천상에 태어나는데 대한 논〔生天論〕이었으며, 탐욕은 깨끗하지 못한 생각이요, 음행은 크게 더러운 것이라고 말씀하셨다.

그때 세존께서는 이미 그 여자의 마음이 열리고 뜻에 이해가 생긴 줄을 아시고, 그를 위해 모든 부처님께서 항상 말씀하셨던 법인, 괴로움〔苦〕· 괴로움의 발생〔習 : 集〕· 괴로움의 소멸〔盡 : 滅〕· 괴로움의 소멸에 이르는 길〔道〕에 대하여 모두 말씀하셨다. 그때 세존께서 그 여인에게 말씀하시는 것이 끝나자 그 여인은 바로 그 자리에서 법안法眼이 깨끗하게 되었다.

비유하면 마치 새 천에는 쉽게 물이 드는 것처럼, 그녀 또한 그와 같아서 온갖 법을 분별하고, 깊고 묘한 이치를 잘 이해하였다. 그리고 나서 3존尊에게 귀의하고 5계戒를 받았다.

그때 선생 여인은 부처님의 말씀을 듣고 기뻐하며 받들어 행하였다.

〔 10 〕
이와 같이 들었다.

어느 때 부처님께서는 사위국 기수급고독원에 계셨다.

그때 사리불은 곧 세존께서 계시는 곳으로 찾아가서 부처님의 발에 머리 조아려 예배하고 한쪽에 앉았다. 조금 있다가 뒤로 물러나 앉아서 세존께 아뢰었다.

"세존께서는 항상 부호富豪로서 존귀하고 높은 자리에 있는 이를 칭찬하시고 비천卑賤한 사람에 대해서도 말씀하시지 않으셨습니다. 그러나 세존이시여, 저는 부호의 집안에 태어난 존귀한 사람에 대해서도 찬탄하지 않을 것이며 또한 비천한 사람에 대해서도 말하지 않으렵니다. 그 중간에 있는 사람들에게만 설하여 그들로 하여금 출가하여 도를 배우도록 하겠습니다."

부처님께서 사리불에게 말씀하셨다.

"너는 스스로 일컬어 말하기를 '부호의 집안에 태어난 존귀한 사람에 대해서도 찬탄하지 않고, 또한 비천한 사람에 대해서도 말하지 않을 것이며, 중도에 위치한 사람들에게만 설하여 그들로 하여금 출가하여 도를 배우도록 하겠습니다'라고 하였다.

그러나 나는 오늘 상上·중中·하下 어느 생을 받은 이든 간에 말하지 않는다. 왜냐하면 대부분 생生은 매우 괴로운 것이어서 족히 즐거워할 만한 것이 못 되기 때문이다. 비유하면 마치 저 똥을 치우는 것과 같아서 조금만 남아 있어도 그 냄새는 오히려 지독한 것이거늘, 하물며 많이 쌓아둘 만한 것이겠느냐? 지금 생을 받는 것도 그와 같아서 1생·2생도 오히려 괴롭고 힘든 일이거늘 하물며 처음도 끝도 없이 유전流轉하면서 어찌 즐거울 수 있겠느냐?

존재〔有〕로 말미암아 생生이 있고 그 생으로 말미암아 늙음〔老〕이 있으며, 죽음〔死〕·근심〔愁〕·걱정〔憂〕·괴로움〔苦〕·번민〔惱〕이 있는 것이니, 어찌 족히 탐하고 좋아할 만한 것이겠느냐?

그리하여 곧 5성음盛陰으로 이룩된 몸이 이루어지는 것이니라.

나는 이런 이치를 관찰하여 알고 나서 이렇게 말하였다.

'1생·2생도 오히려 괴롭고 힘든 일이거늘 하물며 처음도 끝도 없이 유전하면서 어찌 즐거울 수 있겠느냐?'

사리불아, 만약 지금 네 마음속에 생을 받고 싶거든 곧 마땅히 발원發願하되, '부호·귀족의 가문에 태어나고 비천한 집안에 태어나지 말게 하소서'라고 하라. 왜냐하면 사리불아, 중생은 오랜 세월 동안 마음에 결박되지 부호나 귀족에 결박되는 것이 아니기 때문이니라. 사리불아, 그래서 나는 부호·귀족의 집안에 태어났느니라. 나는 찰리刹利종성으로서 전륜성왕轉輪聖王이 출현한 집안이었느니라. 가령 내가 출가하여 도를 배우지 않았다면, 당연히 전륜성왕이 되었을 것이나, 지금은 그 전륜성왕의 자리를 버리고 출가하여 도를 배워 무상도無上道를 성취하였느니라.

보통 비천한 집안에 태어나면, 출가하여 도를 배울 수가 없고 도리어 나쁜 세계에 떨어지게 되나니, 그러므로 사리불아, 너는 마땅히 방편을 구해서 마음을 항복 받아야 하느니라. 사리불아, 마땅히 이와 같이 배워야 하느니라."

그때 사리불은 부처님의 말씀을 듣고 기뻐하며 받들어 행하였다.

증일아함경 제 50 권

52. 대애도반열반품大愛道般涅槃品 ①

〔 1 〕[1]

이와 같이 들었다.

어느 때 부처님께서는 비사리성毗舍離城 보회강당普會講堂에서 대비구大比丘들 5백 명과 함께 계셨다.

그때 대애도大愛道[2]는 비사리성에 있는 고대사高臺寺에서 대비구니大比丘尼들 5백 명과 함께 노닐고 있었는데, 그들은 모두 나한羅漢으로서 온갖 번뇌〔漏〕가 이미 다 끊어진 이들이었다.

그때 대애도는 모든 비구들이 '여래께서는 오래지 않아 장차 멸도滅度하실 터인데, 석 달이 지나기 전에 구이나갈拘夷那竭 사라娑羅 쌍수 사이에서 멸도하실 것이다'라고 말하는 것을 들었다.

---

1 이 소경과 내용이 비슷한 경으로는 서진西晉 시대 백법조白法祖가 한역한 『불설대애도 반니원경佛說大愛道般泥洹經』과 유송劉宋 시대 혜간慧簡이 한역한 『불모반니원경佛母般泥洹經』이 있다.

2 팔리어로는 Mahāpajāpatī라고 한다. 또는 대애도구담미大愛道瞿曇彌라고도 한다.

그때 대애도는 이렇게 생각하였다.

'나는 여래께서 멸도하시는 것을 차마 뵈올 수 없고, 또 아난阿難이 멸도하는 것도 차마 볼 수가 없다. 내가 지금 먼저 멸도해야겠다.'

그때 대애도는 곧 세존의 처소로 찾아가 세존의 발에 머리 조아려 예배하고 한쪽에 앉았다.

그때 대애도는 부처님 앞에 나아가 아뢰었다.

"저는 세존께서 오래지 않아 멸도하실 터인데, 지금부터 석 달이 지나기 전에 구이나갈에 있는 사라쌍수 사이에서 멸도하실 것이라고 들었습니다. 저는 지금 세존과 아난이 멸도하시는 것을 차마 볼 수가 없습니다. 오직 바라옵건대 세존께서는 제가 먼저 멸도하는 것을 허락해 주소서."

그때 세존께서는 잠자코 허락하셨다.

대애도가 거듭 부처님께 아뢰었다.

"바라옵건대 세존이시여, 지금부터는 제가 모든 비구니들을 위해 계戒를 설명하게 해 주십시오."

부처님께서 말씀하셨다.

"나는 지금 비구니가 또 비구니들을 위해 금계禁戒를 설하는 것을 허락한다. 내가 전에 금계를 설한 것처럼 하여 조금도 차질이 없게 하라."

그때 대애도가 앞으로 나아가 부처님 발에 예를 올리고 서 있었다.

그때 대애도가 다시 부처님께 아뢰었다.

"저는 이제 다시는 여래의 얼굴을 뵈올 수 없고, 또 미래의 모든 부처님께서 포태胞胎를 받지 않고 영원히 함이 없는 곳〔無爲 : 涅槃〕에 계시는 것도 뵈올 수 없습니다. 오늘 저 거룩한 모습을 떠나면 다시는 뵈올 수 없을 것입니다."

그때 대애도는 부처님 주위를 일곱 번 돌고, 또 아난의 주위도 일곱 번 돌고, 다시 비구 대중들 주위도 돌고 나서는 곧 물러갔다.

그는 모든 비구니 대중들에게 돌아가 모든 비구니에게 말하였다.

"나는 지금 함이 없는 열반세계에 들려고 한다. 왜냐하면 여래께서 오래지 않아 멸도에 드시게 될 것이기 때문이다. 너희들은 각각 가고 싶은 곳이 있으면 마음대로 가거라."

그때 차마差摩 비구니 · 우발색優鉢色 비구니 · 기리시基利施 비구니 · 발타란자鉢陀闌柘 비구니 · 바라자라婆羅柘羅 비구니 · 가전연迦旃延 비구니 · 사야闍耶 비구니와 그리고 5백 비구니들은 세존께서 계시는 곳으로 가서 한쪽에 서 있었다.

그 5백 비구니 중에서 차마 비구니가 우두머리가 되어 부처님께 아뢰었다.

"저희 모든 사람들은 여래께서 오래지 않아 장차 멸도하실 것이라는 말을 들었습니다. 저희들은 여래와 아난께서 먼저 멸도하시는 것을 차마 뵈올 수가 없습니다. 오직 바라옵건대 세존께서는 저희들이 먼저 멸도하는 것을 허락하여 주소서. 저희들이 지금 멸도하는 것이 정말 옳을 듯하옵니다."

그때 세존께서 잠자코 허락하셨다.

그러자 차마 비구니와 5백 비구니들은 세존께서 잠자코 허락하신 것을 알고, 앞으로 나아가 부처님의 발에 예를 올리고 세 번 돌고 나서 물러나 본래 있던 곳으로 돌아갔다.

그때 대애도는 강당講堂 문을 닫고 건추乾椎를 치고는 한데〔露地〕에다 자리를 펴고 허공으로 올라가, 공중에서 앉기도 하고 눕기도 하며 걸어 다니기도 하였다. 혹은 불꽃을 내기도 하는데, 몸 아래서 연기를 내면 몸 위에서는 불을 내며, 몸 아래에서 물을 내면 몸 위에서 연기를 내기도 하며, 온몸에서 불꽃을 내기도 하고 온몸에서 연기를 내기도 하였다.

왼쪽 옆구리에서 물을 내면 오른쪽 옆구리에서는 불을 내기도 하고, 오른쪽 옆구리에서 물을 내면 왼쪽 옆구리에서는 연기를 내기도 하였다. 앞에서 불을 내면 뒤에서는 물을 내기도 하며, 앞에서 물을 내면 뒤에서 불을 내기도 하며, 온몸에서는 불을 내는가 하면 온몸에서 물을 내기도 하였다.

그때 대애도는 여러 가지 변화變化를 부리고는 다시 본래의 자리로 돌아와 가부좌하고 앉아, 몸과 마음을 바르게 하고 생각을 매어 앞에 두고는 초선初禪에 들었다. 초선에서 일어나 제2선에 들어갔고, 제2선에서 일어나 제3선에 들어가며, 제3선에서 일어나 제4선에 들어갔다. 제4선에서 일어나서는 공처空處에 들어가고 공처에서 일어나 식처識處에 들어가며, 식처에서 일어나 불용처不用處에 들어가고 불용처에서 일어나 유상무상처有想無想處에 들어가며, 유상무상처에서 일어나 상지멸想知滅에 들어갔다.

상지멸에서 일어나 도로 유상무상처에 들어가고 유상무상처에서 일어나 도로 불용처에 들어가며, 불용처에서 일어나 도로 식처에 들어가고 식처에서 일어나 도로 공처에 들어갔다.

공처에서 일어나 도로 제4선에 들어가고 제4선에서 일어나서 도로 제3선에 들어가며, 제3선에서 일어나 도로 제2선에 들어가고 제2선에서 일어나 도로 초선에 들어갔다. 다시 초선에서 일어나서 제2선에 들어가고 제2선에서 일어나서 제3선에 들어가며, 제3선에서 일어나서 제4선에 들어가고 이미 제4선에 들어가서는 곧 멸도하였다.

그때 천지天地가 크게 흔들렸다. 동쪽이 솟아오르면 서쪽이 꺼지고 서쪽이 솟아오르면 동쪽이 꺼지며, 사방이 모두 솟아오르면 한복판이 꺼져 내렸다.

또 사방에서 시원한 바람이 일고 모든 하늘들은 허공에서 풍류를 연주하였으며, 욕계欲界의 모든 하늘들은 눈물을 흘리며 슬피 울었다. 비유하면 마치 봄 하늘에서 단 비가 내리는 것 같았다. 신묘神妙한 하늘들은 우발화향優鉢華香과 전단栴檀을 섞어 부수어 그 위에 뿌렸다.

그때 차마 비구니·우발색 비구니·기리시구담미基利施瞿曇彌 비구니·사구리舍瞿離 비구니·사마奢摩 비구니·발타란차鉢陀蘭遮 비구니·가전연 비구니·사야 비구니 등 이상과 같은 상수上首 5백 비구니들은 각각 한데에다 자리를 펴고 날아올라 허공에 있으면서, 공중에서 앉기도 하고 눕기도 하며 걸어 다니기도 하면서 열여덟 가지로 변화를 부리고……(이하 생략)……생각이 끊긴 선정에 들어 각각 멸도하였다.

그때 비사리성 안에 야수제耶輸提라고 하는 대장大將이 있었는데, 그는 5백 동자童子를 데리고 보회강당普會講堂에 모여 강설講說하고 있었다. 그때 야수제와 5백 동자들은 멀리서 5백 비구니比丘尼들이 열여덟 가지 변화를 부리는 것을 보고, 한량없이 기뻐 뛰면서 각각 합장하고 그쪽을 향하였다.

그때 세존께서 아난에게 말씀하셨다.

"너는 야수제 대장에게 가서 그에게 말하기를 '빨리 평상 5백 개·좌구坐具 5백 개·소酥 5백 병·기름 5백 병·꽃 5백 수레·향 5백 봉지·섶나무 5백 수레를 준비하라'고 하라."

그때 아난이 앞으로 나아가 부처님께 여쭈었다.

"알지 못하겠습니다. 세존께서는 그것을 어디에 보시하시려고 합니까?"

부처님께서 말씀하셨다.

"대애도가 이미 멸도하였다. 그리고 5백 비구니도 이미 다 니원泥洹에 들었다. 나는 그것을 그 사리舍利에 공양하려고 한다."

그때 아난은 슬피 울면서 스스로 견디지 못해 하면서 말하였다.

"대애도의 멸도가 어이 그리도 빠르단 말인가?"

그때 아난은 손으로 눈물을 뿌리면서 야수제 대장에게로 갔다. 그때 야수제는 멀리서 아난이 오는 것을 보고 모두 일어나 맞이하면서 이렇게 말하였다.

"잘 오셨습니다. 아난이여, 무슨 분부가 있으시기에 이렇게 갑자기 오셨습니까?"

그러자 아난이 말하였다.

"나는 부처님의 심부름으로 왔는데 부탁할 말이 있습니다."

그때 대장이 물었다.

"무슨 분부이십니까?"

아난이 말하였다.

"세존께서 대장에게 분부하시기를 '지금 빨리 평상 5백 개·좌구 5백 개·소 5백 병·기름 5백 병·꽃 5백 수레·향 5백 봉지·섶나무 5백 수레를 준비하라. 대애도와 5백 비구니가 모두 멸도하였다. 우리는 거기에 가서 그들의 사리에 공양하려고 한다'고 하셨습니다."

그때 대장은 슬피 울면서 이렇게 말하였다.

"대애도의 멸도가 어이 그리도 빠르단 말인가? 5백 비구니의 멸도도 참으로 빠르구나. 지금부터는 누가 우리를 가르치고 보시하는 시주들을 교화한다는 말인가?"

그때 야수제 대장은 곧 평상 5백 개·좌구 5백 개·기름 5백 병·소酥·섶나무 등 화장할 때 쓸 물건을 모두 준비한 뒤에 세존께 나아가 땅에 엎드려 발에 예를 올리고 한쪽에 서 있었다.

그때 야수제 대장이 세존께 아뢰었다.
"여래께서 분부하신 공양할 물건들이 지금 다 준비되었나이다."
부처님께서 말씀하셨다.
"너희들은 지금 각기 대애도의 몸과 5백 비구니의 몸을 메고 비사리성을 나가 넓은 들판으로 가자. 내가 그곳에서 그 사리에 공양하리라."
야수제 대장이 부처님께 아뢰었다.
"그렇게 하겠습니다. 세존이시여."
그때 장자는 곧바로 대애도 등이 있는 곳으로 가서 어떤 사람에게 말하였다.
"너는 지금 사다리를 놓고 담을 넘어 안에 들어가 천천히 문을 열어 소리가 나지 않게 하라."
그는 시키는 대로 곧 들어가 문을 열었다. 대장은 다시 5백 사람에게 분부하여 각각 그 사리를 들어 평상 위에 올려놓게 하였다."
그때 두 사미니沙彌尼가 거기에 있었다. 한 사람의 이름은 난타難陀였고, 다른 한 사람의 이름은 우반난타優般難陀였다. 그 두 사미니가 대장에게 말하였다.
"그만두시오, 제발 그만두시오. 대장님, 저 여러 스승님에게 손을 대어 시끄럽게 하지 마십시오."
야수제 대장이 말하였다.
"너희 스승님들은 잠을 자는 것이 아니다. 모두 멸도하셨다."
그때 두 사미니는 스승님이 멸도하셨다는 말을 듣고 두려운 마음이 생겨 곧 스스로 가만히 사유하여 '발생한 모든 것은 다 사라져 없어진다'라고 관觀하였다. 그리하여 그들은 그 자리에서 세 가지 밝음(三明)[3]과 여섯 가지 신통(六通)을 얻었다.

그때 두 사미니는 곧 허공을 날아 먼저 넓은 벌판으로 가서 열여덟 가지 변화를 부렸는데, 혹은 허공에 앉기도 하고 눕기도 하며, 걸어 다니기도 하고 몸에서 물과 불을 내는 등 한량없이 많은 변화를 부렸다. 그리고는 무여열반無餘涅槃의 경계에 들어 반열반般涅槃하였다.

그때 세존께서 모든 비구 대중들에게 앞뒤로 둘러싸여 대애도의 절로 가셨다. 그때 세존께서 아난과 난타와 라운羅云에게 말씀하셨다.

"너희들은 대애도의 몸을 들어라. 내 지금 몸소 공양하리라."

그때 석제환인釋帝桓因이 세존께서 마음속으로 무슨 생각을 하시는지를 알아차리고, 마치 역사力士가 팔을 굽혔다 펴는 것 같은 아주 짧은 시간에 삼십삼천三十三天에서 비사리에 이르러 세존께 나아가 발에 머리 조아려 예배하고 한쪽에 서 있었다.

그 가운데 번뇌가 다한 비구들은 모두 석제환인과 삼십삼천을 보았지만, 번뇌가 다하지 못하고 탐욕이 있는 비구니와 우바새優婆塞·우바이優婆夷로서 아직 번뇌가 다하지 못한 이들은 아무도 석제환인과 삼십삼천을 보지 못하였다.

그때 범천왕梵天王은 멀리서 여래께서 마음속으로 생각하고 계시는 것이 무엇인가를 알아차리고, 모든 범천들을 데리고 범천 위에서 사라져 세존께서 계신 곳으로 찾아와 부처님의 발에 머리 조아려 예배하고 한쪽에 서 있었다.

그때 비사문천왕毘沙門天王도 세존께서 마음속으로 생각하고 계시는 것이 무엇인가를 알아차리고, 열차(閱叉 : 夜叉) 귀신들을 데리고 여래께서 계신 곳으로 찾아와 부처님의 발에 머리 조아려 예배하고 한쪽에 서 있었다.

---

3 3달達이라고도 한다. 숙주지증명宿住智證明·사생지증명死生智證明·누진지증명漏盡智證明을 말한다.

그때 제지뢰타천왕提地賴吒天王도 건답화(乾沓和 : 乾達婆)를 데리고 동쪽으로부터 여래께 찾아와 부처님의 발에 머리 조아려 예배하고 한쪽에 서 있었다.

또 비루륵차천왕毗婁勒叉天王은 무수히 많은 구반다拘槃茶를 데리고 남쪽으로부터 세존께 찾아와 부처님의 발에 머리 조아려 예배하고 한쪽에 서 있었다.

또 비루바차천왕毗婁波叉天王도 용신龍神들을 데리고 여래께 찾아와 부처님의 발에 머리 조아려 예배하고 한쪽에 서 있었다.

또 욕계欲界·색계色界·무색계無色界의 여러 하늘들도 여래께서 마음속으로 생각하고 계시는 것이 무엇인가를 알아차리고, 세존께 찾아와 부처님의 발에 머리 조아려 예배하고 한쪽에 서 있었다.

그때 석제환인과 비사문천왕이 앞으로 나아가 부처님께 아뢰었다.

"원컨대 세존께서는 몸소 수고하시지 마십시오. 저희들이 지금 그 사리에 공양하겠습니다."

부처님께서 모든 하늘들에게 말씀하셨다.

"그만두시오, 그만두시오, 천왕들이여. 나 여래가 스스로 알아서 할 것이다. 이것은 여래가 마땅히 행할 일이요, 하늘·용·귀신들이 할 일이 아니다. 왜냐하면 부모는 자식을 낳아 많은 이익을 주었기 때문이다. 즉 젖을 먹이고 안아 키운 은혜가 중하다. 그러니 그 은혜를 갚아야 한다. 은혜를 갚지 않으면 안 된다.

그리고 모든 하늘들은 꼭 알아야 한다. 과거에도 여러 불세존佛世尊을 낳으신 그 어머님이 먼저 멸도滅度하셨다. 그런 일이 있고 나면 그 불세존께서 모두 스스로 다비[4]하고 그 사리에 공양하곤 하였었다.

---

4 고려대장경에는 '사순蛇旬'으로 되어 있는데 무슨 뜻인지 알 수 없다. 신수대장경 각주에 의하면 "송宋·원元·명明 3본에는 사순蛇旬이 야유耶維로 되어 있다"고 하므로

가령 미래에 모든 불세존을 낳은 어머니가 먼저 멸도하신다면 그 후에 모든 부처님들은 모두 직접 공양할 것이다. 이런 방편으로써 여래가 마땅히 직접 공양해야 하는 것이고 하늘·용·귀신이 할 일이 아님을 알 수 있을 것이다."

그때 비사문천왕이 5백 귀신들에게 말하였다.

"너희들은 저 전단림梅檀林에 가서 향나무를 가지고 오너라. 지금 화장하여 공양하리라."

그때 5백 귀신은 천왕의 말을 듣고 나서, 곧 전단림 속으로 가서 전단 섶나무를 가지고 넓은 들판으로 왔다.

그때 세존께서는 몸소 직접 평상의 한 쪽 다리를 드시고 난타가 한 쪽 다리를 들고 라운이 한 쪽 다리를 들고 아난이 한 쪽 다리를 들고 허공을 날아 저 무덤 사이에 있는 화장터로 갔다. 그 중간에 사부대중인 비구·비구니·우바새·우바이는 5백 비구니의 사리를 들고 그 무덤 사이로 갔다.

그때 세존께서 야수제 대장에게 말씀하셨다.

"너는 지금 다시 평상 두 개·좌구 두 개·섶나무 두 수레를 준비하고, 향과 꽃을 두 사미니의 몸에 공양하라."

야수제 대장이 부처님께 아뢰었다.

"그렇게 하겠습니다, 세존이시여."

잠시 후에 곧 공양할 도구를 준비하였다.

그때 세존께서 전단 나무를 각각 모든 하늘들에게 전해 주셨다. 그때 세존께서 다시 대장에게 말씀하셨다.

"너는 지금 각각 5백 비구니의 사리를 가져다가 각각 분별하여 공

역자도 이를 따라 '다비'로 번역하였다.

양하고 두 사미니도 또한 그렇게 하도록 하라."

그때 대장은 부처님의 분부를 받고 각각 분별하여 수습해 공양하고 곧 가져다가 화장하였다.

그때 세존께서 다시 전단 나무를 대애도의 몸 위에 놓았다.

그때 세존께서 이 게송을 읊으셨다.

일체의 행행行은 무상無常한 것
한 번 나면 반드시 다함이 있네.
나지 않으면 죽지도 않나니
이 적멸寂滅이 가장 즐거운 것이라네.

그때 모든 하늘과 사람들이 다 그 무덤 사이에 구름처럼 모여들어, 거기에 모인 대중들의 수는 수십 억億 해姟 나술那術이나 되었다.

그때 대장은 불이 꺼지고 나서 다시 사리를 가져다 탑[偸婆]을 세웠다.

부처님께서 대장에게 말씀하셨다.

"너는 지금 저 5백 비구니의 사리도 가져다가 탑을 세워라. 오랜 세월 동안 한량없이 많은 복福을 받을 것이다. 왜냐하면 세간에는 탑을 세울 만한 네 종류의 사람이 있기 때문이다.

어떤 자가 그 네 사람인가? 만일 어떤 사람이 여래如來·지진(至眞:阿羅漢)·등정각等正覺을 위해 탑을 세우고, 전륜성왕轉輪聖王과 성문聲聞과 벽지불辟支佛을 위해 탑을 세우면 한량없이 많은 복을 받을 것이다.

그때 세존께서는 모든 하늘과 백성들을 위해 미묘微妙한 법을 연설하시어 권유하여 기쁘게 해 주셨다. 그때 1억이나 되는 하늘과 사람들은 온갖 티끌과 때가 다 없어지고 법안法眼이 깨끗하게 되었다.

그때 모든 하늘·사람·건답화乾沓和·아수륜阿須輪과 사부대중들은 부처님의 말씀을 듣고 기뻐하며 받들어 행하였다.

〔2〕
이와 같이 들었다.

어느 때 부처님께서는 사위국 기수급고독원에서 대비구들 5백 명과 함께 계셨다.

그때 사위성 안에 어떤 비구니가 있었는데, 그 이름을 바타婆陀라고 하였다.

그는 5백 비구니를 데리고 그 성에서 노닐고 있었다.

그때 바타 비구니는 한적하고 고요한 곳에 있으면서 혼자서 사유하면서 가부좌하고 앉아, 생각을 매어 앞에 두고는 무수한 전생〔宿命〕의 일을 기억하다가 혼자 웃었다.

어떤 비구니가 멀리서 바타 비구니가 웃는 것을 보고는, 곧 비구니들이 있는 곳으로 가서 말하였다.

"지금 바타 비구니가 혼자 나무 밑에 앉아서 웃고 있다. 과연 무슨 이유가 있어서 그러는 것일까?"

그때 5백 비구니는 서로 이끌고 바타 비구니에게 가서 발에 머리 조아려 예배하고 바타에게 말하였다.

"무슨 일이 있기에 혼자 나무 밑에 앉아서 웃었습니까?"

그때 바타 비구니가 5백 비구니들에게 말하였다.

"나는 아까 이 나무 밑에서 스스로 무수하게 많은 전생의 일을 기억해 보았소. 그리고 또 옛날에 겪었던 내 몸을 관찰하고, 여기에서 죽어 저기에 태어난 것을 모두 다 관찰해 보았소."

그러자 5백 비구니들이 또 말하였다.

"바라건대 지금 과거의 일을 말씀하여 주십시오."

그때 바타 비구니가 5백 비구니들에게 말하였다.

"오랜 옛날 91겁劫 중에 부처님께서 세상에 출현하신 일이 있었소. 그 부처님의 이름은 비바시毗婆尸 여래如來·지진至眞·등정각等正覺·명행성위明行成爲·선서善逝·세간해世間解·무상사無上士·도법어道法御·천인사天人師·불중우佛衆祐라고 하였소.

그때 그 세계의 이름은 반두마槃頭摩였으며, 그 나라에는 백성들이 이루 헤아릴 수 없을 정도로 치성熾盛하였소.

그때 그 여래는 그 나라에 노닐면서 16만 8천 비구 대중들에게 앞뒤로 둘러싸여서 설법하셨소. 그때 그 부처님의 명호名號는 사방에 멀리 퍼졌었소. 비바시부처님은 온갖 모양을 완전히 갖추었으니, 그분은 모든 사람들의 좋은 복밭이 되셨소.

그때 그 나라에 어떤 동자가 있었는데, 그 동자의 이름은 범천梵天이였고, 얼굴 모습은 단정端正하여 세상에 보기 드물었소. 그때 그 동자는 손에 보배 일산〔寶蓋〕을 들고 온 거리를 돌아다녔소. 그때 어떤 거사居士의 아내가 있었는데, 그녀의 얼굴 모습도 역시 단정하였소. 그녀도 그 길을 따라 걸어갔는데 그때 사람들은 모두 그를 유심히 바라보았소.

그때 그 동자는 이렇게 생각하였소.

'나는 지금 얼굴도 단정하고 손에는 보배일산까지 들었지만 많은 사람들은 다 나를 유심히 보지 않는다. 그런데 사람들은 모두 저 여자는 유심히 바라본다. 그러니 내가 지금 어떤 방편을 써서라도 사람들로 하여금 나를 바라보게 하리라.'

그때 그 동자는 곧 그 성을 나가 비바시부처님의 처소에 나아가 이레 낮 이레 밤 동안 보배 꽃을 가져다가 공양하고 또 서원을 세웠소.

'만일 비바시부처님께 이러한 신통과 이러한 신력神力이 있다면 바로 이 세간과 천상의 복밭이 되실 것이다. 내가 짓는 이 공덕으로 나로 하여금 미래 세상에 여자의 몸이 되게 하시어 누구나 나를 보고는 모두 기뻐 뛰게 하여지이다.'

그때 그 동자는 이레 낮 이레 밤 동안 그 부처님께 공양하고 나서 목숨을 마치고는 곧 여자의 몸으로 삼십삼천三十三天에 태어났다. 얼굴은 매우 단정하여 옥녀玉女들 중에서 제일이었고, 다섯 가지 일의 공덕으로 그 옥녀들보다 뛰어났었소. 어떤 것을 그 다섯 가지라고 하는가? 말하자면 하늘 수명(天壽)·하늘 형상(天色)·하늘 즐거움(天樂)·하늘의 위엄과 복(天威福)·하늘의 자유(天自在)입니다.

그때 삼십삼천들은 모두 그 여자를 보고 나서 이렇게 말하였소.

'이 천녀天女는 매우 뛰어나고 아름다워 어느 누구도 견줄 만한 사람이 없다.'

그 중에 혹 어떤 천자는 이렇게 말하였소.

'나는 기어코 이 천녀를 얻어 천후天后로 삼으리라.'

그리하여 각각 서로 다투었소. 그때 큰 천왕天王이 말하였소.

'너희들은 서로 다투지 말라. 너희들 중에서, 가장 미묘한 법을 연설하는 이에게 곧 이 천녀를 주어 아내로 삼게 하리라.'

그때 어떤 천자가 곧 이런 게송을 읊었소.

일어나거나 또는 앉았거나 간에
자나 또 깨나 즐거움이 없네.
만일 내가 깊은 잠에 빠졌을 때
그때서야 비로소 욕심 없으리.

그때 또 어떤 천자는 이런 게송을 읊었소.

    너는 지금 일부러 즐거움 위해
    잠에 들어 아무 생각 없으리라 하지만
    나는 지금 일어나는 그리운 이 생각
    마치 저 전장에서 북을 치는 것 같네.

그때 또 어떤 천자는 이런 게송을 읊었소.

    설사 전장에서 북을 친다 하여도
    그 소리는 오히려 그칠 때가 있지만
    빠른 속도로 치달리는 내 욕심은
    물이 흘러 멈추지 않는 것과 같네.

그때 또 어떤 천자는 이런 게송을 읊었소.

    가령 물이 큰 나무를 떠내려 보내도
    그것은 오히려 멈출 때가 있지만
    내 항상 생각하고 그리워하는 정은
    죽은 코끼리 눈을 깜박이지 않는 것 같네.

그때 천자들 중에서 가장 높은 천자가 모든 천자에게 이런 게송을 읊었소.

    너희들은 오히려 한가하구나.

제각기 이런 게송들을 읊었지만
나는 지금 스스로 알지 못하겠네.
이것이 산 것인가 죽은 것인가?

그때 모든 하늘 신들이 그 천자에게 말하였소.
'훌륭합니다. 천자여, 읊은 게송이 매우 맑고 미묘합니다. 지금 이 천녀를 천왕에게 바치겠습니다.'
그때 그 천녀는 곧 천왕의 궁전으로 들어갔소. 모든 자매들이여, 주저하지 마시오.
왜냐하면 그때 동자의 몸으로서 보배일산을 부처님께 공양한 이가 어찌 다른 사람이겠소? 그렇게 생각하지 마시오. 그때 그 동자는 바로 지금의 나였소.
또 과거 31겁 중에 식힐(式詰 : 尸棄)여래께서 세상에 출현하시어, 야마野馬라고 하는 세계에 노닐면서 대비구들 16만 명과 함께 계셨소.
그때 그 천녀는 뒷날 목숨을 마치고 인간 세상에 태어나 여자의 몸을 받아 매우 단정하여 세상에 보기 드물었소.
어느 때 식힐여래께서 때가 되어 가사를 입고 발우를 들고 야마성野馬城에 들어가 걸식하였소.
그때 그 천녀는 장자長者의 아내가 되어 좋은 음식으로 식힐여래께 바치면서 역시 서원誓願을 세웠소.
'이 공덕의 업業으로 말미암아 태어나는 곳마다 세 갈래 나쁜 세상에는 떨어지지 않게 하고 얼굴이 단정하여 다른 사람들보다 뛰어나게 하여지이다.'
그때 그 여자는 목숨을 마치고 삼십삼천에 태어났소. 그는 거기에서 다시 여자의 몸이 되어 얼굴이 매우 단정하였고, 다섯 가지 공덕에 있어서 그 하늘의 다른 천녀들보다 뛰어났었소.

그때의 그 천녀가 어찌 다른 사람이겠소? 그렇게 생각하지 마시오. 왜냐하면 그 천녀는 바로 지금의 나였기 때문이오.

또 그 겁에 비사라바(毗舍羅婆 : 毗舍浮)여래께서 세상에 출현하셨소.

그때 그 천녀는 살 만큼 살다가 목숨을 마치고는 인간 세상에 태어났소. 그는 여자의 몸을 받았는데 얼굴이 매우 단정하여 세상에 보기 드물었소. 그는 다시 장자 거사의 아내가 되어 좋은 의복을 가져다가 여래께 바치면서 이렇게 서원을 하였소.

'제가 미래 세상에 여자의 몸으로 태어나게 하소서.'

그때 그 부인은 목숨을 마치고 삼십삼천에 천녀로 태어났는데, 얼굴이 매우 단정하여 다른 천녀들보다 뛰어났었소.

그때의 그 천녀가 어찌 다른 사람이겠소? 그렇게 생각하지 마시오. 왜냐하면 그 천녀는 바로 지금의 나였기 때문이오.

그때 그 여인女人은 살 만큼 살다가 목숨을 마친 뒤에는 인간 세계로 와서 태어나 바라내波羅㮈 큰 성에 살면서 월광月光 장자 아내의 종이 되었소. 그는 얼굴이 추악[醜醜]하여 사람들이 모두 밉게 보았소. 비사라바여래께서 세상을 떠나신 뒤로는 다른 부처님께서 출현하신 일이 없었고 벽지불이 세상을 교화하였소. 그때 월광 장자의 부인이 그 종에게 말하였소.

'너는 밖에 나가 돌아다니면서, 사문을 찾아보다가 얼굴이 단정하여 내 마음에 들 만한 이를 만나거든 우리 집으로 데리고 오너라. 나는 공양하려고 한다.'

이때 그 종은 곧 집을 나가 밖에서 사문을 찾다가, 우연히 성안을 돌아다니면서 걸식乞食하는 벽지불을 보게 되었소. 그러나 그는 얼굴이 추악하고 자색姿色이 추하고 더러웠소. 그때 그 종이 벽지불에게 말하였소.

'우리 집 주인이 뵙고 싶다고 합니다. 바라건대 저희 집으로 와주십시오.'

종은 곧 집에 들어가 주인에게 아뢰었소.

'사문께서 오셨습니다. 나가서 서로 만나보십시오.'

장자의 부인은 사문을 보고 나서 마음이 기쁘지도 즐겁지도 못하여 곧 그 종에게 말하였소.

'이 사문을 돌려보내어라. 나는 보시布施하지 않겠다. 왜냐하면 그는 얼굴이 추악하고 보기 흉하기 때문이다.'

그때 그 종이 부인에게 말하였소.

'만일 부인께서 저 사문께 보시하지 않으시겠다면 오늘 제가 먹을 몫을 모두 저분께 드리겠습니다.'

그때 그 부인은 곧 그 종이 먹을 몫으로 밀가루 한 되를 내어 주었소. 그러자 그 종은 그것을 받아 사문에게 주었소. 벽지불은 그것을 받아먹고 나서 허공에 날아올라 열여덟 가지 변화를 부렸다. 그때 그 종은 이렇게 서원을 하였소.

'이 공덕으로 말미암아 태어나는 곳마다 세 갈래 나쁜 세계에 떨어지지 않게 하고, 미래 세상에는 저로 하여금 얼굴이 아주 단정한 여자로 태어나게 하소서.'

그때 벽지불은 손으로 발우를 받쳐 들고 성城을 세 바퀴 돌았소.

그때 월광 장자는 5백 상인商人들을 데리고 보회강당普會講堂에 모여 있었소.

그때 그 성안에 있는 남녀노소[男女大小]들은 벽지불이 발우를 받쳐 들고 허공으로 날아가고 있는 것을 보고 나서 저희들끼리 서로 말을 주고받았소.

'저 사람은 어떤 사람인데 저러한 신통이 있는가? 이러한 벽지불을 만났으니 우리 음식을 보시하자.'

그때 장자의 종이 그 부인에게 말하였소.

'나와서 저 사문의 신덕神德을 보십시오. 허공을 날면서 열여덟 가지 변화를 나타내는 등 한량없이 많은 신통을 부리십니다.'

그때 장자의 부인이 종에게 말하였소.

'네가 아까 저 사문에게 보시한 음식으로 인하여 만약 복을 받게 되거든, 그것을 모두 나에게 돌려 달라. 내가 지금 너에게 이틀 분의 밥값을 주리라.'

그 종이 대답하였소.

'저는 그 복을 드릴 수 없습니다.'

부인이 말하였소.

'너에게 나흘 분의 밥값, 아니 열흘 분의 밥값을 주리라.'

그 종이 대답하였소.

'저는 복을 드릴 수 없습니다.'

부인이 말하였소.

'내가 너에게 금전金錢 1백 매枚를 주리라.'

그 종이 대답하였소.

'저에게는 필요가 없습니다.'

부인이 다시 말하였소.

'내가 너에게 금전 2백 매, 아니 1천 매를 주리라.'

그 종이 대답하였소.

'저에게는 필요가 없습니다.'

부인이 말하였소.

'내가 너를 종을 면하게 해 주리라.'

종이 대답하였소.

'저는 굳이 평민[良人]이 되는 것을 바라지 않습니다.'

부인이 다시 말하였소.

'너를 부인으로 모시고 내가 네 종이 되겠다.'

그 종이 말하였소.

'저는 구태여 부인이 되는 것을 바라지 않습니다.'

부인이 말하였소.

'나는 지금 너를 잡아 매를 치고 귀와 코를 베고 손과 발을 끊고 네 목을 베리라.'

그 종이 대답하였소.

'그런 고통은 다 견디어 받을 수 있습니다. 그러나 결코 복을 줄 수는 없습니다. 몸은 비록 주인집에 매여 있지만 마음의 선善함은 각각 다릅니다.'

그때 장자 부인은 그 종을 매질하였소.

그때 5백 상인들이 저마다 이렇게 말하였소.

'이 신인神人이 지금 와서 걸식한다. 이번에는 꼭 우리 집에서 보시하리라.'

그때 월광 장자는 모든 사람들을 다 돌려보내고 다시 집으로 들어갔소.

그 부인이 종을 매질하는 것을 보고 물었소.

'무슨 이유로 이 종을 때리느냐?'

그러자 종이 그 사실을 자세히 아뢰었소.

그때 월광 장자는 기뻐 뛰면서 어쩔 줄 몰랐다. 그리고 곧 부인을 바꾸어 종으로 삼고 그 종을 대신 부인으로 삼았소.

그때 바라내성을 다스리는 왕이 있었는데, 그 이름을 범마달梵摩達[5]

하였소. 그때 그 대왕은 월광 장자가 벽지불에게 음식으로 공양하였다는 말을 듣고 매우 기뻐하면서 이렇게 말하였소.

'그는 진인眞人을 만나 때를 따라 보시하였구나.'

그리고는 범마달왕은 곧 사람을 보내 월광 장자를 불러 그에게 말하였소.

'네가 정말 저 신선神仙 진인에게 음식으로 공양하였느냐?'

장자가 왕에게 아뢰었소.

'진실로 진인을 만나 음식을 보시하였습니다.'

그러자 범마달왕은 곧 상賞을 주고 또 직위職位를 더 올려 주었소. 그때 장자의 종은 살 만큼 살다가 목숨을 마친 뒤에 삼십삼천에 태어났소. 그의 얼굴은 뛰어나게 아름다워서 세상에 보기 드물었고, 다섯 가지 공덕에 있어서도 다른 하늘들보다 뛰어났소.

모든 누이들이여, 다른 생각 마시오. 그때 그 장자의 종은 바로 지금의 나였소.

또 이 현겁賢劫 중에 부처님께서 세상에 출현하셨는데, 그 명호를 구루손拘樓孫여래라고 하였소.

그때 그 천녀는 살 만큼 살다가 목숨을 마친 뒤에는 인간 세상에 태어났소. 그는 그때 야야달耶若達 범지의 딸이 되었소. 그때 그 여인도 또 여래께 음식을 공양하면서 이런 서원을 세워 여자의 몸이 되기를 구하였소. 그 뒤에 그는 목숨을 마치고 삼십삼천에 태어났고, 얼굴이 단정하여 다른 모든 천녀들보다 뛰어났소. 그는 또 거기서 목숨을 마친 뒤에 인간 세상에 태어났소.

그때 구나함모니拘那含牟尼부처님께서 세상에 출현하셨소.

---

5 팔리어로는 Brahmadatta라고 한다. 또는 범마달다梵摩達多로 쓰기도 하고, 번역하여 범여梵與・범수梵授라고 한다.

그때 그 천녀는 장자의 딸이 되었소. 그는 또 금꽃[金華]으로 구나함모니부처님께 공양을 하면서 발원하였소.

'이 공덕으로 말미암아 태어나는 곳마다 세 갈래 나쁜 세계에 떨어지지 않고 뒷세상에는 저를 여자의 몸이 되게 하소서.'

그때 그 여인은 살 만큼 살다가 목숨을 마친 뒤에는 삼십삼천에 태어났소. 거기에서도 얼굴이 단정하여 다른 천녀들보다 뛰어났고, 다섯 가지 공덕에 있어서 그에게 미칠 이가 없었소.

그때 장자의 딸로서 구나함모니부처님께 공양한 이가 어찌 다른 사람이겠소? 그렇게 관찰하지 마시오. 그때 그 장자의 딸은 바로 지금의 나였소.

그때 그 천녀는 살 만큼 살다가 인간 세상에 태어났소. 그는 또 장자의 아내가 되었는데 그의 얼굴은 뛰어나 세상에 보기 드물었소.

그때 가섭迦葉여래께서 세상에 출현하셨소. 그때 그 장자의 아내는 이레 낮 이레 밤을 가섭부처님께 공양하면서 원을 세우며 말하였소.

'미래 세상에 저를 여자의 몸이 되게 하소서.'

그때 장자의 아내는 살 만큼 살다가 목숨을 마친 뒤에는 삼십삼천에 태어났고, 다섯 가지 공덕에 있어서 그 하늘의 다른 천녀들보다 뛰어났소.

그때 장자의 아내로서 가섭부처님께 공양한 이가 어찌 다른 사람이겠소? 그렇게 보지 마시오. 그때 장자의 아내는 바로 지금의 나였소.

또 이 현겁에 석가문釋迦文부처님께서 이 세상에 출현하셨소. 그때 그 천녀는 목숨을 마친 뒤에, 이 라열성羅閱城에 살고 있는 겁비라劫毗羅 바라문의 딸이 되었소. 얼굴이 단정하여 모든 여인들 중에 가장 뛰어났었소. 겁비라 바라문의 딸은 자마금紫磨金 빛 형상으로서 다른 여자들에게 가면, 그들은 검기가 흡사 먹과 같았소. 그는 마음속으로 다섯 가지 욕망을 탐내지 않았소.

그 여인이 어찌 다른 사람이겠소? 모든 누이들이여, 그렇게 보지 마시오. 그때 그 바라문의 딸은 바로 지금의 나요.

모든 누이들이여, 마땅히 알아야 하오. 나는 옛날의 그 공덕으로 인한 과보果報로 말미암아 비발라比鉢羅 마납摩納의 아내가 되었으니, 이른바 마하가섭摩訶迦葉이 바로 그분이오. 존자 대가섭大迦葉이 먼저 출가하였고, 그 뒤에 나도 곧 출가한 것이오.

나는 내가 옛날 여자의 몸으로 겪었던 일을 스스로 기억하고 있소. 그런 까닭에 내가 지금 빙그레 웃었을 따름이오. 또 나는 무지無智하고 가려져 있어서 여섯 분 여래께 공양하면서 스스로 여인의 몸이 되기를 빌었소. 그래서 나는 옛날의 경력에 대하여 빙그레 웃은 것이오."

그때 많은 비구들은 바타 비구니가 스스로 전생의 무수한 세상에서 있었던 일을 기억한다는 말을 듣고, 곧 세존께 나아가 발아래 머리 조아려 예배하고 한쪽에 앉아서 이 사실을 자세히 여래께 아뢰었다.

그때 세존께서 모든 비구들에게 말씀하셨다.

"너희들은 혹 성문聲聞 제자 비구니들 중에서 이 사람처럼 무수히 많은 전생의 일을 기억하는 사람을 본 적이 있느냐?"

모든 비구들이 부처님께 아뢰었다.

"그런 사람을 보지 못했습니다. 세존이시여."

부처님께서 모든 비구들에게 말씀하셨다.

"내 성문들 중에서 스스로 전생의 수없이 많은 세상의 일을 기억하고 있기로 제일인 제자는 바로 겁비라 비구니이니라."

그때 모든 비구들은 부처님의 말씀을 듣고 기뻐하며 받들어 행하였다.

〔 3 〕[6]

이와 같이 들었다.

어느 때 부처님께서는 사위국 기수급고독원에 계셨다.

그때 어떤 비구가 세존께서 계신 곳으로 찾아와 발아래 머리 조아려 예배하고 한쪽에 앉아 있었다. 그는 조금 있다가 뒤로 물러나 앉더니 다시 앞으로 나아가 부처님께 아뢰었다.

"겁의 길고 짧음에는 한정이 있습니까?"

부처님께서 비구에게 말씀하셨다.

"겁은 매우 길고 멀다. 나는 지금 너희들에게 비유를 들어 말할 것이니 한결같은 마음으로 들어라. 나는 지금 설명하리라."

그때 비구는 부처님으로부터 가르침을 듣고 있었다.

세존께서 말씀하셨다.

"비구야, 마땅히 알아야 한다. 비유하면 마치 세로와 너비가 1유순由旬이나 되는 쇠 성이 있고 그 쇠 성에 빈틈없이 겨자씨를 가득 채워 두었는데, 가령 어떤 사람이 1백 년에 한 번씩 와서 그 겨자씨를 한 알씩 집어낸다고 할 때 그 쇠 성의 겨자씨가 모두 없어져야 비로소 한 겁이 되는 것과 같아서, 그것은 이루 다 헤아릴 수 없는 것이다.

왜냐하면 생사生死는 길고 멀어 그 끝이 없는데, 중생들은 은혜와 사랑에 얽매이고 집착하여 생사에 떠돌아다니면서, 여기서 죽어 저기에 태어나는 것이 다할 때가 없기 때문이다. 그러므로 나는 그 가운데에서 생사를 싫어하고 근심하는 것이다.

이와 같이 비구들아, 너희들은 부디 훌륭한 방편方便을 구해 이 애착愛着을 면하도록 하라."

---

6 이 소경과 내용이 비슷한 경으로는 『잡아함경雜阿含經』 제34권 948번째 소경인 「성경城經」과 『별역잡아함경別譯雜阿含經』 제16권 341번째 소경이 있다.

그때 모든 비구들은 부처님의 말씀을 듣고 기뻐하며 받들어 행하였다.

증일아함경 제51권

52. 대애도반열반품 ②

〔4〕[1]

이와 같이 들었다.

어느 때 부처님께서는 사위국 기수급고독원에 계셨다.

그때 어떤 비구가 세존의 처소로 찾아와 발아래 머리 조아려 예배하고 한쪽에 물러나 앉아 있었다.

그때 그 비구가 부처님께 아뢰었다.

"세존이시여, 겁劫이 길고 멉니까?"

부처님께서 비구에게 말씀하셨다.

"겁은 매우 길고 멀어서 산수로 헤아릴 수가 없느니라. 내가 지금 너에게 비유를 들어 말할 것이니 잘 생각하고 기억하라. 내 지금 너를 위해 설명하리라."

---

[1] 이 소경과 내용이 비슷한 경으로는 『잡아함경雜阿含經』 제34권 949번째 소경인 「산경山經」과 『별역잡아함경別譯雜阿含經』 제16권 342번째 소경이 있다.

그때 그 비구는 부처님의 가르침을 듣고 있었다.

세존께서 말씀하셨다.

"비유하면 마치 세로와 너비가 1유순이나 되고 높이도 1유순이나 되는 큰 돌산이 있는데, 가령 어떤 사람이 하늘 옷을 들고 1백 년에 한 번씩 와서 스칠 때, 그 돌은 오히려 다 닳아 없어질지언정 겁수劫數는 한정하기 어려운 것과 같다. 왜냐하면 겁수는 길고 멀어 끝이 없기 때문이다. 이러한 겁이 1겁이나 1백 겁만이 아니니라.

왜냐하면 생사生死는 길고 멀어 한량限量할 수도 없고 끝도 없는데, 중생들은 무명無明에 덮여 생사에 유랑流浪하면서 벗어날 기약이 없이 여기서 죽어 저기에 태어나면서 끝날 때가 없기 때문이다.

그러므로 나는 그 가운데에서 생사를 싫어하고 근심하는 것이다. 이와 같나니 비구들아, 너희들은 마땅히 방편을 구해 이 애착의 생각을 벗어나도록 해야 한다."

그때 모든 비구들은 부처님의 말씀을 듣고 기뻐하며 받들어 행하였다.

〔 5 〕[2]

이와 같이 들었다.

어느 때 부처님께서는 사위국 기수급고독원에 계셨다.

그때 세존께서 비구들에게 말씀하셨다.

"수시로 법을 들으면 다섯 가지 공덕功德이 있어 항상 때를 잃지 않는다. 어떤 것이 그 다섯 가지 공덕인가? 일찍이 들어보지 못했던 법을 곧 듣게 되는 것, 이미 들은 것은 받들어 가지게 되는 것, 의심을

---

[2] 이 소경과 내용이 비슷한 경으로는 『증일아함경增壹阿含經』 제28권 「청법품聽法品」 첫 번째 소경이 있다.

제거해 없애는 것, 삿된 소견이 없어지는 것, 매우 깊은 법을 알게 되는 것이다.

비구들아, 이것을 일러 '수시로 법을 들으면 다섯 가지 공덕이 있다'고 하는 것이니라. 그런 까닭에 비구들아, 부디 잘 기억하여 항상 매우 깊은 법을 듣도록 해야 한다. 이것이 곧 나의 가르침이다. 비구들아, 마땅히 이와 같이 배워야 하느니라."

그때 모든 비구들은 부처님의 말씀을 듣고 기뻐하며 받들어 행하였다.

〔 6 〕³

이와 같이 들었다.

어느 때 부처님께서는 비사리毗舍離 마하바나원摩訶婆那園에서 대비구大比丘들 5백 명과 함께 계셨다.

그때 사자師子라는 대장大將이 부처님께서 계신 곳으로 찾아와 그 발아래 머리 조아려 예배하고 한쪽에 앉았다. 그때 여래께서 대장에게 말씀하셨다.

"시주 단월檀越에게는 다섯 가지 공덕이 있다. 어떤 것이 그 다섯 가지 공덕인가?

이른바 시주의 이름이 멀리 퍼지는 것이다.

'어떤 마을에는 보시하기를 좋아하는 어떤 사람이 있는데, 그는 곤궁한 이를 두루 구제하되 아까워하는 마음이 없다.'

사자 대장아, 이것을 일러 시주가 보시로 말미암아 이룩하는 첫 번째 공덕이라고 한다.

---

3 이 소경에 대한 이해를 도울 만한 경으로는 『증일아함경增壹阿含經』 제45권 불선품不善品의 5번째 소경이 있다.

또 사자 대장아, 그 시주 단월은 찰리刹利 대중이나 바라문婆羅門 대중이나 사문沙門 대중 속에 가더라도 모두 두려워할 것이 없고 또한 의심할 것이 없게 된다. 사자야, 이것이 두 번째 공덕이니라.

또 시주 단월은 남의 사랑을 받으므로 모두 와서 우러러본다. 마치 자식이 어머니를 사랑하여 그 마음이 서로 떠나지 못하는 것처럼, 시주도 그와 같아서 다른 사람의 사랑을 많이 받느니라.

또 사자야, 시주 단월이 보시할 때에 기뻐하는 마음을 내면, 그 기뻐하는 마음 때문에 곧 즐거움이 있어서 그 뜻이 견고해진다. 그때 즐거움과 괴로움이 있음을 깨달아도 마음이 변하여 후회하지 않고 어떤 이치를 사실 그대로 알게 된다. 어떤 것이 이치를 스스로 사실 그대로 아는 것인가? 즉 괴로움에 대한 진리와 괴로움의 발생·괴로움의 소멸·괴로움의 소멸에 이르는 길에 대한 진리를 사실 그대로 아는 것이니라."

그때 세존께서 곧 이 게송을 읊으셨다.

　　보시는 중생이 복을 짓는 도구로서
　　제일가는 진리에 이르나니
　　누구나 능히 보시를 생각하거든
　　곧 기쁘고 즐거운 마음을 내라.

"또 사자 장자야, 시주 단월은 보시를 할 때에 몸이 무너지고 목숨이 끝난 뒤에는 삼십삼천三十三天에 태어나고, 또 다섯 가지 일이 있어 다른 모든 하늘들보다 뛰어나다.

어떤 것이 그 다섯 가지인가? 첫째는 얼굴의 아름다움과 호귀豪貴한 집안에 태어남과 위신威神과 광명光明이요, 둘째는 무엇이든 하고 싶은

대로 되어 이루지 못할 것이 없는 것이며, 셋째는 단월 시주로서 인간에 태어나면 부귀富貴한 집안에 태어나는 것이요, 넷째는 재물이 풍족하고 보배가 많은 것이며, 다섯째는 말대로 순종하고 작용하는 것이다. 사자야, 이것을 일러 단월에게 이런 다섯 가지 공덕이 있어 선한 길로 인도해 들어가게 하는 것이라고 하느니라."

그때 사자대장은 부처님의 말씀을 듣고 기뻐 뛰면서 어쩔 줄 모르며 앞으로 나아가 부처님께 아뢰었다.

"원컨대 세존께서는 비구들과 함께 지금 저의 청을 받아 주소서."

그러자 세존께서 잠자코 그 청을 받아 주셨다.

그때 사자 대장은 이미 세존께서 잠자코 청을 받아들이심을 알고 곧 자리에서 일어나 그 발에 머리 조아려 예배하고 물러갔다.

그는 집으로 돌아와서 온갖 음식을 장만하고 좋은 자리를 펴고 곧 가서 아뢰었다.

"때가 되었습니다. 지금이 바로 그때입니다. 원컨대 대성大聖께서는 저를 가엾이 여기시어 왕림해 주소서."

그때 세존께서 때가 되자 가사를 입고 발우를 가지고 모든 비구들에게 앞뒤로 둘러싸여 대장의 집에 이르러 각각 차례대로 앉았다.

그때 사자 장군將軍은 부처님과 비구 스님들이 차례로 앉으신 것을 보고, 손수 장만해 두었던 갖가지 음식을 돌렸다.

그때 대장이 음식을 돌리자 모든 하늘들이 허공에서 말하였다.

"이 사람은 아라한阿羅漢입니다. 이 사람은 아라한으로 향하는 과정에 있는 사람입니다. 이 사람에게 보시하면 많은 복을 얻을 것이요, 이 사람에게 보시하면 적은 복을 얻을 것입니다. 이 사람은 아나함阿那含입니다. 이 사람은 아나함으로 향하는 과정에 있는 사람입니다. 이 사람은 사다함斯陀含입니다. 이 사람은 사다함으로 향하는 과정에 있는 사람입니다. 이 사람은 수다원須陀洹입니다. 이 사람은 수다원으로 향하는 과정에 있는 사람입니다.

이 사람은 7생生이나 천상과 인간을 오는 간 사람이요, 이 사람은 1생을 오고 간 사람입니다. 이 사람은 믿음을 가진 사람이고, 이 사람은 법을 받드는 사람이며, 이 사람은 근기가 영리한 사람이고, 이 사람은 근기가 둔한 사람입니다. 이 사람은 비천卑賤한 사람이고, 이 사람은 정진精進하면서 계戒를 지키는 사람이며, 이 사람은 계를 범한 사람입니다. 이 사람에게 보시하면 복을 많이 얻고 이 사람에게 보시하면 복을 적게 얻습니다."

그때 사자 대장은 모든 하늘들의 말을 들었으나 마음에 들어하지 않았다.

여래께서 공양을 마치시자, 그는 발우를 치운 뒤에 따로 작은 자리를 가져다가 여래의 앞에 앉았다. 그때 사자 대장이 세존께 아뢰었다.

"아까 하늘들이 제게 와서 '이 사람은 아라한이고……(이하 생략)……이 사람은 계율을 범한 사람입니다'라고 알려 주었습니다."

이렇게 여래에게 모두 자세히 아뢰고 나서 여래께 아뢰었다.

"저는 비록 그런 말을 들었으나 마음에 들지 않았습니다. 또 이렇게 생각하지도 않았습니다.

'나는 이 사람은 버려두고 저 사람에게만 보시하자. 저 사람은 버려두고 이 사람에게만 보시하자.'

그리고 또 저는 이렇게 생각하였습니다.

'일체 중생들에게 마땅히 다 보시하여야 한다. 형상이 있는 중생들은 모두 음식을 먹어야 살고 음식을 먹지 않으면 죽기 때문이다.'

저는 직접 여래로부터 이런 게송을 듣고는 항상 마음에 두어 잊지 않고 있습니다. 어떤 것이 그 게송인가?

보시는 마땅히 널리 평등하게 하여
마침내 거스름이 없어야 한다.
그렇게 하면 반드시 성현聖賢을 만나
그것으로 인연하여 해탈하게 되리라.

세존이시여, 이것이 이른바 그 게송을 제가 직접 여래께 듣고 나서 언제나 기억하여 받들어 실천하는 것입니다."
세존께서 대장에게 말씀하셨다.
"훌륭하다. 이것을 일러 보살 마음의 평등한 보시라고 한다. 만일 보살이 보시한다면 그 역시 '나는 이 사람에게는 보시하고 저 사람에게는 보시하지지 않으리라'라고 생각하지 않고 항상 평등하게 보시할 것이다.

또 '일체 중생은 먹을 것이 있어야 살고 음식이 없으면 죽는다'라고 생각할 것이니라. 보살이 보시를 할 때에는 역시 이런 업業을 생각하고 다음과 같은 게송을 읊을 것이다.

대개 사람은 그 행을 닦을 때
악惡도 행하고 또 선善도 행하지만
그들은 제각기 그 과보果報를 받나니
그 행은 끝내 멸하지 않느니라.

사람들이 만일 그 행을 찾아보면
그 과보를 받는 이유를 알 수 있나니
선을 행하면 선의 과보를 받고
악을 지으면 악의 과보를 받는다.

악을 행하거나 선을 행하거나
그 사람이 익힌 대로 따르나니
마치 5곡의 종자를 심어
제각기 그 열매 거두는 것과 같네.

사자 대장아, 마땅히 이러한 방편을 보아도 선과 악은 각각 그 행한 것이 있음을 알 수 있다. 왜냐하면 처음으로 뜻을 세울 때부터 도道의 마음을 이룰 때까지 그 마음에는 더하고 덜함이 없어, 사람을 선택選擇한다거나 또는 그 지위를 보지 않기 때문이니라.

그런 까닭에 사자야, 만일 보시를 하려고 할 때에는 언제나 평등이할 것을 생각하고 옳으니 그르니 하는 그런 마음을 일으키지 말아야 한다. 사자야, 마땅히 이와 같이 배워야 하느니라."

그때 세존께서 다시 게송으로 보시에 대해 말씀하셨다.

보시하는 기쁨은 사람들이 사랑하는 것
그것을 많은 사람들이 칭송하나니
어디를 가나 의심할 것이 없고
또 누구에게도 질투하는 마음이 없네.

그러므로 지혜로운 사람의 보시는
온갖 나쁜 생각을 떨어버리고
오랜 세월 동안 좋은 세계로 나아가나니
모든 하늘들이 찬탄하는 바이니라.

그때 세존께서는 이 게송을 마치시고 곧 자리에서 일어나 떠나가셨다.

그때 사자는 부처님의 말씀을 듣고 기뻐하며 받들어 행하였다.

〔 7 〕

이와 같이 들었다.

어느 때 부처님께서는 사위국 기수급고독원에 계셨다.

그때 바사닉왕波斯匿王이 세존께서 계신 곳으로 찾아와 그 발에 머리 조아려 예배하고 한쪽에 앉아 있었다.

그때 바사닉왕이 세존께 여쭈었다.

"대개 보시하는 사람은 마땅히 어떤 곳에 보시해야 합니까?"

세존께서 왕에게 말씀하셨다.

"마음이 기뻐하는 대로 거기에 보시하면 됩니다."

왕이 다시 부처님께 여쭈었다.

"어디에 보시를 해야 큰 공덕을 얻습니까?"

부처님께서 왕에게 말씀하셨다.

"왕께서는 아까는 '어디에 보시해야 하느냐?'고 묻더니, 이제는 또 '복을 얻는 공덕'을 물으시는군요."

왕이 부처님께 아뢰었다.

"저는 지금 여래께 '어디에 보시해야 그 공덕을 얻는가?' 하고 여쭌 것이었습니다."

부처님께서 왕에게 말씀하셨다.

"내가 이제 다시 물을 터이니 왕은 마음대로 대답하십시오. 어떻습니까? 대왕이시여, 만일 어떤 찰리의 아들이나 바라문의 아들이 찾아왔는데, 그들은 모두 어리석고 미혹하여 아무것도 아는 것이 없고 마음이 착란錯亂하여 항상 일정하지 않다고 합시다. 그런 그들이 왕에게 찾아와서 '저희들은 마땅히 성왕聖王을 공경하고 받들어 수시로 필요한 것을 따르겠습니다'라고 말한다면, 어떻습니까? 대왕은 그런 사람들을 받아들여 좌우에 두겠습니까?"

왕이 부처님께 아뢰었다.

"쓰지 않을 것입니다. 세존이시여. 왜냐하면 그 사람은 지혜가 없고 심식心識이 안정되지 않아서 외적外敵을 막아낼 수 없기 때문입니다."

부처님께서 왕에게 말씀하셨다.

"어떻습니까? 대왕이시여, 만일 찰리 종족이나 바라문 종족이 온갖 방편이 많고 두려워하거나 어려워함이 없으며, 또 무서워하지 않아 능히 외적을 막아낼 수 있는 능력이 있는 이들이 왕에게 찾아와 '저희들이 항상 성왕을 보살펴 받들겠습니다. 부디 바라건대 은혜를 베풀어 받아들여 주소서'라고 말한다면, 어떻습니까? 대왕은 그들을 받아들이겠습니까?"

왕이 부처님께 아뢰었다.

"그렇습니다, 세존이시여. 저는 그들을 받아들일 것입니다. 왜냐하면 그들은 외적을 막아내는데 어려움이 없고 또 무서워하거나 두려워하지 않기 때문입니다."

부처님께서 왕에게 말씀하셨다.

"지금 비구들도 그와 같습니다. 모든 감각기관을 완전하게 갖추어 다섯은 버리고 여섯을 성취하며, 하나를 보호하고 넷을 항복 받았다면, 그런 사람에게 보시하면 가장 많은 복을 얻을 것입니다."

왕이 부처님께 여쭈었다.

"어떤 것이 비구가 다섯을 버리고 여섯을 성취한 것이며, 하나를 보호하고 넷을 항복 받은 것입니까?"

부처님께서 왕에게 말씀하셨다.

'이른바 비구가 탐욕의 덮개〔貪欲蓋〕·성냄의 덮개〔瞋恚蓋〕·수면의 덮개〔睡眠蓋〕·들뜸의 덮개〔掉戲蓋〕·의심의 덮개〔疑蓋〕[4]를 버렸으면, 그런 비구를 다섯을 버렸다고 말합니다.

어떤 것이 비구가 여섯을 성취한 것인가? 왕은 마땅히 알아야만 합니다. 만일 비구가 눈으로 빛깔을 보고 나서도 빛깔이라는 생각을 일으키지 않아 그로 말미암아 안근眼根을 보호하고, 악하고 선하지 않은 생각을 없애 안근을 보호하며, 또 귀·코·혀·몸도 그러하며 뜻도 의식을 일으키지 않아 의근意根을 보호하면, 그런 비구를 여섯을 성취한 비구라고 합니다.

어떤 것이 비구가 하나를 보호하는 것인가? 비구가 생각을 매어 앞에 두면 이와 같은 비구를 하나를 보호하는 비구라고 합니다.

어떤 것이 비구가 넷을 항복 받은 것인가? 비구가 몸이라는 마〔身魔〕를 항복 받고, 탐욕이라는 마〔貪欲魔〕·죽음이라는 마〔死魔〕·천사의 마왕〔天魔〕를 모두 다 항복 받으면, 이와 같은 비구를 넷을 항복 받은 비구라고 합니다. 대왕이시여, 이런 것을 '다섯을 버리고 여섯을 성취하였으며, 하나를 보호하고 넷을 항복 받았다'고 하는 것이니, 이와 같은 사람에게 보시하면 한량없이 많은 복을 받을 것입니다.

대왕이시여, 삿된 소견은 치우친 소견과 서로 호응하나니, 이와 같은 사람에게 보시하는 것은 아무 이익이 없습니다."

그때 왕이 부처님께 아뢰었다.

"그렇습니다, 세존이시여. 그런 사람에게 보시하면 그 복은 헤아리기 어려울 것입니다. 만일 비구가 한 법만 성취했어도 그 복은 오히려

---

[4] 고려대장경에는 '조의調疑'의 두 글자만 있지만 원元·명明 본에는 '도희개掉戲蓋·의개疑蓋,' 송宋 본에는 '조의개調疑蓋·의개疑蓋'의 다섯 자로 되어 있다. 원·명 2본을 따라 5개蓋의 뜻을 살려 옮겼다.

헤아리기 어렵겠거늘 하물며 여럿을 다 성취한 사람이겠습니까? 어떤 것을 한 법이라고 하는가? 이른바 몸이라고 생각하는 것이 그것입니다. 왜냐하면 니건자尼乾子는 항상 몸의 행과 뜻의 행만 헤아리고〔計身行意行〕 입의 행은 생각하지 않기〔不計口行〕[5] 때문입니다."

부처님께서 왕에게 말씀하셨다.

"니건자는 어리석고 미혹하여 뜻이 항상 착란하고 마음도 안정되어 있지 않은 사람입니다. 그런 스승의 법이기 때문에 그런 말을 하는 것일 뿐입니다. 대개 몸이 행한 과보와 입이 행한 과보를 받는다는 것은 두말할 나위도 없거니와 뜻이 행한 과보는 형상이 없기 때문에 볼 수 없는 것입니다."

왕이 부처님께 여쭈었다.

"이 세 가지 행行 가운데 어느 것이 가장 중합니까?"

부처님께서 왕에게 말씀하셨다.

"이 세 가지 행 가운데 뜻의 행이 가장 중합니다. 입의 행과 몸의 행은 말할 만한 것이 못 됩니다."

왕이 부처님께 여쭈었다.

"무슨 인연因緣으로 뜻의 행이 가장 중하다고 하십니까?"

부처님께서 왕에게 말씀하셨다.

"대개 사람의 소행은 먼저 뜻으로 생각한 뒤에 입으로 말하고, 입으로 말하고 나면 곧 몸으로 살생·도둑질·음행을 저지르기 때문입니다. 설근舌根은 정해진 것이 아니고 또한 단서端緖도 없는 것입니다. 설령 그 사람이 목숨을 마치더라도 신근身根과 설근舌根은 남아 있습니다. 그러나 대왕이시여, 그 사람은 무슨 까닭에 몸으로 행하지 못하고

---

[5] 신수대장경 각주에 의하면 "송宋·원元·명明 3본에는 이 부분이 계신행불계의행구 行計身行不計意行口行으로 되어 있다"고 한다. 이 말이 더 맞는 듯하다.

혀로 말하지 못합니까?"
왕이 부처님께 아뢰었다.
"그 사람은 의근意根이 없기 때문에 그런 변괴가 있는 것입니다."
부처님께서 왕에게 말씀하셨다.
"지금 이런 사실을 가지고 보더라도 의근이 가장 중하고 다른 두 가지는 가볍다는 것을 알 수 있을 것입니다."
그때 세존께서 곧 이 게송을 읊으셨다.

    마음은 모든 법의 근본이 되나니
    마음이 주인이 되어 모든 것을 부린다.
    그 마음속에 악惡을 생각하여
    곧 그대로 실행하게 되면
    거기에서 괴로운 과보 받는데
    바퀴가 바퀴자국을 따라가는 것과 같네.

    마음은 모든 법의 근본이 되나니
    마음이 주인이 되어 모든 것을 부린다.
    그 마음속에 선을 생각하여
    곧 그대로 실행하게 되면
    거기에서 선의 과보 받는데
    그림자가 형체를 따르는 것과 같다네.

그때 바사닉왕이 세존께 아뢰었다.
"그렇습니다, 세존이시여. 악을 지은 사람은 몸으로 악을 행하고, 그 행을 따라 나쁜 세계에 떨어지게 됩니다."

부처님께서 왕에게 물으셨다.

"왕께서는 어떤 이치를 관찰하였기에 나에게 와서 묻기를 '어떤 사람에게 보시해야 복을 더 많이 받습니까?' 하고 물었습니까?"

왕이 부처님께 아뢰었다.

"제가 옛날 니건자의 처소에 이르러서 그에게 묻기를 '어떤 곳에 보시해야 합니까?' 하였더니, 니건자는 내 질문을 듣고 나서 다른 일만 이야기하고 그것에 대해서는 대답하지 않았습니다. 그때 니건자가 나에게 말하기를 '사문 구담瞿曇은 〈나에게 보시하면 복福을 많이 받지만 다른 사람에게 보시하면 복이 없다. 그러니 마땅히 내 제자에게만 보시하라. 그러면 그 복은 이루 헤아릴 수가 없을 것이다〉라고 말한다'고 하였습니다."

부처님께서 왕에게 말씀하셨다.

"그때 왕은 어떻게 대답하였습니까?"

왕이 부처님께 아뢰었다.

"그때 저는 이렇게 생각하였습니다.

'혹 그런 이치가 있다면 여래에게 보시할 때 그 복은 이루 헤아리기 어려울 것이다.'

그래서 지금 일부러 여래께 '어디에 보시하면 그 복을 헤아리기 어렵습니까?' 하고 여쭙는 것입니다. 그러나 지금 세존께서는 칭찬도 하지 않으시고 또 다른 사람을 헐뜯지도 않았습니다."

부처님께서 왕에게 말씀하셨다.

"나는 내 입으로 '내게 보시하면 복을 많이 얻고 다른 사람에게 보시하면 복을 얻지 못한다'고 그런 말을 한 적이 없습니다.

다만 나는 지금 이렇게 말하고 싶습니다.

'발우에 남은 것을 가지고 남에게 주면 그 복은 헤아리기 어렵다.

청정한 마음으로 깨끗한 물에 던지면서 널리 그렇게 생각하면 그 가운데 살고 있는 형상이 있는 중생들도 한량없는 복을 받겠거늘 하물며 사람이겠는가?'

대왕이여, 다만 나는 지금 이렇게 말합니다.

'계를 지키는 이에게 보시하면 그 복은 이루 헤아리기 어렵지만, 계를 범한 이에게 보시하는 것은 말할 것이 못 된다.'

대왕이시여, 마땅히 알아야만 합니다. 마치 저 농부가 농지를 잘 다스리고 잡초를 없앤 뒤에 좋은 종자를 가져다가 좋은 밭에 뿌리면 거기서 얻는 수확이 한량없이 많겠지만, 만일 그 농부가 땅을 잘 다스리지 않고 잡초들도 없애지 않고서 곡식 종자를 뿌리면 그 수확은 말할게 못 되는 경우와 같습니다.

지금 비구들도 역시 그와 같습니다. 만일 비구가 다섯 가지를 버리고 여섯 가지를 성취하며, 한 가지를 보호하고 네 가지를 항복 받았다면, 그런 사람에게 보시하면 그 복은 이루 다 말할 수도 없을 것입니다.

또 대왕이시여, 이것을 비유하면 마치 찰리 종족이나 바라문 종족이 뜻에 의심이 없고 외적을 항복 받는 경우와 같은 것이니, 그런 사람은 마땅히 아라한과 같이 보아야 할 것입니다. 또 그 바라문 종족이 마음이 전일하고 안정되지 못하거든 마땅히 삿된 견해를 가진 사람처럼 보아야 할 것입니다."

그러자 바사닉왕이 세존께 아뢰었다.

"계戒를 잘 지키는 사람에게 보시하면 그 복을 이루 다 헤아리기 어렵다고 하시니, 저는 지금부터는 그런 사문이 찾아와서 구하는 것이 있으면 결코 거절하지 않겠습니다. 그리고 만일 사부대중이 와서 요구하는 것이 있더라도 절대로 거절하지 않고 수시로 의복·음식·침구 등을 역시 공급해 줄 것이며, 또 여러 범행梵行을 닦는 사람들에게도 보시하겠습니다."

부처님께서 말씀하셨다.

"그런 말 마십시오. 왜냐하면 축생畜生들에게 보시하여도 그 복은 이루 다 헤아리기 어렵거늘 하물며 사람이겠습니까? 다만 내가 지금 말하는 것은 계를 잘 지키는 사람에게 보시하면 그 복이 이루 다 헤아리기 어려울 만큼 많다는 것이고, 계를 범한 사람을 두고 한 말은 아닙니다."

바사닉왕이 부처님께 아뢰었다.

"저는 지금 거듭 다시 한 번 세존께 귀의하나이다. 그런데 세존께서는 이처럼 은근殷勤하신 데가 있으십니다. 저 외도外道 이학異學들은 서로들 항상 세존을 비방하는데도 세존께서는 항상 저들을 찬탄하고 칭찬하시며, 저 외도 이학들은 이양利養에만 탐착貪着하는데 또 여래께서는 이양에 탐착하지 않으십니다. 저는 나라 일이 너무 많아 돌아가고자 합니다."

부처님께서 왕에게 말씀하셨다.

"마땅히 그때를 잘 알아서 하십시오."

그때 바사닉왕은 부처님의 말씀을 듣고 기뻐하며 받들어 행하였다.

[8][6]

이와 같이 들었다.

어느 때 부처님께서는 사위국 기수급고독원에 계셨다.

그때 바사닉왕은 그 서모庶母의 아들 1백 명을 죽이고 곧 후회하였

---

6 이 소경과 내용이 비슷한 경으로는 『잡아함경』 제42권 1,147번째 소경인 「석산경石山經」과 『별역잡아함경』 제4권 70번째 소경이 있다.

다.

 '나는 매우 많은 악惡의 근원을 지었는데, 또 이런 버릇으로 왕위를 위해 사람을 1백 명이나 죽였다. 누가 내 이 근심을 덜어 줄 수 있는 능력이 있을까?'

 바사닉왕은 또 이렇게 생각하였다.

 '오직 세존만이 능히 내 근심을 덜어 주실 수 있을 것이다.'

 그때 왕은 다시 이렇게 생각하였다.

 '나는 지금 이런 근심을 가져서는 안 된다. 잠자코 세존께 찾아가되, 왕의 위엄을 차리고 세존께 가야 한다.'

 그때 바사닉왕은 많은 신하들에게 명령하였다.

 "너희들은 보배 깃털 수레를 준비시켜라. 예전 왕의 법과 같이 사위성舍衛城을 나가 직접 여래를 뵈올 것이다."

 모든 신하들은 왕의 명령을 받고 나서 곧 보배 깃털로 장식한 수레를 준비하고 곧 왕에게 돌아와 아뢰었다.

 "수레 준비는 이미 끝났습니다. 왕이시여, 때를 알아서 하소서."

 그러자 바사닉왕은 곧 보배 깃털 수레를 타고는 종을 치고 북을 울리며 비단 번기와 일산을 휘날렸으며, 종자從者들에겐 모두 갑옷을 입혔다.

 왕은 여러 신하들에게 둘러싸여 사위성을 나가 기원祇洹에 이르러 거기서부터는 걸어서 기원정사祇園精舍로 들어갔다. 그리고 예전 왕의 법과 같이 다섯 가지 위의威儀를 버렸으니, 즉 일산〔蓋〕・하늘 갓〔天冠〕・총채〔拂〕・칼〔劍〕・가죽신〔履屣〕 등을 모두 다 버리고 세존 앞에 나아가 머리를 땅에 대고, 다시 손으로 여래의 발을 어루만지면서 모두 다 고백하며 아뢰었다.

 "저는 지금 참회하나이다. 과거를 고치고 미래를 닦겠습니다. 어리석고 미혹하여 진실과 거짓을 분별하지 못하고 왕의 위력을 이용하여 서모의 아들 1백 명을 죽였습니다. 그래서 지금 이렇게 와서 스스로 후회하고 있사오니 부디 바라옵건대 받아 주소서."

부처님께서 왕에게 말씀하셨다.

"훌륭합니다. 대왕이시여, 본래의 자리로 돌아가 앉으십시오. 지금 법을 설하겠습니다."

바사닉왕은 곧 자리에서 일어나 세존의 발에 예를 올리고 본래 있었던 자리로 돌아갔다.

부처님께서 왕에게 말씀하셨다.

"사람의 목숨은 매우 위태롭고 약한 것입니다. 기껏 살아야 1백 년을 넘기지 못합니다. 거기에서 벗어나는 사람은 불과 몇 명도 되지 않습니다. 사람의 목숨을 1백 년으로 계산하면 삼십삼천의 하루 낮 하루 밤입니다. 그 하늘의 낮과 밤을 계산하여 30일을 한 달로 삼고 열두 달을 한 해로 삼으면, 그 삼십삼천의 정수正壽 1천 살은 인간의 수명으로 계산하면 10만 년입니다.

또 계산해보면 환활還活 지옥의 하루 낮 하루 밤에 해당되는데, 그 지옥의 낮과 밤을 계산하여 30일을 한 달로 삼고 열두 달을 한 해로 삼으면 환활 지옥의 수명은 5천 년이 됩니다. 혹은 거기에서 반 겁劫을 살기도 하고, 혹은 1겁을 살기도 하는데 그것은 그 사람이 지은 행에 따라 그렇게 되는 것입니다. 혹 그 중에서 중간에 일찍 죽는 이가 있기도 한데, 그것을 계산하면 인간 세상의 수명은 백억 년에 해당됩니다. 지혜로운 사람은 항상 널리 그 행을 수행하기를 생각하는데 또 거기에서 악을 행하겠습니까? 그곳은 즐거움은 적고 괴로움만 많아 그 재앙은 이루 다 헤아리기 어렵습니다.

그런 까닭에 대왕은 자기 몸이나 부모·처자·국토國土·백성들로 말미암아 죄업罪業을 행하지 말고, 또 왕의 몸을 위하여 죄罪의 근본을 짓지 마십시오. 비유하면 마치 석밀石蜜이 처음에는 달지만 뒤에는 쓴 것처럼, 이것도 역시 그와 같은데 짧은 일생 동안에 무엇을 하느라 죄를 짓겠습니까?

대왕이시여, 마땅히 알아야만 합니다. 네 가지 큰 두려운 것이 있어서 항상 사람들의 몸을 핍박해오지만 그것은 끝내 막아낼 수가 없습니다. 그것은 또 주술呪術이나 전투戰鬪나 약초藥草로써도 억눌러 꺾을 수 없는 것입니다. 그것은 이른바 생生·노老·병病·사死입니다.

마치 네 개의 큰 산山이 사방에서 밀려와 각각 서로 부딪치면 나무를 꺾고 부수어 모두 없애는 것처럼, 그 네 가지도 그와 같은 것입니다.

대왕이시여, 마땅히 알아야만 합니다. 생이 올 때에는 부모로 하여금 근심·걱정·고통·번민을 이루 다 헤아릴 수 없을 정도로 겪게 한답니다.

또 늙음이 올 때에는 다시 젊음은 아주 없어지고 몸은 허물어지고 무너지며, 사지와 뼈마디는 차츰 이지러지고 느슨해지는 것입니다. 또 병이 오면 젊고 씩씩하던 기력은 없어지고 점점 더 목숨이 촉박해질 것입니다. 또 죽음이 오면 목숨이 끊어져 은혜와 사랑하는 사람과 헤어지고 5음陰은 각각 흩어질 것입니다.

대왕이시여, 이것을 일러 네 가지 크게 무서운 것이 있어 다 자재自在함을 얻지 못하게 한다는 것입니다. 또 어떤 사람이 만일 살생을 가까이한다면 온갖 죄의 근원을 다 받을 것입니다. 만일 인간 세상에 태어나면 수명壽命이 아주 짧아질 것입니다.

또 사람이 도둑질을 익히면 후생後生에는 빈곤貧困하여, 옷은 몸을 가리지 못하고 음식은 배를 채우지 못할 것입니다. 왜냐하면 다른 사람의 재물을 빼앗았기 때문에 그런 변을 당하는 것입니다. 그리고 인간 세상에 태어나면 한량없는 고통을 받을 것입니다.

또 사람이 남의 아내와 음행을 즐기면 후생에 인간 세상에 태어나더라도 그 아내는 정숙하지도 진실하지도 못할 것입니다.

또 사람이 거짓말하기를 좋아하면 후생에 인간 세상에 태어나더라도 그 말에 신용信用이 없고 다른 사람에게 업신여김을 받을 것이니, 그것은 모두 전생에 거짓말을 하였기 때문입니다.

또 만일 사람이 모진 말을 하면 지옥地獄에서 죄罪를 받고, 만일 인간 세상에 태어나면 안색顔色이 추하고 더러울 것이니, 그것은 모두 전생에 모진 말을 하였기 때문에 그런 과보를 받는 것입니다.

또 사람이 꾸며서 하는 말을 하면 지옥에서 죄를 받고, 만일 인간 세상에 태어나면 집안이 화목하지 못하여 항상 싸울 것입니다. 왜냐하면 다 전생에 지었던 과보 때문입니다.

또 사람이 이간질하는 말로 이쪽 사람과 저쪽 사람을 싸움 붙이면 지옥에서 그 죄를 받을 것이요, 만일 인간 세상에 태어나면 집안이 화목하지 못하여 항상 싸울 것입니다. 왜냐하면 다 전생에 피차彼此간에 싸움을 붙였기 때문입니다.

또 사람이 다른 사람을 미워하고 질투하기를 좋아하면 지옥에서 죄를 받을 것이요, 만일 인간 세상에 태어나면 다른 사람의 미움을 받을 것이니, 모두가 전생에 행한 근본 때문이랍니다.

또 사람이 모략을 써서 남을 해치려는 마음을 내면 지옥에서 죄를 받을 것이요, 인간 세상에 태어나면 뜻이 전일하지도 안정되지도 못할 것입니다. 왜냐하면 다 전생에 이런 마음을 일으켰기 때문입니다.

또 사람이 삿된 소견을 익히면 지옥에서 죄를 받을 것이요, 만일 인간 세상에 태어나면 귀머거리나 장님이나 벙어리가 되어 다른 사람에게 미움을 받을 것입니다. 왜냐하면 다 전생에 행한 근본 때문입니다.

대왕이시여, 이것을 일러 열 가지 악의 과보로 말미암아 이런 재앙〔災眚〕과 한량없는 고통을 받는 것이라 하니, 하물며 다른 사람이겠습니까?

그런 까닭에 대왕이시여, 부디 법으로 나라를 다스리고 법 아닌 것〔非法〕을 쓰지 마십시오. 또 이치로 백성들을 다스리고 이치 아닌 것은 쓰지 마십시오. 대왕이시여, 온갖 바른 법으로 백성들을 다스리는 사람은 목숨을 마친 뒤에 모두 천상天上에 태어날 것이요, 가령 또 대왕이 목숨을 마친 뒤라도 백성들은 기억하고 추모하며 끝까지 잊지 않을 것이요, 이름이 멀리 퍼질 것입니다.

대왕이시여, 마땅히 알아야만 합니다. 법 아닌 것으로 백성들을 다스리는 사람은 죽은 뒤에 모두 지옥에 떨어질 것이니, 그때 옥졸〔獄卒〕들은 다섯 묶음으로 얽어맬 것이며 거기에서 받는 고통은 이루 다 헤아릴 수 없을 것입니다.

혹은 때리기도 하고 혹은 결박하기도 하며, 혹은 종아리를 치기도 하고 혹은 사지를 가르기도 하며, 혹은 불로 지지기도 하고 혹은 끓는 구리쇠 물을 그 몸에 붓기도 하며, 혹은 가죽을 벗기기도 하고 혹은 풀을 뱃속에 넣기도 하며, 혹은 그의 혀를 뽑기도 하고 혹은 그의 몸을 찌르기도 하며, 혹은 톱으로 그 몸을 썰기도 하고 혹은 쇠 절구통에 넣고 찧기도 하며, 혹은 바퀴로 그 얼굴을 갈기도 하고 혹은 칼 산과 칼 나무 위로 달리게 하기도 하여 잠깐도 쉬지 못하게 하며, 뜨겁게 달아오른 구리쇠 기둥을 안게 하기도 하고, 혹은 눈을 뽑아내기도 하고 혹은 귀를 베기도 하며, 혹은 손발을 끊기도 하고 혹은 귀나 코를 베어내기도 하는데 그렇게 하면 다시 돋아나기도 합니다. 온몸을 큰 가마솥에 넣고 또 쇠 가지〔鐵叉〕로 그 몸을 흔들어대며 잠깐도 그치지 않다가 다시 가마솥에서 꺼내어 등의 힘줄을 뽑아서는 수레를 고 치는데 씁니다.

또는 열자熱炙 지옥에 들어가기도 하고 또는 열시熱屎 지옥에 들어가 기도 하며, 또는 회灰 지옥에 들어가기도 하고 또는 도수刀樹 지옥에 들어가기도 하고, 또는 반듯하게 눕히고 뜨거운 쇠 구슬을 먹이면 창 자와 밥통 등 5장藏이 모두 다 문드러지면서 쇠 구슬이 밑으로 내려가 며, 또 끓는 구리쇳 물을 입에 부어 밑으로 내려가게 하기도 합니다. 이렇게 그 가운데에서 받는 고뇌苦惱는 반드시 그 죄가 다 끝나고 나 서야 비로소 벗어날 수 있습니다.

대왕이시여, 중생들이 지옥에 들어가는 상황은 이러한데, 그것은 모두 전생에 바르지 않은 법으로 백성들을 다스렸기 때문입니다."

그때 세존께서 곧 이 게송을 읊으셨다.

백 년 동안을 방일放逸하며 즐겼기에
후생에 그로 인해 지옥에 들어간다네.
마침내 그것은 탐할 만한 것이 아니거니
그 죄를 받는 것 이루 다 헤아릴 수 없어라.

"대왕이시여, 법으로 다스려 교화敎化하면 자기 몸과 부모·처자· 노비·친족을 구제할 것이요 또 나라 일을 보호할 것입니다. 그런 까 닭에 대왕이시여, 항상 마땅히 법으로 다스리며 교화하시고 법이 아 닌 것은 쓰지 마십시오.

사람의 목숨은 매우 짧아서 세상에 있는 동안은 잠깐이며, 생사生死 는 길고 멀어서 온갖 두려움과 어려움이 많습니다. 만일 죽음이 오면 그 가운데서 아무리 울부짖어도 뼈마디는 모두 떨어져나가고 몸은 모두 고통을 겪을 것입니다. 그때에는 아무도 구제할 이가 없을 것이니, 부모·처자·노비奴婢·복종僕從·국토國土·백성들도 다 구제할 수 없을 것입니다. 이러한 어려움이 있는데 그것을 누가 대신할 수 있겠습니까?

거기에는 오직 보시布施와 지계持戒만이 있을 뿐입니다. 말은 언제나 부드럽게 하여 남의 마음을 다치게 하지 말고, 온갖 많은 공덕을 지어 선善한 근본을 행하도록 하십시오."

그때 세존께서 곧 이런 게송을 읊으셨다.

지혜로운 이여 마땅히 보시하라.
모든 부처님께서 아름다움을 찬탄하시네.
그러므로 맑고 깨끗한 마음으로
조금도 게으른 생각을 내지 말라.

저 닥쳐오는 죽음의 핍박으로
지극히 큰 고통을 받고
마침내 저 나쁜 세계에 이르러
잠깐 동안도 편히 쉴 때 없네.

또 만일 세상에 다시 와도
지극히 큰 고통을 받게 되고
모든 감각기관은 저절로 허물어져
악으로 말미암아 쉬지 못하네.

혹은 의사醫師가 와서

온갖 약초藥草를 한데 모아도
그 어느 것도 몸에 맞지 않나니
악으로 말미암아 그치지 않네.

또 혹은 만약 친족親族이 찾아와
재물 둔 곳을 물어보아도
귀가 먹어 소리를 듣지 못하나니
악으로 말미암아 그치지 않네.

만약 또 다른 곳으로 옮겨가
병든 이가 그 위에 누워 있어도
그 몸은 마른나무의 뿌리 같나니
악으로 말미암아 그치지 않네.

만약 또 목숨이 끝나서
몸에서 명命과 시식時識이 떠나고 나면
몸은 마치 장벽牆壁의 흙과 같나니
악으로 말미암아 그치지 않네.

만약 또 죽은 그 시체를
친족들이 무덤으로 메고 갈 때는
그는 아무것도 가진 것이 없나니
오직 믿을 것은 복뿐이니라.

"그런 까닭에 대왕이시여, 부디 방편方便을 구해 복업福業을 닦도록 하십시오. 지금 실천하지 않으면 후회해도 아무 소용이 없을 것입니다."
그때 세존께서 곧 이런 게송을 읊으셨다.

  여래는 그 복의 힘을 가지고
  마魔의 권속들을 다 항복 받고
  이제는 이미 부처님 힘에 이르렀으니
  그런 까닭에 복의 힘은 거룩하니라.

"그런 까닭에 대왕이시여, 부디 복 짓기를 생각하십시오. 만일 악을 행하였거든 곧 뉘우치고 다시는 범하지 마십시오."
그때 세존께서 곧 이런 게송을 읊으셨다.

  아무리 큰 악을 지었더라도
  뉘우치면 허물은 점점 얇아지리니
  그때는 바로 이 세상에서
  악의 근본이 모두 사라지고 말리라.

"그런 까닭에 대왕이시여, 자기 몸으로 말미암아 악을 행하지 말고 부모·처자·사문·바라문을 위해 악을 행하거나 그 악행惡行을 익히지 마십시오. 대왕이시여, 마땅히 이와 같이 배워야합니다."
그때 세존께서 곧 이런 게송을 읊으셨다.

  능히 이 악을 면하게 할 이는
  부모도 아니요 형제들도 아니며
  또한 저 여러 친족들도 아니니

그들 모두 날 버리고 죽고 마네.

"그런 까닭에 대왕이시여, 지금부터 이후로는 법으로 다스려 교화하고 법 아닌 것을 쓰지 마십시오. 대왕이시여, 마땅히 이와 같이 배워야 합니다."

그때 바사닉왕은 부처님의 말씀을 듣고 기뻐하며 받들어 행하였다.

[9]⁷

이와 같이 들었다.

어느 때 부처님께서는 사위국 기수급고독원에 계셨다.

그때 국왕 바사닉은 밤에 꿈속에서 열 가지 일을 보았다. 왕은 곧 꿈을 깨고 나서 매우 근심하고 무서워하면서, 나라와 자기 몸과 처자들이 망하지나 않을까 하고 매우 두려워하였다.

이튿날 곧 공경公卿 대신大臣들과 지혜가 밝은 도사道士와 바라문들 중에 꿈 풀이를 잘하는 이를 모두 불러 모았다.

왕은 곧 지난 밤 꿈속에서 본 열 가지 일을 설명하고 그들에게 물었다.

"누가 잘 해석할 수 있는가?"

바라문이 대답하였다.

"제가 해석할 수 있습니다. 그러나 아마도 왕께서 들으시면 매우 불쾌해 하실 것입니다."

왕이 말하였다.

---

7 이 소경과 내용이 비슷한 경으로는 실역失譯 『사위국왕십몽경舍衛國王十夢經』과 실역 『사위국왕몽견십사경舍衛國王夢見十事經』, 동진東晉 시대 축담무란竺曇無蘭이 한역한 『국왕불리선니십몽경國王不梨先泥十夢經』이 있다.

"편하게 말해 보라."

바라문이 말하였다.

"장차 왕과 왕태자와 왕후王后가 죽게 될 것입니다."

왕이 물었다.

"어떤가? 여러분, 그것을 물리칠 방법은 있는가?"

바라문이 말하였다.

"그것을 물리치는 일은 가능합니다. 지금 태자를 죽이시고 또 왕께서 소중하게 여기는 대부인大夫人과 곁에서 모시는 시자侍者·하인[僕從]·노비奴婢와 중히 여기는 대신을 죽여 천왕天王께 제사를 올리고, 왕께서 가지고 계신 침구와 진기한 보물을 모두 불에 살라서 하늘에 제사를 올리소서. 그렇게 하면 왕과 나라는 모두 무사할 것입니다."

왕은 바라문의 말을 듣고 매우 근심하고 걱정하면서 불쾌하게 여겼다. 그리고 재실齋室에 들어가 그 일만 생각하였다.

왕에게는 마리摩利라고 하는 부인이 있었다. 그 부인이 왕에게 가서 물었다.

"무엇 때문에 근심하고 시름에 잠겨 있습니까? 제가 왕에게 무슨 잘못이라도 저질렀습니까?"

왕이 말하였다.

"그대는 내게 아무 잘못이 없다. 다만 그 이유만은 묻지 말라. 그대가 혹시라도 들으면 그대는 매우 걱정하고 두려워할 것이다."

부인이 왕에게 대답하였다.

"걱정하거나 두려워하지 않겠나이다."

왕이 말하였다.

"부디 묻지 말라. 들으면 그대가 걱정하고 두려워할 것이다."

부인이 말하였다.

"저는 왕의 몸의 반쪽입니다. 만일 위급한 변란이 있어 저 한 사람을 죽여 왕께서 무사無事하실 수만 있다면 저는 두려워하지 않을 것입니다. 원컨대 왕께서는 말씀해 주소서."

왕은 곧 부인을 위해 지난밤 꿈에서 본 열 가지 일을 말하였다.

"첫째는 세 개의 가마솥이 있는데 양쪽 가마솥은 모두 가득 찼고 복판에 있는 가마솥만 비어 있었소. 양쪽 가마솥에는 끓는 기운이 서로 오르락내리락하면서도 복판에 있는 빈 가마솥에는 들어가지 않았소.

둘째는 말이 입으로 무엇을 먹었고 엉덩이로도 무엇을 먹고 있었소.

셋째는 꿈속에서 큰 나무에 꽃이 피어 있는 것을 보았소.

넷째는 꿈속에서 작은 나무에 열매가 맺혀있는 것을 보았소.

다섯째는 꿈속에서 어떤 사람이 밧줄을 끌고 가고 그 뒤에 양이 있었는데, 그 양의 주인이 그 밧줄을 먹고 있는 것을 보았소.

여섯째는 꿈속에서 여우가 금金 평상 위에 앉아서 금 그릇에 담긴 음식을 먹고 있는 것을 보았소.

일곱째는 꿈속에서 큰 소가 노리어 송아지의 젖을 빨고 있는 것을 보았소.

여덟째는 꿈속에서 검은 소 떼가 사방에서 모여와 울부짖으며 싸우려고 했는데 막 붙으려고 하다가는 붙지 않고 소도 간 곳을 알 수 없는 일을 보았소.

아홉째는 꿈속에서 큰 늪지대에 못물이 있었는데 그 복판은 흐렸고 사방은 맑은 것을 보았소.

열째는 꿈속에서 큰 개울물이 모두 시뻘겋게 흐르는 것을 보았소.

나는 이런 꿈을 꾸고 깨어나서 '혹 나라와 내 몸과 처자와 백성들이 망하지나 않을까' 하여 몹시 두려워하였소.

그래서 공경 대신들과 도인과 바라문 중에 해몽解夢을 할 수 있는 사람들을 불렀던 것이오. 그런데 그때 어떤 바라문이 이렇게 말하였소.

'태자와 사랑하는 부인과 대신과 종들을 죽여 하늘에 제사를 지내시오.'

그래서 나는 근심하는 것이오."

부인은 대답하였다.

"대왕이시여, 그런 꿈 때문에 걱정하지 마소서. 비유하면 마치 어떤 사람이 금을 샀을 때는 불로 태우거나 또는 돌에다 갈아보면 좋고 나쁜 것이 저절로 나타나는 것처럼, 지금 부처님께서 저 가까운 기원정사에 계십니다. 부처님께 가서 여쭈어보아 부처님께서 해설하시면 그대로 따르는 것이 좋을 것입니다. 무엇 때문에 저 어리석은 바라문의 말을 믿고 이처럼 혼자서 근심하고 괴로워하십니까?"

왕은 비로소 깨닫고 기뻐하며 곧 측근 신하들을 불러 수레를 준비하라고 명하였다. 왕은 높은 덮개가 있는 수레를 타고, 말을 탄 시종 수천만 명을 거느리고 사위성을 나가 기원정사에 이르렀다. 거기서부터는 수레에서 내려 걸어서 세존께서 계신 곳으로 나아가 부처님의 발에 머리 조아려 예배한 뒤에 꿇어앉아 합장하고 앞으로 나아가 부처님께 아뢰었다.

"어젯밤 꿈에 열 가지 일을 보았습니다. 바라옵건대 저를 가엾이 여겨 낱낱이 해설하여 주소서."

세존께서 왕에게 말씀하셨다.

"훌륭하신 대왕이여, 대왕께서 꾸신 꿈은 장차 다가올 후세의 징조가 나타난 것입니다. 후세의 사람들은 금지하는 법을 두려워하지 않고, 모두 음일涯決하고 아내와 자식에 탐착하며, 마음껏 놀고도 만족할 줄 모르고, 질투하고 어리석어 제 자신에 대해서도 부끄러워할 줄 모르고 다른 사람에게도 부끄러워할 줄 모르며, 청렴결백한 이는 버림을 받고 아첨하는 이가 나라를 어지럽힐 것입니다.

대왕이 꿈속에서 본 '세 개의 가마솥이 있는데, 양쪽 가마솥은 가득 찼고 복판에 있는 가마솥은 텅 비어 있으며 양쪽 가마솥의 끓는 기운은 서로 오르락내리락하면서도 복판에 있는 텅 빈 가마솥에는 들어가지 않았다'고 한 것은, 후세 사람들은 모두 빈궁한 이를 구제하지 않고 부모를 봉양하지 않으며, 형제·자매와는 가까이하지 않으면서 도리어 다른 사람을 따르고 부귀한 사람들을 따르며 저희들끼리 음식을 먹고 나누어준다는 의미입니다. 왕이 꿈속에서 본 첫 번째 일은 바로 이것을 보인 것입니다.

또 대왕이 꿈속에서 본 '말이 입으로도 무엇을 먹고 엉덩이로도 무엇을 먹는다'고 한 것은, 후세에는 대신들과 많은 관리들 그리고 고을의 수령들이 나라의 녹도 먹고 또 백성들에게서 뜯어먹어, 부역과 조세가 끊이지 않고 말단 관리(下吏)까지 간사하게 굴어 백성들이 그 고상에서 편히 살 수 없다는 의미입니다. 대왕이 꿈속에서 본 두 번째 일은 바로 이것을 보인 것입니다.

또 왕께서 꿈속에서 본 '큰 나무에 꽃이 피었다'고 한 것은, 후세에 백성들은 항상 큰 부역을 만나 애가 타고 마음이 괴로우며, 항상 근심하고 두려워하여 나이 서른만 되어도 머리가 희어진다는 의미입니다. 왕이 꿈속에서 본 세 번째 일은 바로 이것을 보인 것입니다.

또 왕이 꿈속에서 본 '작은 나무에 열매가 맺혔다'고 한 것은, 후세 여인들은 나이 열다섯도 채 못 되어 곧 사내를 구하여 시집을 가고 아기를 안고 돌아오면서도 부끄러워할 줄 모른다는 의미입니다. 왕이 꿈속에서 본 네 번째 일은 바로 이것을 보인 것입니다.

또 왕이 꿈속에서 본 '한 사람이 밧줄을 끌고 가는데 뒤에 양이 따라가고 그 양의 주인이 밧줄을 먹는다'고 한 것은, 후세에는 남편이 행상을 나가거나 혹 군대에 들어가 무리를 지어 거리를 쏘다니면서 저희들끼리 유희遊戲에 빠져 있을 때, 어질지 못한 아내는 집에 있으면서 다른 남자와 정情을 통하며 집안에서 잠을 재우고 남편의 재물을 먹이며 마음껏 향락하면서도 부끄러워할 줄 모르며, 그 남편은 그것을 알고도 일부러 모르는 체 한다는 의미입니다. 왕이 꿈속에서 본 다섯 번째 일은 바로 이것을 보인 것입니다.

또 왕이 꿈속에서 본 '여우가 금 평상에 올라앉아 금 그릇에 담긴 음식을 먹었다'고 한 것은, 후세에는 천한 사람이 귀하게 되어 금 평상 위에 앉아서 맛있는 음식을 먹고 귀족이나 양반들은 심부름꾼이 되며, 양민들은 노비가 되고 노비는 도리어 양민이 된다는 의미입니다. 왕이 꿈속에서 본 여섯 번째 일은 바로 이것을 보인 것입니다.

왕이 꿈속에서 본 '큰 소가 도리어 송아지 밑에서 젖을 빨아먹었다'고 한 것은, 후세에는 어미 된 자가 딸의 매파노릇을 해 다른 남자를 데려다가 함께 방에서 지내게 하고는 어미는 문 앞에 지키고 섰다가 거기에서 재물을 얻어 살아가는데, 그 아비도 또한 같은 마음이라 거짓으로 귀머거리인 듯 모른 체한다는 의미입니다. 왕이 꿈에서 본 일곱 번째 일은 바로 이것을 보인 것입니다.

왕이 꿈속에서 본 '검은 소가 사방에서 떼로 몰려와 서로 울부짖으며 싸우려고 하는데, 서로 붙을 듯하다가 붙지 않고 소도 간 곳을 알 수 없었다'고 한 것은, 후세 사람들은 국왕・대신・큰 관리・백성들 모두가 나라에서 국법으로 크게 금지하는 법을 두려워하지 않고 음욕을 탐하여 즐기고 재산을 모아 저축하며, 처자와 어른 아이 할 것 없이 모두 청렴 결백하지 못하여 음일淫佚하고 탐하여 만족할 줄 모르며, 질투하고 어리석은데도 부끄러워할 줄 모르고, 충성과 효도는 행하지 않고 아첨과 간사함으로 나라를 망치는데도 위와 아래를 두려워하지 않습니다.

그래서 비가 제때에 내리지 않고 기후는 고르지 않으며, 사나운 바람이 갑자기 일어나 모래를 날리고 나무를 부러뜨리며, 황충蝗蟲이 곡식을 먹어 그 곡식들이 여물지 못하게 하리니, 임금과 백성들이 올바르지 못하기 때문에 하늘이 그렇게 하는 것입니다.

또 사방에서 구름이 일어나면, 임금과 백성들은 모두 기뻐하면서 제각기 말하기를 '구름이 사방에서 모이니 이제는 틀림없이 비가 내릴 모양이다'라고 할 것입니다. 그러나 어느새 구름은 모두 흩어지고 말 것입니다.

일부러 이런 변괴變怪를 나타내는 것은 온 백성들로 하여금 행실을 고치고 선善을 지키며 계戒를 가져, 천지天地를 두려워할 줄 알아서 나쁜 길에 들지 않으며, 곧고 청렴하여 제 분수를 지키고 한 아내와 한 남편을 가지며, 자애로운 마음으로 성내지 않게 하려고 그러는 것입니다. 왕이 꿈속에서 본 여덟 번째 일은 바로 이것을 보인 것입니다.

또 왕이 꿈속에서 본 '큰 늪지대에 못물이 있는데 한가운데는 흐리고 사방 변두리는 맑다'고 한 것은, 후세에는 염부 땅 안에서 신하는 충성하지 않고 자식은 효도하지 않으며, 어른을 공경하지 않고 부처님의 도道를 믿지 않으며, 경전에 밝은 도사道士를 공경하지 않고 신하는 벼슬 주기만을 탐하며, 자식이 아버지의 재물을 탐하고 은혜를 갚을 줄 모르며 의리義理를 돌아보지 않을 것입니다.

그러나 변방 나라 사람들은 충성하고 효도하며, 어른을 존경하고 부처님의 도를 믿고 좋아하며, 경전에 밝은 도사에게 보시를 하고 은혜 갚기를 생각한다는 의미입니다. 왕이 꿈속에서 본 아홉 번째 일은 바로 이것을 보인 것입니다.

또 왕이 꿈속에서 본 '큰 개울물이 시뻘겋게 파도치며 흐른다'고 한 것은 후세에는 제왕이나 국왕들이 장차 자기 나라에 만족하지 않고 군사를 일으켜 서로 싸울 것입니다. 수레 군사[車兵]와 말 군사[馬兵]를 만들어 서로 공격하고 쳐서 마구 죽임으로 인해서 흐르는 피가 시뻘겋다는 의미입니다. 왕이 꿈속에서 본 열 번째 일은 바로 이것을 보인 것입니다.

그것은 모두 후세 사람들의 일을 미리 보인 것입니다. 그러므로 후세 사람들이 만약 능히 마음에 부처님의 도를 가지고 경전에 밝은 도인道人을 받들어 섬긴다면, 죽어서 모두 천상에 태어날 것입니다. 그러나 만일 어리석은 행을 지어 서로 해친다면 죽어서 세 갈래 나쁜 세계에 들어갈 것은 다시 말할 필요도 없는 일입니다."

왕은 곧 꿇어앉아 합장하고 부처님의 가르침을 받아들였고 마음속으로 환희歡喜하고 선정과 지혜를 얻어 다시는 두려움이 없게 되었다. 왕은 다시 부처님의 발에 머리 조아려 예배하고는 궁宮으로 돌아갔다.

그는 궁전으로 돌아와서 부인에게 많은 상賞을 주고 지위를 올려 정실 왕후[正后]로 삼았다. 그리고는 많은 재물과 보물을 주어 사람들에게 보시하게 하였다. 그리하여 온 나라는 드디어 풍요롭고 즐거워졌다.

왕은 다시 여러 공경 대신과 바라문들의 봉록俸祿을 모두 빼앗고 그들을 나라 밖으로 쫓아내고 다시는 신용信用하지 않았다. 그리고 모든 백성들은 다 위없이 바르고 참된 도[無上正眞道]의 마음을 내었다.

왕과 부인은 부처님께 예배하고 물러갔다.

그때 바사닉왕은 부처님의 말씀을 듣고 기뻐하며 받들어 행하였다.

■ 김월운

경기도 장단에서 태어나 한학을 수학하고, 남해 화방사에서 당대의 대강백 운허 스님을 은사로 출가하였다. 통도사와 해인사 강원을 졸업하고 강사가 되었으며, 동국역경원 역경위원을 거쳐 동국역경원 원장을 역임하였다. 중앙승가대학 교수와 제25교구 본사 봉선사 주지를 역임하였고, 현재 조실로 있으면서 능엄학림과 불경서당을 통해 후학 양성에 매진하고 있다. 저서로는 『삼화행도집』·『일용의식수문기』·『금강경강화』·『원각경강화』·『대승기신론강화』·『구름처럼 달처럼』 등이 있고, 번역서로는 『전등록』·『조당집』·『선문염송』을 비롯한 80여 종의 책이 있다.

증일아함경 4

2007년 1월 10일 개정판 1쇄 발행
2011년 8월 25일 개정판 2쇄 발행

옮긴이 김월운
펴낸이 김희옥
펴낸곳 동국역경원

주소 100-715 서울시 중구 필동로 1길 30
전화 02) 2260-3483~4
팩스 02) 2268-7851
Home page http://www.tripitaka.or.kr
E-mail book@dongguk.edu
출판등록 제2-159(1964. 10)
인쇄처 서진인쇄

ISBN 978-89-5590-444-4 03220
ISBN 978-89-5590-440-6 (전4권)

값 20,000원

이 책의 무단 전재나 복제 행위는 저작권법 제98조에 따라 처벌받게 됩니다.